Autonomia operária

FUNDAÇÃO EDITORA DA UNESP

Presidente do Conselho Curador
Herman Jacobus Cornelis Voorwald

Diretor-Presidente
José Castilho Marques Neto

Editor-Executivo
Jézio Hernani Bomfim Gutierre
Conselho Editorial Acadêmico
Alberto Tsuyoshi Ikeda
Áureo Busetto
Célia Aparecida Ferreira Tolentino
Eda Maria Góes
Elisabete Maniglia
Elisabeth Criscuolo Urbinati
Ildeberto Muniz de Almeida
Maria de Lourdes Ortiz Gandini Baldan
Nilson Ghirardello
Vicente Pleitez

Editores-Assistentes
Anderson Nobara
Henrique Zanardi
Jorge Pereira Filho

Maurício Tragtenberg

Autonomia operária

Coleção Maurício Tragtenberg
Direção de Evaldo A. Vieira

© 2011 Beatriz Romano Tragtenberg

Direitos de publicação reservados à:

Fundação Editora da Unesp (FEU)
Praça da Sé, 108
01001-900 – São Paulo – SP
Tel.: (0xx11) 3242-7171
Fax: (0xx11) 3242-7172
www.editoraunesp.com.br
www.livrariaunesp.com.br
feu@editora.unesp.br

CIP – Brasil. Catalogação na fonte
Sindicato Nacional dos Editores de Livros, RJ

T685a

Tragtenberg, Maurício, 1929-1998
　Autonomia operária/ Maurício Tragtenberg; direção [da coleção] Evaldo A. Vieira. – São Paulo: Ed. Unesp, 2011.
(Coleção Maurício Tragtenberg)

　Inclui bibliografia
　ISBN 978-85-393-0172-0

　1. Ciência política. 2. Sociologia. 3. Brasil – História. 4. Trabalhadores – Brasil – Atividades políticas. 5. Movimentos sociais – Brasil. 6. Democracia – Brasil. I. Título. II. Série.

09-4256.   CDD: 320.981

CDU: 32(81)

06.09.11   14.09.11   029500

Editora afiliada:

Asociación de Editoriales Universitarias
de América Latina y el Caribe

Associação Brasileira de
Editoras Universitárias

Sumário

Apresentação xv

Preâmbulo xvii

Parte I – No Batente

1 No Batente 3
2 Nossa posição 4
3 Seja nosso repórter 5
4 Estamos confiando nos trabalhadores 6
5 *Desencontros operários n.1* 7
6 Mãos à obra: reabertura do Centro de Cultura Social – São Paulo 8
7 Os princípios e práticas da AIT no núcleo do Brasil 9
8 Agradecimentos de Farinazzo aos companheiros da Acil 11
9 O Dieese precisa de apoio 12
10 Leitura para trabalhadores 13
11 Esclarecimentos de Maurício Tragtenberg relativos ao sindicato livre, ao consenso e à luta social 14
12 Autonomia operária, velha conquista em debate atual 18
13 A autonomia das comissões 21
14 O mais importante é o povo se auto-organizar 24
15 A cisão entre intelectual e manual: um grave problema 27

16 Maurício Tragtenberg: "Sociólogo é vaca que não dá leite"   29
17 "Estamos colhendo aquilo que o Estado plantou"   31

Parte II – Autonomia operária

18 Afinal, é possível que sejamos irmãos – 1   37
19 Afinal, é possível que sejamos irmãos – 2   38
20 Afinal, é possível que sejamos irmãos – 3   40
21 O trabalhador pode dirigir, gerir sua produção   41
22 A empresa no seu aspecto econômico, social e humano, no contexto de uma economia subdesenvolvida   44
23 Baú da (in)felicidade   55
24 Solidarnosc – 1   56
25 Solidarnosc – 2   58
26 Solidarnosc – 3   60
27 O insuportável peso da burocracia   61
28 A China de Mao na pior   66
29 Unidade sindical e democracia   67
30 O que é o balanço de uma empresa para sindicalistas – 1   69
31 O que é o balanço de uma empresa para sindicalistas – 2   70
32 O que é o balanço de uma empresa para sindicalistas – 3   71
33 O que é o balanço de uma empresa para sindicalistas – 4   72
34 O que é o balanço de uma empresa para sindicalistas – 5   74
35 Grevismo   75
36 Máquinas Piratininga: autonomia e solidariedade   76
37 Massey Ferguson e Ford: vitória dos trabalhadores   79
38 Aliperti: uma Cipa a serviço do peão   81
39 Comissão representativa e autônoma na Ford de S. Paulo   83
40 Eleições no Sindicato dos Metalúrgicos de Salto   84
41 Vitória dos metalúrgicos do ABC derruba "pacotes" governamentais   85
42 Criada comissão de fábrica dos trabalhadores da Asama   86
43 Criada intersindical em Araraquara   87
44 A pacotada   89
45 Após a "greve geral"   90
46 Reciclagem de pelego   91
47 8º Congresso dos aposentados   92
48 Oposição sindical dos gasistas   93

49 Criada a Associação dos Empregados do Correio   93
50 Vitória dos empregados dos correios   94
51 Greve de fome de operários da Barbará   95
52 Oposição sindical dos enfermeiros   97
53 Santos já tem movimento de renovação sindical   98
54 Oposição comerciária está com toda força   99
55 Comunicado da CUT e da Federação dos Palestinos   100
56 Associação das compras comunitárias do ABC   101
57 Os camelos do São Camilo   102
58 Movimento de oposição sindical metalúrgica   103
59 E o operário disse não   104
60 As greves   105
61 *O que todo cidadão precisa saber sobre greves*   107
62 Professor pergunta se Estatuto é democrático   108

Parte III – Ditadura militar, Nova República e os trabalhadores

63 A conciliação hoje   113
64 No Brasil temos a oposição que não se opõe   120
65 A classe média é a mesma, a conjuntura é que mudou   122
66 "No Brasil, os partidos políticos são entidades de direito privado"   124
67 "A reforma é pra garantir o que está aí. Só isso"   126
68 Morreu Tancredo   127
69 O governo passa e o Tancredo fica   128
70 A Nova República   130
71 O novo presidente e os trabalhadores   131
72 A lei da insegurança nacional   132
73 O entulho autoritário   133
74 Nova República: massacre dos rurais   134
75 Federal abre inquérito contra os trabalhadores   135
76 Constituinte, trabalhadores e a malandragem congressual   136
77 Congresso Constituinte é safadeza da Nova República   138
78 A Constituinte e o peão   139
79 A Constituinte e o trabalhador – 2   140
80 O mito da democracia racial   141
81 Os uísques e filmes eróticos da Escola Superior de Guerra   142
82 A "doença" eleitoral   143

83 Eleição: trabalhador não trabalha no Parlamento   145
84 Democracia na rua e ditadura na fábrica   146
85 Ainda o inferno fabril   147
86 O Pacto Social: "cascata" da Nova República   150
87 A Espanha do "pacto" – centrais nucleares e Previdência Social   152
88 A nova Lei de Greve   155
89 As greves   156
90 Coluna do Mão na Graxa – 1   157
91 Coluna do Mão na Graxa – 2   158
92 Cofap vista pelo patrão e operários – 1   159
93 Cofap vista pelo patrão e empregados – 2   160
94 A greve das montadoras e a "nova República velha" – 1   161
95 A greve das montadoras e a "nova República velha" – 2   163
96 Morte na GM: quem paga por este crime?   164
97 A repressão democrática na GM de São José dos Campos   165
98 A vitória de Jânio   167
99 O governo torra toda a grana do trabalhador   168
100 Reforma agrária na marra   169
101 O que restou do plano da reforma agrária   170
102 Sindicato dos Artistas e Técnicos e o Rei Ubu   171
103 Monark pressiona esta coluna   172
104 Sorocaba: dirigente sindical metalúrgico ameaçado de morte   174
105 Arrocho salarial na Nova República   175
106 Multinacional briga com sindicato   176
107 Reitor da USP quer acabar com o sindicato?   177

Parte IV – Vidas de trabalhadores e de trabalhadoras

108 Maquiavel no ABC   181
109 Volkswagen – Alemanha, 1933, Brasil, 1980   185
110 Escravidão e tortura na fazenda da Volks no Pará   187
111 *Grita Povo*: jornal quinzenal em São Miguel   189
112 Jornal *Grita Povo*   190
113 Trabalhadores espancados em Xerém   191
114 Polônia – trabalhador sob o "socialismo" blindado   194
115 Trabalhador não tem Papai Noel   195
116 Vida de mineiro   197

117 A mulher trabalhadora   198
118 E a trabalhadora negra, cumé que fica?   199
119 A mulher e o trabalho   201
120 Ainda a mulher e o trabalho   202
121 Bolívia dolorosa – 1   204
122 Bolívia dolorosa – 2   205
123 Bolívia dolorosa – 3   206
124 "Não é hora de discutir a questão do trabalhador"   208
125 Correios   209
126 Nazismo nos Correios   210
127 Greve nos correios, novamente?   211
128 Os Correios vão mal, companheiro!   212
129 O correio vai de mau a pior   213
130 Carta do gerente de operações telegráficas   214
131 Como a Cia. do Metrô explora os boia-frias   215
132 *O Bilhete*, jornal do Metrô Paulista   216
133 A voz do trabalhador da Monark – 1   217
134 A voz do trabalhador da Monark – 2   218
135 Monark/Caloi – Retificação – 3   220
136 A voz do trabalhador da Monark – 4   221
137 Imprensa operária e alternativa   222
138 *O Metalúrgico*   224
139 O que diz *O Metalúrgico*   225
140 Carta de dois metalúrgicos   226
141 Metalúrgicos criticam diretor do sindicato   227
142 *O Metalúrgico*   229
143 CUT denuncia escravidão dos operários da Voith   230
144 O que está havendo na Auto Comercial Acil Ltda.?   231
145 A Auto Comércio e Indústria Acil contra Franco Farinazzo – 1   233
146 A Indústria Acil contra o marceneiro Franco Farinazzo – 2   234
147 Auto Comércio e Indústria Acil Ltda. contra o marceneiro Franco Farinazzo – 3   235
148 Auto Comércio e Indústria Acil e marceneiro Franco Farinazzo – 4   236
149 Auto Comércio e Indústria Acil Ltda. contra marceneiro Franco Farinazzo – 5   238
150 Auto Comércio e Indústria Acil Ltda. contra marceneiro Franco Farinazzo – 6   239

151 Acil persegue Franco Farinazzo   240
152 Arroz cru e outros bichos   241

Parte V – Trabalhadores e trabalhadoras rurais

153 Fazendeiro absolvido   245
154 Escravidão no norte do Paraná   246
155 Em 1.220 localidades luta-se por terras   247
156 Boia-fria, um impasse agrícola – 1   248
157 Boia-fria, um impasse agrícola – 2   249
158 Criação do Ministério de Assuntos Fundiários – 1   250
159 Criação do Ministério de Assuntos Fundiários – 2   251
160 Vida e morte no campo – 1   252
161 Vida e morte no campo – 2   253
162 Violência contra camponeses   254
163 No campo, um lavrador é morto a cada dois dias   255
164 Boletim da CUT   256
165 Santarém: destruída sede do sindicato rural   257
166 Mulheres na luta pela terra   258
167 *Jornal dos Trabalhadores Rurais* faz denúncias   259
168 Caderno Reconstrução   260
169 Ameaça de morte em terras nordestinas   261

Parte VI – Contribuição sindical e pelegos

170 Os que constroem o país de Lênin   265
171 Os barões proletários   279
172 Assessores e pilantras   281
173 Conheça melhor a ação dos "assessores" do sindicato   283
174 Metalúrgicos não querem saber da CUT nem da CGT – UDR ganha 4 milhões   284
175 Pesquisa sobre sindicalismo   285
176 A estrutura sindical   285
177 Sobre a estrutura sindical   287
178 Ainda sobre a estrutura sindical   288
179 Ainda sobre a estrutura sindical   289

180 Ainda sobre a estrutura sindical   291
181 Sindicatos e estabilidade   292
182 Violência sindical   293
183 Unidade ou unicidade sindical?   295
184 Ainda sobre a tão falada unidade sindical   296
185 A "abertura" contra o trabalhador   298
186 O "racha" do Conclat: a quem interessa?   299
187 A importância do Conclat em São Bernardo do Campo   301
188 Prevenção de greves   303
189 Mugunzá na feijoada   304
190 O sindicato da Volks   306
191 *HP* e pelegos sindicais, a nova face da repressão   308
192 A história se repete duas vezes   311
193 Chapa 2 – Pedro Pedreiro   314
194 Reunião da Federação Sindical Mundial: sindicalismo de carimbo   317
195 Motoristas do ABC e boicote patronal   318
196 Coferraz e Benedito Marcílio: aliança contra trabalhadores?   320
197 Coferraz, movimento "ludista"?   321
198 Arnaldo Gonçalves no Enclat, conforme a carta santista   323
199 O leão ruge: formada a oposição dos químicos   324
200 A campanha da Chapa 2 no Sindicato dos Químicos   325
201 Eleições na Cosipa   327
202 *Piquetão* – boletim da Oposição Sindical Metalúrgica Região Sul   328
203 Conclat das "Arábias" na Baixada Santista   329
204 Malandragem e assessoria   331
205 Mulheres no campo   332
206 *Luta Sindical*   333
207 Falsas assembleias   334
208 Boletins da Oposição Metalúrgica de São Paulo   334
209 Operários têxteis pagarão mais   335
210 Metalúrgicos: oito diretores rompem com Joaquinzão   336
211 A greve dos eletricitários – 1   338
212 Eleições no Sindicato dos Metalúrgicos de São Paulo   339
213 Ainda a luta na diretoria do Sindicato dos Metalúrgicos   340
214 Sindicato argentino tem até forno crematório   341

Parte VII – Transferência de tecnologia e automação

215 Transferência de tecnologia – 1   345
216 Transferência de tecnologia – 2   346
217 Da "fechadura" à "abertura"   347
218 Ainda sobre círculos de controle de qualidade   349
219 Robôs beneficiam empresas   351
220 Desemprego e automação   352
221 Como os sindicatos europeus enfrentam a automação – 1   354
222 Como os sindicatos europeus enfrentam a automação – 2   356
223 Como os sindicatos europeus enfrentam a automação – 3   357
224 O *stress* dos empregados em centros de processamento   358
225 Digitadores ficam na pior sem direito algum   360

Parte VIII – Desemprego

226 Copa do Mundo   363
227 Cosipa – 1   364
228 Cosipa – 2   365
229 Cosipa através de *O Metalúrgico*   367
230 Ainda a Cosipa vista por *O Metalúrgico*   368
231 Fala *O Metalúrgico* sobre a Cosipa   369
232 Ainda *O Metalúrgico* sobre problemas da Cosipa   371
233 A voz das edições de *O Metalúrgico* na Cosipa   372
234 Visita ao redator   374
235 Ainda a Cosipa   375
236 Professores desempregados   377
237 Resposta ao presidente da Apeoesp   378
238 ABC: os lucros das montadoras   379
239 O jogo sujo das montadoras   381
240 O golpe do fechamento do Hospital da Lapa   381

Parte IX – Salário

241 Novo arrocho em cima do peão é imprevidência social   385
242 Trabalhadores reclamam seu salário com aumento do INPC   386

243 Os frentistas de postos de gasolina, esses esquecidos   388
244 Campanha salarial dos metalúrgicos   389
245 Chumbo grosso em cima do trabalhador   390
246 Reivindicações dos metalúrgicos do ABC   391
247 *Jornal da Comissão*   392
248 A luta pela trimestralidade   394
249 Quem sabe faz a hora nas assembleias   395
250 *O Metalúrgico*   396
251 Jornal da Associação dos Empregados da Cesp   397
252 Eletricitários e o reajuste trimestral   399
253 Tecnocrata da repressão na Cesp   400
254 Pérolas da Cesp   401
255 A distribuição de renda e o pacote econômico   402
256 O motim da Detenção e os trabalhadores   403
257 A farsa do seguro-desemprego   405
258 Brasil: um retrato sem retoque – 1   406
259 Brasil: um retrato sem retoque – 2   406
260 Brasil sem retoque – 3   407
261 A Nova República e sua "política social"   408

Parte X – Índios

262 Índios – 1   413
263 Índios – 2   415
264 Índios – 3   416
265 Índios – 4   417
266 Favelas e índios   418
267 Índios proíbem turismo no Parque do Araguaia   420
268 Ferrovia Carajás vai atingir 4.360 índios   420
269 Ainda sobre índios   421
270 A situação dos povos indígenas na Guatemala   422
271 Índios debatem as "invasões"   424
272 Os índios caingangues ameaçados de morte   424
273 Multinacionais contra índios   426
274 Índios contra Funai em outro ministério   427
275 Presidente da Funai ameaça índios com pau   427

276 Índios e grileiros – 1   428
277 Índios e grileiros – 2   429
278 Americanos na Amazônia – Ameaças – Crimes   430

Referências bibliográficas   433

Apresentação

Os trabalhos de Maurício Tragtenberg se caracterizam pela erudição meditada, a heterodoxia tolerante e a autonomia intelectual. Estes são traços constantes numa obra sempre influente, dispersa em longo período de tempo e variada no assunto, mas que preserva sua agudeza e atualidade de maneira, por vezes, dramática.

Justamente por isso, com o intuito de preservar e mais divulgar as contribuições deste autor, falecido em 1998, a Editora UNESP apresenta ao público a COLEÇÃO MAURÍCIO TRAGTENBERG, composta pela parcela mais representativa de tudo que produziu: seus livros; ensaios publicados em revistas, especializadas ou não; ensaios incluídos em trabalhos coletivos; prefácios e introduções. São também inseridos na COLEÇÃO os artigos saídos esparsamente na imprensa e os escritos destinados apenas à coluna jornalística "No Batente".

Esta reunião de obras impôs certos cuidados formais, aos quais se voltaram tanto o coordenador da COLEÇÃO como a Editora UNESP, a saber: restabelecimento de textos por meio de comparação com originais; eventuais notas; compilação de artigos; revisão e demais procedimentos necessários a uma edição sólida, que esteja à altura de seu conteúdo e respeite a visita do pesquisador/leitor a este marco da produção intelectual brasileira.

Coordenador da Coleção e Editor

Preâmbulo

Este livro pertencente à Coleção Maurício Tragtenberg compõe-se de artigos publicados em sua maioria na coluna "No Batente", do *Notícias Populares*, de São Paulo, hoje um jornal inexistente.

Há ainda uns poucos artigos divulgados pelos jornais *O São Paulo*, *Folha de S.Paulo*, *Jornal da Tarde*, todos de São Paulo; e *Jornal de Hoje*, de Campinas (SP), *Correio de Notícias*, de Curitiba (PR), *A Gazeta*, de Vitória (ES), *CBCA-Hoje*, de Criciúma (SC).

O ponto de convergência de muitos desses artigos encontra-se na *autonomia operária*, amplamente explicitada, discutida e exemplificada, indicando seus sucessos e insucessos, seus perigos e obstáculos no interior da classe trabalhadora e fora dela. Tais artigos, direta ou indiretamente, examinam a *autonomia operária*, propondo-a como a base da auto-organização dos trabalhadores.

Maurício Tragtenberg escreveu durante vários anos na coluna "No Batente" por ele criada. Os artigos deste volume saíram no *Notícias Populares* entre 1981 e 1989, com frequência variada: num crescendo, dos anos iniciais até 1986. Esses textos e os demais artigos aqui reunidos retratam bem mais que a militância em prol dos trabalhadores. A *coluna* especialmente exprime aspectos do compromisso de vida de Maurício: não pretender qualquer vantagem particular, ter absoluto desinteresse por eleições e cargos e demonstrar extrema coragem em suas palavras e ações.

Na busca da liberdade de todos e não de uns poucos, deu voz aos trabalhadores; repercutiu suas lutas legítimas, suas vitórias e suas derrotas; ativou a autonomia operária, a auto-organização dos trabalhadores, as comissões de fábrica, o sindicato livre, os autênticos sindicalistas na cidade e no campo; defendeu homens, mulheres e crianças trabalhadores, boias-frias e índios, crendo em que "afinal, é possível que sejamos irmãos".

Com simplicidade, opôs-se à arrogância em todas as suas modalidades, singularmente a arrogância intelectual, sobre a qual dizia: "numa terra em que ninguém lê, a leitura de uns livros dá à pessoa ares de intelectual".

Representando ele mesmo uma voz plural, combatia a cisão entre intelectual e manual, a repressão estatal, a burocracia da empresa e do Estado, o pelego e sua assessoria, a classe média conformada, o Congresso Constituinte, a Nova República, além de tratar de tantos outros assuntos primordiais aos trabalhadores e à sociedade brasileira.

Em razão da variedade temática, agrupei em dez partes os artigos algo próximos da *autonomia operária*.

Obedecendo ao meu critério (nem sempre objetivo), acomodei os artigos em partes, segundo a centralidade e os fundamentos da *autonomia operária*; as tentativas bem e mal sucedidas de auto-organização dos operários num período muito repressivo; as manobras da ditadura militar e da Nova República contra os trabalhadores; os efeitos malignos da contribuição sindical e dos pelegos; a automação, o desemprego e o salário; as vidas dos trabalhadores urbanos, rurais e dos índios.

Ao ler os artigos, pensei no título *Autonomia operária* para este livro, originado do material a mim entregue pela atriz Beatriz Romano Tragtenberg.

Este material consistia em cópias xerográficas de artigos, ensaios, entrevistas, agradecimentos, resenhas, polêmicas, respostas, denúncias, homenagens e comentários, havendo ao menos um artigo editado em livro. Como sucedeu em outros livros da Coleção Maurício Tragtenberg, a busca dos escritos aqui incorporados foi ampla e a fixação dos textos por vezes causou dificuldades. Fiz comparações entre os textos e, dentro do possível, evitei suas lacunas.

As partes do livro expressam a preocupação em evidenciar a necessidade da auto-organização, atendendo às concepções de Maurício Tragtenberg. Creio que, com isso, se cumprirão seus propósitos a respeito da *autonomia operária*.

Evaldo A. Vieira
Julho de 2011

Parte I
No Batente

No Batente*

A seção dirige-se a quem está "no batente" e não àqueles que estão afastados da produção querendo falar em nome dos que trabalham. Receberá com o maior interesse e atenção cartas de trabalhadores que retratem os problemas no interior da fábrica como sugestões de temas de interesse de quem trabalha, que a seção deva tratar.

Quero começar dizendo que somente trabalhadores organizados a partir do interior da fábrica podem ter força para reivindicar seus direitos; nesse sentido é muito importante "dar uma força" a todos aqueles que pretendam organizar-se para enfrentar as más condições de trabalho, a exploração econômica e a dominação.

Sem dúvida que a organização sindical na atual realidade brasileira é muito importante, desde que a direção sindical represente os trabalhadores e não viva das mamatas da contribuição sindical, traindo-os na hora dos dissídios, reclamações trabalhistas ou greves.

A participação sindical é fundamental; porém, é claro que 80% dos sindicatos de trabalhadores estão na mão de "pelegos" que na sua maioria são ex-trabalhadores mais preocupados em manter seu cargo do que em defender o trabalhador.

---

* *Notícias Populares*, 6/12/1981.

O que é necessário esclarecer é que os sindicatos atuais se preocupam na sua maioria em manter o trabalhador afastado das assembleias. Quando, antes de 1930, os sindicatos tinham sedes em cada bairro onde morava o operário e após o trabalho ele podia frequentá-las para ler os jornais e discutir com seus companheiros, o nível de participação era intenso. Após 1930, com a criação do sindicato único por categoria, dependente do Ministério do Trabalho, através da famigerada Lei do Enquadramento Sindical, criaram-se sedes luxuosas no centro da cidade, às quais o operário não pode comparecer, pois geralmente mora na periferia. Resultado: fraca participação do trabalhador nas decisões sindicais e uso e abuso da máquina sindical por pelegos dominando sindicatos, federações e confederações.

O futuro do sindicalismo caminha realmente para convenções coletivas; porém, esclareça-se: elas devem ser negociadas por dirigentes sindicais realmente representativos de suas bases, e o conteúdo das convenções coletivas a ser assinadas precisa passar pela discussão no interior das empresas, para que o trabalhador não seja entregue de mãos amarradas aos técnicos de negociação e convenção coletiva ou a dirigentes pelegos a eles ligados. O controle público da ação sindical é a base da moralidade sindical; do contrário, só haverá safadeza.

Nossa posição*

No sentido de esclarecer cabal e amplamente a opinião pública que lê *Notícias Populares* e a seção "No Batente", informamos que a Coluna está aberta aos trabalhadores assalariados em geral, das fábricas, oficinas, bancos ou escritórios. Às donas de casa, estudantes, às minorias raciais na justa luta por seus direitos.

A Coluna está aberta à população trabalhadora sindicalizada ou não, às oposições sindicais de várias categorias na sua luta contra os "pelegos" ou mesmo aos trabalhadores de várias categorias que, ao elegerem diretorias sindicais "autênticas", num primeiro momento, verificam que as citadas transformam-se em inautênticas ao assumirem ante a classe a figura de ex-operários, agora portadores de cargos no sindicato, afastando-se das "bases" em que se apoiavam ou procurando "usá-las" para fins eleiçoeiros.

---

* *Notícias Populares*, 13/7/1982.

A Coluna está fechada hermeticamente aos "pelegos" do sindicalismo do velho ou do "novo tipo", àqueles que vivem *no* sindicato e não *para o* sindicato. Que veem no peão mera "massa de manobra" para ser elogiada em época eleitoral e ser traída quando se movimenta por suas legítimas reivindicações. Assim, não têm abrigo na Coluna, por exemplo, juízes classistas que participam da Comissão Pró-CUT (Central Única dos Trabalhadores), votam por greve geral contra o "pacotão" da Previdência e, na hora em que os metalúrgicos da Brastemp declaram-se em greve, na sua justa luta, votam pela ilegalidade da mesma.

Da mesma forma a Coluna reserva-se o direito de não ser canal de transmissão de "palavras de ordem" de partidos políticos, por melhores que se apresentem e pretendam "representar" o trabalhador – quando, na realidade, surgem como "novos patrões", procurando submeter o peão à política parlamentar, exercida pelos senhores da classe média ou da classe alta, tudo em nome do peão. Não pretende a Coluna ditar normas a quem quer que seja, mas ser caixa de ressonância do que ocorre na linha de produção nas fábricas, bancos e escritórios.

Em suma, o responsável pela Coluna não é "líder" profissional, é professor e pode provar com holerites as fontes de sua renda mensal, advinda do exercício de sua profissão. Nunca "amaciou" cadeira de "presidente" de sindicato, usufruindo da mesma em nome de nenhuma categoria, nem pretende candidatar-se a cargo algum. Não pretende a Coluna falar em nome de classe trabalhadora, mas sim abrigar seus legítimos anseios expressos pelas categorias que estão ligadas à produção. É o que cabe esclarecer aos desavisados ou cidadãos de consciência pesada!

Seja nosso repórter[*]

O jornal *O Metalúrgico*, órgão do Sindicato dos Metalúrgicos de Santo André, Mauá, Ribeirão Pires e Rio Grande da Serra, tem uma excelente seção, "Coluna do Mão de Graxa", baseada no apelo do jornal: "Seja nosso repórter, reúna os companheiros e passe em nosso Depto. de Imprensa!"

É uma coluna que todos os jornais sindicais deveriam trazer, pois revela o que ocorre no interior da fábrica, o que ocorre na linha de produção, as

---

[*] *Notícias Populares*, 18/6/1986.

formas de exploração e repressão a que o trabalhador está sujeito. Não é uma mera seção de denúncias, é um retrato vivo do inferno que é a unidade fabril neste país.

Coluna do Mão de Graxa (n.185)

Nordon – Antonio, vítima das extras – O companheiro Antonio Divino Mano, 38 anos, mecânico de manutenção, faleceu de parada cardíaca, na manhã do dia 17 de março, *depois de uma jornada de 24 horas seguidas de trabalho*. São péssimas as condições de trabalho: excesso de barulho, de calor, ritmo acelerado de trabalho, tudo isso somado às pressões da chefia, não há coração que aguente. É por isso, (diz o jornal) companheiros, que temos que por fim às horas extras antes que elas ponham fim à nossa vida. B e D – Sai, dessa, Jair – O Jair líder da F – 300 andava pressionando o pessoal a fazer horas extras, mesmo quando não havia serviço. Os funcionários que trabalhavam das 14 às 22 horas entravam às 10 da manhã e os que trabalhavam das 6 às 14 horas saíam às 16h. Todos da parte de cima da fábrica estavam sendo pressionados a fazerem horas extras. Qual é a sua Jair, querendo encher o bolso do patrão às nossas custas? LNM – *Mar de lama* – O pessoal da LNM quando chove acaba sempre enfrentando um mar de lama. É que a porta de emergência foi proibida de ser aberta por ordem da segurança. Daí, o pessoal é obrigado a passar pela água ou esperar que ela abaixe, porque até a ponte que tinha antigamente a lama levou. Ainda assim, o chefão de utilidades anda de olho no pessoal, aquele que chega um minuto antes para almoçar no refeitório sofre duras pressões. Os testas de ferro dos patrões estão sempre de marcação com os trabalhadores, obrigando todo o mundo a fazer horas extras. Só que eles não dão nenhum valor ao trabalhador. Outro dia, o engenheiro Mário mandou o Noel Rosa para o olho da rua sem motivo, e o companheiro tem 51 anos de idade. É, se a gente não se cuidar, vai é ser atolado nessa lama toda.

Estamos confiando nos trabalhadores[*]

Esta coluna volta a circular após uma interrupção devida a motivos imperiosos que impediram seu autor de publicá-la com periodicidade.

---

[*] *Notícias Populares*, 10/5/1983.

Razão pela qual ela volta hoje com uma visão clara de que "No Batente" foi, é e continuará sendo uma coluna sindical aberta a todos os trabalhadores, sindicatos, comissões de fábricas, grupos de fábrica.

A coluna está equidistante de qualquer partido político, mesmo daqueles partidos que pretendam falar "em nome" do trabalhador, quer se intitulem vanguardas conscientes ou não do mesmo trabalhador.

O objetivo da coluna sindical é ampliar a conscientização social e política do trabalhador, sem necessidade de atrelá-la a partido ou instituição alguma, oficial ou não. Pois é ponto pacífico para esta coluna sindical que é a própria classe operária que é vanguarda de si mesma. Mais ainda, a coluna sindical não se restringirá a publicar matéria de interesse dos trabalhadores rurais ou industriais, mas publicará matéria que interesse de modo geral aos assalariados, sejam funcionários de empresa privada, pública, de sindicato, professores, lavradores, com ou sem terra. Em suma, ela está aberta ao recebimento de jornais ou material que os sindicatos de trabalhadores pretendam enviar. Basta mandar para Rua Antonio Mariani, 41 – CEP 05530 – Capital (São Paulo).

Desencontros operários n. 1[*]

Recebemos e agradecemos o envio do livro, pertencente à Biblioteca "Coletivo Operário n.1", com 12 páginas. Conta histórias de operários escrita por eles mesmos.

Na sua Apresentação os autores do "Coletivo Operário n.1" solicitam ao companheiro operário que desligue por um só momento o rádio em que Gil Gomes ou Afanázio Jazadji contam histórias de marginais que roubam, estupram e violentam.

Pedem que a companheira operária feche só um pouquinho sua fotonovela que conta a história de moças pobres que se apaixonam por galãs ricos. Família operária, desligue só por um instante o seu televisor em que as novelas e dramas dos ricos predominam, o operário só aparece como figurante ou como futuro rico, que vai "vencer" na vida tornando-se patrão.

---

[*] *Notícias Populares*, 6/4/1986.

No rádio, no jornal, na fotonovela e na TV não existem operários. Existem, de um lado, marginais violentos e, de outro lado, ricos, bonitos e graciosos.

Por isto pedimos-lhes que desliguem esse mundo falso da TV e leiam essas estórias que lhes trazemos na forma de pequenos contos.

Nada aqui foi inventado. São pequenos dramas, desencontros e sofrimentos, arrancados diretamente da vida dura do operário. Porém são mais do que simples fotografias do cotidiano na miséria e sacrifício. Pretendemos com elas que os trabalhadores se encontrem a si próprios como seres humanos. Muito mais do que patrões ou marginais, existem operários desencontrados de si próprios.

Abra as portas do seu coração e do seu pensamento para o seu próprio mundo, caro companheiro. Leia mais sobre a sua vida, pense e escreva sobre ela. Vamos juntos escrever a grande história do sofrimento operário para, juntos, escrevermos a grande história da libertação operária.

Quem tiver interesse em ler *Desencontros operários n.1* escreva à Coluna "No Batente" com nome, endereço ou telefone para contato, para adquirir um exemplar do volume. Cada volume custa 15,00 cruzados, preço congelado. Não mande dinheiro para a Coluna, escreva para ela, para que os autores do livro possam contatar você, somente para isso. Está claro?

Mãos à obra: reabertura do Centro de Cultura Social – São Paulo*

Seis meses após sua reabertura, o Centro de Cultura Social pode-se considerar consolidado. São diários os contatos com jovens trabalhadores, estudantes e professores entusiasmados com a proposta de trabalho do centro.

De vários estados do Brasil e do exterior nos chegam cartas de estímulo e notícias de que essa iniciativa – criação de *Centros de Cultura Social* – está se ampliando. Bahia, Pernambuco, Espírito Santo, Rio Grande do Sul estão organizando núcleos de ação cultural idênticos ao de São Paulo.

---

* *Notícias Populares*, 2/10/1985.

Está na hora de pôr em prática os princípios que sempre nortearam o Centro de Cultura Social: a militância cultural alternativa e a divulgação das questões sociais de interesse das camadas oprimidas de nosso povo.

Sabemos que hoje a grande maioria da nação brasileira não tem acesso a informações vitais para a formação de uma consciência política ativa. Sabemos que os meios de comunicação de massa formam e desformam a opinião pública à vontade, transformando nos santos de agora aqueles que ontem eram diabos.

Nossa frente de luta é a cultura social e política – diz o edital que transcrevemos – e é por isso que recomeçamos, a partir de 14 de setembro próximo, as conferências semanais, como nossa contribuição ao esclarecimento do debate político atual.

Não iremos às praças defender candidaturas ou partidos. Não nos enrolamos nas conversas mole de Constituinte e de outros milagres. Nossa conversa é outra: é debater, esclarecer ideias para atuar socialmente. Proporemos nossas ideias, proporemos atividades, debateremos, mas não aceitaremos, jamais, imposições. Jamais propagaremos ilusões.

Serviço de livraria

Mantém o Centro de Cultura Social um serviço de livraria que inclui obras de Kropotkine, Sebastien Faure, Edgar Rodrigues, Rudolf Rocker Varian Tcherkessof, José Oiticica, E. Malatesta, Randolfo Vaella e outros autores fundamentais para o conhecimento da questão social além do que é entulhado nas escolas ou universidades, municipais, estaduais, federais ou confessionais de qualquer espécie que for.

Os princípios e práticas da AIT no núcleo do Brasil[*]

No último 7 de setembro um grupo de sindicalistas reunidos na sede do Centro de Cultura Social, no Brás, fundou o núcleo AIT-Brasil, que visa dar apoio e solidariedade à AIT, divulgar os princípios e práticas da corrente conhecida como anarcossindicalista e ao mesmo tempo organizar uma comemoração libertária do *Centenário do Primeiro de Maio*.

---

[*] *Notícias Populares*, 15/12/1985.

Segundo o "Comunicado à imprensa n.1" do Núcleo de Apoio AIT--Brasil, que já foi reconhecido pela AIT em sua Conferência Internacional dos Trabalhadores e tem sede na Espanha. É a organização mundial de militantes sindicais defensores de um sindicalismo com uma proposta de igualdade econômica e social.

Conforme o comunicado acima, qualquer contato com a AIT poderá ser feito escrevendo à Caixa Postal 10.512 – CEP 03097 – São Paulo – Núcleo AIT-Brasil. Finalmente, informa o comunicado que a AIT não está vinculada nem à CUT nem ao Conclat.

Sindicalista é morto e ninguém é acusado

O jornal *O São Paulo* reproduz documento do Centro de Reflexão e Documentação do Carmo do Rio Verde (Goiás), que, comunica o assassinato de *Nativo da Natividade Oliveira*, membro desse conselho, presidente do Sindicato de Trabalhadores Rurais de Carmo do Rio Verde e destacado dirigente da CUT goiana. Foi assassinado por um pistoleiro com cinco tiros à queima-roupa na porta do sindicato dentro de um carro, quando estava esperando outros companheiros para uma reunião da entidade.

A direção do sindicato (*O São Paulo*, 6/12/1985) acusa o prefeito de Carmo do Rio Verde, Roberto Pascoal Liégio, e o advogado Geraldo Reis, presidente do Sindicato Rural (patronal) e procurador da usina Agroálcool, e o próprio presidente da destilaria, Anestar Clemente da Silva. Recebeu o sindicalista ameaça de morte desses elementos pelo seu trabalho em defesa dos boias-frias da região. Nativo havia vencido duas eleições que se deram no sindicato, levando o próprio prefeito a declarar: "Não aguento mais esse homem dirigindo o sindicato. Se ninguém mais apoiar, eu o mato sozinho mesmo". O que existe no estado de Goiás é uma união latifundiária chamada União Democrática Ruralista, que se opõe a qualquer reforma agrária. É mais um crime que ocorre sob a égide da "Nova República" que não será punido por quem de direito, porém os trabalhadores não esquecerão!

Agradecimentos de Farinazzo aos companheiros da Acil*

Boletim do Centro de Cultura Social – São Paulo

Escreve Franco: "gostaria de destacar que essa luta só tem sido possível pelo apoio dos companheiros da Acil, dos companheiros marceneiros e de outras categorias ligadas à CUT, bem como à atuação eficiente de meu advogado, doutor Antônio Luciano Belentani".

Boletim do Centro de Cultura Social

Ele funciona à Rua Rubino de Oliveira, 85 – 2º andar – Brás – Caixa Postal 10.512 – CEP 03.097 – capital. Ele promoverá uma série de conferências sobre a educação libertária, fundada nos princípios de liberdade, solidariedade e justiça. O ciclo tem a seguinte programação:

Dia 18/10/86 às 16 horas – O movimento anarquista (libertário) e o ensino racionalista em São Paulo, pelo professor Flávio Luizetto, professor e pesquisador do Depto. de Ciências Sociais da Universidade Federal de São Carlos. Sua tese de doutorado versou sobre "Educação e literatura libertária". Colabora na revista *Educação e Sociedade* da Faculdade de Educação da Unicamp;

Dia 25/10/86 às 16 horas – "Escola e Trabalho no Brasil Hoje" pela professora Carmem Sylvia Vidigal Moraes, professora da Faculdade de Educação da Unicamp;

Dia 8/11/86 – "Educação Popular, da educação libertária à educação libertadora". É professor de Antropologia da Unicamp, membro da Associação Latino-Americana de Educação de Adultos, com vasta obra a respeito. Publicou muitos livros, entre os quais destacamos: *O que é Educação?*; *A questão política da Educação Popular*; *O que é o método Paulo Freire?*; *O que é folclore?*; *Peões, pratos e congos*; e *Plantar, colher e comer*, entre outros. Podem ser encontrados em qualquer grande livraria;

Dia 22/11/86 às 16 horas – "Organização e poder: Estado, escola, empresa", professor de Teoria das Organizações na Escola de Administração de Empresas de São Paulo da Fundação Getulio Vargas, onde é professor titular. Leciona também na Faculdade de Educação da USP. Autor dos livros *Burocracia e autogestão*: a proposta de Proudhon; *Teoria geral da Administração*, entre outras publicações;

---

* *Notícias Populares*, 12/10/1986.

Dia 29/11/86 às 16 horas – "Educação pelo trabalho pela pedagógica Freinet", por Beatriz Tragtenberg (Bia Berg), atriz profissional em cinema, TV e teatro;

Dia 6/12/86 às 16 horas – Dóris Accioly e Silva e Lucia Bruno "Lutas autônomas e autogestão pedagógica";

Dia 13/12/86 – Roberto Freire fala de "Soma, uma terapia libertária".

O Dieese precisa de apoio*

O maior órgão de assessoria dos trabalhadores urbanos e rurais em suas lutas reivindicativas está passando por séria crise financeira, ao mesmo tempo que se observa uma atitude pública de apoio ao chefe das duas centrais sindicais: CGT e CUT. Seria necessário operacionalizar este apoio. Porém, o trabalhador terá toda razão em perguntar: quando e por que surgiu o Dieese?

A ideia de sua criação surgiu em 1953, quando trabalhadores de várias categorias resolveram criar o Pacto de Unidade Sindical. Como resultado surgiu a necessidade da criação de um órgão que desenvolvesse estudos que permitissem o conhecimento da realidade social em que viviam os trabalhadores. Daí ter surgido, em 1955, o Dieese.

Em 1964, com a intervenção do Estado nos sindicatos que o mantinham, o Dieese passou maus bocados. Na década de 1970 ele se expande para outros estados e implanta em 1975, no Rio Grande do Sul, seu primeiro escritório regional. Foram criados outros escritórios regionais e outras subseções.

O Dieese atingiu repercussão nacional quando através de seus dados foi possível comprovar que o governo manipulara os índices de inflação de 1973. O número que ele [o governo] anunciou oficialmente (14%) foi contestado pelo próprio Banco Mundial, que considerou correto o dado apurado pelo Dieese, 26,6%.

Graças ao estudo do Dieese inúmeras categorias de trabalhadores empenharam-se em lutas por reposições salariais. A seriedade de seu trabalho tem sido nacionalmente reconhecida, e atualmente o Dieese é consultado pela ONU e OIT a respeito de condições de vida dos trabalhadores brasileiros. O Dieese pesquisa custo de vida, emprego e desem-

* *Notícias Populares*, 17/5/1989.

prego, a cesta básica, assessora em campanhas salariais ou negociações de sindicatos.

O Dieese pede SOS, necessita do apoio consciente de todos os sindicalistas do país, de todas as pessoas compromissadas com a luta da classe trabalhadora por um melhor nível de vida. Sindicalista, ajude o Dieese a ajudar você, exija que seu sindicato filie-se a ele e contribua regularmente para sua existência e expansão. Você só tem a ganhar e nada a perder. Vamos lá.

Leitura para trabalhadores*

Muita gente acha, infelizmente até no meio sindical, que trabalhador quando muito deve ler "boletim" de uma página só; mais do que isso, segundo essas pessoas, o trabalhador não suportaria ler. Discordamos totalmente desse ponto de vista. É claro que o trabalhador não tem tempo para ler calhamaços de seiscentas páginas, e isso muito intelectual também não tem tempo para ler. Porém, livros de tamanho médio escritos em linguagem clara, o trabalhador que deseja conhecer o mundo que o cerca tem condições de ler.

Nesse sentido, a Editora Global editou uma série de livros dedicados a todos os cidadãos brasileiros e aos trabalhadores em particular, que podem ser encontrados facilmente, cujos títulos e autores informamos abaixo: José Paulo Netto – *O que todo cidadão precisa saber sobre comunismo*; José Luiz Del Roio – *O que todo cidadão precisa saber sobre movimentos populares do Brasil*; Maria Cristina Castilho Costa – *O que todo cidadão precisa saber sobre democracia*; Carmen Lúcia Evangelho Lopes – *O que todo cidadão precisa saber sobre sindicatos no Brasil*; José Ibrahim – *O que todo cidadão precisa saber sobre comissões de fábrica* (ele foi um dos dirigentes da célebre Comissão de Fábrica da Cobrasma, em Osasco, em 1968); Waldenyr Caldas – *O que todo cidadão precisa saber sobre cultura*. A Editora Ática também publicou uma série intitulada "Princípios" com a finalidade de atingir a população, especialmente os trabalhadores. Os títulos de que temos conhecimento são: Manuel Correia de Andrade – *Lutas camponesas no Nordeste*; Ariovaldo Umbelino de Oliveira – *Modo capitalista de produção e*

---
* *Notícias Populares*, 17/9/1986.

agricultura; Éder Sader – *Marxismo e teoria da revolução proletária* (avaliação crítica do século XIX até hoje); Pedro Castro – *Greve:* fatos e significados; Margarida Maria Moura – *Camponeses*.

Esclarecimentos de Maurício Tragtenberg relativos ao sindicato livre, ao consenso e à luta social*

Maurício Tragtenberg: Olha, gente, eu sugeriria uma coisa. Amanhã, a gente está tratando de conflito; amanhã, que é o dia definido para a greve geral; em São Paulo, por exemplo, tenho quase certeza de que o transporte público não irá parar porque o prefeito aumentou o salário dos motoristas há poucos dias, mas aqui é possível que se dê o contrário. Então, eu sugeriria, sem querer atropelar nada nas reuniões, que já que se estão analisando conflitos, que o que ocorrer amanhã também fosse analisado *in loco*, pelos que vão participar. Eu infelizmente estou com passagem para voltar a São Paulo de manhã, gostaria de ficar, mas não dá. Já que se está aqui discutindo uma série de coisas, o que ocorrer amanhã vai ser muito importante, inclusive para o debate aqui. É uma situação que vai transcorrer sob os nossos olhos e que pode e deve ser motivo de análise, também. Pode enriquecer muito uma série de debates, esclarecer uma série de posições e coisas que, às vezes, teoricamente são abstratas, mas em função de dados concretos ficam muito claras.

Uma questão que um grupo colocou e que achei importante foi que libertar os sindicatos da tutela do Estado é uma maneira de o conflito social aparecer e ter efeitos construtivos. Na medida em que você acaba com o sindicalismo burocrático, esse sindicalismo que está aí, estatal, há muito mais possibilidade de aqueles sindicatos que realmente defendem o trabalhador se manterem. É verdade que a maioria dos sindicatos não está filiada a nenhuma central sindical, em primeiro lugar. A grande maioria de sindicatos do Brasil, estou falando em nível nacional. Mas é verdade também que 99,9% são dirigidos pelo que se chama "pelegos". Sindicalismo amarelo, sindicalismo de burocratas. Fora exceções conhecidas que não é preciso falar. É muito claro que essa Convenção 87, o problema é

---

* Palestra proferida na Universidade Federal do Rio Grande do Sul (Ufrgs), em Porto Alegre, na década de 1990.

este: o Ministério do Trabalho pensa em realmente desatrelar o sindicato do Estado, mas precisa ver se ele assina a Convenção 87 junto. Sindicatos livres existiram no Brasil do início da institucionalização até 1934, mantiveram-se muito bem, graças a Deus, por cotização dos trabalhadores que viam que aqueles sindicatos realmente os representavam. Se o sindicato empelegava, tornava-se burocrático, os trabalhadores tinham toda a liberdade de deixar aquele sindicato e fundar outro. E sobrevivia o representativo. Isso até 1934, o sindicalismo livre é que existiu, eu conheci muitos sindicalistas desse período, foram meus mestres em sindicalismo, sobre isso eu não aprendi na universidade. Edgard Leuenroth era um gráfico de origem alemã, dirigiu a grande greve de 1918, em solidariedade à Revolução Russa. Ele me mostrava uma carta de Kropotkin, tinha a versão russa e a francesa, respondendo a essa greve de solidariedade do operariado de São Paulo.

Tem João da Costa Pimenta, que foi um dos fundadores do PC, depois deixou-o e criou o Sindicato dos Gráficos, em São Paulo, feito pelo sindicalismo livre. Era trabalhador que era líder sindical, mas ser líder não era profissão, ninguém tinha profissão de líder. A pessoa cumpria seu trabalho e cumpria sua função sindical. Não havia Vogal de Justiça do Trabalho, essa pepineira, que pega um ex-operário e paga 200-300 mil cruzados por mês e o coopta. São os tais Vogais da Justiça do Trabalho, criados em 1934 com Getúlio, com o sindicalismo burocrático.

Então, essa autonomia sindical, essa liberdade sindical, realmente acho que pode permitir explicitar com maior clareza os conflitos. Isso acho que já é muita coisa no processo brasileiro. Muito obrigado.

[...]

Maurício Tragtenberg: Realmente o termo, inicialmente, dá má impressão, porque às vezes pode-se ter uma ditadura de *consenso*. Porém, deve-se explicar que, na estrutura social, as coisas são contraditórias. Por exemplo, temos um processo de trabalho que, todo ele, depende de mais de uma pessoa; logo, depende de uma força coletiva, depende de cooperação no processo como tal. Então, o trabalhador é uma força coletiva. Ao mesmo tempo, o trabalhador é levado a competir por um lugar de trabalho. O problema de consenso não é o consenso em si, mas sim como se chega a ele. Por quê? Porque – exemplificando –, na universidade, examino muitas teses, participo de muitas bancas e prefiro dar as notas por consenso com os colegas da banca, após discutir, avaliar e verificar uma série de aspectos.

Após a avaliação e uma série de coisas prefiro chegar a um consenso sobre aquele assunto a cada um dar a sua nota. Então, um consenso que passa por uma discussão anterior, não vejo mediocridade. Veria mediocridade num consenso que não passa por nenhum debate, isso sim, e até seria, poderia assim ser dito, preguiça para discutir o problema. Por exemplo, se houver um debate sobre tal problema e o grupo chegar a um consenso a respeito da posição a ser tomada, não acho mediocrizante. Mediocrizante acho que é a solução chamada consensual sem discussão anterior. Mas, desde que haja uma discussão real e precedente, não vejo assim.

[*Intervenção inaudível da plateia.*]

O colega coloca a *luta social*. Na luta social temos uma relação de forças tão desproposidada que não se pode dar um passo maior que a perna; às vezes, temos de recuar e, então, chegar – aí está – ao chamado mínimo denominador comum. Quantas vezes, em fábricas, o pessoal começa com cinco, vinte, trinta reivindicações. Os sindicatos começam assim. Têm atendidas somente três e está ótimo. Veríamos mediocridade no pessoal? Diria que não. Pode-se ter a cabeça no céu. Cabeça no céu, preocupação em avanço, preocupação em mudanças, preocupações em melhoras, porém é preciso ter o pé na terra. Ter o pé na terra significa que se carregue o peso do real. Quer dizer, o mundo das possibilidades. Aí, às vezes, somos obrigados a negociar reivindicações. A isso chamaria de mínimo denominador comum, sem dúvida. Mas, naquela conjuntura, não dá para avançar mais do que isso.

[*Intervenção do público*]: Na realidade minha pergunta não se referia à relação com a empresa, mas sim Estado ou governo com a sociedade. Já que precisa optar, para nosso companheiro aqui. Vou ler lá novamente para situar melhor. Temos um poder, que é o governo, que historicamente [atua] com cultura centralizadora e normativa, entendendo que o ideal seja uma postura descentralizadora e com soluções de problemas de forma situacional, ou seja, no local onde ele acontece, e que a postura da sociedade hoje é de espera de benesses, ou seja, leis que regulem e solucionem seus problemas, o que fazer para sairmos desse círculo vicioso? Como se deve apostar a postura na sociedade? Apenas havia dado o exemplo que as empresas na sua relação usaram, talvez, da cogestão e da administração participativa como uma forma de solucionar, de colocar um pouco de água na fervura.

Maurício Tragtenberg: Deixa eu pensar melhor para falar. Precisa primeiro pensar para depois falar. Tem muito caboclo que primeiro fala e depois pensa, isso é péssimo. Aí precisa ser boliviano. Em que sentido? Para esclarecer melhor: nenhum trabalhador boliviano hoje está fora de qualquer organização, fora do trabalho. Ou está no sindicato, na associação de bairro, na comunidade, qualquer coisa nesse sentido. Qualquer trabalhador boliviano está organizado. Qualquer assalariado boliviano pertence a alguma organização. Por que ele faz isso? Para ter mais força para *lutar*. O operário que procura formar comissão de fábrica, formar um grupo de fábrica, às vezes correndo o risco de demissão – pois, como eu falei, nosso empresariado não saiu da Idade Média, criminaliza conflito industrial, e no Renascimento nós vamos chegar até o ano 2000, se possível for, mas, no geral, no plano da relação com o trabalhador, a coisa é medieval. Acho que quando o trabalhador faz isso tem de dar força. Não só dar força como todo assalariado tem de se organizar na área de trabalho dele. Não vou dizer a um metalúrgico o que ele deve fazer; se sou professor, minha área de luta é meu lugar de trabalho, então é nessa área que eu preciso participar. Você me diz: se espera benesses do Estado, o que fazer com elas? Manda para o inferno, pois se tem-se uma sociedade, uma classe ou uma pessoa que não se disponha a lutar pelos seus direitos, ela não merece esses direitos. Este é o problema central. Da mesma maneira como expliquei, cada um de nós tem de viver sua vida pessoal, você tem vida por procuração? Não existe isso. Cada um de nós tem a sua existência, não pode viver por procuração, não se pode também lutar por procuração. Certo? O que ocorre é que você deve se organizar, se juntar a algo, a uma força coletiva para ser ouvido. Aí você percebe uma coisa interessante, de como o conceito de indivíduo, opção individual, individualismo, é um conceito ideológico. Quando você quer ser ouvido tem de fazer parte de uma força coletiva para ser ouvido. Individualmente, é um *Sonho de uma noite de verão*, você não consegue nada, nesse sentido de ser ouvido. O trabalhador percebeu isto: que ele vale enquanto força coletiva. Mesmo no meio rural ele vai procurar se organizar, via desde mutirão, desde comissão de fábrica, desde sindicato, desde associação de bairro, desde mil formas que o povo inventa e encontra para se auto-organizar. Você diz: bom, as associações de bairro de São Paulo são todas cooptadas pelo Jânio [Quadros]. É verdade. É um risco que se corre. Você anda na rua, pode ser atropelado, é um risco, e os índices de morte por atropelamento neste país são muito altos. O fato é que só não corre esse risco quem não age. Esse nunca erra, e não corre o risco também de cooptativas, quer dizer, de não resistir a pressões cooperativas.

Desde que você está num processo de luta ou de organização corre o risco de todo tipo de pressão. Aí entram a formação pessoal e o apoio de grupo que se tenha para resistir a mil coisas, cooptações, ameaças, essas coisas que ocorrem num processo de luta social.

Se esse povo ou essa sociedade civil espera e não parte para se organizar para lutar, não merece nada, sofre que nem cachorro e fica num resmungo paroquial, que é típico da burocracia, daquele burocrata que é incapaz de se organizar e fica resmungando no corredor. Não merece o que tem, como falei de novo, não dá para lutar por procuração, cada um tem de assumir o seu lugar nesse processo todo. Isso depende da divisão social do trabalho, que é uma forma de controle sobre nós, sim, mas também é a maneira da nossa inserção no social, a maneira de se fazer presente no social. A mais autêntica que possa haver é esta, não vejo outra. Não sei se respondi o que você colocou, mas sinceramente, de uma maneira mais simples, acho isto: só merece ter direito quem luta por ele. Não lutou, não tem porquê ficar naquela posição daquela criança que quer ser alimentada pelo peito materno, fica de boca aberta a vida toda. Uma hora tem de ocorrer o desmame.

Autonomia operária, velha conquista em debate atual[*]

Nem pátria, nem patrão, de Francisco Foot Hardman,
Brasileiro, 199 p., Cr$ 1.800.

Reconstrói o autor um período do movimento operário no Brasil em que seus protagonistas eram ferroviários, alfaiates, sapateiros, padeiros, de origem brasileira, italiana, portuguesa e espanhola.

Na forma de "Uniões Operárias Mutualistas", "Associações das Classes Laboriosas", cooperativas, por eles dirigidas, prestavam assistências médica, dentária e aposentadoria a seus associados.

A organização sindical caracterizava-se por englobar vários ofícios e possuía autonomia absoluta diante do Estado, do patronato e dos partidos políticos. Era mantida pelos próprios trabalhadores, que após o trabalho na fábrica se dirigiam às "casas sindicais" localizadas nos bairros, para trocar ideias, ler jornais ou revistas.

---

[*] *Folha de S.Paulo*, 3/4/1984.

Não existia o sindicato único atrelado ao Estado, nem a profissão de "líder' ou "diferente sindical", que, a pretexto de lutar pela "emancipação da classe operária", na realidade "emancipa-se" dela, convertendo-se num burocrata sindical. Era um sindicalismo de militantes, não de burocratas, como explica Aziz Simião em *O sindicato e o Estado* (Ática), o melhor livro a respeito.

O autor mostra que, além de os trabalhadores atuarem em sindicatos livres, possuíam uma proposta social (autogestão social) e uma proposta cultural e educacional. Intelectuais como Silvério Fontes, Ricardo Gonçalves, Fábio Luz, Elísio de Carvalho os apoiavam sem pretensões de dirigi-los ou guiá-los.

Desenvolveram o teatro, em que grupos amadores encenavam peças de caráter social. Em São Paulo, o Centro de Cultura Social era esse espaço. Um de seus fundadores, o sapateiro Pedra Catalo, era autor de mais de trinta textos de teatro. Ao lado disso, havia as "festas operárias", os piqueniques, a ocupação dos parques públicos e espetáculos circenses. As festas, circo, teatro e poesia, obra de trabalhadores, constituíam a "cultura operária" numa época em que não surgira a TV ditando uma "cultura de massa".

Uma literatura social no conteúdo, embora parnasiana na forma, emergia através de Ranulpho Prata, em *Os iluminados*; de Tito Batini, em *Filhos do povo*; e de Patrícia Galvão, em *Parque industrial*. Ela (Pagu) fora uma das primeiras militantes a romper com o PC quando esse institucionalizara o stalinismo, a lutar pela emancipação da mulher trabalhadora junto ao homem trabalhador, sofrendo cerrados ataques da direção do PCB e da elite oligárquica. Vista como desertora pelo partido e pela elite, manteve-se até o fim fiel a si mesma e a uma visão socialista libertária.

O autor reconstrói a criação das Escolas Operárias fechadas pelo Estado, a pretexto de "contrariarem a legislação oficial". Tiveram seus defensores em Maurício de Lacerda e João Penteado, que, em "A Escola na Prisão", artigo publicado na *Plebe*, denunciara o arbítrio.

Hoje poderia caber a pergunta: como os sindicatos livres e essa cultura operária desapareceram? A resposta é uma só: cabe estudar a tremenda repressão sofrida na época por esses trabalhadores. Alguns, deportados para os países de origem, outros, enviados a Clevelândia, um campo de concentração junto ao Oiapoque montado por Artur Bernardes.

O autor mostra como através do sindicalismo livre a proposta libertária vinculou-se à classe trabalhadora urbana. A "cultura operária" estava ligada ao confinamento da classe às "vilas operárias", das quais a Vila Maria Zélia (no bairro do Belém), construída pelo industrial Scarpa, era o modelo. Segregação no espaço, segregação e impossibilidade de acesso à "alta cultura" da elite, criaram condições para a "cultura operária". Ela continha suas contradições, pois a sociedade funda-se nas contradições de classe. Ao lado disso, mostra o autor como vigorava uma ética proletária próxima ao puritanismo, na condenação à bebida, jogos e outros "vícios" burgueses.

Mostra também como as "Escolas Racionalistas" se constituíram em propostas de ensino alternativas ao ensino oficial e confessional. Fundavam-se na pedagogia de Francisco Ferrer. Eram baseadas num ensino sem prêmios ou castigos. O que sabia mais já estava premiado, o que sabia menos não deveria ser punido com nota baixa ou excluído, por isso merecia maior atenção. Contrariamente, o ensino atual, a pretexto de avaliar, seleciona através da escola os que já estão "selecionados" por sua posição na estrutura de classes.

Pelo menos em São Paulo, seriam dignos de menção o Centro Catalão, o Centro Democrático Republicano Espanhol, o Centro de Cultura Social e os cursos livres mantidos pelo Partido Socialista Brasileiro. Diria, como Gorki, foram as "minhas universidades".

Semanalmente realizavam-se conferências aos sábados à tarde ou à noite. Adeptos do positivismo de Augusto Comte, estudiosos de Marx, Proudhon, Bakunin expunham suas opiniões a respeito com amplos debates. Na sede do PSB, Febus Gikovate, Antonio Candido, Aziz Simão ministram cursos sobre a História do Brasil, sindicalismo e história dos movimentos sociais. Era uma formação cultural diferente do processo de escolarização a que é submetido o estudante nas escolas-quartel, sob o nome de universidades, hoje, ele sai com um diploma. Se tiver "capital de relações sociais" terá emprego na burocracia das empresas privadas ou do lado, caso contrário será mais um desempregado diplomado.

A reconstrução das organizações autônomas criadas pelos trabalhadores e suas propostas político-culturais feita pelo autor é mais atual do que nunca. Essa proposta autonomista está presente no sindicato Solidariedade, apesar de o Estado, dito operário, tê-lo tocado na ilegalidade e, com ele, a maioria da classe trabalhadora polônia.

No Brasil, quando surgiam comissões de fábrica autônomas ante o patronato e o Estado; quando os trabalhadores reivindicam também saber do qual foram expropriado [...]¹ quando intelectuais "passam" se [...]² saber a eles, sem pretensões de dirigi-los ou guiá-los, o livro de Footman é mais atual do que nunca. Tem seu público entre os trabalhadores conscientes de seus direitos e aqueles intelectuais com eles comprometidos, que vivem do exercício de sua profissão (pesquisadores ou inocentes). Rejeitando nomeação para cargos públicos, defendendo assim a dignidade da inteligência contra a indignidade de alguns intelectuais. Por tudo isso, o livro é para ser lido e meditado. Como texto científico, é "inacabado", terá continuidade por aqueles comprometidos com a causa dos explorados e oprimidos.

A autonomia das comissões*

Já *Gramsci* acentuara a importância das comissões fundadas na produção industrial num fato permanente, e não apenas na luta pelo salário (*Conselhos...*, 1978). *Pannekoek* colocava-as como a *fonte* da democracia operária, prática da autonomia e representação direta. É o solo em que se desenvolve a educação social e política do trabalhador. Em que ele aprende que, para ele, a liberdade *individual* é uma mentira, pois tem de participar da luta *coletiva* para obter melhor retribuição do seu trabalho.

As Comissões de Fábricas *degeneram* quando transformadas em correias de transmissão de diretorias sindicais "pelegas" ou "autênticas", ou de seitas e partidos políticos. Enquanto na Comissão ecoa a *voz* do peão da linha de produção, na estrutura sindical vigente e nos partidos políticos o peão é reduzido a uma massa submissa e disciplinada que é convocada para ouvir a *voz* dos que pretendem *falar por ele*.

Em que situação está o sindicalismo aqui para se arvorar em representante dos trabalhadores? Para criticar os órgãos que eles criam na forma de "grupo" ou "comissão de fábrica" no processo de suas lutas como "paralelismo"? Atrás de toda acusação de "paralelismo" há um *burocrata sindical* que defende a *unicidade sindical*, o imposto sindical, taxa assistencial, que lhe permitem praticar *o máximo de assistencialismo e o mínimo de*

---
1 Trecho ilegível no original.
2 Trecho ilegível no original.
* *Folha de S.Paulo*, 4/12/1983.

reivindicações pelas quais lutar – o que caracteriza o sindicalismo burocrático criado desde 1931.

Pela prática por meio da participação na Comissão de Fábrica aprende o operário que na fábrica existe uma divisão de trabalho a que ele deve obedecer, fora da fábrica aprende que *política* é para ser praticada nos partidos, *reivindicações econômicas* nos sindicatos, o *saber* está confinado às escolas, e a TV e o rádio definem o que tem e o que não tem valor cultural. Sua própria vida é dividida em fragmentos estanques. É a prática de sua luta pelas comissões que lhe dá elementos para posicionar-se no plano político, econômico e cultural. Ele aprende por meio da "escola de luta".

Ela lhe ensina que, ao lutar por salário (economia), enfrenta a hierarquia fabril (o poder), auto-organiza-se e desenvolve sua consciência político-social e cultural. São *partes* de um *todo*.

O trabalhador tem de lutar contra o processo de "infantilização social" a que está submetido, que impede sua capacidade criadora, responsável pela *ideologia da nulidade operária*, que permite a muitos exploradores de seu trabalho apresentarem-se como seus defensores. São os autointitulados "dirigentes" políticos, sindicais, da política cultural, que pretendem representá-lo.

Pela estrutura familiar tradicional da escola, da tão alardeada "(de) formação sindical" dos partidos políticos – especialmente os que trazem o nome "operário" –, ele é educado para obedecer.

São escolas de *submissão* como são o presídio, o convento, o manicômio, a fábrica em que trabalha.

O desenvolvimento *real* do trabalhador só ocorre quando, por meio de uma "comunidade de luta", que é uma Comissão de Fábrica ou Interfábrica, ele dirige o processo de sua luta, bem como a sua finalidade.

A tomada da Ford de José Carlos Brito (1983) é da maior significação para o trabalhador, dele tiramos uma lição clara como a água: *trabalhador, se ninguém trabalha por ti, que ninguém decida por ti*.

Quanto aos sindicatos, vejamos: M. Grondin (*Diagnóstico dos motivos de sindicalização dos trabalhadores:* estudo na área da Grande São Paulo) realizou mil entrevistas abrangendo trabalhadores metalúrgicos, da construção civil, têxteis, transporte coletivo, bancários, comerciários e químicos. Entre outras conclusões, verificou-se que o próprio nome do sindicato *é ignorado* por 50% dos trabalhadores; a localização de sua sede é *desconhecida* por 65% dos mesmos; 88% entre bancários, 90% dos metalúrgicos e 98% das demais categorias desconhecem o nome da *Federação* à qual o sindicato está ligado. O nome do presidente do sindicato é *desconhecido* por taxas que variam entre 80,3% e 96,7% dos trabalhadores de diversas categorias, inclusive bancários. De 87% a 100% desconhecem os membros das diretorias. Desconhecem a ocorrência de assembleias regulares durante o ano 75% do total. Apenas 46% dos sócios votaram na última eleição sindical, ou seja, 14,4% dos trabalhadores. Todos manifestam desejos de *melhor informação a respeito* de tudo que se refira a sindicato.

***

Desconhecimento do nome do sindicato, de sua localização, do nome do presidente, sem falar dos diretores, fraca participação nas eleições sindicais e assembleias, desconhecimento do que é feito com os recursos financeiros de que dispõe o sindicato, desinformação quanto ao sindicato, tudo isso mostra que a estrutura sindical vigente mantém-se *apesar* dos trabalhadores. Na realidade é uma estrutura destinada a *discipliná-los*, assisti-los por mediação do médico, dentista ou advogado. Porém, com o poder de assinar contratos coletivos de trabalho *em nome* dos trabalhadores, *sem* participação no processo.

Dentro do quadro anteriormente descrito que caracteriza o sindicalismo brasileiro, é notória a incoerência entre as inúmeras diretorias sindicais que lutam para que as categorias em nome das quais foram eleitas tenham registro em carteira, enquanto *negam-se* a fazê-lo com professores, assalariados do sindicato, que lá ministram cursos aos associados. A aplicação dos "bons princípios", "das boas intenções", do "discurso crítico" deve começar em casa, isto é, a partir da relação que a diretoria do sindicato mantém com seus funcionários.

Acentuamos o fato de que o trabalhador, no processo de sua luta, cria organizações *horizontais* (Comissões, Conselhos, Delegados de Secções), mediante as quais controla o processo e a finalidade do mesmo. Ocorre que por influência do sindicalismo burocrático, dos partidos políticos que pretendem "representá-lo", dá-se um processo de *verticalização* das organizações. Surgem os "dirigentes", definem-se os "dirigidos".

As relações de dominação no interior da fábrica passam para o espaço sindical, seus "dirigentes" preocupam-se mais em *desmobilizar* a categoria do que o contrário. A sucessão de Enclats, Conclats, CUTs, se de um lado coloca em contato categorias de trabalhadores que na estrutura sindical vigente estão isoladas, por outro, pouco dizem àqueles da linha de produção. Esse afastamento aparece quando se marca uma greve nacional num dia 25, a data em que o trabalhador recebe seu vale.

A tomada da Ford de José Carlos Brito (1983) é uma obra altamente educativa e pioneira, é a primeira história da formação de uma Comissão de Fábrica organizada por trabalhadores da indústria.

A pretexto de "falta de formação", falta de "consciência política" no sentido mais amplo do termo, muitas organizações autointituladas vanguardas pretendem substituir o trabalhador quanto às suas formas de organização, à maneira de dirigir a luta e os objetivos que o trabalhador como classe pretende atingir.

Na realidade, não há nenhuma relação direta entre "capital cultural", maior ou menor escolaridade e nível de consciência social ou política. Houve muitos doutores das universidades que produziram Atos Institucionais, autores de Leis de Exceção.

Muitos ex-trabalhadores, esquecendo sua origem social, passam a viver de "organizações de apoio ao trabalhador", sem eles próprios trabalharem na sua profissão, no seu local de trabalho entendido como o local de luta.

É necessário desmistificar a "incultura" livresca do trabalhador, tida por muitos como pretexto para tutelá-lo, "dirigi-lo", "falar em seu nome". Tem razão João Bernardo quando escreve: "o proletariado enquanto classe nunca é inculto, pois pela sua situação social edifica as bases institucionais de um futuro possível" (jornal *O Combate*, Portugal).

O mais importante é o povo se auto-organizar[*]

JH – Mas, por outro lado, se a gente, por exemplo, pegasse o PT enquanto proposta de um partido classista – se bem que o Lula afirme o contrário –, como isso ficaria no atual momento político brasileiro?

Maurício – O mais importante é o povo, que não tem o privilégio do poder, se auto-organizar. Isso eu acho o mais importante, quer dizer: associação de bairro sindicato em si, comunidades de base...

---

[*] *Jornal de Hoje*, 16/12/1979.

JH – Mas essas entidades travam uma luta limitada, uma luta econômica. Como ficaria então a organização no nível da luta política?

Maurício – Aí é que tá o problema. Eu confio nisto: não há luta econômica que não seja política. Você, quando faz uma greve, questiona o sistema, enfrentando a repressão na rua. Então, essa é uma luta política...

JH – No que diz respeito à consciência, como é que fica?

Maurício – A consciência se desenvolve nesse processo de luta. Ela não é formada *a priori*. Você não tem um pessoal que lê determinados autores e que chega à mão de obra para dizer o que ela deve fazer. Eu acho que esse é o grande grilo dos movimentos operários brasileiros. Quer dizer, você teve sempre muita vanguarda sem retaguarda. Eu acho que o pessoal devia ser mais humilde, especialmente os intelectuais. Eles têm mania de ensinar o povo, e eu acho que eles devem aprender com o povo. Nossos colegas são pouco humildes porque se julgam portadores de um saber, em relação à média do povo, e partem de um pressuposto: acham que esse povo precisa ser tutelado. Eu acho isso um perigo para a organização do povo. Eu acho que tem que haver uma organização acima do sistema corporativo. A organização sindical é corporativa, sem dúvida, a associação de base é limitada, mas o que ocorre é o seguinte: o processo social, apesar disso, anda. [*Pausa.*] E a forma de consciência vem da forma de existência. Olha aqui, eu dou o exemplo da Bolívia. Vocês conhecem o livro *Se me deixam falar...* [1981]? Esse livro traz a autobiografia de uma pessoa que formou sua consciência através da existência. E, veja bem, nem foi ela que escreveu. Quer dizer, ela não tem nem a escolaridade, o que eu acho até bom, pois tá menos deformada. E você vê atrás daquela autobiografia política uma consciência social e política que advém da luta do dia a dia. Então eu acho que o grande grilo é os partidos chamados "de esquerda" quererem tutelar o povo. Primeiro, tutelar nesse sentido. É a ideologia da vanguarda. Eu acho isso um perigo terrível para o próprio povo, porque acho que atrás disso se esconde o desejo de poder da pequena burguesia, questiona a estrutura das classes. Tudo bem. Mas se você pretender dizer: bom, eu substituo a propriedade privada, o esquema do Estado capitalista, eu monto outro Estado e depois parto pra dirigir esse outro Estado, você está reproduzindo uma outra forma de dominação. Porque você está criando novos patrões em cima do povo. E se você entender que esse Estado é revolucionário, é uma ilusão. Nenhum Estado é revolucionário, porque todo Estado é conservador, né? E tem que ser, pois a função dele é conservar o *status quo*, o que existe. Quer dizer, o que há de revolucionário é sempre de quem não detém o poder, é sempre da base.

JH – O senhor falou das associações corporativas. Então, como estabelecer um vínculo entre essas associações e um partido político que consiga...

Maurício – Aí é que está. O partido político, eu não vejo de maneira positiva e vou te explicar por quê. Primeiro, o partido implica o político profissional. Eu acho que líder popular não deve ser profissão. A profissionalização da política leva à burocratização. Você pega um operário, ele é líder da categoria: não é chefe burocrático, ele é líder, quer dizer, ele emerge do processo de luta. Esse operário vai ser deputado, muito bem. Vai pra Assembleia. Entra no capital de relações sociais com quem? A classe "A". Certo? Todo aquele jogo de poder que vocês conhecem na entrada de serviço de qualquer Assembleia Legislativa. Não é entrada social, é entrada de serviço. A tendência é ser cooptado pelo poder. Quer dizer, ele é ex-operário, e a tendência dele é vencer os colegas de categorias, do ponto de vista do aparelho: de cima pra baixo, e não como um igual. O problema todo é esse, eu acho. Se o PT e esses outros partidos todos querem construir uma estrutura igualitária, eles nunca podem, usando estruturas desiguais, burocráticas como partido e centralizadas como partido... Porque todo partido pressupõe uma máquina que o dirija. Você tem o partido, mas, pode reparar, todo partido é vertical – uma estrutura de cima pra baixo. É burocrático no sentido de que cria um quadro administrativo, cria um quadro de ideólogos, jornalistas do partido, jornal do partido. Aí eu não sei se vocês vão publicar o que eu estou falando [*risos*]... Então cria-se uma condição de interesses criados e eles vão ser o fator de conservadorismo, porque os ideólogos vão combater as novas ideias, na medida em que essas ideias vão criticar a legitimação de poder desses ideólogos.

JH – Não sei se esta é uma visão um pouco pessimista, mas o senhor mesmo lembrou agora há pouco isto: que existe uma tendência dos movimentos de bases a se diluírem dentro do formalismo burocrático, na medida em que há necessidade de organização e, concretizada essa organização, a coisa já foge do controle...

Maurício – Um momentinho. Você está confundindo, me perdoe, duas coisas: organização com burocracia. É diferente. Você pode ter organização sem burocracia nenhuma, em função de um trabalho a ser feito. Nós estamos aqui em função de um trabalho a ser feito. Ponto final. Então eu falo, você fala, ela fala, ele fala. Tudo bem. Não há aí uma relação de poder de um sobre outro. Isso é organização. Burocracia é quando, em função da organização, a pretexto de organizar, você cria um quadro privilegiado, profissional e diferenciado da comunidade, com poder sobre ela e a pretexto de defendê-la. Então eu dou um exemplo: a CNT espanhola. A Confederação Nacional do Trabalho da Espanha... Hoje ela voltou, né?, e tem um peso na vida política espanhola... Mas ela, pouco antes da ascensão de Franco, tinha mais de 1 milhão de aderentes. E ela tinha um funcionário profissional, que era o secretário-geral. Por quê? Porque todo o pessoal trabalhava e depois do trabalho ia cuidar dos assuntos de organização. Todo mundo vivia para a organização, e não da organização. Só havia um profissional desligado da produção e que era pago. Acho que o poder encuca uma ideologia terrível de dominação em cima do dominado. Primeiro, de que o dominado é burro, é infradotado e precisa de tutela, e que ele, por si, não pode alcançar nada. Segundo, que ele não pode se auto-organizar, que a organização pressupõe burocracia, em função da complexidade da sociedade. Eu já ouvi falar muito disso, aqui na escola também, já ouvi muito sociólogo falar isso. A complexidade existente, mas há uma diferença: você pode ter funções sem ter cargo. Quer dizer, eu posso ter uma função, mas essa função que a comunidade me delega – e pode me retirar a qualquer hora – não se constitui num conjunto de privilégios, de imunidades em relação à comunidade.

"A cisão entre intelectual e manual: um grave problema."*

JH – Como a oposição pode passar por cima da imposição dessa reforma partidária e criar estrutura política sem incorrer nos mesmos erros históricos?

Maurício – Aí é preciso ver primeiro. Você fala oposição. O que é oposição? Eu acho que no Brasil, como eu te falei, nós sempre tivemos uma oposição que não se opõe, estruturalmente. Veja bem, o que é ser oposição? O MDB sempre foi uma fração dominada da classe dominante. E veja o caso da Assembleia Legislativa de São Paulo, onde ela tem maioria e o governador sempre ganha. Os projetos são aprovados sempre e o MDB é que tem maioria. Então você tem uma chamada oposição que não se opõe, que é da mesma fração oligarquia dos donos do poder. Muito bem.

---

* *Jornal de Hoje*, 16/12/1979.

Mas você teria setores populares representados por partidos que seriam de oposição. Então seriam quem? Você diria: não... Seriam os PCs, PCB, PC do B, a tentativa de formar um PS, por exemplo, que ia ser de oposição. Agora, tem que ver um problema, é preciso diferenciar: oposição ao governo é uma coisa, oposição ao Sistema é outra, em primeiro lugar. Em segundo lugar, eu sou radical, eu acho o seguinte: se você se diz de esquerda, não pode pleitear, por exemplo, um modelo de ditadura transitória pra realizar esse projeto de esquerda. Isso é ser de direita, isso não é de esquerda. Eu acho que toda ditadura é de direita. Por quê? Porque pra se exercer ela precisa de um quadro burocrático, e esse quadro burocrático obrigatoriamente é uma forma de Estado policial. O nome que tiver não muda muito. Da mesma maneira que nenhum Estado é revolucionário por ser Estado, eu acho que toda ditadura é de direita, na medida em que *pra* ser exercida ela pressupõe um quadro burocrático acima da sociedade, com poderes sobre ela. Então eu acho que a coisa tem de vir de outra maneira. Quer dizer, eu acho que ser esquerda hoje é você lutar pela auto-organização da mão de obra, e não pela tomada do poder por um partido. Todo partido quer o quê? O poder. Agora, ao tomar o poder ele vai construir um quadro burocrático, privilegiado em relação à grande maioria. Pelo poder de mando e pela possibilidade de usufruir os recursos econômicos da maneira como acham, em que a grande massa entra como massa de manobra. Quer dizer: todos os movimento sociais em que os partidos, em nome do povo, tomaram o poder, o que aconteceu? Eles não acabaram com a cisão fundamental, que eu acho que é o grande problema que reproduz o capitalismo, que é a cisão entre o trabalho intelectual e o trabalho manual. Que dizer, a cisão entre quem planeja e quem executa. Esse é um grave problema. Na estrutura capitalista você tem o quê? A supremacia do trabalho intelectual sobre o trabalho manual, a supremacia de quem planeja sobre quem executa. Então você tem dez que pensam e milhões que executam. Isso aqui deste lado. Do outro lado você tem o Gierek, que é o primeiro-ministro da Polônia, que, por ocasião de um movimento de operários na Polônia, em relação ao Estado operário, declarou em duas palavras isto: vocês se preocupem em trabalhar, porque nós comandamos, nós dirigimos. Ora, Taylor não falaria melhor do que Gierek. Todo taylorismo é justamente isto: o operário é uma mula, a administração científica é um patrimônio cultural de uma minoria de engenheiros, que deve definir pro operário as cadencias de produção, o ritmo e tal. Então, o que ocorre é isso, eu vejo.

Isso não é ser de esquerda. Por quê? Pelo seguinte: o grande motivo da crise da esquerda é que ela sempre se preocupou muito com o problema do partido, do poder, e ela não percebeu que não adianta você ter o poder de Estado se a mão de obra não tem autogestão nas instituições. É inútil qualquer minoria tomar o poder de Estado, impor uma ditadura em nome do povo, se na fábrica, se nas escolas, nos hospitais, a mão de obra não tiver a possibilidade de diretamente autogerir a instituição e ter poder de decisão nela. Agora, essa autogestão – pra mim socialismo é isso, autogestão – é incompatível com o exercício de um socialismo por decreto. O socialismo não pode se impor por decreto. Eu acho que esse é um ponto fundamental. Agora, desde que você estruture um novo Estado e um partido dominante ou o que seja, e ele se estruture no verticalismo, você vai procurar fazer o "socialismo por decreto". Quando, diferentemente de todos os sistemas sociais, o socialismo seria estrutura de sociedade sem classes. Porque, até o capitalismo, todas as sociedades são de classes. Então você tem sempre o quê? Uma divisão social do trabalho, em que poucos decretam e muitos obedecem, desde as sociedades de Estado escravagistas até o moderno. O socialismo implicaria uma mudança global nisso. Quer dizer, implicaria o seguinte: o centro de decisões partir da base pro topo. E olhe, isso não é utopia não, não é sonho. Na Guerra Civil da Espanha, no período de 1936-39, em 70% do território espanhol, a CNT organizou a mão de obra dessa maneira, e um planejamento econômico da base pro topo. Eu tenho esse texto aqui na biblioteca da escola, chama-se *Plano econômico da Revolução*. E, veja bem, esse planejamento da base *pro* todo, feito por uma população semialfabetizada. O camponês operário na Espanha de 1936 era praticamente analfabeto, a ponto tal que a pessoa que sabia ler pegava um jornal, ia pra praça da cidade e lia *pro* povo ouvir, *pra* se informar.

Maurício Tragtenberg: "Sociólogo é vaca que não dá leite"[*]

Corneta: O que você poderia dizer sobre se você acha que existe um papel do sociólogo na política, em termos de atuação política? O sociólogo tem um papel

---

[*] Entrevista publicada em *O Corneta*, segunda quinzena de maio de 1987-8.

em termos de atuação na política, de orientação para a classe operária ou você acha que isso não tem muito sentido?

Tragtenberg: Olha, do que eu conheço de sociólogo, a grande maioria, por exemplo, está tudo em cargo público, especialmente com a vitória do PMDB. Por exemplo, nas escolas onde eu leciono está tudo deserto, porque tudo mundo foi para a burocracia, então foi para cargo público, e também isso facilita acesso a verbas internacionais para pesquisa, e o "caboclo" está pensando mais em ganhar em marco, em dólar, do que na classe operária. Sinceramente, eu acho que com o sociólogo está acontecendo o que ocorre com o economista, o que ocorre com o chamado cientista político, quer dizer, o pessoal é classe média, então se gruda na burocracia, no aparelho de Estado, e faz a revolução dele, está num cargo público, com boa consciência, dizendo que é a teoria da brecha, que tem que ocupar espaço. E, na realidade, o que eu tenho visto dos meus colegas é meio decepcionante: ou o pessoal está muito preocupado só com a carreira pessoal (o que eu não acho ilegítimo, mas só isso é lamentável), ou então o pessoal que entra em partidos para escalar cargo público, como está na moda entrar em partido de esquerda ou centro-esquerda, são os que podem nomear para cargos públicos, porque a luta dos partidos, no fundo, é muito pouco ideológica, porque a luta dos partidos políticos hoje no Brasil, como no mundo em geral, é a luta pelo direito de nomeação para cargos políticos.

E o intelectual não faz exceção a isso, especialmente o universitário, então eu acho que o trabalhador esperar muita coisa, eu acho que, às vezes, corre o risco de esperar "uma vaca que não dá leite". Então, nesse sentido, eu acho que o movimento operário como movimento tem que procurar criar os seus intelectuais, a partir do movimento, da prática do movimento, e esse pessoal se qualificando, tudo bem. Agora, esperar que da universidade saia algo, eu acho difícil. Então, mesmo os centros, você reparou que tem Pastoral Vergueiro, você tem mil e um Centros de Estudos e todo mundo dá força ao movimento operário e nunca o operário esteve mais na merda do que hoje. Você só tem centro que dá força ao movimento operário, edita material e diz que dão força ao movimento popular e, na realidade, os centros ficam como cabides de emprego e o cara vende uma mercadoria que é dar força ao movimento operário, e o movimento real se vê cada vez mais sendo destruído.

Corneta: O operário, por exemplo, quando é recrutado por meio desse centro, ele seria mais ou menos o cabo eleitoral dessas pessoas?

Tragtenberg: É, o problema é esse, sabe o que eu acho, o problema do operário é esse, e não só do operário, o cara fica ex-operário, o cara se afastou do trabalho, você pode estar certo que ele é um candidato à burocracia porque ele nunca mais vai querer voltar, primeiro: porque o trabalho não é moleza; segundo: porque ele se afastou daquilo, ele acostumou a uma mordomia, aí ele muda as relações sociais com o pessoal de classe média, mulher perfumada, mulher mais bonita, então esse cara não vai querer voltar para o batente mais.

"Estamos colhendo aquilo que o Estado plantou"*

Eu não tenho formação jurídica, então vou ver por uma ótica mais sociológica e política sobre o problema da violência. E na segunda parte eu gostaria de tornar mais concreto isso em termos de violência nas relações de trabalho nas empresas modernas, e também o caso de um pequeno funcionário da Assembleia Legislativa do Estado. Quer dizer, definindo que a violência não é só o problema que está ligado à ação direta do Estado pelos seus agentes, mas faz parte do cotidiano do sistema de exploração do trabalho dentro do nosso sistema capitalista de produção e dentro desse capitalismo selvagem.

A violência e parte do cotidiano que o operário vive na sua relação com a máquina e na sua relação com outro na grande empresa, especialmente. Porque a grande empresa planejou a economia, a produção: mas também ela "racionalizou" a violência. E no caso da Volkswagen é interessante um reaproveitamento dos métodos do nazismo no controle da mão de obra e na disciplinação da mão de obra.

Sobre a década de 1970 eu acho o seguinte: nós estamos colhendo aquilo que o Estado plantou. A crise atual da violência contra as pessoas, especialmente, ou – para aqueles que defendem a razão proprietária – contra a propriedade, ela decorre de toda uma política que se inaugura depois de 1964 na América Latina, que é a do Estado da Segurança Nacional. É a época da chamada contrarrevolução preventiva, em que os Estados Unidos vão financiar pesquisas, através da Rent Corporation e através da Fundação Ford, por exemplo, e a Rockefeller também, no sentido de estudar o

---

* *Folha de S.Paulo*, 25/11/1979.

movimento operário, o comportamento do estudante, o comportamento do camponês, mas tendo em vista o controle de população. Isso é o que deu motivo à denúncia do célebre projeto Camelô, em que os cientistas da Michigan State University, que tinham dado assessoria à escalada americana do Vietnã, sem saber o que estavam fazendo, esses cientistas depois foram militarizados. Quer dizer, foram enquadrados pra servir à chamada contrarrevolução preventiva, que deu no Estado de Segurança Nacional no Cone Sul, pegando Brasil, Argentina, Chile e Uruguai, e Paraguai logicamente – mas Paraguai e Bolívia entram como protetorado brasileiro. A Doutrina da Segurança Nacional foi a grande característica da legitimação do poder no Cone Sul, durante a década.

E eu acho que aí criou-se um terrorismo do Estado, como resposta ao terrorismo de amadores, que era o terrorismo de algumas facções minoritárias de movimentos políticos. Como resposta a esse terrorismo de amadores, o Estado usou um outro terrorismo, o terrorismo do Estado, com apoio logístico da CIA na América Latina. E, ao mesmo tempo, uma boa camada de intelectualidade foi servir como legitimadora profissional desse poder, dessa Doutrina da Segurança Nacional, servindo pra quantificá-la. Essa intelectualidade, na sua função de legitimadora do poder de codificadora dessa doutrina, ela viu nisso uma forma de ascensão social via Escola Superior de Guerra, que hoje está dando um passo de 80 graus à esquerda ou mais, preocupada com o social que ela negava até hoje. Hoje ela está preocupada com o que negava. Quer dizer, com a realidade maior.

Agora, eu acho que essa erupção de violência contra pessoas, que é o que me interessa mais, está ligada, realmente, à deterioração do nível de vida das grandes camadas assalariadas das grandes cidades. Esse é um dado que me parece fundamental. E nenhum sistema carcerário vai resolver nada, porque os próprios teóricos sabem disso em Direito Penal, que a cadeia não recupera ninguém. Ao contrário, ela é mais um passo na deteriorização da personalidade e não promove a integração social da pessoa.

Eu estava comentando com o Percival que, no Brasil, infelizmente, as correntes políticas que se organizam e as associações voluntárias que se organizam, elas só veem o preso político, elas não veem o preso comum. Eu acho que se deve colocar que não há preso político, há presos. E o que se deve discutir é o sistema carcerário como tal, porque, preso comum ou não, você está privado da liberdade. Isso já é uma tortura.

Esses partidos aí, que se preocupam tanto em fazer a crítica do sistema e de uma série de coisas, seria muito bom se eles se preocupassem também em levantar a discussão do problema do carcerário na sua totalidade, superando essa separação entre preso comum e preso político. Essa é uma separação elitista, porque preso político é de classe média e alta, em geral – embora haja preso político de origem operária e camponesa, mas em geral é de classe média e alta –, e o preso comum, em geral, é pobre. Esse mesmo pobre que povoa a cadeia e esse mesmo pobre que povoa os hospitais psiquiátricos em geral são camponeses, caboclos, no caso nosso operários, ex-operários e donas de casa, que constituem a grande clientela dos hospitais psiquiátricos tradicionais, esses campos de concentração que nós chamamos hospitais psiquiátricos, e também das prisões.

Por outro lado, é muito difícil você chegar de maneira simplificadora e dizer que o aumento, por exemplo, do que se chama criminalidade se dá em função de uma causalidade eminentemente social. Isso porque pode haver fatores endógenos pessoais. Mas eu reparei uma coisa muito interessante. Em períodos de mudança social em que houve coletivização de bens – caso da Comuna de Paris em 1871, na França, e na Espanha no período de 1936-39 numa região dominada pelos republicanos – o crime desapareceu. Não só contra a propriedade, porque ela estava coletivizada, mas contra a pessoa desapareceu integralmente. Não existia crime, não havia problema de crime. Não havia o problema a quem punir. Então, não havia o problema de manter uma política *pra* punir, porque a causa tinha desaparecido. Mas, isso é claro num período de mudança social, bem específico e delimitado a uma época dada.

Agora, a mim me preocupa o problema da violência ligado às condições de trabalho, como eu falei, ao cotidiano do sistema industrial, porque eu tinha apresentado na SBPC [Sociedade Brasileira para o Progresso da Ciência], no ano retrasado, uma comunicação. "Violência e trabalho através da imprensa sindical", que depois a revista da Unicamp, *Educação e Sociedade*, trouxe, publicou. E, realmente, eu fiquei aterrorizado e ao mesmo tempo eu tive uma noção exata vendo, através da imprensa sindical, as condições terríveis de trabalho, nos setores como metalúrgico, têxtil, vidro, sem entrar na construção civil, que é terrível. Inclusive, eu tive a pachorra de comparar as condições de trabalho de São Paulo nesta época, 1978, com as condições de trabalho da Inglaterra, da Revolução Industrial inglesa. E, olha, a gente perdia *pra* Inglaterra da Revolução Industrial inglesa! Eram condições bem melhores de trabalho e, por incrível que pareça, quase humanas perto das condições de trabalho atuais do sistema industrial paulista. E só isso.

Parte II
Autonomia operária

Afinal, é possível que sejamos irmãos – 1[*]

Seis países sul-americanos reunidos decidiram sobre medidas destinadas a proteger a Amazônia da depredação indiscriminada. Em todo o mundo cresce o clamor pela proteção ao meio ambiente, chocando-se com interesse de multinacionais, empresas privadas ou estatais. A esse propósito convém recordar um fato histórico: em 1854 o Grande Chefe Branco, em Washington, fez oferta de compra de uma grande área de terra indígena, prometendo uma reserva para os peles-vermelhas. A resposta do Chefe Seattle é o mais belo e profundo pronunciamento a respeito do meio ambiente.

Como é que se pode comprar ou vender o céu, o calor da terra? Não concebemos essa ideia. Se não possuímos o frescor do ar e limpidez brilhante da água, como é possível comprá-los?

Cada um dos pontos dessa terra é sagrado para meu povo. Cada aresta brilhante de um pinheiro, toda a praia arenosa, cada névoa nos bosques ao escurecer, cada clareira e inseto a zumbir são santificados na memória e na experiência de meu povo. O córrego que procura seu caminho entre as árvores carrega consigo as memórias do homem vermelho. Os mortos do homem branco esquecem a região de seu nascimento quando vão caminhar entre as

---

[*] *Notícias Populares*, 18/5/1983.

estrelas. Nossos mortos nunca esqueceram essa bela terra, pois ela é a mãe do homem vermelho. Somos parte da terra e ela faz parte de nós. As flores que exalam perfumes são nossas irmãs; os cervos, os cavalos, a grande águia, eis nossos irmãos. Os topos rochosos, os sulcos nos vales, o calor do corpo do cavalo, o homem – todos pertencem à mesma família.

Portanto, quando o Grande Chefe Branco em Washington manda dizer que deseja comprar nossas terras, pede demasiado. O Grande Chefe diz que nos reservará um lugar onde possamos viver confortavelmente. Ele será nosso pai e nós seremos seus filhos. Mas isso não será fácil. Pois essa terra é sagrada para nós.

Essa água límpida correndo sinuosamente pelos regatos e rios não é simplesmente água, mas o sangue de nossos antepassados. Se vendermos a terra ao homem branco, ele deve lembrar-se de que ela é sagrada. Deverá ensinar às suas crianças que ela é sagrada e que cada reflexo fantasmagórico na água pura do lago fala de acontecimentos e memórias da vida do meu povo. O murmurar da água é a voz do meu pai.

Os rios são nossos irmãos, mitigam nossa sede. Os rios transportam nossas canoas e alimentam nossas crianças. Se vendermos nossa terra ao homem branco, este deve lembrar-se de ensinar a seus filhos que os rios são nossos irmãos, como seus. O homem branco deverá proporcionar aos rios a bondade que estenderia a qualquer irmão.

Sabemos que o homem branco não compreende nosso modo de ser. Uma porção de terra para ele pouco representa, pois é um forasteiro que vem à noite e extrai da terra aquilo que necessita. A terra não é sua irmã, mas sua inimiga, e quando ele a conquista prossegue seu caminho. Deixa as sepulturas de seus pais após si e não se incomoda...

Continua.

Afinal, é possível que sejamos irmãos – 2[*]

Rapta da terra aquilo que seria de seus filhos e não pensa duas vezes. A sepultura de seu pai e os direitos adquiridos de seus filhos são esquecidos. Trata sua mãe, a terra, e seu irmão, o céu, como coisas que possam ser compradas, saqueadas, vendidas como carneiros ou colares coloridos. Seu apetite terminará por devorar a terra, deixando somente um deserto.

---

[*] *Notícias Populares*, 23/5/1983.

Eu não sei. Nossos costumes são diferentes dos vossos. A visão de vossas cidades é dolorosa para os olhos do homem vermelho. Mas talvez seja pelo fato de que o homem vermelho é um selvagem e não compreenda.

Não há um canto silencioso nas cidades do homem branco. Nenhum lugar onde se possa ouvir o desabrochar de folhas na primavera, ou o harmonioso bater de asas de um inseto. Mas talvez seja pelo fato de ser um selvagem e não compreender.

O ruído somente parece um insulto aos ouvidos. E o que resta da vida se um homem não puder ouvir o grito solitário do pássaro ou o debate dos sapos ao redor da lagoa à noite? Eu sou um homem vermelho e não compreendo.

O índio prefere o suave murmúrio do vento correndo sobre a face do lago e o aroma do próprio vento, limpo por uma chuva de meio-dia ou perfumado pelos pinheiros.

O ar é preciso para o homem vermelho, pois todas as coisas partilham do mesmo sopro – o animal, a árvore, o homem, todos compartilham o mesmo destino.

Parece que o homem branco não presta atenção ao ar que respira. Como um homem em agonia há vários dias, é insensível ao mau cheiro. Mas se vendermos nossa terra ao homem branco, ele deve lembrar-se de que o ar impregna com seu espírito todo ser vivente que apoia.

O vento que deu ao nosso avô seu primeiro inspirar também recebe seu último expirar. E se vendermos nossa terra ao homem branco, ele deve mantê-la intacta e sagrada, como um local onde até mesmo o homem branco possa saborear o vento, açucarado pelas flores dos prados.

Portanto, iremos meditar sobre vossa oferta de comprar nossa terra.

Se decidirmos aceitar, imporei uma condição: o homem branco deve tratar os animais dessa terra como seus irmãos.

Sou um selvagem e não compreendo outra forma de agir. Vi um milhar de búfalos apodrecendo na planície, abandonados pelo homem branco que os alvejou de um trem em movimento. Eu sou um selvagem e não compreendo como é que o fumegante cavalo possa ser mais importante que o búfalo que sacrificamos somente para que possamos permanecer vivos.

O que é o homem sem os animais? Se todos os animais se fossem, o homem morria de uma grande solidão do espírito. Pois o que quer que seja que ocorra com os animais, logo acontece com o homem. Há uma ligação em tudo.

O homem branco deve ensinar às suas crianças que o solo a seus pés é a cinza de nossos avós…

Continua.

Afinal, é possível que sejamos irmãos – 3*

Para que respeitem a terra digam a vossos filhos que a terra foi enriquecida com as vidas de nosso povo. Ensinem às vossas crianças aquilo que ensinamos às nossas, que a terra é nossa mãe. Tudo aquilo que acontecer à terra, acontecerá aos filhos da terra. Se os homens cospem no solo, estão cuspindo em si mesmos.

Isto sabemos: a terra não pertence ao homem; o homem pertence à terra. Isto sabemos: todas as coisas estão ligadas como o sangue que une uma família. Há uma ligação em tudo.

O que ocorrer com a terra, recairá sobre os filhos da terra. O homem não tramou o tecido da vida; ele é simplesmente um de seus fios. O que quer que faça ao tecido, faz a si mesmo.

Mesmo o homem branco, cujo Deus caminha e fala com ele de amigo a amigo, não pode estar isento do destino comum. É possível que sejamos irmãos, afinal. Veremos. Uma coisa sabemos que o homem branco poderá vir a descobrir um dia – nosso Deus é o mesmo Deus. O homem branco poderá pensar que O possui, como deseja possuir nossa terra, mas não é possível. Ele é o Deus do Homem e Sua compaixão é igual para o homem vermelho e para o homem branco. A terra lhe é preciosa, e ofender a terra é desprezar seu Criador. Os brancos também passarão; talvez mais cedo que todas as outras tribos. Contaminai vossas camas e uma noite sereis sufocados pelos vossos próprios dejetos.

Mas quando de vossa desaparição, vós brilhareis intensamente iluminados pela força de Deus que vos trouxe a esta terra e por alguma razão especial vos deu o domínio sobre a terra e sobre o homem vermelho.

Tal destino é um mistério para nós, pois não compreendemos quando todos os búfalos são exterminados, os cavalos brancos são todos domados, os recantos secretos da floresta impregnados do cheiro de muitos homens e a vista dos fecundos morros obstruída por fios que falam. Onde está o arvoredo? Desapareceu. Onde está a águia? Desapareceu. É o final da vida e o início da sobrevivência.

---

* *Notícias Populares*, 27/5/1983.

O trabalhador pode dirigir, gerir sua produção*

Com cinco livros publicados, tratando de assuntos como burocracia e ideologia, reflexão sobre o socialismo, a revolução russa etc., o professor Maurício Tragtenberg veio a Criciúma para debater com os trabalhadores da MF CBCA as suas questões. Na oportunidade, ele concedeu uma entrevista exclusiva ao *CBCA Hoje*.

CBCA Hoje – Há quanto tempo o senhor está envolvido com as questões do trabalhador?
Maurício Tragtenberg – Eu sou professor de universidade há trinta anos e sempre me interessei pelos problemas de administração, principalmente a participação operária na empresa. Na universidade ajudei a buscar o movimento operário, já que o operário é sempre motivo das pesquisas, teses, mas a vida dele não muda. É como o pessoal da periferia, todo mundo chega, pesquisa, mas a vida deles não muda.
Então, a ideia de eu vir a Florianópolis, aproveitando as férias, e por sugestão vim a Criciúma para poder entrar em contato com uma experiência de gestão operária, que me interessa. Agora, estou achando que não é bem autogestão, acho que é mais uma cogestão.
CBCA Hoje – Nesse sentido, qual o significado da experiência da autogestão, ou de cogestão, da CBCA?
Maurício – O significado dela é mostrar que o trabalhador não serve só para trabalhar na produção, mas que também pode dirigir, gerir a própria produção. E isso eu acho importante. Por exemplo, a grande crise da União Soviética e do Leste Europeu é justamente por acharem que poderiam impor o socialismo por decreto, na marra, através do Estado, e colocar toda a economia na mão de uma burocracia. Deu no que deu.
Então, a ideia da cogestão é uma tentativa dos próprios trabalhadores de assumirem as suas coisas, a sua vida, as relações econômicas de trabalho e as relações sociais.
CBCA Hoje – Pelos contatos que o senhor já teve com a CBCA, deve ter sentido que na empresa ainda existem dificuldades para fazer o trabalhador participar de forma efetiva, como ser agente, opinante dentro de todo o processo. Qual é o caminho para se chegar a isso?

---
* *CBCA Hoje*, fev.-mar. 1992.

Maurício – O caminho para a liberdade é a própria liberdade. Quer dizer, é ter espaço para que o trabalhador possa falar e ser ouvido, participar realmente. Isso implica criar estruturas descentralizadas. Quanto mais centralizada é a estrutura, menor é a participação da base – embora você possa ter uma coordenação para efeito de integração maior das partes, mas isso não pode ser confundido com centralismo. O centralismo cria muros em vez de criar pontes.

CBCA Hoje – *Na prática, qual é a forma para se superar isso, já que a hierarquia está arraigada nas relações sociais e administrativas?*

Maurício – Tem-se que trabalhar com grupos de afinidades, mostrando que o grupo é uma força coletiva, no sentido de força organizadora da fábrica. Criar estruturas horizontais, diminuir as verticais bastante, ao máximo. Autogestão quer dizer que os trabalhadores tenham a autogestão das suas reivindicações, das suas lutas, em condição de ter uma autogestão da empresa. Como já falei, horizontalizar as relações entre trabalhadores e a administração, no sentido de que todos são iguais e ninguém é mais igual que o outro. Essa é uma mudança que depende das pessoas. Se há dificuldades, a mina deve promover programas de treinamento gerencial, para educar os educadores, que só querem educar o trabalhador, e se tornam autoritários. O princípio é educá-los.

CBCA Hoje – *No caso da CBCA, hoje há reclamações no sentido de uma participação mais efetiva dentro do processo, da CUT e dos partidos de esquerda – por exemplo, o PT – que defendem a autogestão. Como o senhor avalia?*

Maurício – Eu não estou tão seguro de que a CUT e o PT defendam a autogestão. Até hoje o PT não definiu que tipo de socialismo ele quer. Então, ele tem que priorizar que numa autogestão a fábrica pertence àquele trabalhador. Pode ser PT, PCB, PC do B, não interessa. Não há discriminação. A condição sua é que você é um trabalhador na fábrica, ou na mina. É isso que lhe dá o direito de cidadania na mina, e muito menos o tipo de partido a que você pertença ou deixe de pertencer, ou que não pertença a partido nenhum.

CBCA Hoje – *Então, a mina, no caso, deve andar sozinha?*

Maurício – Sem dúvida. Ela deve "andar com os próprios pés", sem estar atrelada a nada, sem estar subordinada a nada.

CBCA Hoje – *A autogestão podo ser considerada uma ilha dentro do capitalismo? Que outras experiências podem ser citadas?*

Maurício – A autogestão de uma empresa é uma ilha, mas há experiências históricas. Na Revolução Russa mesmo, em 1918, houve grandes voos de autogestão pelos camponeses da Ucrânia que duraram dois ou três anos, em que o pessoal se auto-organizou e coletivizou ruralmente a terra. Quer dizer, a terra era propriedade coletiva, de quem trabalhava nela. Eles conseguiram produzir bem, inclusive o excedente era usado para socorrer as cidades e quem estava passando fome. Isso a fundo perdido. Mas foram destruídos pelo Exército Vermelho porque eram considerados mau exemplo. Como? Se trabalhadores praticamente analfabetos, sem cultura, porém com visão política, conseguem se organizar e autogerir sua economia, o que é que vão fazer os chefes, os líderes e os burocratas? Eles vão ter que trabalhar. E esse pessoal não queria isso. Então, foram destruídos.

A outra experiência foi na guerra civil da Espanha, no período de 1936 a 1939, na zona republicana. Os trabalhadores espanhóis se organizaram para resistir ao golpe de Franco. Então, eles começaram realmente a autogerir o transporte, investimentos industriais e agricultura. Isso durou três anos e funcionava como um relógio. Nenhum trem atrasava um minuto. Então, isso provou, como eu falei, que os trabalhadores poderiam se autogerir, sem precisar de vanguarda, de líderes iluminados, de nada. Toda vez que o trabalhador confia na vanguarda iluminada ele ganha a revolução, mas não leva. Quem leva é uma nova burocracia que surge no lugar dos antigos, que origina uma nova classe.

CBCA Hoje – O Brasil hoje é um país desacreditado. O novo já não tem mais esperança, ninguém mais acredita na classe política, nas instituições. O que foi que falhou?

Maurício – O Brasil sempre foi uma fazenda onde três ou quatro mandavam e o povo trabalhava – e, como tal, isso não mudou. O povo continua trabalhando e existe uma elite que tem o poder, mas não dirige a sociedade, porque não tem legitimidade. Então, você tem um país com 40% de analfabetos porque a elite se desinteressou. Para ela tanto faz como tanto fez ter um país com essa quantidade de analfabetos. Se desinteressou pela saúde pública, as pessoas morrem na fila na frente dos hospitais etc. Então, se o povo tomar as rédeas em suas mãos e colocar para funcionar, tudo isso poderia funcionar.

CBCA Hoje – Seria esse o caminho?

Maurício – É, o povo autogerir as suas lutas como condição para autogerir as coisas. Quer dizer, cada um tem que viver a sua vida, ninguém pode viver a vida do outro. É assim dentro da autogestão. A produção tem de ser gerida por quem trabalha, não adianta você impor gente de fora, de cima para baixo, que você cria uma nova burocracia e passa a reproduzir toda a situação autoritária anterior, já controlada. Isso não muda nada. Aliás, no Brasil, quando não se quer mudar nada se faz uma reforma. Por exemplo, quando se faz uma reforma na Educação é porque não quer se mudar nada na Educação.

CBCA Hoje – Por quê?

Maurício – Porque somos um país capitalista, de Terceiro Mundo, herdamos uma situação escravocrata e seus ranços, clientelismo, paternalismo, corrupção, ajeitar o jeitinho etc. É isso aí.

A empresa no seu aspecto econômico, social e humano, no contexto de uma economia subdesenvolvida*

Em todos os regimes, a produção realiza-se combinando os fatores de produção, o trabalho e o capital; essa operação é obra das empresas. A empresa caracteriza-se basicamente como o centro decisório que organiza a produção.

Distingue-se ela de outras atividades que combinam capital e trabalho, pois é a única que articula esses fatores afim de obter um bem ou serviço que será destinado ao mercado.

A empresa poderá ser uma exploração agrícola, empresa industrial ou comercial, passando do artesanato à cooperativa e ao grande truste.

A diversidade que aparece sob a rubrica de "empresa" resulta do progresso da técnica e dos diferentes níveis de sua penetração.

Há dois séculos nos países desenvolvidos e atualmente nos subdesenvolvidos, a maior parte das empresas era agrícola. Atualmente estão muito diversificadas com a preponderância industrial e comercial nos países desenvolvidos.

A primeira consequência do progresso técnico é desencadear o fenômeno conhecido como migrações rurais-urbanas.

Se, antes da Revolução Industrial, a maioria dos homens estava empregada em trabalhos agrícolas (setor primário), como ocorre atualmente nos países subdesenvolvidos, o progresso técnico multiplicou nos países

---

* Texto escrito para o Seminário Internacional Latino-Americano da União Internacional de Dirigentes Cristãos de Empresas (Uniapac), 6/4/1972.

atualmente desenvolvidos os empregos industriais (setor secundário), enquanto nas áreas subdesenvolvidas aumentou o setor terciário pelo subemprego disfarçado.

Numa segunda fase, o progresso técnico permitiu, graças ao aumento da produtividade, uma estabilização definida pela diminuição da mão de obra industrial, enquanto a evolução do nível de vida aumentava a demanda do setor de serviços (terciário).

Nas áreas subdesenvolvidas, tal processo sofreu um bloqueio. Na maioria dos países da América Latina, a maior parte da população ativa (60 a 95%) está empregada no setor primário, o setor secundário desenvolve-se lentamente, enquanto o terciário sofreu um crescimento inflacionário devido ao processo sociopático de urbanização e seu correlato desenvolvimento industrial.

Um dos objetivos da industrialização consiste na diversificação das atividades econômicas:
a) somente ela pode resolver o problema do subemprego rural e urbano e evitar que a economia urbana seja simplesmente uma economia de consumo sem bases produtivas;
b) pode permitir elevação da produtividade social global; permitindo a migração da população dos setores primário e terciário e aumentando a produtividade do setor secundário;
c) pode assegurar condições de independência econômica real, diminuindo as necessidades de importação;
d) pela transformação das matérias-primas pode valorizar os produtos exportáveis, aumentado a capacidade de importação.

No entanto, o desenvolvimento da empresa industrial deve ter como finalidade não a industrialização como fim em si mesmo, mas a elevação do nível de vida médio.

Tal processo implica a elevação do nível de vida agrícola, graças a métodos de organização do trabalho, educação do agricultor, reformas nas relações de propriedades condizentes com os interesses sociais.

No plano humano, o desenvolvimento da empresa industrial pressupõe que a agricultura seja capaz de alimentar a população empregada na indústria. Se isso não se der, dar-se-á um processo de alta de custo de vida que aumentará o custo humano da industrialização.

Um dos principais obstáculos à empresa industrial é a estreiteza do mercado dos países subdesenvolvidos; a maior parte da população é muito pobre para adquirir os produtos manufaturados. Como a maioria da população vive da agricultura, já a elevação da capacidade aquisitiva da população rural é uma pré-condição para o arranco industrial, o desenvolvimento da indústria não exclui o desenvolvimento agrícola; essas duas formas de desenvolvimento são interdependentes. O problema não é escolher entre o setor primário ou secundário, mas sim chegar a um desenvolvimento harmonioso, facilitado pelo baixo custo do desenvolvimento agrícola comparado ao industrial.

A empresa industrial

A industrialização é um dos maiores problemas dos países subdesenvolvidos.

Enquanto nos países industriais as empresas nasciam do dinamismo interno da economia, nas áreas subdesenvolvidas são, na maioria dos casos, prolongamentos ou transplantação das formas de produção adotadas nas condições econômico-sociais dos países desenvolvidos.

A empresa industrial nos países desenvolvidos

Nesses países, a crescente importância do capital fixo levou as empresas a acelerar seu processo de concentração da produção em proveito de um número cada vez menor de empresários ou grandes acionistas.

A concorrência tende a negar-se a si própria, o mais forte sai vitorioso da luta, somente subsistem os grandes capitais, não pelo desaparecimento puro e simples do pequeno capital, mas pelo fato de que nos ramos básicos da economia o montante do capital fixo tende a crescer progressivamente, limitando assim o pequeno capital.

Os imperativos tecnológicos conduzem ao mesmo processo de concentração.

Financeiramente, para recuperar o capital investido nas instalações industriais modernas, é necessário produzir em massa. Uma linha de montagem de automóveis só é rentável se produz centenas e milhares de carros diariamente, com o intuito suplementar de diminuir o preço unidade do produto.

Tecnicamente as instalações industriais modernas dedicadas a produção em massa sofrem uma utilização parcial, daí a vantagem da concentração da produção das grandes empresas.

Nos ramos básicos da economia tal processo produz a chamada concentração horizontal. Assim, na França, treze empresas realizam o esforço produtivo que totaliza 98% da produção petrolífera; onze empresas produzem 97% da produção siderúrgica; treze empresas, 98% da produção de metais não ferrosos; quatro empresas produzem praticamente 100% da produção de carros de passeio; quatro empresas, 70% da produção de refrigerantes; e quatro empresas, 50% das máquinas de lavar roupa.

A produção em massa, determinada pelo progresso técnico, exige dos mercados um aprovisionamento constante.

Daí as grandes empresas modernas procurarem por seus próprios recursos assegurar suas fontes de aprovisionamento, produzindo elas mesmas as matérias-primas, estabilizando seus mercados e fabricando elas próprias os produtos que serão vendidos finalmente aos consumidores. A concentração horizontal liga-se à concentração vertical.

As grandes empresas organizadas em trustes possuem suas próprias fontes de aprovisionamento, plantações, portos, frota de navio, usinas de transformação, empresas publicitárias, sua rede de intermediários para distribuir mundialmente seus produtos.

O progresso técnico é, pois, a base de dois grandes tipos de concentração industrial: a concentração horizontal, quando a produção de um determinado produto cabe a uma firma; a concentração vertical, quando se dá a integração de inúmeros estágios da produção (da extração ou fabricação de matérias-primas até a distribuição).

O mesmo impulso que leva à concentração leva à solidariedade entre as grandes empresas; elas deixam de ser unidades autônomas.

A primeira forma de solidariedade é o cartel que ligaram empresas independentes, tendendo a limitar a produção, decidir o mercado ou impor preços mínimos; o cartel industrial possui caráter defensivo malthusiano. Hoje, porém, aparece uma nova forma de solidariedade que visa ao crescimento econômico.

A concentração industrial leva, nos níveis vertical e horizontal, a que as relações entre os vários grupos apareçam na forma da indicação dos mesmos nomes para os conselhos de administração de diferentes empresas, assegurando a ligação entre elas. Por outro lado, modernamente, as organizações do patronato tendem a criar organizações comuns de pesquisa, financiamento, aumentando o nível de solidariedade das empresas entre si.

As consequências dessa evolução à concentração da solidariedade são importantes tanto no plano jurídico como no sociológico, econômico e político.

a) Plano jurídico

Para formar grandes empresas e conseguir o necessário capital destinado ao seu funcionamento, a riqueza individual tornou-se insuficiente. A propriedade individual da empresa em nossa época deu lugar à propriedade fundada na sociedade por ações.

De início, tal propriedade societária forma-se por associação de algumas pessoas. Logo se verifica que tal associação é insuficiente para levantar os recursos necessários, e milhares de ações são vendidas à coletividade. O caráter anônimo de tal operação torna tal empresa o símbolo do capitalismo moderno: a sociedade anônima.

b) Plano sociológico

É necessário não confundirmos o administrador da empresa, o responsável técnico, com o proprietário da empresa. Numa empresa nacionalizada, o administrador é um diretor assalariado nomeado pelo Estado. Numa sociedade anônima, em que a maioria dos acionistas preocupa-se mais em negociar os títulos da bolsa do que com o rumo da empresa no cotidiano, a função administrativa é dividida entre o diretor assalariado e os representantes dos acionistas (uma minoria composta de grupos industriais ou bancários). Assim se dá o surgimento de uma categoria nova de chefes tecnocráticos que nada têm em comum com os empresários de antigamente.

c) Plano econômico

A empresa perdeu sua unidade, sua autonomia de antigamente. Hoje ela está inter-relacionada com as outras empresas; as usinas que dependem delas dedicam-se aos ramos mais diversos e estão geograficamente dispersas. Assim, a noção de empresa independente, dirigida facilmente por um só indivíduo, o chefe ou proprietário dela, cede lugar a de grupos que tendem a se organizar cada vez mais em vastos setores da vida econômica.

d) Plano político

A concentração de decisões econômicas em proveito de alguns centros de decisão, a importação da decisão dos mesmos centros e o poder dos grupos econômicos colocam o poder político em posição de inferioridade. A revolução das empresas industriais coloca o problema delicado das relações entre o poder econômico e o poder político. O Estado tendeu a reagir, suprimindo em alguns setores-chave a propriedade privada dos meios de produção, em alguns casos estatizando as empresas. Nos últimos anos assistiu-se à formação de empresas de economia mista, nas quais o Estado associa-se a empresas privadas, detendo o controle acionário sem a responsabilidade total.

A empresa industrial nas áreas subdesenvolvidas

Paradoxalmente, a primeira forma de empresa industrial que os países subdesenvolvidos conhecem é a empresa estrangeira, na forma de grande empresa. Com efeito, no início do arranco industrial, as únicas empresas estabelecidas em áreas subdesenvolvidas eram as de capital estrangeiro, pertencentes às sociedades desenvolvidas, à procura de produtos primários destinados aos países ricos. As empresas mais modestas não tinham condições de realizar tal empreendimento: se por uma razão ou outra participavam desse empreendimento, o nível de lucro levado permitiria que se transformassem em grandes empresas. Assim, os países subdesenvolvidos não conheceram um capitalismo de pequenas unidades que se diferenciasse progressivamente do artesanato local.

A indústria na exploração das riquezas naturais

Mostrando o papel das grandes empresas estrangeiras na exploração das riquezas naturais: é necessário compreender todas as características de fenômeno em todas suas significações, para entender como as principais empresas industriais de um país subdesenvolvido não puderam participar do processo decisório sobre o conjunto da economia do país.

O centro de interesse das empresas industriais que exploram riquezas naturais não é o país subdesenvolvido onde elas se acham. Não só o seu mercado encontra-se nos países industrializados, mas essas empresas pertencem, na sua maioria, a consórcios internacionais que dirigem outras empresas nos países desenvolvidos e subdesenvolvidos. A estratégia das empresas não se orienta em função do país em que se encontram, mas do mercado dos países industrializados e no desenvolvimento do grupo financeiro a que pertencem.

Os meios financeiros de que dispõem as empresas estrangeiras, os meios técnicos que elas utilizam, são desproporcionais em relação às possibilidades de uma empresa de origem local. A grande empresa estrangeira provocará somente efeitos de imitação que estimularão a industrialização.

Salvo o caso de empresas de mineração, em países fracamente povoados, a exploração de riquezas naturais por grupos industriais oferece emprego a uma pequena parcela da população. A concorrência internacional, o desejo de não ter problemas humanos a resolver, incitam esses grupos a um alto nível de modernização. Os lucros redistribuídos no país são restritos. A quase totalidade dos quadros técnicos de mão de obra qualificada vem do exterior, que constitui seu mercado significativo e para onde ela drena os lucros que não reinvestiu. Se as empresas estrangeiras têm papel importante na economia do país subdesenvolvido, isso se deve ao pagamento de impostos, os quais servirão para financiar as despesas do Estado. Portanto, para um país subdesenvolvido, elas são menos unidades de produção do que grandes contribuintes.

O poder político tem dificuldade em controlar tais empresas, pois elas recebem o apoio das nações industriais a que pertencem, podendo envolver os Estados industriais que lhe são inteiramente devotados.

As grandes empresas industriais de um país subdesenvolvido são duplamente estrangeiras. De início são de nacionalidade estrangeira, daí serem guiadas em suas decisões pelo exterior. O tipo de inserção na economia as mantém em esplêndido isolamento, a tal ponto que sua contribuição ao financiamento de despesas públicas pode ser considerada uma ajuda do exterior.

Para lutar contra a insularidade dessas grandes empresas, a solução só poderá ser a nacionalização progressiva. Na medida em que são estrangeiras, são teledirigidas do exterior. As grandes potências industriais resolveram submeter ao interesse geral setores-chave de sua economia, nacionalizando setores industriais. Assim, os países subdesenvolvidos devem poder, identicamente, submeter a exploração de riquezas naturais aos interesses da coletividade nacional. Infelizmente, tal processo de nacionalização encontra muitos obstáculos.

Os países altamente industrializados ligam facilmente os seus interesses nacionais aos interesses de suas firmas no exterior. Na medida em que estas são ameaçadas, exercem imediatamente pressão sobre os governos que manifestarem veleidades de nacionalização ou, então, submetem os países subdesenvolvidos a um boicote de sues produtos.

É difícil para um país subdesenvolvido reunir com seus próprios recursos investimentos necessários à exploração das riquezas naturais. A nacionalização implica a queda dos investimentos estrangeiros e pode impedir a realização de outros objetivos: modernização da agricultura, investimentos infraestruturais etc. Após uma fase inicial, na qual ainda são tangíveis os benefícios dos investimentos anteriores à nacionalização, pode-se assistir a uma queda sensível da produtividade e à estagnação da produção.

O país que passa por um processo de nacionalização sofre cruelmente a concorrência internacional na medida em que não pode, em alguns meses ou mesmo anos, criar canais de distribuição para os seus produtos, em escala internacional.

A nacionalização provoca geralmente o êxodo de técnicos estrangeiros, que não serão fáceis de substituir. Tais desfalques são particularmente graves no que se refere à administração das empresas, em função de crônica escassez de elementos qualificados para tal mister.

Na situação atual, os países subdesenvolvidos contentam-se em aumentar a carga fiscal que pesa sobre as empresas estrangeiras que exploram riquezas naturais, obrigando-as a uma divisão dos lucros (exemplo, o caso dos *royalties* de petróleo). Melhor solução seriam acordos entre os países desenvolvidos e subdesenvolvidos a respeito do processo de produção e comercialização das matérias primas necessárias aos grandes grupos internacionais. Tais acordos, se de um lado poderiam garantir tais empresas contra nacionalizações futuras, por outro lado submeteriam sua ação a um controle internacional. Dessa forma, manter-se-ia o fluxo de capitais privados e de técnicos, enquanto o acesso às matérias primas estaria também condicionado aos interesses dos países subdesenvolvidos.

A indústria como sistema total

Salta aos olhos a insuficiência quantitativa e qualitativa de empresários nas economias subdesenvolvidas. Sem empresários capazes de criar e dirigir todas as decisões das quais depende o bom funcionamento de uma indústria, não pode haver empresas ou sociedade industrial. O empresário, seja proprietário da empresa ou nomeado pelos acionistas ou pelo Estado, constitui-se em ator com um papel fundamental a ser desempenhado: é a ele que cabe o ônus e a responsabilidade da dominação total da natureza, da criação do novo mundo representado pela indústria. Um empresário dinâmico pode suprir a deficiência de alguns fatores de produção; nada pode substituí-lo, por sua vez.

Num país subdesenvolvido, entretanto, o contexto sociológico e psicológico não facilita a formação de empresários e não incita os elementos mais dinâmicos da população a dedicar-se à indústria.

A tarefa dos empresários é muito mais árdua num país subdesenvolvido do que num país desenvolvido.

O papel do meio na insuficiência quantitativa e qualitativa dos empresários

Atribui-se à inexistência de uma classe média nas áreas subdesenvolvidas a responsabilidade pela ausência de empresários. Contudo, a afirmação de que essa classe inexiste nas áreas subdesenvolvidas do mundo é apenas em parte verossímil. A criação de uma burocracia estatal nacional, o desenvolvimento urbano e a expansão comercial determinaram na maioria dos países subdesenvolvidos a criação de uma verdadeira classe média distinta dos antigos proprietários territoriais. Infelizmente, os membros mais ativos dessa classe se dedicaram à administração e não à indústria.

Diversos fatores explicam essa situação.

Em civilizações nas quais a tarefa de definir a autonomia do homem diante do meio e seu domínio completo não tinha grande significado, o desenvolvimento da economia de troca situa-se não em função da produção, mas em função da especulação comercial, quando não em decorrência do puro acaso. Essa preponderância da atividade comercial é reforçada pela inflação crônica e uma taxa de juros usurária. A especulação comercial desloca capitais da indústria durante longa margem de tempo. Mesmo que as indústrias surjam, elas são absorvidas por esse clima. É comum se observar o surgimento de indústrias com investimentos mínimos em instalações industriais. Se o lucro esperado não retorna com a velocidade desejada, a indústria fecha suas portas. Contrariamente ao que se dá nos países desenvolvidos, a empresa industrial aparece como complemento das atividades comerciais. Essa atração especulativa é comum na América Latina, onde os lucros da área industrial são reinvestidos na especulação de imóveis urbanos.

Por outro lado, a administração burocrática estatal constitui para as elites subdesenvolvidas um atrativo maior do que a empresa industrial.

Na maioria dos países subdesenvolvidos o prestígio da burocracia administrativa estatal enquanto emprego é tal que não constitui um trampolim para a passagem ao grupo de produtores industriais, mas sim o fim último de uma ambição. A desvalorização do trabalho, ainda persistente em economias com passado escravocrata ou resquícios artesanais, e a auréola que cobre a função burocrática aparecem como causas básicas. Deve-se acentuar o fato de que há uma causação circularmente nesse processo: o subdesenvolvimento implica em dimensionamento restrito do mercado. Este por sua vez implica num obstáculo à industrialização: o subemprego decorrente encontra seu *status* no funcionalismo burocrático. A burocracia estatal em nível de emprego funciona com Instituto de Previdência nas áreas subdesenvolvidas, absorvendo a mão de obra disponível da classe média-média ou baixa de que o setor privado revela-se incapaz de absorver.

Nas áreas subdesenvolvidas é comum verificar-se que certas atividades comerciais ou industriais existentes são absorvidas por minorias étnicas: os libaneses e sírios na África e em alguns países da América Latina; os chineses no Sudoeste Asiático são exemplos desse fenômeno. A existência das minorias bloqueia a emergência de empresários nacionais.

Entre as dificuldades básicas dos empresários em países subdesenvolvidos acima apontados, avulta a falta de tradição e informações dignas de crédito. Não há uma verdadeira tradição industrial, a não ser em alguns *glacis* como no Brasil na região Centro-Sul, não há *know-how* para adaptar as técnicas e experiências adquiridas nos países desenvolvidos. Essa lacuna aparece na precariedade das estatísticas referentes a dimensionamento e estruturas de mercado: alia-se a tais fatos a inexistência de órgãos privados ou públicos capazes de oferecerem assistência ao empresário interessado em criar uma firma.

Acresce que na maioria dos países da América Latina observa-se a insuficiência de capitais disponíveis para a indústria, e o fraco impulso dado à criação de sociedades anônimas obriga o empresário a imobilizar seu capital, ligando-se definitivamente à empresa patrimonial que criara.

A direção de uma empresa em área subdesenvolvida implica uma maior carga de tarefas do que numa economia desenvolvida.

Para suprir as insuficiências da rede bancária, o empresário, às vezes, ocupa-se pessoalmente da transferência de fundos, as deficiências do ensino técnico profissional atribuem-lhe um peso maior na formação profissional da mão de obra que ele emprega. Por essa razão ele deve contar com rupturas possíveis na sua linha de manutenção e aprovisionamento, criar uma rede de distribuição e, às vezes, produzir até a energia de que necessita para mover suas máquinas.

Para formar tais empresários, longas experiências e recursos são necessários; é o contrário que acontece. Os países subdesenvolvidos não têm tradição industrial significativa e os elementos mais dinâmicos não encontram maiores incentivos para desempenhar a função de empresários industriais. Isso define um dos círculos viciosos de subdesenvolvimento.

A intervenção do Estado na indústria torna-se cada vez mais indispensável. O Estado pode agir inicialmente como elemento de redução dos níveis de incerteza, oferecendo aos empresários eventuais serviços que mantenham contínuos os fluxos de abastecimento de suas indústrias e a organização racional delas, participando da formação da mão de obra necessária em desenvolvimento, realizando investimentos infra-estruturais e alargando a área da rede bancária. Tais intervenções indiretas do Estado poderão levá-lo à criação de empresas industriais, seja subscrevendo parte do capital, em regime de economia mista, ou assumindo integralmente a propriedade e o controle das mesmas. Desde o século XIX o Japão compreendeu bem o papel do Estado no "arranco" para o desenvolvimento, suas primeiras empresas foram criações estatais. Embora se deva ter muito cuidado com o "milagre" japonês: com uma taxa salarial média das mais baixas do mundo, sem Exército, contato com formidável afluxo de capital estrangeiro no pós-guerra, o Japão construiu uma economia voltada para a exportação, cuja vulnerabilidade apareceu por ocasião de sobretaxa imposta pelo governo Nixon. O arranco japonês é impressionante; seus custos sociais não o são menos.

As indústrias de economia mista ou estatais tendem a multiplicar-se no mundo subdesenvolvido (na Índia, no Brasil), sendo o Estado o grande empreendedor na área siderúrgica.

No entanto, o fato de o Estado assumir as responsabilidades inerentes à criação de um parque industrial não constitui elemento suficiente para o surgimento mágico de uma classe de empresários. O Estado pode diminuir os riscos, responsabilizar-se por parte ou pela totalidade do capital, mas não pode suprir a necessidade da experiência na formação do empresário.

Pensamos que o processo de criação de um parque industrial e a formação de empresários qualificados pode ser assim exemplificado:
a) numa primeira fase, o governo constrói uma usina através de uma empresa estrangeira e eventualmente associa capitalistas locais a essa operação;

b) numa segunda fase, de cinco a sete anos mais ou menos, a empresa é dirigida pelo grupo estrangeiro que constrói a usina, mas os técnicos e empresários nacionais estão associados aos trabalhos. Os lucros advindos poderão ser divididos entre o governo e o grupo estrangeiro, como remuneração pelos seus serviços na formação da futura equipe de direção;
c) numa terceira fase, o grupo estrangeiro cede seu lugar à equipe da direção formada durante a segunda fase. Isso permitirá aos países subdesenvolvidos beneficiar-se da experiência industrial dos grupos privados estrangeiros, facilitando a formação dos futuros empresários, sem contribuir para o reforço da dominação do elemento estrangeiro no país.

Baú da (in)felicidade*

Neste estranho país "das maravilhas" somente criadores do "Baú da (in)felicidade", cortesãos de todos os poderosos que aparecem na maneira que são editadas suas revistas de manchetes, obtêm canais de TV.

Num país de mais de 50% de analfabetos, não tem cabimento organismos sindicais ou populares editarem jornais que 1% da categoria profissional lê, boletins que o trabalhador utiliza para outros fins ou "material educativo" que forma "estoque" nas prateleiras das "entidades de apoio" ao movimento popular e operário.

Está na hora de as organizações sindicais realmente combativas e organizações populares – que não vivem *da* população, mas *para a* população – reivindicarem a possibilidade de transmitir suas mensagens por TV e estações de rádio, se possível TV e rádio próprias mediante um *pool* de entidades.

Dessa forma a comunicação social existiria realmente. Não seria um monopólio de "novos ricos", empresários, latifundiários e "puxa-sacos" dos governos que dirigiram este infeliz país.

Teriam a possibilidade de haver realmente uma TV voltada ao povo, que não servisse de "desconversa" de seus problemas fundamentais. Não "entupiria" esse mesmo povo com programas de calouros, namoro na TV

---

* *Notícias Populares*, 24/2/1985.

ou enlatados norte-americanos, que constituem-se no maior veículo de "emburrecimento" e anestesia da consciência social do país.

Na Bolívia, a Central Obrera Boliviana (COB) possui suas estações de rádio, e com elas os mineiros – o grande contingente proletário consciente do país – se comunicam, sabem o que ocorre no mundo e no país, sem a "deformação" que a propaganda comercial incute na informação.

Sem o sensacionalismo de muitas rádios, que através de programas que dramatizam crimes conseguem audiências imensas e, em troca, desenvolvem o colonialismo mental, a estreiteza e o espírito conformista e acrítico. Não é isso que querem os detentores do poder econômico e político em nossa infeliz terra?

Está, pois, na hora de as organizações populares e sindicatos, sejam urbanos ou rurais, lutarem para através da TV e emissoras de rádio próprias fazerem ouvir a voz dos trabalhadores que tudo produzem nesta terra. Que os meios de comunicação não sejam privilégio da minoria ociosa que explora o trabalho e oprime a quem trabalha.

Solidarnosc – 1*

(Sindicato Solidariedade)

Trabalhadores das minas mortos em confronto com tropas, após o golpe de Estado do general Jarusleszki; fábricas bombardeadas com artilharia pesada, no estilo de Pinochet no Chile; abertura de dois campos de concentração para 45 mil prisioneiros; lei marcial; essa foi a resposta dos que exercem a ditadura "em nome do proletariado", sem o proletariado, contra o Solidariedade. Com o mesmo significado daqueles que exercem o poder em nome do povo, no Ocidente, sem e contra o povo.

Toda essa repressão violenta porque os trabalhadores poloneses resolveram organizar-se autonomamente, sem tutela do Estado ou do Partido, pelo contrário, "cobrando" deles coerência e respeito aos interesses da população assalariada.

O sindicato Solidariedade constitui um momento, uma fase da luta dos trabalhadores poloneses pela autonomia e liberdade sindical. Essa

---
* *Notícias Populares*, 23/12/1981.

luta tem raízes quando após a Segunda Guerra Mundial, entre agosto de 1944 e março de 1945, organizaram-se na Polônia sindicatos em todos os níveis, fundados em comissões de fábricas, com a função de controle e direção das empresas. Essas originaram a formação de federações por ramos industriais e regiões, formando seus delegados e o Comitê Central dos Sindicatos.

Em 1945, 50% dos trabalhadores filiaram-se a eles. Em 1946, a filiação subia a 65% do total da classe operária. Os dirigentes do Partido Comunista (PC) Polonês, burocratas segundo o modelo autoritário de Stálin, tentaram estrangular essa organização autônoma. Porém, em 1945, foram espetacularmente derrotados pelos candidatos do Partido Popular Socialista. Foram derrotados nas eleições na federação dos ferroviários e dos professores. Isso levou a choques violentos entre os trabalhadores e a polícia "socialista", em Gdańsk Łódź e Szeczecin resultando na vitória do stalinismo e na "unificação" na marra das minorias sob direção do Partido Operário Unificado Polonês (Poup).

Os sindicatos foram agrupados numa única confederação, no Conselho Geral das Uniões Sindicais. Foi conferida aos sindicatos a função de "coprodutor para o aumento da produção". A defesa dos interesses imediatos dos trabalhadores ficou em segundo plano, o que interessava era "arrancar" produção do peão. No Segundo Congresso dos Sindicatos – únicos e atrelados ao Estado – foi condenada a ideia de "autonomia da organização operária" e os trabalhadores foram prevenidos contra esse "mal".

Isso explica a primeira das 21 reivindicações do Solidariedade: sindicatos livres e independentes de partido, Estado e patrões, conforme a Convenção 87, da Organização Internacional do Trabalho, assinada pelo Estado polonês.

A década de 1950 assistiu à crise internacional do stalinismo, com greve geral na Alemanha Oriental e combates nas ruas de Berlim, em junho de 1953; greves nos campos de "trabalho forçado", na Rússia; revolta operária em 1956, em Poznań, na Polônia; revolução húngara. Tudo isso sufocado por "canhões e metralhadoras socialistas".

A Polônia assistira em 1956, 1970 e 1976 revoltas contra aumentos dos preços de gêneros alimentícios, contra o aumento brutal dos preços das matérias-primas importadas da URSS e da dívida externa. O Solidariedade surge após o fim de um processo de greves agrupando 10 milhões de trabalhadores, numa classe que totaliza 12,5 milhões, congregando

3,5 mil fábricas e 39 organizações regionais, na forma de comitês de greve interempresas.

O Estado "proletário" e a burocracia "socialista" reagem tachando o sindicato Solidariedade de "paralelo", pregando a "unidade sindical", isso é, o sindicato único atrelado ao Partido e ao Estado. Como pode ser paralelo um sindicato que congrega 90% dos trabalhadores? É lógico que paralelo é o sindicato oficial.

Esse é um assunto que trataremos no próximo artigo.

Solidarnosc – 2*

Sindicato Solidariedade

O que pretendem os trabalhadores reunidos em torno do Solidariedade? É através dos *Boletins de greve*, impressos nos estaleiros de Gdańsk, que teremos resposta à pergunta.

O "Boletim informativo n.1", de 23/8/1980, informa que o movimento de greve dos estaleiros poloneses é dirigido por um comitê de greve interfábricas, eleito democraticamente. As tentativas do Estado de negociar em separado e assim dividir os trabalhadores fracassaram. Eles reivindicam aumento salarial da parte fixa e estabelecimento de um sistema de salários uniforme, simples e facilmente compreensível a todo operário. Reclamam contra a situação deficitária dos transportes, que determina atrasos no início da jornada de trabalho, a ausência de ventilação no interior das fábricas e pedem proteção contra vibrações e ruídos excessivos. Queixam-se da falta de armários nas fábricas, instalações sanitárias em péssimo estado, falta do fornecimento das refeições a que têm direito. Os trabalhadores salientam que, em caso de greve, "não se deve abandonar o trabalho onde isso provocaria perdas enormes, por exemplo, nos altos fornos". O comitê de greve – segundo o boletim – "zelará pela manutenção da ordem na empresa e impedirá qualquer ato de radicalismo e consumo de álcool", o que mostra o alto sentido de responsabilidade social do Solidariedade.

O boletim número 2, de 24/8/1980, reivindica o reconhecimento pelo Partido e pelo Estado de sindicatos livres; garantia do direito de greve;

---
* *Notícias Populares*, 27/12/1981.

aposentadoria para mulheres aos 50 anos e 55 anos para homens; generalização dos sábados livres.

O boletim número 3, de 25/8/1980, contém um manifesto de 234 intelectuais poloneses que criticam as decisões econômicas impensadas do Estado que levaram à falta de carne, leite, cereais, pão, massas, ausência de peças de reposição, insuficiência de energia. Filas enormes ante mercearias vazias.

O boletim número 4, de 25/8/1980, reivindica a informação sem censura do Estado e do Partido, reconhecimento do direito de greve, da autogestão camponesa; liquidar os privilégios do Partido.

O boletim número 5, de 26/8/80, critica as despesas com funcionários do Partido, da polícia política, com Exército, denuncia prisões e espancamentos.

Os boletins número 6, 7 e 8 expõem as 21 reivindicações do Solidariedade, reconhecimento de sindicatos livres sem remendos nas estruturas sindicais esclerosadas. Os Comitês de Autodefesa dos Camponeses denunciam os favorecimentos às fazendas do Estado, querem cooperativismo autêntico, não depender do humor do chefe local do Partido para comprar um saco de cimento. Denunciam a falta de leitos nos hospitais, a falta de medicamentos, o aumento brutal da tuberculose entre os trabalhadores, que castiga uma faixa de operários entre 23 e 35 anos; porém, a censura à imprensa não permitiria revelar tais fatos até então. Reivindicam o desconto de 50% nas passagens de trem do qual gozam os funcionários do Estado e do Partido. O fim de discriminação ideológica no ingresso nas empresas é outra reivindicação.

Os boletins números 9 e 10 denunciam a ausência de controle social sobre a polícia e o aparelho judiciário. Denunciam ainda o fato da escolha do pessoal dirigente nas fábricas estar sob controle do Partido. O Comitê Central do Partido responde que "só uma central sindical forte capaz de colaborar com o governo pode garantir realmente o interesse dos trabalhadores". É uma resposta digna de um Mussolini, Franco, Salazar ou Pinochet. Como eles, o "Estado Socialista" joga o Exército contra os trabalhadores.

A luta dos operários poloneses é também dos brasileiros, isso entenderam os metalúrgicos do ABC quando mantiveram um minuto de silêncio pelo Solidariedade. É o que não entenderam Prestes e outros "cavaleiros da desesperança" que pretendem tapar o sol com a peneira quando aconselham a não se preocupar com a repressão militar na Polônia concentrando-se no "pacote eleitoral" do governo. Os dois atos, repressão e "pacote eleitoral", o primeiro na Polônia e o segundo no Brasil, são atos antipovo; porém, um crime não justifica o outro. Os crimes contra os trabalhadores devem ser publicamente denunciados e discutidos. Não se educa ninguém com base na mentira e na "desconversa". Só os trabalhadores têm interesse na verdade, porque eles nada têm a perder.

Não se confunda a classe trabalhadora com os partidos ou grupos que pretendem falar em seu nome.

Solidarnosc – 3*

Sindicato Solidariedade

Os protestos do Partido Comunista Italiano, dos trabalhadores japoneses, dos estudantes brasileiros, contra o golpe na Polônia somam-se aos dos metalúrgicos do ABC guardando um minuto de silêncio em solidariedade a Lech Wałęsa e seus companheiros.

O golpe militar polonês, com o apoio da Rússia, deve ter sido muito bem recebido pela alta finança internacional, preocupada em receber o pagamento dos "serviços" da dívida externa, como também, parte da mesma, pois seu montante é de 2,5 milhões de dólares!

Enquanto isso, no plano interno, os operários adotam a "operação tartaruga", ameaçando também destruir os estaleiros do Norte e as minas de carvão do Sul, caso os militares forcem a invasão dos locais de trabalho.

Dois grandes "campos de prisioneiros" foram improvisados nos arredores de Varsóvia, julgamentos sumários de trabalhadores são concluídos pelos tribunais militares, fábricas bombardeadas com artilharia pesada.

Lech Wałęsa, preso em Chycza, envia uma mensagem aos bispos pedindo apoio às greves maciças nas grandes fábricas e resistência passiva nas pequenas. Evitar derramamento de sangue, caso o Exército opte pela violência, apelando à união, não se deixando esmagar.

Os acontecimentos poloneses mostram a incompatibilidade entre um projeto socialista e libertário e a existência da ditadura de um partido único,

* *Notícias Populares*, 30/12/1981.

sindicatos atrelados ao Estado e de um exército estruturado hierárquica e centralizadamente, separado pelo monopólio das armas da população trabalhadora.

Os membros do Solidariedade partilhavam a ilusão liberal, segundo a qual o Exército, por ter na sua composição filhos de camponeses e operários, não iria "atirar contra o povo". Esqueciam que, na medida em que o Exército se constitui como corpo separado e acima do homem comum, ele tende, através da doutrinação de Estado, a cimentar sua integração, convertendo-se numa arma potencial contra o povo.

Excepcionalmente, houve casos em que ele se desintegrou. O último foi no Irã, onde um exército superarmado, cansado de matar, verificou a falta de sentido na mortandade popular, desintegrando-se e levando o xá a exilar-se nos EUA.

Este, sem dúvida, é o momento de falarmos em direitos humanos, lá como cá. Assim, a luta de apoio ao Solidariedade, na Polônia, não pode estar separada da luta pela autonomia e liberdade sindical no Brasil, contra a condenação dos sindicalistas do ABC. Bons exemplos começam em casa, o trabalhador brasileiro assim o espera.

O insuportável peso da burocracia[*]

O professor Maurício Tragtenberg analisa a relação Estado-economia em entrevista a Marcos Faerman.

Qual a origem teórica da *glasnost*? O professor Maurício Tragtenberg, da PUC e da Fundação Getúlio Vargas, não tem dúvidas: para ele, Gorbatchov está apoiado teoricamente na obra de Nicolai Bukharin, um bolchevique de Velha Guarda, fuzilado por Stálin depois dos Processos de Moscou dos anos 1930. Tragtenberg lançou na última semana um livro chamado *A Revolução Russa*. Nesta entrevista, ele analisa a história atual da URSS, à luz de uma história que começa no tempo dos tsares.

Marcos Faerman – É possível compreender Gorbatchov "fora" da história não só soviética como da história russa, isto é, da história anterior à Revolução de 1917?

---

[*] *Jornal da Tarde*, 29/6/1988.

Maurício Tragtenberg – Não! A história russa é uma história de reformas vindas pelo alto. E isso vem com Ivan, o Grande; Pedro, o Grande; Ivan, o Terrível; e Catarina, a Grande. Você tem lá uma tradição de estatismo forte, no sentido de um estatismo que é conservador e também reformista. E nesse processo o Estado teve um papel predominante. É aquilo que se chama modelo prussiano de industrialização, em que o Estado é um grande fator de industrialização, quer dizer, ele cria as condições gerais para que o capitalismo privado possa se desenvolver. No caso russo, isso se deu desde a libertação dos camponeses em fins do século XIX.

E você coloca entre esses personagens (Ivan, o Grande, etc. etc. etc.) também Vladimir I. Lênin, Josef Stálin – e o próprio Gorbatchov?

Maurício – Aí você precisa ver uma coisa: em que medida Lênin, Stálin e Gorbatchov foram ruptura com tudo isso e com esse processo? Eu acho que aí precisa ver duas coisas: tem uma grande tradição do socialismo, das correntes socialistas russas no sentido das reformas através do Estado ou de revolução através do Estado, que é toda a linha dos mencheviques, dos bolcheviques e dos socialistas revolucionários. E há outras tendências que se chamariam de libertárias ou anarquistas, que queriam não propriamente organizar Estado, mas organizar a revolução. Então, ocorre que na medida em que Lênin, Stálin ou Gorbatchov aparecem na história como os organizadores do Estado e conforme, no caso de Lênin e Stálin, substituem o capital privado e, agora com Gorbatchov, está se abrindo para uma economia mista, já pregada por Bukharin, você tem na história russa uma corrente estatista muito forte e que a Revolução Russa aprofundou isso. [...] O que ocorreu, na realidade, é que se criou um modo de produção estatal, um Estado todo-poderoso. E quem fala em Estado fala de uma burocracia e, ante isso, todas as reivindicações ou todo o processo de revolução que vinha de baixo para cima, vinha dos camponeses da Ucrânia, por exemplo, que instituíram uma autogestão econômica, social e política que durou de 1918 a 1921 e todo aquele processo que vinha de base, de autonomia dos sovietes a serem antipartido e anti o próprio Estado, isso tudo foi destruído já em 1922 e já se achava destruído antes mesmo de Lênin recorrer à NEP, a Nova Política Econômica, na qual ele estava pregando um modelo de capitalismo de Estado no esquema alemão. Então, o processo russo da revolução sempre se deu em termos de polaridade. De um lado, uma ação estatal muito forte e, de outro lado, reivindicações de base muito fortes. Então, sob o tsarismo você vai ter revoltas camponesas incríveis: dezenas de revoltas que vão abalar a estrutura de Estado. Umas vão ser assimiladas e outras não e, da mesma maneira que sob o bolchevismo, você vai ter reivindicações comunistas, no sentido realmente de comunidade, de camponeses e operários que vão se chocar contra um novo Estado que se cria. O grave problema é este: ou você organiza o Estado ou você organiza a revolução.

Stálin fortalece o Estado. Você acha que o Gorbatchov enfraquece o Estado?

Maurício – O que se vê no mundo hoje é uma crise do capitalismo de Estado das economias de Estado. Então, o renascimento de Milton Friedman, esse esquema de liberalização da economia e privatização de empresas estatais mostra isso: que a burocracia de Estado realmente é uma coisa pesada.

E isso veio para o Ocidente ou para o Oriente…

Maurício – Do lado do capitalismo ou do outro a burocracia consome muito do produto interno bruto, diminui a capacidade de investimento da sociedade. Então, você tem tanto uma crise da intervenção do Estado na economia, nas chamadas economias "capitalistas", como você tem a crise de estabilização da economia nas economias de Estado, que eu chamaria capitalismo de Estado.

Que é o caso da União Soviética?

Maurício – Sim, porque o problema concreto é esse: como motivar as pessoas a trabalhar. Mas ocorre que você tem, numa economia de Estado, excesso de desperdício de recursos, você tem o árbitro especialmente dos quadros médios das empresas, que são os que mais massacram o operário, que levam o operário a ser apático, a sabotar a economia, e ao total desestímulo ao trabalho. Além disso, essa burocracia é o árbitro em relação à direção do trabalho. Ela arbitra também os prêmios. E a lealdade política tem um peso muito maior do que o desempenho das pessoas no trabalho. Tudo isso leva a quê? Leva ao desinteresse: leva à deseconomia! Então, Gorbatchov quer o quê? Ele quer acabar com as deseconomias no processo econômico, voltado a motivações para o trabalho e ao pré-capitalismo do Estado, que são as motivações para o trabalho na economia capitalista comum. Eu acho que as reformas de Gorbatchov encaminham a isso.

E tem sentido.

Maurício – Isso já foi teorizado por Bukharin num livro dele chamado *Socialismo num só país*, em que ele chamou isso de economia mista. Bukharin achava que uma economia totalmente burocrático-estatal era incompatível com o mínimo de liberdade política de organização dos trabalhadores e que deveria haver um setor pelo menos não estatal que garantisse uma infraestrutura para um mínimo de liberdade de organização dos trabalhadores. Por isso ele foi fuzilado.

E agora, talvez por isso, Bukharin seja reabilitado.

Maurício – Você veja que não é por acaso que ele foi um dos primeiros, senão o primeiro, a ser reabilitado, na revisão dos Processos de Moscou dos anos 1930.

É fascinante, isso.

Maurício – Ele é o teórico bolchevique mais atual: aquele que deve ser lido por todo mundo.

E de quando é esse livro de Nikolai Bukharin?

Maurício – Da década de 1920, mais ou menos. É o *Socialismo num só país*. Foi editado em francês pela coleção 10/18, uma coleção popular editada na França. O Bukharin é mais atual do que nunca. O que o Gorbatchov está fazendo é isso.

Ele está recuperando as ideias do Bukharin?

Maurício – Sim, atualmente Bukharin. Gorbatchov pretende manter o que ele puder em nível de economia de Estado, mas voltando ao incentivo capitalista. Por quê? Aí é que está o problema. Porque realmente o incentivo socialista não ocorre, pela simples questão de que não há socialismo. Seria, por exemplo, o incentivo para o trabalho em termos ideológicos, em termos de servir à comunidade, de interesse social. Esse tipo de incentivo é impossível numa economia burocrática. Daí a retomada da liberalização da economia, mesmo em país de capitalismo, em áreas em que o Estado ocupou lugar.

Como no Brasil.

Maurício – Brasil, Inglaterra... Esse é um processo que está havendo no mundo todo.

França?

Maurício – Sim. Porque na economia capitalista, ou o incentivo ao trabalho é capitalista tradicional em termos de mercado de trabalho, em termos de melhor salário e ascensão na carreira, ou não é. Ou você tem um incentivo burocrático numa economia de Estado que leva ao contrário: à apatia.

E essa coisa que se coloca hoje em paralelo com a questão economia toda gorbatchoviana, e que está ligada também com liberdades democráticas e com uma releitura da história. Como é que se integram essas questões com esse ponto que o senhor levantou?

Maurício – Ocorre que essa chamada abertura do Gorbatchov, no sentido de uma economia (como Bukharin chamava) mista, tem claramente implicações políticas e, portanto, implicações não econômicas. Então, toda essa movimentação de população na Rússia mesmo, em Moscou, em outras cidades como Kiev, por exemplo, fazendo greves e reivindicando. Enfim, o que se verifica é a existência de forças reprimidas nas cidades soviéticas que o Estado já não consegue mais controlar. E essas forças reprimidas estão lutando por um espaço dentro da sociedade soviética. Então, o que ocorre? Logicamente, paralelamente à economia mista, você vai ver o surgimento de muitas reivindicações em termos de reformulação dos sindicatos ou partidos políticos independentes, de acabar a censura, por exemplo, para intelectuais, para escritores, no teatro, no cinema. Isso mostra, fundamentalmente, a existência de forças sociais reprimidas durante quarenta ou cinquenta anos, mas que nem por isso deixaram de existir no *underground* da sociedade soviética. Isso é muito fácil de ver através dos *samizat* [jornais clandestinos] que atualmente estão aparecendo à tona. E o Estado vai ter que saber lidar com isso. Ainda não sabe lidar, então ocorre uma certa ambiguidade. Você tem o discurso do Gorbatchov de maneira aberta e você tem uma repressão policial tradicional, nas ruas, às pessoas. Isso quer dizer que o Estado ainda age à maneira antiga, à maneira propriamente mais de repressão e controle e menos de manipulação do comportamento público. Eles não têm experienciais porque até agora eles fundaram seu poder no controle e na repressão.

Fica me parecendo que uma nuance de tudo isso é que o Estado soviético tem o sentido fortemente alegórico, digamos sim. É um Estado no qual a simbologia é muito importante. Por exemplo, o Stálin é um ícone que deve ser quebrado, da mesma maneira que é preciso recolocar em cena os velhos fantasmas, as velhas histórias, retomar tudo isso para que as pessoas vejam que realmente a cena está mudando. Você acha que tem sentido essa colocação que eu fiz?

Maurício – É possível numa coisa: a procura de novas formas de legitimidade do poder.

Que passaria, por exemplo, pela revisão dos Processos de Moscou.

Maurício – Sim, a revisão dos Processos de Moscou ou do Comitê Central, quando Bukharin foi fuzilado como agente do fascismo, uma necessidade importante do regime para voltar às suas fontes de legitimidade tradicional, fundados no bolchevismo de 1917. Isso de um lado. Mas, por outro lado, eu acho que eles vão fazer uma simbiose de volta à legitimidade da Revolução de 1917, mas também ao ímpeto de industrialização e da mecanização que também estava muito ligado ao processo de 1917. Você lembra de Maiakovski? O que os grandes temas dos poetas da Revolução Russa eram a necessidade da americanização da Rússia.

Uma espécie de futurismo e culto à velocidade e à modernidade.

Maurício – A velocidade, a industrialização... culto à máquina...

O culto à própria câmera cinematográfica!

Maurício – Isso! Só que, agora, nos anos 1980, é possível que tudo isso se dê com uma abertura política bem mais razoável do que na década de 1920, em que a maioria dos futuristas se suicidou... Isso aconteceu com Iessenin, com Maiakovski... Já Eisenstein foi obrigado a fazer uma autocrítica pavorosa a respeito do filme *Ivan, o Terrível*. Isso tudo tende a ser reescrito, hoje.

Então, eu sugiro que não se compre nenhuma obra da URSS, no momento... Principalmente enciclopédias... É possível que eles reescrevam até as *Obras completas* de Lênin. Tudo pode ser mudado. Então, não vale a pena, mesmo, comprar as edições feitas até agora.

A China de Mao na pior[*]

A construção da atual máquina burocrática do Estado chinês começou com a proclamação da República, com a Revolução de 1911, que elevou ao poder um liberal, Sum Yat Tsen, autor do livro *Os três princípios do povo*. Com ele subia ao poder o partido nacionalista chamado Kuomintang. Em 1927 o PC chinês rompe com esse partido e sua rebelião é reprimida pelo Estado. É quando o PC chinês se interna no campo e começa a grande marcha. Em 1929 o líder Wam Min é expulso, acusado de ser trotskista. A invasão japonesa na Segunda Guerra Mundial leva à nova união desses dois partidos. Em 1949 as tropas de Mao vindas do campo assumem o poder na cidade e se instaura a ditadura do PC. Durante o período maoísta, muitos trabalhadores queriam praticar a autogestão nas empresas e foram sendo presos por isso. A revolução cultural nada mais foi que uma manobra da burocracia de Mao para conter insatisfações populares. O Estado chinês, após 1949, conservou certa autonomia ante Stálin, porém, internamente,

---

[*] *Notícias Populares*, 14/6/1989.

a estrutura do Estado do PC chinês continuou profundamente stalinista. Os sindicatos e as uniões estudantis continuaram atreladas ao partido e ao Estado. As greves de trabalhadores eram proibidas e os grevistas, fortemente punidos. Paralelamente, o Estado chinês construiu uma grande máquina de guerra em que o Exército se tornou um dos elementos-chave do poder. Toda vez que após uma revolução, tenha ela o nome que tiver, cria-se uma máquina militar hierárquica, burocrática, e com o monopólio das armas ante a classe trabalhadora, esta tende a ser escravizada por quem detém as armas. Esse é o sentido do que ocorreu na praça da Paz Celestial, onde o poder militar esmagou milhares de pessoas. Tudo isso foi feito "em nome do povo". A repressão chinesa constitui uma lição para a esquerda mundial de como a construção de um Estado "socialista" significou a morte da Revolução.

Unidade sindical e democracia[*]

Para que serve o sindicato?

Ele é importante para o trabalhador desde que tenha autonomia ante o Estado e ante quaisquer partidos políticos, mesmo aqueles que se dizem operários. Pois o trabalhador, independentemente do partido a que pertença, é explorado como uma classe, como um todo. Daí ser importante a unidade da classe operária, acima das tendências ideológicas e acima das divisões partidárias.

Porém, o sindicato servirá à classe operária na medida em que garanta total independência das representações de base em relação à estrutura sindical. O fundamento da democracia para o operário resume-se em: representatividade a partir da base, a partir do interior da fábrica.

Decidir como será a estrutura sindical compete unicamente aos diretamente interessados, aos trabalhadores; a unidade sindical deve ser feita a partir de cada fábrica e não pode ser confundida com unidade de pelegos. Os pelegos na sua vasta maioria defendem seus cargos através da chamada unidade sindical, que amarra o trabalhador ao sindicato único tutelado pelo Estado, não permitindo a ele outras escolhas. É necessário esclarecer que as greves de 1978 em São Paulo foram organizadas

---

[*] *Notícias Populares*, 9/12/1981.

independentemente do sindicato, as recentes vitórias dos trabalhadores da Masssey Ferguson, Ford, Brahma foram conseguidas a partir da organização na própria fábrica contra patrões e pelegos sindicais. Isso quer dizer que, às vezes, a classe operária desenvolve sua prática dentro dos sindicatos e, às vezes, fora deles, e isso precisa ser respeitado; caso contrário, cairemos, a pretexto de unidade sindical, no regime de unicidade sindical totalitária de um grupinho vivendo do sindicato e manobrando trabalhador. É importante participar na pró-CUT com objetivo de interferir no II Conclat, em agosto de 1982; esse Conclat tem que ser o mais representativo e não sede de conchavos de cúpula contra a base. É importante que os sindicalistas independentes e as oposições tenham maioria na CUT 82, sem pelegos, independente e autônoma a partir da base. Unidade sindical é a unidade dos trabalhadores da cidade e do campo na luta por seus interesses. Unicidade sindical é atrelar o operário a um sindicato só por categoria a base territorial, imposta por lei, como o fizeram Vargas, Mussolini, Franco e Hitler. Ela é contra a organização autônoma do trabalhador, seja por comissão de fábrica, comitê de solidariedade, chamando a isso de paralelismo. É graças a esse *paralelismo* que os operários poloneses conseguiram ser ouvidos.

A classe patronal para manter sua dominação, às vezes, usa a tática da unicidade sindical – é o caso de Salazar, Mussolini e Vargas. Na Polônia, os donos do poder tacham o sindicato Solidariedade de divisionista e se colocam como campeões da unicidade sindical. Só que lá, onde eles dizem que operário é classe dominante, na hora H ele é o único que apanha. Nunca vi classe dominante apanhar. Classe dominante bate. Se ela bate em operário é lógico que a classe dominante é outra. O que importa é que unidade sindical ou pluralismo sindical não sejam vistos como questões fechadas, mas como recursos táticos que o movimento operário pode utilizar conforme as situações concretas aconselharem. Assim, na Polônia, 12 milhões de trabalhadores escolheram a tática de dividir para depois unir pela base. É importante lutar pela unidade do trabalhador, porém, a partir da fábrica. Se assim não for, será mera empulhação.

O que é o balanço de uma empresa para sindicalistas – 1[*]

O que se costuma chamar de *balanço* (ou de *demonstrativos financeiros*) de uma empresa é uma espécie de fotografia que mostra o que a companhia possui oficialmente de prédios, máquinas, matéria-prima etc. – e quanta riqueza foi gerada pelos trabalhadores a partir desses instrumentos num certo tempo, geralmente um ano.

O balanço é composto de quatro partes principais: balanço patrimonial, demonstração de resultados (lucros ou prejuízos), demonstração de origens e aplicações de recursos, e a demonstração de lucros e prejuízos acumulados. Qual é o interesse do balanço?

Quando o trabalhador faz greve por aumento de salário e surge o momento das negociações com o patrão, muitas vezes este "enrola" os empregados dizendo que a empresa não deu lucro, que os bancos cobraram muito caro para emprestar dinheiro, que o preço da matéria-prima foi muito alto etc. Nunca diz qual foi o "salário" que recebeu (remuneração da administração), nem quanto cresceram os dividendos pagos aos acionistas.

Os dividendos são uma parte importante do lucro – pelo menos 25%, pela lei – que os patrões têm que distribuir aos acionistas, isto é, aos proprietários. Como os patrões às vezes são também acionistas da firma, têm direito a pelo menos uma parte desses dividendos, e isso acrescenta muitos milhões aos seus "salários", que já são milionários.

A demonstração de resultados

Mostra o dinheiro que entrou (receita) e o dinheiro que saiu (despesa), e se o resultado foi positivo (lucro) ou negativo (prejuízo).

É por aí que se fica sabendo se os diretores da empresa foram incompetentes, por exemplo, levando a empresa para o buraco. Se a despesa for maior que a receita, pode ter havido falha da administração.

Continua.

---

[*] *Notícias Populares*, 1/5/1983.

O que é o balanço de uma empresa para sindicalistas – 2*

Reservas de capital

É o dinheiro "novo" colocado na empresa pelos patrões, mas ainda não incorporado ao capital. Representa também as doações e subvenções e a correção monetária.

A correção monetária é como se o capital recebesse um "aumento", e esse aumento tem sido igual à inflação. Os trabalhadores também recebem aumento. As faixas de menor salário têm recebido de acordo com a inflação, mas são elas que produzem, colocando sua inteligência e sua força pra trabalhar – enquanto o capital não produz nada se não houver trabalhadores que permitam sua transformação em mercadorias. Mesmo assim o capital recebe aumento. As máquinas, o equipamento, o prédio da fábrica e tudo mais que é chamado de "ativo imobilizado" também recebe aumento, isto é, tem seu valor corrigido para ficar atualizado com relação à inflação.

As reservas de capital podem ser utilizadas para:
a) aumento de capital;
b) "cobertura de prejuízos que ultrapassem os lucros acumulados e as reservas de lucro;
c) compra de ações de outras empresas;
d) pagamento de dividendos obrigatórios.

Reservas de lucros

O nome já diz o que são as reservas de lucros. É uma parte do lucro líquido que a empresa "estoca" para futura utilização em:
a) aumento de capital;
b) absorção de eventuais prejuízos;
c) pagamento de dividendos extras aos acionistas;
d) reinvestimentos na empresa ou expansão da mesma;
e) qualquer destino dado pelos acionistas, decidido em assembleia;

---

* *Notícias Populares*, 4/5/1983.

Essas reservas são formadas por pelo menos 5% do lucro líquido, conforme manda a lei, mas pode ser maior, atingindo até 20% do capital (reserva de lucro mais reserva de capital podem atingir até 30% do capital).

O importante a notar é que nem a lei nem a assembleia dos donos da empresa se preocupam, a não ser em raríssimos casos, em distribuir uma parte dessas reservas de lucros para os trabalhadores. Então é bom analisar direito quando a empresa diz que não pode dar aumento: se as suas reservas estão dentro dos 5% do capital, como manda a lei, ou se ela acumulou reservas maiores que isso e está distribuindo dinheiro sob a forma de dividendos para os acionistas enquanto os seus empregados ficam chupando o dedo, aceitando aquele aumento que a lei manda e a empresa dá.

Ou seja, quando a empresa está bem, "não lembra" dos empregados; quando está mal, usa as reservas do tempo da fartura para cobrir prejuízos e só lembra do empregado para mandá-lo embora.

Lucros ou prejuízos acumulados

São lucros que estão "embolorando" na prateleira porque os patrões ainda não decidiram o que fazer com eles. Quer dizer, se o balanço mostrar lucros acumulados, é porque a empresa deve estar muito bem.

Continua.

O que é o balanço de uma empresa para sindicalistas – 3[*]

Receita operacional bruta

É o dinheiro que a empresa recebeu pela venda dos produtos feitos pelos trabalhadores.

Receita operacional líquida

É a receita operacional bruta menos despesas, como imposto sobre vendas, cancelamento e devoluções etc...

---

[*] *Notícias Populares*, 8/5/1983.

Custo dos produtos vendidos

É a receita líquida menos os gastos com a compra de materiais utilizados na produção (matéria-prima), energia elétrica, aluguel e prédios e máquinas, desgaste da máquina e prédio (chamado depreciação) e salários pagos aos empregados da fábrica.

É importante notar que, para o patrão, salário é considerado um gasto. É igual ao da compra de uma partida de chispas de ferro, por exemplo. Não há nenhuma valorização do trabalhador e o balanço é feito de forma a misturar tudo. Os custos de produção – que incluem salário – são apresentados em um bolo só e o trabalhador dificilmente poderá saber qual é a participação dos salários nos chamados *custos* da empresa.

Lucro bruto e despesas operacionais

Tirando da receita operacional líquida tudo que foi utilizado na produção – isto é, o custo dos produtos vendidos – sobra o chamado lucro bruto.

É dele que vão ser deduzidas as despesas operacionais. Aqui cabe destacar algumas despesas, como, por exemplo:
1) Honorários da administração – é o que sai do lucro para pagar os diretores. Não esquecer que os diretores também recebem os dividendos, como já falamos, além de comissões "por fora", que é muito difícil provar.
2) Despesas financeiras – são os gastos com pagamentos de juros sobre empréstimos bancários. Se a diferença for muito alta, dá para concluir que a empresa está muito endividada.

Continua.

O que é o balanço de uma empresa para sindicalistas – 4[*]

Balanço patrimonial

O balanço patrimonial propriamente dito é o quadro maior dos chamados demonstrativos financeiros.

---

[*] *Notícias Populares*, 11/5/1983.

Ali temos tudo o que compõe a riqueza da empresa, por grupos: veículos (podendo incluir por exemplo: carros, carregadeiras, navios, barcos), móveis usados pela diretoria e assim por diante.

O balanço mostra não só o que a empresa tem (prédios, terrenos, veículos...) mas também o que a empresa produziu (receita de vendas, lucros etc.) e o que deve (encargos sociais, impostos, dividendos).

A primeira parte é a esquerda de quem lê, sempre é o *ativo*, é tudo o que a empresa possui, desde o dinheiro em caixa e nos bancos, prédios, máquinas, estoques de mercadorias e de matéria-prima, até contas a receber, investimentos feitos em outras companhias e representados por títulos, por ações (títulos e valores mobiliários), ou em empresas do próprio grupo (participação em coligadas e controladas).

Às vezes há pouco ou nenhum dinheiro em caixa, mas o trabalhador deve ficar atento, porque isso nem sempre significa que a empresa está mal. Muitas vezes, o caixa está a "zero", mas a empresa tem lucro. É que às vezes as vendas crescem tanto que o dinheiro em caixa não chega e o patrão tem de pedir empréstimo nos bancos para comprar matéria-prima. É preciso ver, porém, se o *passivo* (está na coluna da direita e representa o que a empresa tem a pagar) não tem algum problema por trás. Porque às vezes a empresa vende com prazo de noventa dias e tem de pagar seus fornecedores dentro de sessenta dias, por exemplo. E ela tem de pagar num prazo mais curto do que o prazo em que vai receber o dinheiro de seus clientes: é claro que poderá ficar sem dinheiro em determinado momento.

É só aparecerem dificuldades para arrumar dinheiro nos bancos que ela se aperta logo. Muitas empresas que pediram concordata, que é um perdão das dívidas por dois anos, foi por estarem nessa situação, com prazos de recebimento muito longos e prazos de pagamento muito curtos. (É importante notar que os trabalhadores não são considerados um bem da empresa, embora sua capacidade de trabalho seja um dos fatores mais importantes para aumentar a riqueza das empresas e de uma nação.)

O passivo está sempre na coluna da direita no balanço. Representa aquilo que a empresa tem de pagar, seja aos empregados (desses só aparece o salário que falta a pagar desde a data em que é feito o balanço até o final do chamado exercício social, geralmente um mês), seja aos seus fornecedores, bancos, ao governo (encargos sociais, impostos), acionistas e aos próprios patrões.

A dívida aos bancos aparece com o nome de "instituições financeiras". As outras dívidas aparecem com o nome de quem as vai receber, ou que tipo de dívida é, por exemplo: "fornecedores", "acionistas conta-corrente", "dividendos", "obrigações previdenciárias", "Imposto de Renda" etc.

O que é o balanço de uma empresa para sindicalistas – 5[*]

Patrimônio líquido

É o *ativo* menos o *passivo*. Isto é, tudo o que a empresa tem menos o que ela deve: se a empresa tivesse que vender tudo o que tem, até o último parafuso, para pagar tudo o que deve, sobraria o patrimônio líquido, ou seja, é o capital livre que os patrões tem nos negócios mais os lucros retidos.

Observação

Lendo o balanço, veremos que ele repete muitos itens que já explicamos anteriormente. É o caso, por exemplo, do capital, reservas de capital e lucros acumulados, que estão no *patrimônio líquido* e também na demonstração de lucros e perdas acumulados ou mutações patrimoniais. Por isso não vamos explicar de novo esses itens que também aparecem no balanço patrimonial, porque ele é a fotografia mais geral da empresa.

Lucro líquido do período

É o que sobra limpo do faturamento da empresa no período, depois de todas as subtrações.

A demonstração de lucros ou prejuízos acumulados ou mutações patrimoniais

Mostra os critérios que os diretores utilizaram para administrar a riqueza produzida pelos trabalhadores.

---

[*] *Notícias Populares*, 15/5/1983.

Itens mais importantes da demonstração de lucros ou prejuízos acumulados.

Capital

É o dinheiro que os proprietários têm investido na empresa. Em geral, começam com um pequeno capital, recebido de herança do pai ou da venda de imóveis etc. Mas depois o capital administrado pelos patrões vai aumentando, graças ao esforço dos funcionários, e tudo continua sendo só dos patrões.

O aumento do capital, ano a ano, mostra como o trabalho dos empregados foi se transformando em maior riqueza da empresa e dos patrões, seus donos, claro.

A demonstração de origens e aplicações de recursos

Aqui a empresa relaciona tudo o que contribuiu para gerar dinheiro ou receitas, e mostra como está aplicando esses recursos.

Além de lucros do exercício ou acumulados resultantes da venda de produtos ou de serviços, a empresa pode ganhar dinheiro vendendo terrenos, prédios, equipamentos etc. que não estão sendo usados no momento. É o que muitas companhias estão tentando fazer agora para conseguir mais recursos.

Grevismo*

Já se incorporou ao vocabulário corrente o termo "grevismo", usado para significar a ocorrência inusitada, descontrolada e leviana de movimentos de greve. O termo mostra um grande preconceito contra o trabalhador: no estilo de antigamente, grevista era visto como "baderneiro", "arruaceiro" ou "vadio". Infelizmente, muitos elementos da elite e da classe média brasileira, incluindo empresários e políticos, ainda veem o trabalhador dessa forma.

---

* *Notícias Populares*, 24/5/1989.

Sob o título "Brasileiro faz menos greves que europeu", a *Gazeta de Pinheiros* de 21/5/1989 mostra à página 6 que o índice de greves no Brasil é inferior ao da Itália e da Espanha de alguns anos atrás. É o que afirma o professor Noronha, da Unicamp.

As greves aumentaram no setor público e diminuíram no privado. Em 1988, 78% das jornadas perdidas de trabalho foram no setor público. Ou o governo é o pior patrão ou o funcionário público é o mais combativo e organizado. O governo não se preparou para as negociações salariais enquanto o setor privado mandou gente para Europa estudar a negociação. No setor público tem havido as maiores perdas salariais, isso vem desde o fim do Plano Cruzado, quando os governos estaduais se recusaram a pagar o "gatilho". A dificuldade maior do governo é que está financeiramente falido, devido o alto custo da "burocracia". A maioria dos funcionários ganha muito mal, pouquíssimos ganham bem.

O movimento grevista no país apresenta a relação de 1 homem/dia parado, na Espanha apresenta a relação 1,5 homem parado e Itália 3 homens/dia parados. Nem por isso a democracia afundou na Itália ou na Espanha. Por que, então, essa gritaria no Brasil? Há mais: em 1989 estamos tendo menos greves que nos últimos dois anos. O ano de 1989 oferece um índice de paralisações igual ao calmo ano do Cruzado em 1986.

Austrália tem índice de greves igual ao do Brasil, sabia o doutor Brizola disso? Por tudo isso, dizemos que é pura demagogia de mal informado ou cidadão de má fé falar em grevismo no Brasil. É a velha história: branco quando corre é atleta, negro é ladrão. É o mesmo preconceito.

Máquinas Piratininga: autonomia e solidariedade*

Devido a atrasos de pagamento que vêm desde setembro de 1980 – atraso na concessão de vales, falta de depósito do PIS e FGTS, atraso no pagamento do 13º –, os 750 operários das Máquinas Piratininga da região Anchieta entraram em greve. Inicialmente houve paralisações de seis horas em agosto; em setembro, um dia e meio; em outubro, três dias; e em novembro, nove dias. O atraso do pagamento em novembro de onze dias levou à eclosão da greve.

---

* *O São Paulo*, 24-30/7/1981.

A greve de janeiro originou a constituição da Comissão da Fábrica da região Anchieta apoiada pela oposição sindical, o Fundo de Greve de Santo André e São Bernardo, a Pastoral Operária e a Frente Nacional do Trabalho. Terminou com os trabalhadores sendo atendidos em 90% de suas reivindicações. A comissão levava à direção as reivindicações coletivas, submetendo-as depois à assembleia, que detinha o poder de decisão.

Nem tudo foi um mar de rosas. Houve demissões com recebimento de parte dos direitos dos demitidos. Quem foi demitido como "agitador" teve anotação na sua ficha. Enquanto os operários reivindicavam estabilidade de um ano para todos, a direção restringia o direito à comissão somente, e isso não foi aceito pelos operários. Eles tiveram dois demitidos da ferramentaria, que, posteriormente, foram readmitidos graças à pressão dos colegas.

Porém, triste papel coube à direção do Sindicato dos Metalúrgicos de São Paulo que na pessoa do senhor Paulo Facundini mandou calar a boca dos associados que foram procurá-lo, pensando ser o sindicato a casa do trabalhador. Enganaram-se, pois o mesmo "dirigente sindical" distribuía boletim convocando os operários a uma reunião no sindicato, convocava-os para a Igreja de S. Ângelo em Vila Liviero, repetindo o dito na sede sindical aos operários: "Mandei calar a boca lá [na sede] e mando calar a boca aqui!" Hitler não se expressaria melhor, o ideal desse "dirigente sindical" é uma categoria calada, submissa, muda e surda. Não contente com isso, mandou quatro operários associados do sindicato à seção da Mooca de Máquinas Piratininga para pedir a volta ao trabalho.

O fundamental da luta dos operários das Máquinas Piratininga não foi só o atendimento às suas reivindicações imediatas, mas à constituição da comissão de fábrica como órgão representativo. Pois, como argumenta o pessoal das Máquinas Piratininga, o sindicato não comporta a categoria, mesmo em termos de espaço: há 10 mil metalúrgicos em São Paulo e a ele filiados só cabem 2 mil na melhor das hipóteses. Sem falar que a atual direção do Sindicato dos Metalúrgicos de São Paulo se caracteriza por ser porta-voz patronal e não do assalariado.

Além de lutar contra os atrasos de pagamento, os operários denunciam a malversação de recursos existentes na empresa. Assim, há empilhadeiras em condições de trabalhar, porém, a direção prefere mantê-las inativas, alugando similares da Trandescar a Cr$ 800,00 a hora. Há quatro empilhadeiras alugadas nessas bases. Peças que podem ser conduzidas por carrinho são transportadas por caminhões alugados à empresa Niceto.

Os atrasos de pagamento, a malversação administrativa e o descaso do Sindicato dos Metalúrgicos de São Paulo, presidido por Joaquim S. Andrade, às reivindicações dos operários de Máquinas Piratininga, levaram-nos a uma ação autônoma, partindo de suas necessidades e terminando na organização de sua comissão de fábrica. A mesma é independente dos partidos políticos que falam em nome dos trabalhadores nesse país sem possuir procuração para tal. Independente dos grupúsculos ideológicos preocupados com o Afeganistão e despreocupados com o que ocorre num bairro industrial em São Paulo, sem contar, também, com o apoio da imprensa alternativa, que escreve muito sobre trabalhadores, quando eles se manifestam, ela se sustenta. O único órgão da imprensa dando cobertura a essa ação autônoma e solidária de Máquinas Piratininga foi o *Notícias Populares*. Tudo isso é uma lição.

Os operários de Máquinas Piratininga mostraram que podem e sabem auto-organizar-se sem a tutela de quem quer que seja: partido, seita, grupúsculo. Que sabem formular suas reivindicações, levá-las adiante e tê-las vitoriosas.

Têm eles uma noção muito clara das distâncias entre sindicalismo e política: o primeiro realiza a política do trabalho, e o segundo, a política do capital.

A prática de Máquinas Piratininga mostra a atualidade da linha da Associação Internacional dos Trabalhadores: a libertação dos trabalhadores deve ser obra dos próprios trabalhadores. Eles não podem delegar suas lutas a "vanguardas" que só querem o poder e, ao assumi-lo, convertem-se em novos patrões sobre os operários que "dizem" representar.

As práticas de base de Máquinas Piratininga, pelo seu nível de autonomia ante tudo que não pertence ao mundo do trabalho, tenderão a fecundar o conjunto da categoria metalúrgica e abranger a classe operária no todo. Aí teríamos as condições mínimas, através das comissões de fábricas, de estruturar um sindicalismo autêntico, sem tutelas ministeriais ou de cúpulas partidárias.

Deve ser lembrado que, para os operários das Máquinas Piratininga, a comissão de fábrica permanecerá, mesmo após o atendimento as reivindicações que lhe deram origem. Caberá a ela discutir problemas mais amplos como: nível salarial, saúde, estabilidade e as pressões das chefias, que, afoitas ante o ingresso acionário do Grupo Dedini, começam a "prestar serviço", demitindo trabalhadores. Em suma, os trabalhadores de

Máquinas Piratininga deram uma magnífica lição de ação autônoma, de solidariedade e de alto nível de consciência social e sindical. Espera-se que a lição seja aprendida e a experiência, utilizada por todos aqueles que não têm nada a perder: a mão de obra assalariada brasileira. A prática operária relatada enfatiza que

> Estamos procurando fazer juntos a caminhada. Mas quando alguém começa a querer impor a ideia dele, ensinar o Evangelho como se fosse dono, vira patrão, está tomando o lugar de Deus. (*Estudos bíblicos de um lavrador*, p.50)

Massey Ferguson e Ford: vitória dos trabalhadores*

Após seis dias de greve, de 18 a 24/11/1981, 1.100 trabalhadores da Massey Ferguson retornaram ao trabalho conseguindo um acordo com a empresa que brecou as 180 demissões previstas, garantiu estabilidade para todos até 31/3/1982 e também para a comissão de fábrica por um ano. Garantiu a quem for demitido receber os salários até 31/3 e mais uma indenização que vai de um a três meses, além dos direitos legais. Além do mais, assistência médica por seis meses para os demitidos e seus dependentes, e a empresa pagou todos os dias parados.

Essa vitória na luta dos trabalhadores contra o desemprego, enfrentando pressões patronais e a sabotagem (para variar) da diretoria do sindicato, deu-se porque havia alguma organização dos trabalhadores no interior da fábrica antes da luta. Pois, desde 1977, alguns trabalhadores da Massey reuniram-se toda semana para discutir a sua situação na firma, e esse grupo de fábrica continuou até hoje. Além disso, havia a oposição sindical, que estimulou sempre a auto-organização do trabalhador no seu local legítimo, ao pé da máquina.

A causa da greve se dera pelo fato da empresa ter distribuído uma circular no dia 13/11/1981 avisando que ia fechar e mandar dar todo mundo para São Bernardo (Motores Perkins, pertencente à Massey) e Canoas, no Estado do Rio Grande do Sul. Também correu a notícia que uma lista de dispensa com 180 trabalhadores estava na mesa da chefia. O fechamento da fábrica de Campo Limpo significaria desemprego para 1.080 operários e, afetando seus familiares, atingiria quase 5 mil pessoas. Enquanto isso,

---

* *Notícias Populares*, 6/1/1982 e 10/1/1982.

a Massey aumentaria sua massa de lucro aproveitando os incentivos do governo do Rio Grande do Sul.

A 16/11/1981, um grupo de trabalhadores da Massey, junto com seus colegas da Oposição Sindical Metalúrgica de São Paulo (OSM), convidou todos os trabalhadores da Massey para debater a situação numa reunião. Dessa reunião participaram 63 operários, que decidiram imprimir um boletim denunciando a situação. No dia 17/11, a paralisação foi total. Chegando atrasado e perdendo o bonde, apareceu nesse dia um diretor do sindicato convocando uma reunião para dois dias depois. Se os trabalhadores tivessem ficado de braços cruzados esperando seu dirigente sindical agir por eles, essa hora estariam na rua. Pois dois dias antes da chegada do líder sindical, já havia na mesa da chefia uma lista para demissão de 180 trabalhadores. Foi quando se iniciou a greve e a formação de uma missão para negociar, conseguindo ver atendidas suas reivindicações, conforme relatamos acima.

Os episódios da luta são relatados pelo Manifesto dos Trabalhadores da Massey em conjunto com a Oposição Sindical Metalúrgica (OSM) de 17/11/1981, que entre outras coisas citava:

> Defendendo nosso direito de não passar fome, que é o mesmo direito nosso ao trabalho, vamos lutar com todas as forças para não sermos postos na rua. Faz muito tempo que a Massey Ferguson está tendo lucros fabulosos. Aumentou a fábrica, investiu em Canoas e Sorocaba. Comprou a Metalfrit Progresso, a Cinpal e a Perkins. Comprou terras. Agora está tendo lucros menores porque envia dólares ao exterior e sustenta os prejuízos de suas filiais em outros países.
>
> Não temos ilusão que a firma terá interesse em nos aproveitar na unidade de São Bernardo. Lá há milhares de operários desempregados que trabalham por salário inferior ao nosso. Daí nossa luta ter os objetivos: 1. Manter aberta a fábrica de Campo Limpo. 2. Caso queiram fechá-la, aproveitar todos nós em São Bernardo, com garantia de estabilidade por dois anos. 3. Caso a Massey mande embora, que pague aos demitidos seis meses de indenização, além de todos os direitos. Com direito aos demitidos e suas famílias terem garantido um ano de assistência médica pelo convênio da firma.

Na Ford, reagindo à condenação de Lula, os trabalhadores pararam por uma hora em sinal de protesto. Resultado: foram demitidos dez operários, inclusive um membro da comissão de fábrica lá existente. Houve nova greve e volta ao trabalho após a readmissão dos dez demitidos, continuando a negociação pela readmissão de José Carlos Brito, que tinha estabilidade como membro da comissão de fábrica e fora demitido.

Os trabalhadores da Ferguson e da Ford mostraram que sabem andar com os próprios pés e pensar com sua cabeça, não delegando a "pelegos sindicais" ou elementos metidos a chefetes vanguardistas ocuparem seu espaço legítimo: o espaço no interior da fábrica e a luta de quem trabalha lá. É a ele que cabe a direção da luta. Isso mostrou que só a auto-organização autônoma no interior da fábrica garante ao trabalhador conquistas reais. Quando as máquinas param a voz do peão é ouvida melhor, especialmente se ele está organizado com seus iguais. Segundo avaliação do advogado Pazzianotto, o acordo da Massey foi "uma vitória dos trabalhadores, já que praticamente todas as reivindicações foram atendidas, destacando-se o pagamento dos dias parados, o que não ocorria já muitos anos". A auto-organização do trabalhador é a prática do dito popular: "Sou que nem soca de cana / Me cortem / Que eu nasço sempre".

Aliperti: uma Cipa a serviço do peão*

Nesta sexta-feira, das 8 à 0 hora, haverá eleição para a Cipa (Comissão Interna de Prevenção de Acidentes). A eleição é uma vitória dos operários da Aliperti, após muitas denúncias sobre a insegurança no trabalho que vitima trabalhadores; muitos morreram de choques elétricos, outros de explosão de balões de óleo, outros escaparam quando o teto da laminação desabou, a sorte salvou muitos de morrer no gás do próprio alto-forno. Os companheiros Carlos da Silva e José Ventura não tiveram tal sorte e morreram. Isso porque: 1) a rede elétrica é uma miséria; 2) os equipamentos são do tempo de Jesus; 3) as pontes rolantes da laminação velha da aciaria são do tempo em que o diabo não tinha chifres, conforme denúncia de boletim da Oposição Sindical Metalúrgica de São Paulo (OSM), Setor Sudeste, de 11 de dezembro do ano passado.

Aliem-se aos acidentes os espancamentos de peões, como o caso do pedreiro refratário Élio Dias Ribeiro. Ele foi espancado até sangrar pela "segurança" da Aliperti, dirigida pelo tenente reformado do Exército

---
* *Notícias Populares*, 3/1/1982.

Lauro Liberato Portugal, conforme denúncia de *Notícias Populares* de 11 de setembro e 3 de dezembro passados.

Por isso é muito importante a participação de todos os trabalhadores na eleição da Cipa, para eleger companheiros pontas-firme, não votando em puxa-saco e pelego. Devem ser eleitos onze efetivos e onze suplentes.

O voto é secreto, daí a necessidade de votar em peões conscientes, pois, apesar de não ter grandes poderes, a Cipa poderá melhorar muitas coisas, principalmente se for composta de peões combativos. A Cipa atual é formada por pessoas escolhidas pela empresa entre os chefes e engenheiros, daí as péssimas condições de trabalho, espancamentos e mortes de trabalhadores.

O cipeiro eleito por voto secreto por todos os operários de cada seção é um amigo e companheiro do peão. Um cipeiro ponta-firme na Aliperti, eleito, deve enfrentar uma série de problemas que atinge os seus companheiros.

Assim, deve parar equipamento que estiver pondo em risco a segurança do trabalhador, exigir luvas, óculos, capacetes. Quando verificar ausência de higiene, convocar a Secretaria de Saúde para "visitar" a empresa. Deve apresentar relatórios de acidentes, das condições de trabalho e sugerir melhoria dos métodos de segurança no trabalho, prevenindo acidentes.

Acima de tudo, deve ouvir opiniões e sugestões de seus companheiros, levando-as à reunião. Como também combater o espancamento de peão pela "segurança", como método administrativo predominante na Aliperti.

Atualmente a Cipa na Aliperti culpa sempre os peões pelos acidentes de trabalho e mantém a maioria dos companheiros desinformada do que acontece na fábrica.

Uma Cipa a serviço dos peões deve lutar por restaurante com refeições baratas; segurança no trabalho, evitando novos acidentes; retirada dos equipamentos com mais de cinquenta anos de funcionamento; mudança do local da chapeira, evitando que operários sejam feridos pelos respingos de ferro quente; proteção para os eletroímãs que quebram as lingoteiras e um ponto final nos espancamentos de peões pela "segurança".

Por tudo isso, é importante o comparecimento maciço dos peões da Aliperti na eleição por voto secreto da Cipa. Só organizados na fábrica e unidos eles poderão ter uma Cipa composta de companheiros ponta-firme, que não façam o jogo patronal.

Comissão representativa e autônoma na Ford de S. Paulo*

Luta Sindical, em seu número de maio de 1982 (n.26), informa-nos que os trabalhadores da Ford São Paulo criaram sua comissão de fábrica, surgida de grupos de fábrica formados espontaneamente pelos trabalhadores, que se transformaram em comissões com apoio decidido de todos os que trabalham no local, fundando sua razão no apoio decidido que recebem de seus companheiros de trabalho.

Segundo *Luta Sindical*, desde 1979, com uma paralisação da produção sem piquetes, o que prova o apoio decidido dos trabalhadores, a Ford parou. Nas assembleias do Cine Roxi, nas reuniões feitas em 1980 e 1981, com apoio do pessoal da ferramentaria, partiu-se para a ideia de organizar uma comissão de fábrica autêntica, desatrelada dos empresários, da diretoria do sindicato e de qualquer facção política, por melhor que fosse. Durante a paralisação de cinco dias, em julho de 1981, da Ford de São Bernardo e a comissão de fábrica surgida então, os trabalhadores da Ford de São Paulo escolheram sua comissão de fábrica provisória entre quatrocentos trabalhadores reunidos em duas assembleias no salão do sindicato. Daí saíram os quinze representantes da comissão provisória.

A comissão de fábrica não é do sindicato, não é da oposição, embora tivesse seu incentivo; a comissão não tem dono. Ela é somente dos que lá trabalham.

A comissão provisória já está decidindo os estatutos definitivos com a empresa. *Luta Sindical* coloca algumas preliminares nessa negociação. Em primeiro lugar, a comissão de fábrica é o braço dos trabalhadores que lá labutam, não é o braço do sindicato. É o instrumento de organização interna, de reivindicações, de luta dos companheiros da fábrica.

Em segundo lugar, salienta o *Luta Sindical* – órgão da Oposição Sindical Metalúrgica de São Paulo –, a comissão representa a vontade de todos os trabalhadores da fábrica. Ela não pode decidir nada por conta própria. Na negociação do estatuto, *Luta Sindical*, é muito importante conquistar o direito de organizar assembleias por seção durante o expediente, reivindicação que não consta dos estatutos da comissão de fábrica da Ford de São Bernardo. Também, deve a comissão conquistar o direito de ter

* *Notícias Populares*, 1/8/1982.

assembleias gerais de todos os trabalhadores da fábrica, no expediente. Pois, isso é a garantia do contato da comissão com as bases, o conjunto dos trabalhadores das empresas.

Realmente, é uma comissão de fábrica autônoma ante instituições "de fora" que queiram tutelá-la, seja sindicato, seja partido político. Não é uma "comissão sindical" fantasiada. É isso que ressalta da luta autônoma dos operários da Ford, os únicos interessados em lutar por suas reivindicações e dirigir eles próprios o processo da luta. É a prática da autonomia operária em ação.

Eleições no Sindicato dos Metalúrgicos de Salto[*]

Durante somente 24 anos, um grupo liderado por B. Godói dominou o sindicato dos metalúrgicos de Itu e Salto. Em 1981 surgiu uma chapa de oposição (Chapa 2) e ganhou as eleições. Venceu-as nos dois escrutínios e, quando foi tomar posse, foi cassada pela Delegacia Regional de Trabalho, por impugnação de alguns nomes de sua chapa.

Convocada nova eleição, a diretoria manobrou e a Chapa 2 ficou sendo Chapa 1, para confundir o peão. Mesmo assim, ela venceu as eleições nos dois escrutínios. Tomou posse a 9/10/1981. O vice-presidente da chapa "pelega" monta em Salto uma associação pré-sindical e em seis meses recebeu a "carta sindical" do Ministério do Trabalho. Desmembrou-se o sindicato de Itu com a criação de outro em Salto. Para eleição de Salto concorreram duas chapas: Chapa 1, dos "pelegos", apoiada por federações, e a Chapa 2, apoiada pela diretoria de Itu. A Chapa 1 (pelega) imprime cédulas com seu nome, não havia cédulas da Chapa 2. Durante o pleito elementos da "federação" provocaram membros da Chapa 2. Quando o advogado da Chapa 2 (oposição) tentou entregar um protesto pela inobservância das obrigações eleitorais, com um abaixo-assinado dos membros da Chapa 2, houve pancadaria. O companheiro agredido declarou que fora agredido por membros da federação e não por seus próprios companheiros, como queriam os oponentes insinuar.

Na delegacia de polícia, porém, os agredidos, membros da Chapa 2, foram indiciados como agressores, quando eram na realidade os agredidos.

---

[*] *Notícias Populares*, 9/11/1983.

Os agressores, na delegacia, transformaram-se em vítimas, em agredidos.

O juiz concedeu liminar para que os 450 sindicalizados em Itu pudessem votar nas eleições em Salto, pelo fato de lá trabalharem, na base de Salto.

A Chapa 2 quer que apenas votem os associados da "associação". A federação quer dividir os trabalhadores de Salto. Falam muito em união e na prática dividem os trabalhadores. A mesma coisa está ocorrendo em Sorocaba. A oposição ganhou a eleição e os "pelegos" estão criando inúmeros sindicatos pequenos para dividir os trabalhadores. Esses divisionistas se autodenominam partidários da Unidade Sindical. Sim, desde que eles comandem a "unidade".

Vitória dos metalúrgicos do ABC derruba "pacotes" governamentais*

A Comissão de Fábrica da Ford provou que realmente representa os 12 mil trabalhadores da fábrica, na medida em que obrigou a Ford a manter negociações diretas com os trabalhadores grevistas, através da comissão de fábrica que os representa.

A Ford tem contratos de exportação de milhares de carros Escort, razão pela qual a comissão de fábrica e a diretoria cassada do Sindicato dos Metalúrgicos de SBC mobilizaram-se no sentido de pressionar um processo de negociação que concluiu com a vitória dos trabalhadores.

Com dez dias de greve, os pacotões salariais governamentais foram para o lixo; para isso mobilizaram-se 55 mil trabalhadores que paralisaram treze empresas automobilísticas. O acordo prevê reajuste com base no Decreto-Lei 2.065 para quem ganha até dez salários mínimos. Os que ganham além dessa faixa salarial receberão 80% do INPC (o decreto que garantia isso tinha sido derrubado no Congresso). Funcionários de até salários mínimos receberão 20% do salário a título de abono. Os demais receberão 30% na faixa... Não serão considerados esses abonos como antecipação salarial, daí seu não desconto nos vencimentos. Como o governo proibiu o ganho da produtividade, o abono substituiu-o. Os trabalhadores receberão o

---
* *Notícias Populares*, 20/11/1983.

domingo e terça-feira, pois as empresas só descontarão as horas e não os dias de paralisação. Isso a partir de 1º de outubro.

Ainda a Mercedes Benz e a Reifenhausen não assinaram igual acordo. Razão pela qual os membros da diretoria cassada, tendo o Jair Meneguelli à testa, esperam pressioná-las para que aceitem igual acordo. Essa vitória dos metalúrgicos de SBC mostra que é a organização do trabalhador, a partir do local de trabalho, a condição básica que lhe permite iniciar, desenvolver e controlar o processo de sua luta e reivindicações. Mostra a importância da existência de comissões de fábrica representativas no interior das empresas, capazes de falar realmente em nome do trabalhador. Quem constituiu a comissão de fábrica? São os próprios trabalhadores, daí ter razão João Bernardo, quando escreve que a vanguarda da classe é a própria classe. O resto é mera empulhação.

Criada comissão de fábrica dos trabalhadores da Asama*

Com a participação de Geraldo Ferreira da Silva, Belson Zanholo e José Henrique Flock, entre muitos outros trabalhadores da Asama Indústria de Máquinas S.A., foi criada uma comissão de fábrica que tomou o nome de Comissão Representativa dos Trabalhadores da Asama Ind. de Máquinas S.A., fruto de eleições realizadas em junho de 1982, com a participação de todos os funcionários.

Essa comissão singulariza-se em relação a outras existentes na medida em que sua criação visa corrigir possíveis injustiças ocorridas com empregados, exigir da administração medidas tendentes a melhorar condições de trabalho e elevar o nível de vida dos trabalhadores, estabelecendo diálogo franco com os empregadores. Órgão deliberativo é a assembleia geral, composta por todos os trabalhadores da Asama sem discriminação, e a Comissão de Representante dos Trabalhadores.

No seu artigo 4º, o Sindicato dos Metalúrgicos de São Paulo é considerado órgão consultivo da comissão. Os membros efetivos serão escolhidos entre os cinco candidatos mais cotados, com mandato de dois anos. O art. 32 define que os membros efetivos e suplentes da Comissão terão

---

* *Notícias Populares*, 25/8/1982.

estabilidade garantida pela empresa, a partir do registro dos membros da DRT, durante dois anos de mandato e mais três meses necessários para adequação da comissão sucessora.

Ante isso, o sindicato reagiu, propondo como modelo a Comissão de Trabalhadores da Ford, da qual o dirigente sindical na empresa é membro nato. Porém, São Bernardo e São Paulo são duas realidades diferentes. O Estatuto da Comissão de Fábrica da Ford foi o máximo que se conseguiu lá. Isso não impede, porém, que o trabalhador avance na luta pela democratização de suas instituições representativas, criando comissões onde ele se apresenta e que tenham seu espaço a partir do interior da fábrica, sem o que democracia é palavra vã. Na Comissão de Fábrica da Asama, os representantes são revogáveis a qualquer momento. Pelo artigo 31 dos estatutos, o mandato dos membros efeitos da comissão pode ser revogado por decisão da assembleia geral, com dois terços dos representados, com direito de defesa dos representantes. Algo mais democrático do que isso? É preciso entender que: a comissão de fábrica pertence aos trabalhadores que nela trabalham; eles é que decidem de suas reivindicações, como encaminhá-las melhor. O sindicato – especialmente o dos Metalúrgicos de São Paulo – criou "comissões Décio Malho", de cima para baixo, profundamente antidemocráticas. A democracia deixará de ser palavra vã no dia em que as instituições (fábricas, escolas, bancos) tiverem sido democratizadas. A Asama retoma o caminho dos trabalhadores da Cobrasma de 1968, aponta para o futuro. Por isso o apoio de todos metalúrgicos é importante. O contrário seria continuar no sindicalismo de fachada ou carimbo.

Criada intersindical em Araraquara[*]

A 11/3/1983, onze entidades representativas de trabalhadores formaram o Conselho Intersindical de Trabalhadores de Araraquara (Cita). A decisão foi tomada em assembleia com participação de 130 trabalhadores. Havia duas propostas:
a) Formação do Conselho Intersindical de Trabalhadores de Araraquara, apresentada pelo Sindicato de Metalúrgicos, encampada com algumas

---

[*] *Notícias Populares*, 27/4/1983.

sugestões pelos Sindicatos Rural, Gráficos, Alimentação, Comércio e Motoristas.
b) Formação de uma Comissão Municipal Pró-CUT, apresentada pela Associação de Servidores da Unesp (Asunesp) encampada pela Apassp, que congrega os profissionais de Serviço Social, e pela Associação de Professores (Docentes) da Unesp (Adunesp), que propunha que a união deveria se dar em termos do encaminhamento conjunto das lutas.

A representação das entidades na direção constará de um representante por cada entidade de classe e maior participação de base – mesmo sem direito a voto – e a do Sindicato dos Metalúrgicos, quanto à composição da plenária, terá dois delegados por diretoria de entidade e mais dois delegados tirados da base de cada categoria.

O Grupo Sindical do PT afirma que os trabalhadores não podem arcar com os erros da história, num país curvado ao capitalismo internacional, introduzindo o FGTS e tirando estabilidade do trabalhador, financiamento da corrupta política do BNH, arrocho salarial, garantido isso pela Lei de Segurança Nacional.

A "abertura" se deu pela impossibilidade de manter essa política autoritária, com a falência do "milagre brasileiro", levou às greves de 1978/9. O recurso de ir ao FMI levou a maior achatamento salarial, pacote de Previdência Social, aumento do desemprego e falseamento de seu índice real, que está além dos 20%.

A realização da 1ª Conclat em 1981 e a criação da Comissão Nacional Pró-Central Única de Trabalhadores (Pró-CUT) são tentativas de resposta organizada à situação aflitiva dos trabalhadores. Além da organização em âmbito nacional e estadual é necessária organização em âmbito municipal que centralize a luta dos trabalhadores de Araraquara. Deve ela estar sustentada por uma relação entre a Conclar, a Enclat e comissões regionais e municipais que decidirão sobre o encaminhamento das lutas. Em primeiro lugar, a luta contra o desemprego, por estabilidade e salário desemprego. Manutenção dos 10% sobre o INPC até três salários mínimos, contra trimestrais. Autonomia sindical e direito irrestrito de greve. Luta contra a Lei de Segurança Nacional, contra o "pacote" da Previdência Social. Uma Comissão Sindical Pró-CUT em Araraquara tem sentido se tiver apoio de todos os trabalhadores da cidade e na solidariedade às lutas nacionais e internacionais.

A pacotada*

Tribuna Sindical, da Oposição Sindical Metalúrgica de São Paulo, em seu número 38 traz matéria ampla a respeito, que procuraremos resumir, pois interessa a todos os trabalhadores.

Acentua que o peão sabe bem que há crise, é só olhar para o desemprego, o arrocho salarial e a forma que sobra para ele. Enquanto isso, os "pelegos" atribuem a crise à incompetência desse ou daquele ministro individualmente. É sabido que o governo federal, ao editar os "pacotes", sabe muito bem que o desemprego aumentará e o salário do trabalhador ficará mais rebaixado. Não adianta coisa alguma ele tabelar juros se os bancos têm mil e um recursos para aumentar a taxa por meio de outros códigos bancários.

É um fato incontestável que, enquanto alguns setores empresariais e governamentais choramingam com a "crise", a produção de chapas de aço nos primeiros cinco meses de 1983 cresceu 7,5% em relação ao mesmo período de 1982.

A indústria automobilística está novamente crescendo, e o mesmo se dá com as fábricas de eletrodomésticos, como a Eletrolux, Arno e Philco. Embora a indústria de máquinas diminuísse sua produção nesse período, no geral a produção cresceu, e com seu crescimento também aumentou o desemprego.

O desemprego cresceu e o salário baixou. Enquanto a inflação de maio de 1982 a maio de 1983 atingiu a 121,2% – segundo o governo –, o custo médio da mão de obra subiu somente 102,5%.

Os novos pacotes permitirão novos "roubos" no salário do trabalhador, iguais aos havidos em 1973, é a isso que o governo chama "desindexar os salários". Para o peão, desindexação dos salários significa "trambicar" seu reajuste salarial.

Através da rotatividade do trabalhador, seu salário é rebaixado. Através do Decreto 2.012, ele já foi roubado no seu salário em 10%, depois pelo Decreto 2.024 é roubado novamente, especialmente o peão que está na faixa salarial de um até três salários mínimos.

---

* *Notícias Populares*, 20/7/1983.

Daí *Luta Sindical* apontar um caminho: a união dos trabalhadores a partir da fábrica, a partir do "grupo de fábrica", sem choradeiras nem pedidos a governadores "da abertura".

Somente assim será possível acabar com o índice alarmante do desemprego, lutando pela redução da semana para quarenta horas de trabalho, sem desconto no salário.

A luta pela estabilidade no emprego é fundamental. Em novembro, os "pelegos" vão querer "afinar" na questão do aumento salarial dos trabalhadores metalúrgicos. Porém, é sabido que a produção industrial está aumentando e o lucro também, daí a luta pelo aumento salarial, sem "indexações" ou "desindexações", que prejudicam quem trabalha e beneficiam o capital.

Após a "greve geral"*

A paralisação de setores consideráveis no ABC, em Osasco e em algumas cidades do interior de São Paulo, como Sertãozinho, mostra a combatividade do trabalhador. Por outro lado, a intervenção no sindicato dos metroviários e no sindicato dos bancários continua a série de atentados à liberdade e autonomia sindicais iniciada com a intervenção no sindicato dos metalúrgicos de São Bernardo e no dos Petroleiros de Campinas e Paulínia.

De tudo isso uma lição a tirar: a maioria do sindicalismo nacional está nas mãos de diretorias de "pelegos", muitos deles ex-interventores. Quando instalou-se o regime militar no país em 1964, o presidente do Sindicado dos Metalúrgicos de São Paulo, Joaquim S. Andrade, iniciara sua carreira na qualidade de interventor no Sindicato dos Metalúrgicos de Osasco.

Durante mais de quinze anos, as diretorias "pelegas" dos sindicatos brasileiros, as federações superpelegas e as confederações hiperpelegas especializaram-se em desmobilizar os trabalhadores. Colocaram os maiores obstáculos à participação dos trabalhadores nos sindicatos. Eis que vivem da "contribuição sindical" arrancada obrigatoriamente de quem trabalha pelo Estado e redistribuída à rede "pelega" que entrelaça confederações, federações e sindicatos de categorias várias por este imenso país.

---

* *Notícias Populares*, 24/7/1983.

Como esperar que tais "líderes" chefiem uma "greve geral"? Como esperar que sindicatos cujos membros de sua diretoria vão às empresas denunciar os membros das oposições sindicais tenham capacidade de organização, força moral para mobilizar trabalhadores a uma greve geral? É como falar de corda em casa de enforcado.

Nesse sentido era previsível que o apelo da "greve geral" fracassasse. Porém, ficou uma lição. Os trabalhadores perceberam que somente organizando-se a partir do interior dos locais de trabalho têm condições de levar adiante sua luta, de controlar seu desenrolar e suas finalidades. Aprenderam a não confiar em lideranças "pelegas" e mais em si mesmo. No quadro geral, merece menção o Sindicato de Artistas e Técnicos de São Paulo: os grupos teatrais a ele filiados paralisaram totalmente suas atividades. Os trabalhadores de teatro – atores, atrizes, técnicos – aderiram em sua totalidade à greve geral e mantiveram os teatros fechados. Que isso sirva de exemplo às demais categorias; dessa forma, os atores, atrizes e técnicos de teatro lavraram um tento. Esse exemplo é para ser devidamente avaliado.

Reciclagem de pelego[*]

Soube que estão sendo abertos vários cursos de "Formação Sindical" e "Formação Política", destinados a mudar a fala de "pelegos" tradicionais já "queimados" entre os trabalhadores da linha de produção. Ao mesmo tempo que esses pelegos estão se instruindo a respeito da história do movimento operário, partidário e sindical, começam a ficar "combativos", a "falar duro", não comparecer a reuniões marcadas com o ministro do Trabalho para passar uma imagem de intransigência ante o ministro ou quem o represente.

Há outros que fizeram carreira como "advogados trabalhistas", defendendo os trabalhadores nos limites permitidos e definidos pelo capital, que ocupam cargos de Secretário do Trabalho (digo, do Capital) em governos "metidos pra frente" e que impedem a realização de seminários a respeito de problemas vinculados a trabalhadores alegando que "agora não é hora de discutir assunto de trabalhador". No entanto, têm cara para aparecer no

---

[*] *Notícias Populares*, 14/8/1983.

Conclat de São Bernardo e "deitar falação" sobre a crise, desemprego e os interesses do trabalhador. Só que, em vez de utilizar o espaço que possuem na imprensa para definir de que lado estão, entre capital e trabalho, escrevem artigos sobre o problema canavieiro no País.

Há outros "dirigentes sindicais", como se autodenominam, que se preparam para substituir os joaquins sindicais, removendo-os e promovendo--os a chefes de federação, enquanto esses se candidatariam a presidentes de confederação.

É o "carreirismo" em ação, seja por motivos pessoais ou político--ideológicos. Cabe ao trabalhador "ficar de olho" nessas mudanças que nada mudam, partindo do princípio: se ninguém trabalha por mim, ninguém decidirá por mim. Isso só é realizável através da criação de grupos de fábrica, comissões de fábrica, comissões de moradores. O movimento operário precisa de muitos índios e pode tranquilamente dispensar os caciques, com suas pretensões de ditar-lhe o que deve fazer.

8° Congresso dos aposentados[*]

De 20 a 23 de outubro em Ipatinga, estado de Minas Gerais, a Associação dos Trabalhadores Metalúrgicos Aposentados e Pensionistas de Ipatinga, com apoio do Sindicato dos Trabalhadores Metalúrgicos de Ipatinga realizará o congresso acima. Conta do temário do mesmo: 1) "Política econômica, política salarial e realidade brasileira"; 2) "Previdência social, caixas beneficentes, pecúlio ou similares"; 3) "Assistência médica hospitalar e a problemática da terceira idade"; 4) "As entidades sindicais de trabalhadores e as associações e departamentos de trabalhadores aposentados e pensionistas do Brasil"; 5) "Informes da organização e do funcionamento das entidades de trabalhadores aposentados e pensionistas". Finaliza com "Proposições e mensagens". Informações na sede do Sindicato Metalúrgicos de Ipatinga, R. Fernando Noronha, 90, sala 28 – CEP 35160 – Ipatinga – Minas Gerais.

Como há aposentados por todo este país, a maioria com seus proventos desatualizados, seria o caso de entrar em contato com os organizadores deste Congresso para fazerem o mesmo em outros estados. Afinal, aposentado

---

[*] *Notícias Populares*, 16/10/1983.

também precisa comer, vestir, em suma, viver dignamente. Coisa difícil hoje em dia para quem vive de seu salário de aposentado. Ao aposentar-se, o Inamps corta drasticamente o salário do trabalhador, condenando-o a aposentar-se e continuar trabalhando, fazendo "bico". A isso chamam de política social, tema de muito livro e artigo. No real, nada muda.

Oposição sindical dos gasistas*

O *Boletim dos Gasistas*, órgão da oposição sindical, anuncia que foi criado o movimento *Renovação e Participação*, pelo fato de a atual diretoria do sindicato estar inerte ante às reivindicações da categoria. Pretende o movimento transformar-se em chapa e concorrer às eleições à diretoria do sindicato. Além de propor-se a lutar pela estabilidade no emprego, pretende lutar pelo salário desemprego; reajustes semestrais com 100% do INPC para todos. Implantação do 14º salário como gratificação de férias. Manter os vales-refeições com valores atualizados que acompanhem o aumento dos preços; convênio com empresas de "tickets" para almoço, para aqueles que trabalham externamente; participação do sindicato na fiscalização das refeições servidas na empresa; formação de um fundo de complementação salarial dos aposentados. Análise da situação da hora extra obrigatória aos funcionários, para o exercício da dupla-função sem o devido pagamento. Estudar a viabilidade de criação de cooperativa de consumo para aquisição de gêneros alimentícios abaixo dos preços comerciais. Participação do sindicato na definição do quadro de carreira e atribuição dos empregados, na avaliação do desempenho para promoção de função e salarial. As eleições se darão em novembro de 1983. Até lá são necessárias a organização e mobilização da categoria por todas formas possíveis.

Criada a Associação dos Empregados do Correio**

Foi oficializada a Associação dos Empregados da Empresa Brasileira de Correios e Telégrafos de São Paulo. A comissão pró-Associação dos

---

* *Notícias Populares*, 26/10/1983.
** *Notícias Populares*, 6/3/1985.

Empregados dos Correios do Rio está em processo de organização há mais de três meses e no dia 9 de março realizará uma assembleia na sede do Sinditel para aprovar o estatuto da associação e as reivindicações: reposição salarial, antecipações trimestrais, melhoria no sistema de convênios de assistência médica, instituição de assistência odontológica, liberdade para se desligar do instituto de seguridade Postalis, sem represálias por parte da empresa, instituição de creche, do ticket-refeição, melhores condições de trabalho também referentes a segurança, conforto e higiene, revisão do regulamento interno que se refere à punição de servidores, salvaguardando o seu nome dos boletins.

A comissão do Rio manifesta o maior interesse no contato mais imediato possível com a diretoria da Associação de São Paulo, para estabelecer uma pauta conjunta de reivindicações. O endereço dela é Rua Moraes de Silva, 94, Maracanã – CEP 20271 – Rio de Janeiro.

Cesp – O boletim informativo da Associação dos Empregados da Cesp noticia que os trabalhadores da empresa que trabalham nas obras da Usina 2 Irmãos consomem comida de péssima qualidade, pois são proibidos de saírem do local de trabalho, enquanto encarregados e engenheiros são servidos com ótima alimentação. Quem fornece as refeições é a empreiteira Andrade Gutierrez, porém a proibição de alimentar-se fora da obra é da Cesp, o que contraria regime de participação, instituído pelo decreto Montoro referente à empresa pública.

Vitória dos empregados dos correios[*]

Terminou a greve dos funcionários dos correios e telégrafos. Conseguiram os carteiros conquistar a liberdade de associar-se, um aumento salarial razoável e o compromisso que nenhum grevista será punido.

Sempre encaramos com a maior simpatia o movimento dos carteiros e demais funcionários dos correios.

Passada a euforia da vitória se colocam novos problemas aos funcionários dos correios.

A estruturação da sua associação, para isso já existem experiências vitoriosas de Associações de Funcionários da Sabesp, IPT, Cesp. Que

---

[*] *Notícias Populares*, 13/3/1985.

bem poderiam dar uma "mãozinha" na formação da nova associação dos funcionários dos correios.

O Sindicato dos Trabalhadores Bancários de São Paulo tem uma experiência grande na formação de "comissões de bancos". Quem sabe, seria de utilidade aos funcionários dos correios formarem suas comissões de representantes de funcionários por agência, articulados entre si, agregando município, estado e a esfera nacional?

Um dos maiores perigos que ronda a categoria dos funcionários dos correios são os pilantras, carreiristas eleitorais que de agora em diante vão pretender "faturar" em cima do movimento realizado.

Tão perigosa é também a tendência dos "grupúsculos" que pululam em torno dos trabalhadores, cada qual se autointitulando seu representante, quererem açambarcar o movimento que é de todos e não tem dono.

Esses açambarcadores de "movimentos" poderão ter seu lugar nos próprios movimentos, cumprindo tarefas necessárias e urgentes. O movimento pertence aos trabalhadores dos correios. Cabe a eles decidir o melhor rumo a tomar. Porém, é muito importante que mantenham a mais ampla autonomia possível ante a alta burocracia dos correios, dos partidos políticos ou da estrutura sindical dominante.

Confiem em si próprios como fizeram, confiem na solidariedade como fundamento da ação social e acima de tudo criem órgãos colegiados – comissões, comitês – autônomos que procurem articular os funcionários. Isso sem ter de aplicar "palavras de ordem" de nenhum líder iluminado.

Greve de fome de operários da Barbará*

Tivemos contato com os membros da comissão de fábrica demitida pelos proprietários da empresa multinacional francesa Válvulas Barbará no dia 1º de maio, quando os mesmos estavam sentados nas escadarias da Catedral da Sé e casualmente discursava um orador da Conclat, pois o Primeiro de Maio fora unificado com discursos bonitos, mas trabalhadores em greve de fome nem eram mencionados pelos oradores.

É possível que os oradores nem estivessem a par do que acontecia a cem metros do palanque na Praça da Sé.

---

* *Notícias Populares*, 11/5/1985.

A demissão da comissão de fábrica pelos donos da multinacional francesa mostra bem que nada mudou na "Nova República", formada por um conluio entre carreiristas do PMBD(S) e trânsfugas da ditadura fantasiados de MFL (Movimento da Frente Liberal). Só que os liberais no Brasil não liberam jamais.

Em matéria de relações trabalhador-empresário, o Brasil ainda está na Idade Média.

Comissão de fábrica, um órgão que é legitimamente aceito em qualquer país da Europa, no Brasil é criminalizado, reprimido, e seus integrantes, embora eleitos pelos trabalhadores, despedidos sem mais aquela. Sem dúvida, parece que a Princesa Isabel não existiu no Brasil.

Além de conformar-se com salário de escravo tem o trabalhador que baixar a cabeça, se conformando com a fome enquanto os beneficiados dos grandes roubos financeiros como Coroa Brastel e Brasilinvest estão à solta, usufruindo o que roubaram do povo brasileiro. Lei e cadeia só existem para a população trabalhadora.

Que o digam os condutores de veículos e cobradores quando na última greve o "cassetete democrático" correu solto.

Afinal, o que querem os trabalhadores da Válvulas Barbará?

Querem 30% de aumento real de salários, querem o fim de todas as leis que impedem a livre-organização dos trabalhadores, reconhecimento e respeito aos seus órgãos de representação democraticamente eleitos. Defesa do mandato das comissões de fábrica.

Readmissão de todos os companheiros demitidos nas lutas recentes.

Querem que o Sindicato dos Metalúrgicos de São Paulo assuma claramente sua posição: se está ao lado dos patrões ou não.

Pois, segundo os membros da comissão de fábrica, o representante do sindicato na região – a fábrica localiza-se no Bairro do Arpoador, perto da Raposo Tavares –, senhor Jayme, "fecha" com os patrões.

É lógico que isso deva decorrer de uma linha geral da diretoria do sindicato e não ser somente uma posição pessoal do citado senhor.

Com a palavra, a diretoria do sindicato.

E os trabalhadores, o que dizem do que foi relatado acima?

Oposição sindical dos enfermeiros*

A saúde anda doente em nosso país. Escândalos do Inamps, fraudes e coisas que tais obscurecem o ambiente alvo e branco dos hospitais e casas de saúde.

Saúde transformou-se em caso de polícia. Não só as falcatruas desmoralizam a rede hospitalar como também as péssimas condições de trabalho e salário, que vão desde o segurança ao médico, refletem negativamente no atendimento hospitalar.

Os profissionais de enfermagem ganham muito mal, precisam trabalhar em três empregos para manter-se. Chegam a trabalhar – segundo a Oposição Sindical dos Enfermeiros – até 84 horas semanais, além dos limites físicos normais, comprometendo a qualidade do atendimento hospitalar.

O que faz o Sindicato dos Empregados em Estabelecimentos e Serviços?, pergunta a Oposição Sindical dos Enfermeiros. Nada...

O presidente do sindicato, José Leão de Almeida – segundo a Oposição Sindical da categoria –, negocia com os patrões dos hospitais sem consultar previamente a categoria, para saber o que quer.

No sindicato só há lugar para "assembleias fantasmas" forjadas com o comparecimento de alunos de um curso supletivo que funciona no prédio. Ocorre que muitos não são sequer sindicalizados.

Muitos dos direitos adquiridos ou a simples CLT não são cumpridos pelos patrões. A diretoria do sindicato não se preocupa em fiscalizar os hospitais. Ela vive "mamando" no Imposto Sindical e a categoria que se dane.

É necessário – informa a Oposição Sindical dos Enfermeiros – que a população saiba que:

> muitos hospitais não pagam insalubridade, não fornecem uniforme para trabalho, não respeitam o horário de descanso, principalmente em plantões noturnos, fornecem alimentação cara e malfeita, dividem o 13º salário em parcelas, quando os trabalhadores faltam outros têm de dobrar plantão e não recebem horas extras.

Atraso de pagamento é moda no mundo hospitalar. Se o trabalhador ligar para o sindicato denunciando isso, a diretoria comunica ao dono do

---
* *Notícias Populares*, 8/5/1985.

hospital e o trabalhador é demitido sem justificativa pela empresa. Acordos coletivos não são cumpridos, sindicato faz "vista grossa". O que reivindica a Oposição Sindical dos Enfermeiros? Piso salarial de Cr$ 712.480,00; trimestralidade, INPC integral, creche, licença-gestante de noventa dias e Cipa nos hospitais. É importante que os trabalhadores dos hospitais juntem-se à oposição sindical, termina o comunicado da oposição.

Santos já tem movimento de renovação sindical[*]

Fomos procurados por empregados da Cosipa filiados ao Sindicato dos Metalúrgicos de Santos e alguns com cargos na diretoria do mesmo sindicato.

O primeiro problema é o afastamento da presidência da entidade do senhor Arnaldo Gonçalves, pois, segundo "Parecer do Conselho Fiscal", folhas 3 e 4: os saques que efetuava junto à diretoria não tinham cobertura estatutária, a diretoria do sindicato no seu todo não tinha ciência dos fatos; lançamentos de cheques pelo senhor presidente a 30/1/1983 sem fundos. Enquanto isso, o restante da diretoria executiva só tomou ciência dos fatos em 26/8/1984. Considerando segundo o parecer – o resultado do Quadro 3 montado pelo conselho fiscal para correção monetária dos saques e pagamentos efetuados pelo senhor Arnaldo Gonçalves.

Concluímos: não há dúvidas de que, embora contabilmente, hoje, esteja zerada a dívida do senhor Arnaldo Gonçalves perante o sindicato, o mesmo causou prejuízos à entidade. Diante disso o conselho fiscal sugere o afastamento do sr. Arnaldo Gonçalves da presidência do sindicato.

Outro motivo da formação do Movimento de Renovação Sindical é a necessidade de defender trabalhadores que após 24 anos de trabalho na Cosipa levam advertência e suspensão.

A Cosipa impediu a entrada a qualquer hora de membro de diretoria do sindicato, a não ser que seja identificado. É uma inovação.

O presidente da Cipa está com leucopenia.

O Movimento de Renovação Sindical denuncia a existência de vazamentos de gás, benzeno. Vazamentos na coqueria, na aciaria, nos altos-

---

[*] *Notícias Populares*, 22/9/1985.

-fornos, na laminação. Já há 849 trabalhadores com leucopenia, 349 estão afastados pelo INPS.

O Movimento de Renovação Sindical quer explicações ao trabalhador da Cosipa e membro do sindicato:
1. Houve um convite da Federação Sindical Mundial ao presidente do sindicato, só que a passagem saiu em nome de uma outra pessoa?
2. Como se explica o fato do senhor presidente do sindicato ter comprado passagem para Bogotá em nome de terceiro e o agente de viagem ir ao sindicato querendo receber o montante dessa passagem?

Quanto às propostas positivas para a categoria do Movimento de Renovação Sindical, serão tornadas públicas em próxima matéria.

Oposição comerciária está com toda força*

O número 171 de *O Metalúrgico*, órgão informativo do Sindicato dos Trabalhadores Metalúrgicos de Santo André, Mauá, Ribeirão Pires e Rio Grande da Serra, traz informações importantes a todos os trabalhadores.

O último movimento grevista mostrou que apesar de divergências ideológicas no movimento sindical a unidade real se dá na luta. Nesse sentido, na categoria metalúrgica de São Paulo e Guarulhos salientou-se, segundo *O Metalúrgico*, o trabalho da CUT que levou os sindicatos mencionados a irem à greve apesar de inúmeros "pelegos" apostarem na desmobilização. Conclusão: quando os patrões não querem negociar, a greve é o caminho natural da classe trabalhadora, salienta o jornal citado.

Os comerciários

O movimento de oposição dos comerciários fez patrões e os "pelegos" que há mais de vinte anos assentam cadeira no sindicato ficarem preocupados. Segundo o jornal citado, na prática foi a CUT-ABC quem dirigiu a greve. Os patrões não hesitaram em chamar a polícia, que, utilizando a cavalaria e gás lacrimogêneo, dispersou os grevistas.

Os comerciários vão aprendendo na pele o que significa ser grevista na "Nova República", nada igual à "Velhíssima República".

* *Notícias Populares*, 29/1/1986.

Varb: Pouca-Pena, o dono da verdade

A Coluna do Mão de Graxa de *O Metalúrgico* informa que, na Varb, Flávio é um encarregado que parece ter o rei na barriga. O moço é metido a dono da verdade. Fala mal do patrão, mas quando este aparece, aí ele fala mal dos trabalhadores. O moço faz mesmo é o jogo duplo.

Também vive chamando todos os operários de burros e disse que "não dá o braço a torcer para nenhum peão". Até parece que ele não é peão.

Toda vez que um serviço sai errado por causa do Pouca-Pena ele dá um jeito de esconder o erro com medo dos chefes. Sua arrogância irrita a todos, pois ele vive dizendo que na Varb não há profissionais competentes. Um trabalhador que age desse jeito não é nosso companheiro, mas sim – segundo "O Mão de Graxa" – um covarde e oportunista que não merece a consideração de ninguém.

Comunicado da CUT e da Federação dos Palestinos*

A 4 de abril passado assinaram o comunicado conjunto acima que salienta os seguintes itens:

> Partem da posição de classe como trabalhadores explorados e oprimidos submetidos à exploração capitalista. Partem da compreensão da natureza agressiva do imperialismo norte-americano que agride diretamente os países da América Central, África e Ásia em aliança com as forças racistas, sionistas, ditatoriais e fascistas do mundo.
>
> E de acordo com o espírito de solidariedade internacional e de classe entre os trabalhadores do mundo, para eliminar a injustiça, repressão e o imperialismo, reuniu-se a delegação acima de trabalhadores palestinos com a CUT resultando as conclusões:
>
> Que o imperialismo americano é o inimigo principal dos povos do mundo; que o Estado de Israel é uma base avançada de imperialismo americano e foi implantado à custa do povo palestino para defender os interesses imperialistas, políticos e econômicos, particularmente os petrolíferos, e garantir a exploração das riquezas do Oriente Médio; isso termina vitimando inclusive

---

* *Notícias Populares*, 9/4/1986.

os judeus, em consequência das sucessivas guerras e ocupações promovidas pelo Estado de Israel ditadas pelo imperialismo;

Que condenam a desapropriação das terras palestinas e seu confisco por parte das autoridades militares de ocupação israelense e a criação de colônias israelenses nessa terra, a demolição de casas de palestinos, a expulsão da população palestina e de seus líderes políticos e sindicais de suas terras; o controle das fontes hídricas (água) e das terras de uso público e a imposição da opressão e o terrorismo contra os cidadãos e a prisão de inúmeros combatentes palestinos nos cárceres de Israel;

Que reafirmam os direitos inalienáveis do povo palestino à autodeterminação, ao retorno e à criação de seu Estado independente no seu solo pátrio, cuja capital seja Jerusalém, sob a liderança da OLP – única e legítima representante deste povo a caminho de um Estado laico e democrático em que possam conviver em paz as comunidades judaicas, cristãs e muçulmanas, com igualdade de direitos, sem discriminação de raça, cor ou religião.

Concluem apelando ao fim da guerra Irã-Iraque por uma solução negociada da mesma e condenando a pirataria do imperialismo americano contra a Líbia e o apoio "aos Contras" por Reagan na Nicarágua visando sua vietnamização. Assinam as duas centrais sindicais.

Associação das compras comunitárias do ABC*

Após as greves de 1980 nascia em São Bernardo do Campo um pequeno movimento de grupos de compras comunitárias organizado por alguns metalúrgicos e lideranças comunitárias do emergente movimento popular.

Esse movimento, inicialmente restrito a trezentas famílias divididas em pequenos grupos e espalhados em quinze bairros, cresceu a partir de 1982.

Nesse ano a associação passara a articular uma luta pelo sacolão comunitário, que, uma vez conquistado, abastece 20 mil pessoas por semana, reduzindo consideravelmente o preço dos produtos básicos e alimentação.

Naquele momento entra no palco da luta uma comunidade de favelados que torna-se peça básica da pressão para aprovação do projeto da Associação das Compras Comunitárias.

---

* *Notícias Populares*, 18/5/1986.

O sistema implantado veio favorecer imediatamente uma boa parcela da classe média, principalmente por se tratar de produtos consumidos em grande número por esse segmento de população.

A partir da recuperação histórica desse rico processo social algumas conclusões aparecem.

A primeira conclusão é que o favelado é um trabalhador migrante e que forma a grande maioria da mão de obra das indústrias de São Paulo, em particular do ABC. Esses migrantes sofreram um processo de discriminação social por parte dos moradores dessas cidades, que, por estarem numa situação econômica mais sólida e por haverem nascido ali mesmo, julgam-se mais cidadãos do que os outros e, portanto, com direitos exclusivos aos benefícios públicos.

Neste exemplo de luta e conquista de um equipamento de atendimento em massa à população, os favelados, por terem sido os principais responsáveis por essa conquista, revelaram-se um setor social com mais capacidade de organização e, portanto, maior consciência de cidadania (se for entendido por cidadania a capacidade de conquistar os direitos fundamentais).

Como essa conquista atingiu também a classe média, isso mostrou como a ação de uma classe (trabalhadores favelados recém-chegados do campo) afeta a sociedade global e beneficia diretamente outros setores de rendas mais altas.

Esse mesmo fato voltou a repetir-se no caso da habitação popular. Em 1982, com a entrada desse grupo de favelados na luta pelo "sacolão comunitário" e a consequente vitória desse movimento, passa a haver uma transformação no próprio grupo.

Continua.

Os camelos do São Camilo*

Recebemos boletim do Movimento de Organização e Luta dos Funcionários do Hospital São Camilo que diz:

É praticamente impossível ao funcionário viver, pagar aluguel, luz, água, gás, condução com a ração salarial que recebe do Hospital. Sem

---

* *Notícias Populares*, 31/8/1986.

contar que não pode comprar leite, remédio e vestuário para a família. Enquanto isso a direção do São Camilo compra novos hospitais. Daí a pergunta: será que a direção do São Camilo consegue dormir direito?

O boletim conclama os médicos, auxiliares, enfermeiros, atendentes, ortopedistas, pessoal do raio X, serventes, faxineiros a se unir e lutar por um aumento salarial justo e real.

Isso é crime? Claro que não. Lutar por melhores condições de vida e trabalho é dever de todo trabalhador, mesmo com a "Nova República", que de nova só tem o nome.

Movimento de oposição sindical metalúrgica*

Recebemos e reproduzimos o "Dossiê número 1 – Quem é a diretoria do Sindicato dos Metalúrgicos", conforme abaixo:

> Boletim 45,3% ou 22,27%
> Coerente com a Campanha Nacional de Lutas da CUT, a oposição defende 45,3% para recuperar as perdas salariais ocorridas desde o início do Plano Cruzado. A diretoria rebaixa a reivindicação para 22,27%, ou seja, 2,27% acima do gatilho. Ignorando as perdas do Cruzado 1.

"Divisionistas fazem o jogo dos patrões" – é o boletim 117 do sindicato:

> A prática de atacar a CUT é comum a todos os setores que loteiam a atual diretoria. Desde o dia 10/12/1986 estamos convocando assembleia para o dia 30/1/1987 para discutir as eleições. No dia 27/01/1987 a diretoria solicitou convocatória para atos regionais (que foram completamente esvaziados) com o objetivo claro de sabotar nosso processo eleitoral. E depois de tentarem sabotar nossas assembleias ainda querem nos acusar de divisionistas.

"Jornal número 11 da oposição" – Mostra como essa diretoria, por ter apoiado o Plano Cruzado do governo, é hoje incapaz de lutar pela recuperação das perdas salariais ocorridas a partir de 28/2/1986.

---

* *Notícias Populares*, 18/3/1987.

"Jornal número 10 da oposição":

A história dessa diretoria desde 1964 é a mesma: defensora dos interesses do governo e dos patrões e trançadora da luta operária. Sabotaram a campanha eleitoral de 1986 – só houve 2 assembleias: uma no início e outra no fim da campanha, para não prejudicar a campanha eleitoral de Ermírio de Morais e de Orestes Quércia, com as quais diferentes setores da diretoria estavam comprometidos. Dossiê 2 – As várias posições sobre o processo de formação da Chapa Única de Oposição da CUT.

CUT Nele – Suplemento Informativo da CUT estadual.

No dia 27/1/1987 houve um debate sobre as eleições metalúrgicas, chamado pela CUT estadual. Diante das divergências sobre como encaminhar o processo de formação da Chapa Única de Oposição da CUT, o secretário de Política Sindical da CUT sugeriu uma Assembleia Geral dos Metalúrgicos Cutistas da Capital, como fórum para decidir as divergências. Combinou-se que até 5/2/1987 a CUT estadual receberia propostas para a realização da assembleia geral.

Continua.

E o operário disse não[*]

Recebemos o Caderno 8 da "Reconstrução das Lutas Operárias", referente à luta dos metalúrgicos contra a Acil, que teima em não pagar o salário devido, descumprir ordens judiciais. O exemplo da luta contra esses desmandos foi a reação do trabalhador Franco Farinazzo contra essa empresa.

É um texto para ser lido por todos aqueles que se interessam em conhecer a condição operária e também conhecer seus líderes, isto é, aqueles que surgem do anonimato do interior das fábricas.

Quem quiser adquirir o volume poderá dirigir-se à Reconstrução – Educação, Assessoria e Pesquisa. Rua Barão de Itapetininga, 120, cj. 601 – CEP 01.042 – Capital – Fone 255-6391.

---

[*] *Notícias Populares*, 22/4/1987.

O volume acima citado denuncia a ditadura nas fábricas enquanto se fala de democracia em termos meramente normais, abstratos, muito de Constituinte e outras formas de empulhação e enganação da massa trabalhadora.

O livro também trata de esclarecer o que é o Movimento Marceneiros pela CUT. O livro mostra que

> o sindicato não tem sido verdadeiro instrumento da luta e da organização dos trabalhadores; não tem estimulado a organização dentro da fábrica; está preocupada em não perder o controle na base, impedindo dessa forma o crescimento da nossa organização nas fábricas. (p.20)

Na página 21 do livro citado estão as reivindicações dos marceneiros:

(a) Resumindo, queremos:
   Todo o esforço na organização de fábricas. Apoio às lutas de fábricas, às comissões de fábrica, fundos de greve etc.;
   Um sindicato de luta que esteja a todo momento ao lado do trabalhador representando seus interesses;
   Que os sindicatos marceneiros participem da CUT;

Uma CUT com a participação dos trabalhadores organizados na base.
Penso eu que o que está escrito acima não vale só para os marceneiros, mas sim para toda a classe trabalhadora nacional.

As greves*

A paralisação dos metalúrgicos, aeroviários e aeronautas, motoristas e cobradores de ônibus mostrou que trabalhador não mora no Parlamento. Junte-se a isso a paralisação de metroviários e eletricitários a partir de zero hora de sexta-feira.

Os metalúrgicos que compõem o "grupo independente", liderado pelo sindicato de São B. do Campo e integrado pelos sindicatos de Campinas, São José dos Campos, São André, Itu e Sorocaba, além da oposição sindical

---

* *Notícias Populares*, 5/3/1988.

de São Caetano do Sul, reivindicam 100% do INPC para todas as faixas, além de aumento real conforme a produtividade. A Fiesp ofereceu 100% no INPC para quem ganha até quinze salários mínimos, produtividade de 4% para empresas até quinhentos empregados, 5% para empresas com mais de quinhentos empregados e trimestralidade em bases a serem discutidas nos próximos dois meses.

A Federação dos Metalúrgicos de São Paulo aceitou a proposta patronal, os "independentes" não; nos acordos em separado que têm negociado, os aumentos reais oscilam entre o mínimo de 5% e o máximo de 23%. Noventa por cento dos metalúrgicos do ABC estão em greve.

Os eletricitários decidiram pela greve de protesto por 24 horas a iniciar-se à zero hora de sexta-feira. Reivindicam basicamente reajuste trimestral e revogação do decreto antigreve 1.632/78. Cabe acentuar que na repressão aos grevistas – especialmente motoristas e cobradores de ônibus – o "cassetete democrático" caiu em cima do lombo de trabalhador, jornalista e cinegrafista de televisão. Isso para deixar de ser besta e acreditar em balelas como "Nova República", Montoro, Sarney e outros personagens, que nada têm que ver com trabalhador.

Multinacional francesa demite comissão de fábrica

Quinhentos trabalhadores da Válvulas Barbará iniciaram a greve dia 16 de abril, a qual durou até o dia 25, quando foi declarada "ilegal". A reivindicação era aumento salarial, pois a empresa está exportando muito e comprando outras empresas; não pode alegar dificuldades ou crise.

Porém os membros da comissão de fábrica: Antonio (cinco anos e meio de trabalho na Empresa), Geraldo (12 anos de trabalho), Otacílio (dez anos), Aluisio (seis anos e dez meses), Sebastião (três anos e três meses) e Nelson (sete anos e um mês) foram demitidos. Estão em greve de fome. Segundo eles, o Sindicato dos Metalúrgicos de São Paulo além de nada fazer ajudou a "enterrar o time". Quem representa na região o sindicato é um tal de senhor Jayme, segundo disseram os trabalhadores a esta coluna sindical.

Os membros da comissão de fábrica estão firmes na luta pela readmissão de todos os demitidos, defesa de seu mandato na fábrica, 30% de aumento real de salários. E isso apesar do sindicato e sua burocracia.

O que todo cidadão precisa saber sobre greves*

É um livro editado pela Editora Global, SP, 1985, 92 páginas, escrito por Betty Shifnagel Abramowicz, formada em Ciências Sociais pela USP, pesquisadora do Centro de Memória Sindical e professora da Faculdade de Comunicação de Santos. Atualmente prepara dissertação de mestrado na área de Ciência Política da FFLCH-USP sobre "Sindicalismo em São Paulo".

Num país em que greve é criminalizada, em que a burguesia empresarial ou latifundiária não consegue conviver com o conflito industrial e social, o livro adquire importância.

Ela inicia o livro com um breve histórico da greve como instrumento de reivindicação e luta na sociedade capitalista industrial. O mesmo operariado que estimula as greves procurou criar – segundo a autora – partidos políticos que abolissem a exploração do homem pelo homem.

A autora dedica um capítulo às origens e evoluções do movimento operário no Brasil. Analisa a influência do anarcossindicalismo, que, segundo a autora, permitiu à classe operária brasileira a formação de sua consciência de classe e a organização de uma base sindical que prepararia o terreno para as lutas futuras, já num estágio avançado de desenvolvimento industrial no país (p.22-23).

No capítulo terceiro estuda os "tipos de greves", quanto à duração, origem (ou centro de decisão) e quanto à extensão. Analisa o papel da mulher na fábrica. Analisa as reivindicações e conquistas, as greves por categorias profissionais, vantagens e consequências até 1964.

Estuda as greves durante o regime militar a partir de 1964, as greves no ABC e sua organização, a greve nas ruas, a "operação padrão" como forma de luta, a greve dos canavieiros de Pernambuco. Analisa também as "greves gerais" a partir de 1917.

Estuda "quem pode e quem não pode fazer greve" nos quadros da atual Lei de Greve, parte do "entulho autoritário" a ser removido.

Pode-se discordar de algumas avaliações de movimentos havidos, porém a leitura do livro é necessária para ajudar a formar uma visão mais ampla, social e política do fenômeno greve, especialmente em nossos país. Como está escrito na sobrecapa do livro, "a democracia de um Estado se mede pela ampliação do direito de greve". O resto é lorota.

---

* *Notícias Populares*, 13/4/1986

Professor pergunta se Estatuto é democrático*

No momento em que o governo do Espírito Santo vai promulgar o Estatuto dos Funcionários Públicos, seria interessante à burocracia ver se há igualdade de direitos e deveres; se o processo de decisão é democrático – a execução democratizada e a decisão hipercentralizada podem levar à disfunção –; examinar os critérios formais para a seleção do quadro administrativo e se estes estão sendo cumpridos. Essa é uma forma de evitar o concurso rigoroso para os pequenos funcionários e que o alto cargo seja preenchido por meios informais, com uma entrevista por telefone por exemplo.

A afirmação é do professor Maurício Tragtenberg – da Escola de Administração da Fundação Getúlio Vargas, de São Paulo –, convidado a promover conferência para o curso de Administração da Ufes. Ele analisa a situação do funcionário público em relação à burocracia que, na sua opinião, "assessora quem tem poder e domestica o contribuinte, além de transformar desgraça em virtude através de propaganda".

Debate

Tragtenberg, autor do livro *Burocracia ideológica*, sugere que os alunos de Administração da Ufes promovam o debate sobre o Estatuto, procurando verificar se o documento "responde às necessidades sociais do Estado". E acrescenta: "Na medida em que todos pagamos impostos, deveríamos discutir tais assuntos, não permitindo que a coisa fique restrita a um grupo de técnicos".

Considerada uma das maiores autoridades em burocracia no país, Tragtenberg fez, no auditório do Centro de Artes da Ufes, conferência sobre o assunto, tratando sobretudo das consequências negativas dessa máquina cuja expansão parece, a cada dia, mais difícil de ser contida.

> Burocracia é administração da coisa pública. Qualquer estrutura administrativa surge para atender fins e, ao final, muda de função. Um exemplo: cria-se um quadro administrativo para auxiliar favelados – há o secretário,

---

* *A Gazeta*, 28/10/1977.

toda uma máquina. Desenvolve-se um processo e, mais tarde, o favelado fica sendo o meio e a administração torna-se fim.

Como se poderia frear o crescimento da burocracia no Brasil e evitar a sua excessiva expansão?
Maurício Tragtenberg – Não há fórmula para a solução do problema. Interessante seria que a opinião pública pudesse participar das decisões adotadas pelo Estado, ter liberdade para discutir problemas que aparentemente são considerados especificamente técnicos. Isto se faria através de órgãos comunitários, associações comerciais, órgãos de bairros, toda forma de associação espontânea que exista na sociedade urbana.
Situe a burocracia na sociedade moderna.
Maurício – Ela ocupa o espaço que a opinião pública deveria ocupar e, em consequência, a vida social morre, torna-se cemitério de vivos. A burocracia incontrolável surge para servir à sociedade e acaba servindo-se.
A que ponto é atingido, no País, o setor hospitalar que funciona através de um emaranhado burocrático?
Maurício – Este é um setor altamente burocratizado – o de atendimento hospitalar –, bom somente para quem tem um alto nível de renda. Quem tem baixo nível de renda sai sempre prejudicado. Observe os convênios entre empresas e hospitais para a assistência médica. Geralmente têm três faixas de atendimento, de acordo com o nível de qualificação de mão de obra. Embora nós sejamos iguais perante a lei, uns são mais iguais que os outros. Dá-se um tipo de assistência ao operário comum, outro ao especializado e um terceiro ao executivo. A ênfase no setor de pesquisas científicas, hoje, é diretamente relacionada às doenças do coração – afinal, atingem os executivos –, mas deixa-se de lado a doença de Chagas e ninguém se preocupa com a medicina preventiva.
A burocracia estaria se constituindo um poder?
Maurício – Ela serve ao poder atividade-meio. Dizer que se transforma num poder é conversa. O que se tem de concreto é uma alta camada de tecnocratas no país. A burocracia tem mais função de assessoria ao poder do que poder de decisão. Assessora quem tem poder e domestica o contribuinte, transforma desgraça em virtude através da propaganda.

Parte III
Ditadura militar, Nova República e os trabalhadores

A conciliação hoje*

Sérgio Norte fez uma análise com furor militante. Mas tem um tom de autenticidade e seriedade. Quem fala depois fica sem ter o que dizer. Vou falar o quê? Eu espero ser breve, evitar redundância e dar conta da minha leitura sobre isso. Eu me interessei pelo tema da conciliação há muito tempo, desde que eu tinha passado pela militância partidária, em vários partidos de esquerda, várias seitas, e eu percebia isso, na hora da onça beber água, você tem que conceituar o que é ser de esquerda hoje. Porque o que paira no ar é um clima, como o Sérgio colocou no final, um clima de adesismo, de conciliação. Um clima em que, "Não, eu escrevi besteira, não leia, não", dando a entender que coerência não promove ninguém. Então, o que é importante, eu acho, é tomar consciência do quadro mais geral. O problema não é só o caráter da pessoa, é o sistema de alianças que a pessoa, enquanto homem político, estrutura. Você é responsável pelas alianças que você promove. E, nesse sentido, na política não há anjos ou demônios. E não há ingênuos. Você é responsável pelas posições reais que você toma na vida. É também pelo sistema de alianças que você estrutura.

---

* Texto escrito para palestra apresentada no "Ciclo de debates: conciliação, neoliberalismo e educação", realizado na Faculdade de Filosofia e Ciências da Unesp, *campus* de Marília, em outubro de 1995.

O sujeito é candidato a governador. Sobe ao poder e chega com um ovo de Colombo: "Eu não sabia que estava tão ruim assim". Se você era candidato, já sabia demais da situação financeira do Estado. Você resolveu topar, e agora, o que fazer? E vai criar uma comissão para estudar o caso. Quando se cria uma comissão, é porque ninguém vai resolver nada.

Agora, o problema da conciliação como estilo político precisa ser entendido como conciliação no quadro da elite ou da classe dominante. Além disso, às vezes, mobiliza os domínios e consegue a cumplicidade deles para se manter. Tem os que votaram no Collor, os que, em São Paulo, votaram em Maluf. Eu vi hoje num jornal de Marília um vereador negro resolvendo entrar para um partido que corresponderia ao mais escravocrata do país, que é o PFL. Isso quer dizer que o poder não se mantém só pela força. Ele se mantém, e muito, pela adesão de parte do dominados, pela cumplicidade de parte das dominados. É como a burocracia. Você fala: "A burocracia está lá em cima". Mas não é bem isso. Se você analisá-la por dentro, ela se mantém como sistema de privilégios, imunidades e safadeza, também pela adesão dos dominados à estrutura burocrática. Há uma cumplicidade nisso. Se não, ela não se manteria desde 1500, como se mantém. É como José Honório Rodrigues sempre dizia: "Os políticos brasileiros são altamente revolucionários na época da campanha eleitoral e altamente conservadores após a campanha". Procuram libertar o povo no primeiro momento e depois percebem que se libertaram do povo, ficando muito alegres com isso. Então, o problema, como eu estava dizendo, do esquema de conciliação da elite, atravessa uma questão central. Qual é? Não só no Brasil, mas em todo o Terceiro Mundo, não houve revolução democrática para valer. Por isso, aqui os liberais sempre foram escravocratas, as grandes leis pela abolição da escravidão vieram de gabinetes conservadores. Os liberais eram os mais escravocratas. Isso levou o poeta João Cabral de Melo Neto, em *Morte e vida severina*, em que analisa a aristocracia nordestina do açúcar, aristocracia liberal, a dizer: "Sim, mas estamos num país em que os liberais não liberam jamais". E isso permeia toda a história brasileira. A maior negação da liberdade é quando os liberais detêm poder. A maior ofensiva contra pobreza, marginalizados, pessoas sem direitos, se dá sob gabinetes liberais. Conversei com um trabalhador que viveu a fase de 1930 a 1937. Então você pensa, o Getúlio foi o maior escravocrata. Não. Em São Paulo, centro de grande repressão contra os trabalhadores, inclusive da utilização da Lei Adolfo Gordo, quem era de origem estrangeira, era remetido ao seu país de origem sob um governador liberal, Armando de Salles Oliveira, que pertencia a um célebre Partido Democrático, que deu base à União Democrática Nacional, que não era unida, não era democrática e muito menos nacional. Vivia pregando golpe de Estado – vide a corrente lacerdista. Então, é necessário situar isso: o país nasce manco na esfera política. Tem um desenvolvimento capitalista? Sim. Tem desenvolvimento econômico? Sim. Mas não teve uma revolução que democratizasse o país pela base como houve na França, nos Estados Unidos e na Inglaterra. José Chasin, um estudioso de Minas Gerais, situou na introdução do livro *O integralismo de Plínio Salgado* o modelo colonial. Isso quer dizer, uma articulação econômica em que se dá a conciliação de interesses da aristocracia rural, setor financeiro e setor industrial e que mobiliza trabalhador urbano para defender os seus interesses. Isso era chamado populismo. O que foi o populismo no Brasil? O que fez Getúlio? Ele fez, a grosso modo, o que Mussolini havia feito na Itália: como organizar pobre para defender rico? O fascismo era isso. O nazismo também era isso. O Brasil, através da história no chamado esquema populista, foi sempre isso, organização de pobre para defender a classe dominante. Então o que acontece? O Brasil teve momentos de revoluções sociais profundas, o Sérgio Buarque de Holanda citou a "revolução dos malês", pouco falada na história das revoluções brasileiras. Um dos poucos que menciona é Gilberto Freire, sobre a revolução e a repressão aos malês, que eram negros islamizados com uma cultura superior à branca. Mas não eram só os malês. Basta conhecer a história da África para saber. Um pequeno dado, no tempo do Império Romano, quando o Império Romano era hegemônico no mundo, havia na África o Império de Juba II. Era um rei humanista, que tinha em torno de si um pessoal que dominava toda a cultura da época. Mas como a história é feita por brancos (e que brancos) o reino humanista de Juba II permanece na obscuridade até hoje, com a graça de Deus.

    Mas voltando ao que estávamos falando, no Brasil houve erupções revolucionárias sérias, especialmente na Regência: a Revolução dos Cabanos, que durou quinze anos e também a dos Farrapos, no Rio Grande do Sul. Foram revoluções de base. Agora, qual o problema? O primeiro é que elas foram reprimidas violentamente, especialmente, matando a liderança, acabando com a liderança. Toda a repressão política sempre começa destruindo a liderança, porque sem liderança é muito mais fácil controlar qualquer coisa. Nesse ponto, Getúlio não inventou nada, e 1964 também não inventou nada. Após essas revoluções de base no período regencial o que acontece? No Rio Grande de Sul, vai haver uma diferenciação política entre os chimangos, que seriam agora o pessoal do PDS, PFL, e os Jurujubas, que estariam um pouquinho mais à esquerda. Agora, a classe dominante vai articular o pacto da conciliação e esse pacto vai ser definido teoricamente por um jornalista pobre, mas que servia ao poder e constituído. Era um jornalista da Corte, um jornalista do poder. Todo poder tem o seu jornalista e nem sempre precisa dele. Vejam um jornal de Marília: eu estava lendo no hotel a notícia de um jornalista que trabalhava em TV e foi demitido por excesso de espírito áulico. Espírito áulico, a direita acha que é bom, mas sem exagero. Deve puxar a coisa com mais tranquilidade. No século XIX, Justiniano José da Rocha escreve um texto, "Ação; reação; transação". Quem dava aula a respeito disso na USP era Sérgio Buarque de Holanda. Ele procurava mostrar como a conciliação é o esquema de reformar para que nada mude. Vocês querem ver, quando não se quer mudar nada na área de educação, se faz uma reforma educacional. Aí você sabe tranquilamente que nada muda. Você tem um professor, giz e cuspe. Para muitos administradores, isso basta para definir uma universidade. Então, o que acontece? Justiniano criou uma dialética de três elementos: ação, reação e transação. Então nós podemos dizer, a Revolução de 1930 é discutível se foi uma revolução, uma ação. Em 1932, a oligarquia paulista exigiu uma Assembleia Constituinte. Aí houve uma reação. E qual foi a transação? A Constituinte de 1934, na qual se articularam todas as facções da oligarquia e a oligarquia cedeu um pequeno espaço aos trabalhadores, para o BOC [Bloco Operário Camponês] na Constituição de 1934. Agora, o que aconteceu? Por outro lado, a Constituinte de 1934 vai se tornar uma ação em relação ao governo Getúlio Vargas.

E o regime de 1945? Os melhores estudiosos mostram que foi um regime de democracia autoritária. Eu me lembro bem, porque comecei a militância política meio precoce e havia em São Paulo um grande movimento de comissões de fábrica. As comissões de fábrica não surgiram no ABC: elas são tão velhas quanto o movimento operário. Eu tenho uns textos sobre a Espanha de 1820 (em 1820, o Brasil era uma fazenda escravocrata). Em 1820, os trabalhadores espanhóis já tinham suas comissões de fábrica. Isso pode não ser nada, mas diz alguma coisa. Há um conhecimento cumulativo, há uma tradição de luta, um negócio que não se impõe por via burocrática, decreto, portaria, comunicado etc. Então, o que ocorreu? Em 1945, São Paulo estava lotada de comissões de fábrica. Havia uma repressão brutal contra trabalhadores, especialmente, nos portos, no Rio de Janeiro. Tinha um chefe de polícia, eu me lembro, chamado Pereira Lira, que era advogado da Light, atual Eletropaulo, e que era profundamente violento contra os trabalhadores, empregando inclusive a polícia marítima, a polícia de choque, criada por Getúlio Vargas para defender os seus pelegos, os seus burocratas. Então, o fato é que, para o trabalhador, democracia é muito vago, é muito pouca coisa. Em 1945 havia uma democracia autoritária e uma esquerda que praticava a conciliação. Eu peguei o livrinho que Antônio Carlos Mazzeo teve a benevolência de me dar, com dedicatória. Eu não vou fazer propaganda do livro; mas ele se chama *Sociologia política marxista*. E eu vi na bibliografia *Problemas atuais da democracia*, de Luiz Carlos Prestes – uma bíblia, em 1945, para todo o militante do "Partidão" [Partido Comunista Brasileiro]. De 1945 em diante o Partidão tinha uma linha de apoio à chamada burguesia progressista. Só que havia um pequeno engano, a burguesia já tinha deixado de ser progressista há muito tempo e ela cria um esquema de conciliação em 1947, 1948, em que o Dutra fica a cabeça de governo, chefe da nova conciliação. E depois o pessoal saiu na Constituinte com Getúlio, isso acabou com as melhores esperanças de se passar a limpo a ditadura de 1937, como hoje acabaram as esperanças de passar a limpo a ditadura que começou em 1964. Eu acho importante o seguinte: estudar o passado. Por quê? Não pelo passado, mas pelo presente. Se você não estuda o passado, ele vai te dominar. Você tem que conhecer para se livrar dele. E tem que estudar em função de algum elemento de compreensão do presente. Isso é fundamental. Na universidade, estudante (ou professor), não pode fazer carreira de cavalo de santo. Cavalo de santo é aquele cidadão que só recebe entidade. Não dá. É preciso participar ativamente da recepção das coisas. E uma universidade que tem como ideal formar cavalo de santo é melancólica. É como um pai que tem a fantasia maluca de formar o filho à sua imagem e semelhança. Mas parece que hoje a sociedade e a natureza são mais sábias e os filhos não se resignam a ser uma extensão de figuras paternais, por mais respeitáveis que elas sejam. Agora, o que eu queria dizer, primeiro, da minha bibliografia sobre conciliação, tem as aulas que eu recebi do professor Sérgio Buarque de Holanda, quando estudante da USP, que me levaram a pensar durante muitos anos sobre esse tema; por que no país se reforma tudo e nada muda? Por que isso? São só as classes dominantes? E os dominados? E aqueles que entram para o PFL, que votaram em Maluf, votaram em Collor? Isso é cumplicidade. Isso precisa ser estudado seriamente. A coisa não é simples, não é uma luta de mocinho e bandido. A coisa é muito mais complexa devido à ambiguidade, à complexidade do social.

Sobre neoliberalismo, em linhas gerais, eu acho realmente uma desgraça, o trabalho, no mundo, está na defensiva. Estão criando uma estrutura de sociedade em que a noção de emprego desaparece, em que a pessoa é livre para tornar-se um empresário de si próprio. Veja bem, os direitos sociais vão para a lata do lixo. São situados como coisa não moderna. Essa modernidade é uma modernidade reacionária. É necessário verificar que também isso não é uma invenção do Fernando Henrique. Hitler se chamava de moderno, Mussolini se chamava de moderno. Antes de Hitler, mesmo os conservadores da República de Weimar, especialmente de 1918 a 1933, pregavam a modernidade. Agora, no caso concreto de hoje, ela significa primeiramente isso, jogar no lixo os direitos sociais conquistados após lutas de cinquenta anos. Em segundo lugar, eu não acredito nessa globalização. Por quê? Em primeiro lugar, porque é um termo de moda e esquece a fragmentação. Em segundo lugar, não é possível que num mundo tão globalizado, tão bem penteado, tão bonitinho, você tenha neonazismo, o ressurgimento do nazismo não só na Alemanha, em toda a Europa. O ressurgimento do racismo em todo Leste Europeu. Em Portugal, que até há pouco tempo era meio imune a isso, agora existe um tipo social novo, *skinhead* português. E vocês sabem como ele se diverte? Jogando os negros fora da condução coletiva. Já morreram vários dessa maneira em Lisboa, no Porto. Então, vejam, hoje se fala tanto em globalização, se diz que a economia é mundial – a economia mundial já existe desde o início do século XX, é um processo bem anterior. O que ocorre hoje, é que a globalização implica uma fragmentação tremenda e o ressurgimento de ódios arcaicos, milenares, como esses, entre os diversos grupos étnicos do Leste Europeu. Eu acho que do jeito que a coisa vai, o esquema neoliberal vai criar aquilo que existia nas Monarquias Hidráulicas, no tempo dos Estados burocráticos do Egito antigo, da Pérsia, da Babilônia, que eram grandes estruturas burocráticas, e burocratas gerindo a sociedade e uma grande população articulada, cuja articulação recebia o nome de "democracia de mendigos". Esse esquema da "democracia de mendigos" está sendo implantado nesta terra. O caldo de experiência vai ser a universidade, os nossos colegas da universidade. A gente percebe que há toda uma política de congelamento de salário. Por quê? Porque o grande governo central, na sua infinita sabedoria, resolveu equiparar os professores de primeiro e segundo graus à universidade, rebaixando o terceiro grau a níveis salariais que predominam no segundo grau. E, então, eu estou achando que estamos diante de um processo profundamente antissocial que, daqui a pouco, quem comer três vezes por dia vai morrer de sentimento de culpa, porque vão dizer que quem come três vezes por dia é um privilegiado. E para chegar à igualdade geral, chega-se àquilo que Dostoievski antevia em *Os possessos*: a igualização para baixo: todo mundo igual, porém miserável. Vejam os rumos que está tomando a política salarial na universidade brasileira e também a visão de universidade, com poucos centros de excelência em grandes cidades e a grande maioria das faculdades transformadas em grandes escolas de ministrar aulas no fundo, para ensinar a ler, escrever e contar. Esse é um dos grandes projetos de ex-colegas meus da Fundação Getulio Vargas – ainda bem que me aposentei na hora exata.

Uma outra questão também: nesse esquema neoliberal, a universidade desaparece. Você fica um mero servo das necessidades do mercado, da empresa privada. Mas as necessidades mudam. Eu quero ver como o currículo universitário vai mudar com a rapidez das necessidades do mercado. Em nenhum lugar do mundo há isso, nem nos EUA, país do capitalismo mais desenvolvido. Há uma relação com o mercado, mas a universidade não é serva do mercado. Mesmo no Japão. Por que querem impor isso no Brasil? Eu acho que aqui entra esse problema, aqui o povo nunca foi considerado, somos súditos tributários, não somos cidadãos. Vivemos para pagar imposto e calar a boca. É isso que o Estado destina à gente.

Eu quero dizer só que esse problema da intelectualidade, do adesismo, que na história toda, o intelectual sempre foi uma espécie de reserva da burocracia e hoje não desmente isso. Agora, a mesma realidade que cria o adesista, cria o contrário. Por isso que eu estou aqui, porque eu sou otimista, eu acredito na contradição social. Independentemente de grupo, partido político ou de qualquer "ismo", há uma contradição social. A mesma realidade que cria o adesismo, o burocratismo, cria uma reação contra isso. O importante é saber ver isso e procurar um certo nível de coerência entre pensar e fazer. Não é fácil. Creiam que é uma das coisas mais difíceis, um dos exercícios mais difíceis que o homem tem diante de si, mas do qual ele não pode fugir.

No Brasil temos a oposição que não se opõe*

Jornal de Hoje – *Voltando um minutinho àquela questão da organização política na luta de classes: de acordo com sua análise, como o cientista social vê hoje as perspectivas da oposição com esta reforma partidária?*

Maurício Tragtenberg – Em primeiro lugar, o que caracteriza o Brasil é ter uma oposição que não se opõe. No Império você tinha os Luzias e Saquaremas; na República você tinha Partido Democrático e Partido Republicano, que eram facções diferentes da oligarquia. Depois você teve PSD e UDN, você tinha Arena e MDB, e você tem hoje o Partido Democrático, da Arena, e um outro nome pro MDB. Quer dizer, aí é que está: pra mim, essa articulação está reproduzindo toda uma linha de dominação do estamento burocrático, a serviço do poder...

JH – O senhor não está sendo muito pessimista?

Maurício – Não, não sou pessimista, na medida em que eu acho o seguinte: a mesma realidade que cria isso, que cria essa recomposição partidária, é a realidade onde se dá a reorganização da base. Eu sou otimista porque vejo isto: hoje, por exemplo, você pode ver... Nós tivemos um grande problema na vida política brasileira, que é o culto ao líder carismático, que é o fator de despolitização do povo. Então você tinha o quê? Você tinha partidos como o PTB em torno do carisma de Vargas. Mesmo o PCB, que tinha ideologia, tinha o carisma do Prestes como o cavaleiro da esperança. O integralismo, de toda maneira, era um movimento ideológico em torno do carisma do Plínio Salgado como chefe nacional. Muito bem, o que nós vemos hoje? Muitos dos carismas foram exilados – caso do Arraes e do Brizola. Eles voltaram. Mas você viu o quê, na volta? Que hoje, depois desses quinze anos de Idade Média aqui, a massa, no sentido mais amplo do termo, não está a fim de seguir nenhum líder carismático. Ela está afim de se auto-organizar, e isto se vê pela atitude das novas lideranças sindicais.

Mesmo no Rio Grande do Sul, por exemplo, o discurso do Brizola, em relação não só aos bancários, à classe média, em relação ao meio operário, ele é visto com muita reticência. Quer dizer, eu acho que é uma grande evolução. Veja bem, o problema é o seguinte: 1964 foi uma situação de regressão social, política e econômica do ponto de vista do povo, sem dúvida, da participação e em que você teve antigas lideranças e partidos,

---
* *Jornal de Hoje*, 16/12/1979.

que eram vanguardas sem retaguardas. Quando chegou a hora da verdade, em 1964, praticamente pode-se dizer que o estamento militar tomou o poder pelo telefone. Então, o custo social foi alto. Por quê? Quem ficou aqui aguentou um arrocho salarial terrível, especialmente a classe operária, não é? E ela não pode se exilar. É isso que esses líderes têm que entender: um líder pode se exilar, se o Brizola pode se exilar... Tá certo, muitos exilados, por exemplo, eram lutadores sociais, muitos até sofreram tortura e tudo o mais... Não é esse o problema. O problema é o seguinte: que num processo social, o custo social dos erros da liderança política é muito alto. Isto quer dizer: o líder se exila, mas a classe operária não pode se exilar. Então eu acho que essa classe operária aprendeu a confiar mais nela e menos nos carismas tradicionais. Então eu vejo nisto uma grande evolução do pessoal da classe média, dos operários; mesmo os professores procuraram se auto-organizar e confiar mais neles e menos no outro, naquele que os representaria ou no partido.

JH – Parece, então, que o nosso problema é a dissociação entre o povo e seus supostos representantes?

Maurício – Sem dúvida. Esse é um dos grandes grilos de toda a crise brasileira, desde que o Brasil existe.

JH – Bom, mas há um problema: existe toda a estrutura formal que exige certos requisitos para a formação dessa representação dos partidos. Como, no quadro atual, com esse formalismo, vamos dizer, jurídico, burocrático, podem as massas almejar ou chegar a ter uma mínima participação no poder?

Maurício – Eu acho quase impossível, porque as exigências são tantas que, por exemplo, o PT, logo de cara, em função do próprio nome, não pode se constituir num partido dos trabalhadores. Porque a legislação não permite, não é isso? Quer dizer, eu acho o seguinte: o que caracterizou sempre a estrutura política brasileira é uma grande dissociação entre Brasil legal e Brasil real. Se você quer saber o que não é o Brasil, você estuda a lei e a Constituição. Você vai ver o Brasil pelo avesso. Então eu acho que o problema central aqui novamente é isso. É dar força à auto-organização da mão de obra, ao Brasil real. E esse Brasil real vai empurrar o Brasil legal. Vai encontrar caminhos e reformular esse Brasil legal. Porque esse Brasil legal mesmo já sofreu reformulação em função do Brasil real, da crise.

JH – Não sei se esta é uma visão um pouco pessimista, mas o senhor mesmo lembrou agora há pouco isto: que existe uma tendência de os movimentos de bases para se diluírem dentro do formalismo burocrático, na medida em que há necessidade de organização e, concretizada essa organização, a coisa já foge do controle...

Maurício – Um momentinho. Você está confundindo, me perdoe, duas coisas: organização com burocracia. É diferente. Você pode ter organização sem burocracia nenhuma, em função de um trabalho a ser feito. Nós estamos aqui em função de um trabalho a ser feito. Ponto final. Então eu falo, você fala, ela fala, ele fala. Tudo bem. Não há aí uma relação de poder de um sobre outro. Isto é organização. Burocracia é quando, em função da organização, a pretexto de organizar, você cria um quadro privilegiado, profissional e diferenciado da comunidade, com poder sobre ela e a pretexto de defendê-la. Então eu dou um exemplo: a CNT [Confederação Nacional do Trabalho] espanhola... Hoje ela voltou, né?, e tem um peso na vida política espanhola... Mas ela, pouco antes da ascensão de Franco, tinha mais de um milhão de aderentes. E tinha um funcionário profissional, que era o secretário-geral. Por quê? Porque todo o pessoal trabalhava e, depois do trabalho, ia cuidar dos assuntos de organização. Todo mundo vivia para a organização e não da organização. Só havia um profissional desligado da produção e que era pago. Acho que o poder encuca uma ideologia terrível de dominação em cima do dominado. Primeiro, de que o dominado é burro, é infradotado e precisa de tutela e que ele, por si, não pode alcançar nada. Segundo, que ele não pode se auto-organizar, que a organização pressupõe burocracia, em função da complexidade da sociedade. Eu já ouvi falar muito disso, aqui na Escola também, já ouvi muito sociólogo falar isso. A complexidade existe, mas há uma diferença: você pode ter funções sem ter cargo. Quer dizer, eu posso ter uma função, mas essa função que a comunidade me delega – e pode me retirar a qualquer hora –, essa função não se constitui num conjunto de privilégios, de imunidades em relação à comunidade.

A classe média é a mesma, a conjuntura é que mudou*

Jornal de Hoje – Professor, e quanto ao caso brasileiro?

Maurício – Quanto ao caso brasileiro, eu acho justamente isto: primeiro, é dar ênfase à organização da base; segundo, o intelectual aí deve ter a

---

* *Jornal de Hoje*, 16/12/1979.

função de assessoria. Então, ele deve assessorar sindicato, deve assessorar comunidades de base, deve assessorar, quando o que ele quer é tutelar. Então eu acho, no caso brasileiro, não é tentar formas cerebrinas da cabeça; é acompanhar o processo de auto-organização da mão de obra que está se dando aí fora.

JH – Evidentemente, nós temos aí o dia a dia. Mas não está havendo, em contrapartida, uma certa rejeição do operariado a uma possível aliança com os setores intelectuais?

Maurício – Não, eu acho que não. Eu acho que a coisa que o Lula colocou sobre o intelectual foi mal-compreendida. O problema todo é o seguinte, eu acho: o intelectual brasileiro, em geral, é classe média ou classe alta. E um aspecto típico da classe média é o voluntarismo, o que o povo chama pôr o carro adiante dos bois. Eu vou dar um exemplo. Durante o período repressivo, você teve centenas de greves estudantis e às vezes não teve nenhuma greve operária. Precisou quatro a cinco anos até 1968 pra se ter alguma greve operária. Por quê? Porque a classe operária é muito mais lenta pra se mexer, ela tem uma dinâmica diferente da classe média porque quando perde algo ela perde o posto de trabalho, perde a sustância da família. E o cara de classe média em geral tem dois empregos, dois, três. Se é profissional liberal, ele não perde muito e se é estudante no máximo perde o ano; ele não perde a subsistência da família. Então, o que ocorre? A dinâmica da classe operária é uma dinâmica diferente.

JH – Mas, professor, a classe média tem um grande peso cultural e um grande peso político. No curso da história, especialmente no século XX, a gente vê que a classe média tem um papel decisivo. Muitas vezes, no Brasil, a classe média foi a bucha de canhão das classes dominantes.

Maurício – A classe média fez a Marcha com Deus pela Família e a classe média está fazendo as greves contra o Estado criado pela Marcha com Deus pela Família.

JH – Então o que vai haver com a classe média?

Maurício – Eu acho que a classe média não é Deus nem diabo. Essa classe média, em termos sociais, na medida em que é uma classe média sem propriedade, aproxima-se muito da mão de obra. Sem dúvida alguma. O engenheiro assalariado está muito próximo do trabalhador.

"No Brasil, os partidos políticos são entidades de direito privado"*

Jornal de Hoje – Professor, como o senhor estabeleceria um vínculo entre a situação econômica e o quadro político brasileiro? Como vê a mudança política em relação à situação econômica?

Maurício Tragtenberg – No caso brasileiro, o que caracteriza a mudança política é que o povo está sempre ausente. O povo é aquela camada que não participa dos privilégios do poder, entendeu? Isso aí sempre se dá nas costas do povo e ele no fim acaba pagando a conta do custo social de mudanças em que ele não é consultado, em que ele não participa, mas é manipulado. Ele ficou massa de manobra. Você pega processo político brasileiro de 1930 pra cá e vê justamente isso. As chamadas revoluções brasileiras são meramente uma acomodação entre a elite e o poder, entre o setor industrial, bancário e agrícola e os grandes bancos internacionais.

JH – Então esta atual reforma política se inscreve também nessa definição?

Maurício – Olha, eu acho o seguinte. A gente precisa colocar a coisa num sentido mais amplo. O que é partido político no Brasil? Por exemplo, num país em que a proclamação da República se deu, o povo saiu à rua e pensou que fosse uma parada militar – estava sendo proclamada a República... Você entende? Então, o que cabe questionar é: o que é partido político? Aí eu acho que quem tem razão é o Oliveira Viana, que era o assessor de política social do Getúlio, e que era um idiota... Ele definia partido político assim: os partidos políticos no Brasil são entidades de direito privado, são meros grupos de pressão privados, não são entidades de direito público. Esse é um dado que eu acho central. Os partidos que se chamariam conservadores, quer dizer, seriam os democráticos que estavam para ser criados: ó o Tancredo [Neves], mesmo o Partido Trabalhista, não é? Porque nós tivemos no Brasil, assim, o partido de elite. Por exemplo, veja você, a estrutura partidária sempre se preocupou com isso: controlar a população; muito mais que servir, controlar. Por exemplo, quando caiu a ditadura de Vargas, no Estado Novo, o que ocorreu? Criaram-se o PSD e o PTB, o PSD era pra manipular a elite e o PTB pra manipular o povo. Então você teve um partido trabalhista brasileiro que não era dirigido por trabalhadores; você vê o Partido Social Democrático, não tinha nada de

---

* *Jornal de Hoje*, 16/12/1979.

social e não tinha nada de democrático. Era uma oligarquia de cafeicultores saudosistas. Você tinha uma União Democrática Nacional que não era unida, estava sempre tentando fazer golpe do Estado. Havia o lacerdismo, que era muito mais americano que brasileiro. Isso no plano conservador. Então você vê bem, os partidos aqui são entidades de direito privado, não são entidades de direito público. Isso falando dos partidos que eu chamaria assim, na linha de reproduzir a classe dominante. Agora, do lado dos dominados, eu acho que a coisa é pior.

JH – Pior?

Maurício – Pior, porque você tem justamente isto: você tem vanguardas sem retaguardas. Quer dizer, o Prestes chega e diz: os operários têm o partido deles, "que é o Partido Comunista do Brasil". Mas só que os operários não estão sabendo que o partido é deles. Precisa avisar, porque a classe fica fora disso, entende? Então o que ocorre? Você tem, por exemplo, na chamada esquerda, grupúsculos. Então você tem Convergência Socialista, você tem o movimento trotskista, próximo à Liberdade e Luta no plano político. É um negócio meio enorme, não é? Você tem o chamado PC do B. O PC do B é partido assim: difere do PC brasileiro em função de ter como parâmetro o PC chinês. Mas como a China está à "direita, volver" – hoje ela apoia Pinochet na política exterior e realiza uma política de modernização, no plano interno – o PC do B tá sem pai (*risos*), não é? São filhos sem pai. Tem que ter modelo. Se o problema é copiar modelo, ele não tem. Então o que ocorre? Você tem o PCB, que tem uma certa tradição, fundado em 1922, esse negócio todo, que se mantém. Mas você viu pela entrevista do Salles no *Jornal da Tarde* que ele está na linha do devagar ou nunca. Quer dizer, repetir 1945. Quando cai a ditadura de Vargas, Prestes faz a Constituinte com Getúlio. E hoje a tendência do PC é, parece, repetir a Constituinte com [João] Figueiredo.

JH – É o caso do rescaldo do MDB e do PT?

Maurício – Olha, o PT, por exemplo, eu vou dizer sinceramente, eu vejo com mais simpatia o PT, mas, eu acho ainda, o problema do PT é muito sério nesse sentido: partido com base em sindicato é modelo inglês, das *Trade Unions* inglesas, e dá em partidos reformistas. Isto quer dizer que autorreproduzem o capitalismo. Nunca a Inglaterra foi mais imperialista que sob governos trabalhistas. Você pode pegar... A política dos governos trabalhistas foi muito mais terrível que os governos conservadores. Por quê? O sindicalismo inglês tem esse problema: é altamente burocratizado e se você quer saber o que o patrão quer, você consulta um líder sindical operário. Ele representa a ideologia do patrão.

JH – Mas, culturalmente e ideologicamente, ele não estava.

Maurício – Sem dúvida alguma. Mas aí é que tá. Quer dizer, é a prática social que vai redefinir esse parâmetro cultural ideológico. O parâmetro cultural ideológico não é um dado a priori. Ele é definido e redefinindo em função da prática social e da conjuntura. Então você tem uma classe média reacionária e que eu chamaria conservadora, que fez a Marcha da Família, e você tem hoje uma classe média que critica, que faz as greves, mas no fundo é a mesma classe. O que mudou? Mudou a conjuntura. Quer dizer, você tinha: em 1964, os ventos sopravam pra direita; você tinha a implantação do Estado de segurança nacional na América Latina toda. Então a tendência da classe média em apoiar isso. Certo. Hoje você tem a tendência da classe média, possivelmente, numa posição crítica.

"A reforma é pra garantir o que está aí. Só isso"*

Jornal de Hoje – Então essa reforma é um desdobramento da revolução burguesa?

Maurício – Mas é só isso. É pra garantir o que está aí. Só isso.

JH – Afinal, quem manda no país?

Maurício – Ué, muito simples. Quem detém o poder de decisão nas empresas, nos bancos, nas fazendas e, por sua vez, na burocracia de Estado. Esses grupos articulados entre si, com o estamento militar servindo de cimento, mandam. Juntando ainda as multinacionais no esquema.

JH – Esses grupos apoiam mesmo esse carnaval político? Será que eles estão apoiando, ou ele é feito à revelia desses grupos?

Maurício – Não, eu acho que essa abertura se dá por uma exigência inclusive das próprias multinacionais, na medida em que exportar não é a solução e que pra se ter um mercado interno não se pode ter subconsumo. Então o aumento salarial interessa às próprias multinacionais. E foi isso que ocorreu com o ABC. O aumento salarial que deram pro pessoal do ABC implicou um retorno, um aumento de rendas tremendo. E, portanto, o que eles chamam reaquecimento da economia, não é? Porque, veja bem, a própria reivindicação do sindicato, quando se limita só à reivindicação

---

* *Jornal de Hoje*, 16/12/1979.

salarial em si, ela reproduz também o sistema. Ela cria um mercado que o capital necessita para poder se reproduzir, não é?

JH – Aí então que nós poderíamos localizar concretamente a tentativa, hoje, do ministro Delfim chamar os operários e prometer aumento e...

Maurício – O Delfim, hoje, aparece como socialista fabiano, como ele diz. Isso é um sinal dos tempos, isso me lembra muito Machado de Assis (risos). Numa história do Machado, o personagem pergunta: quem mudou? Você ou a vida? É o caso do Delfim. Eu não sei quem mudou, se foi a conjuntura ou ele, não é? Agora, de toda maneira, eu acho que a mão de obra sabe, porque sofre na pele as consequências. Eu acho o seguinte, de toda maneira: toda essa linha de reforma partidária e de abertura antiautoritária, da forma como ela se apresenta, a isso precisa ser complementado o seguinte: tem que haver uma luta contra o autoritarismo em todo o nível de estrutura: na estrutura de família, na estrutura escolar contra a pedagogia burocrática, e contra o despotismo da empresa. Eu expus na SBPC uma pesquisa que diz, pela imprensa sindical, sobre as condições de trabalho de metalúrgicos têxteis de vidro, em São Paulo. E, olhe, eu comparei com a situação da Revolução Industrial inglesa. A Revolução Industrial inglesa perdia: as condições de trabalho aqui no parque industrial são dez vezes piores que na Revolução Industrial na Inglaterra. Dez vezes piores. Eu expus isso e saiu um artigo na revista da Unicamp, *Educação e Sociedade*, número 2, chamado "Violência e trabalho através da imprensa sindical". Então, quer dizer que a luta contra o autoritarismo pressupõe a luta contra o despotismo fabril na estrutura da empresa. Quer dizer que de nada adianta se falar de abertura, de democratização, de partidos populares, se você tem nos locais de trabalho centrais o despotismo fabril. Isso de nada adianta. Então eu vejo que a coisa tem que ser sintonizada através das instituições também. Porque privilegiar só o canal político é às vezes uma maneira de desconversar as relações de exploração e dominação nas instituições.

Morreu Tancredo[*]

Na noite de 21 de abril perdia o Brasil seu presidente.

---

[*] *Notícias Populares*, s./d.

Morreu o homem da "transição democrática". Ele se afirmara nas ruas na campanha pelas "Diretas Já", torpedeadas pela "maioria" do Congresso. Surgia o "colégio eleitoral", como arena na qual os grandes interesses econômicos e políticos iriam atuar.

A derrota de Maluf por mais de trezentos votos de diferença, perante a consciência popular, significou a emergência de Tancredo Neves como depositário das esperanças de melhora de condição de trabalho, habitação, acesso à saúde e educação.

A morte de Tancredo não significa a morte das esperanças e anseios populares. Isso foi claramente expresso por mais de 1 milhão de paulistas que acompanharam o féretro de Tancredo até o Aeroporto de Congonhas aos gritos de "O povo unido jamais será vencido" e "O povo está na rua, a luta continua".

O que ocorre é que vivemos numa sociedade industrial e de massas em que reina a impessoalidade, nossas relações com nossos semelhantes são mediadas por empresa, escola, igreja, hospital, ao todo, instituições burocráticas nas quais a necessidade do colóquio, da relação pessoal e próxima, não tem condições de ser satisfeita. Daí o povo vincular seus sonhos, esperanças e desejos a uma pessoa, atendendo à necessidade da personalização da dimensão política, em que a figura de "pai" de Tancredo pode ser emoldurada.

Não se veja nisso sintoma de "primitivismos" do povo, a ação popular tem uma lógica própria que a pedantocrácia universitária não consegue decifrar.

Quem saiu às ruas pelas "Diretas Já", depois apoiando "Tancredo para mudar", finalmente acompanhando o enterro do presidente, após a longa paralisação quando de seu internamento no Hospital do Coração, hoje mostra ao poder que nada pode ser feito sem o povo. "O povo unido jamais será vencido" e "O povo está na rua, a luta continua" afirmam a impossibilidade de um governo centro-direita no país. É isso aí.

O governo passa e o Tancredo fica*

JH – Professor, como o senhor vê a posição dos chamados novos partidos?

---

* *Jornal de Hoje*, 16/12/1979.

Maurício – Primeiro: Tancredo Neve é a oposição que não se opõe. É uma velha raposa mineira, é como a polícia: o governo passa, a polícia fica. Tancredo Neves é isso: o governo passa e o Tancredo fica. Segundo: o PTB. A nossa experiência de PTB, basta ver antes de 1964, o que era? Eu acho que hoje, estruturalmente, não mudou muito. Quer dizer, ele quer reviver hoje o esquema populista, que já está inteiramente desgastado. Quer dizer: como o pobre ajuda rico – esse era o sistema do PTB. É isso que eu acho que tá furado. O caso do PCB. É um partido que, não importa se inconsistente ou não, mas tem uma ideologia, e tem a proposta de revolução por etapas; da mudança por etapas, e então tá na democrática, em que eles se situam hoje. O PC do B tem essa proposta democrática, mas tem um radicalismo maior que o PCB.

JH – *É do partido em que estão o Guimarães, o Arraes...*

Maurício – O Arraes, o Guimarães... Eu não sei. Eu vejo isso aí ainda muito indefinido, eu ainda vejo uma indefinição muito grande. Porque você veja o seguinte: o Brizola tentou compor com o Jânio, não é isso?... Quer dizer, esse carnaval político ainda vai se desenrolar por um bom tempo. Olha, eu acho que do ponto de vista do povo não é coisa séria. Pra mim, coisa séria é a auto-organização do povo. Partido no local de trabalho, isto é sério; uma comissão de fábrica é coisa séria; uma associação de professores que é representativa é coisa séria. Agora, esse folclore político não é pra valer, eu acho que isso não é coisa séria, isso tem o efeito de adormecer o povo. Eu acho que todos eles são adormecedores do povo, se valem do povo no discurso, mas na prática são adormecedores. Acho que a única arma que o povo tem, que quem não tem propriedade tem, é a auto-organização. Isso eu acho fundamental, isso eu acho estrutural pra ação social e política, né? Sem isso, nada feito. Agora, no processo de vinculação à estrutura de partido, você tem esse problema: tanto eles podem ser engolidos pelas burocracias e máquinas partidárias, e pela corrupção que implica o regime de favores de Estado, como eles podem pressionar no sentido de mudar alguma coisa. Mas eu tenho muito medo duma coisa: de que muitos partidos dividem o povo. Pois, diferentemente, a burguesia tem poder econômico, ela pode ser dar ao luxo de ter vinte partidos. O governo pode ter vinte Arenões, o povo não tem poder econômico. Então o que acontece? Não tem poder político. Então eu me pergunto: em que medida ele pode se dar ao luxo de ter vinte partidos? Então veja bem em que sentido esses partidos podem ser converter em fatores de divisão, o que acho grave. Acho que tudo que divide a mão de obra em relação ao capital é negativo, e tudo que junta é importante. Por isso é que acho que a auto-organização das associações, dos comitês de emprego e dos locais de trabalho, fora a empresa industrial, é importante.

A Nova República*

Tomaria posse no cargo de presidente da República Federativa do Brasil o senhor Tancredo Neves, candidato da Aliança Democrática. Operado à última hora, tomou posse interinamente em seu lugar o vice-presidente José Sarney.

Num clima de festa pública, com muito samba, muitas bandeiras e muitas alegrias, e, por que não dizer?, muita esperança popular de um lado, do outro lado, no interior do Palácio do Planalto, as notabilidades da Nova República encasacadas, de terno e gravata como o momento exige, assistiam a outros, igualmente de terno e gravata, tomarem posse dos seus cargos de ministros.

Paralelamente, jornalistas de rádio, TV e jornais cobrindo a posse e procurando arrancar algumas palavras dos ministros que compõem o novo ministério.

Para os trabalhadores é fundamental que a política de arrocho salarial a que vêm sendo submetidos através de reajustes inferiores ao INPC termine de uma vez e que o sistema do BNH seja reestruturado tendo em vista seus fins sociais e não o utilitarismo econômico, que transforma os seus conjuntos construídos em cemitério de muitos que deterioram, sem que ninguém possa habitá-los.

Sem dúvida, é urgente a remoção do entulho autoritário que infelicitou nossa terra nesses últimos vinte anos. A revogação da Lei de Segurança Nacional, a revogação da atual Lei de Greve, que torna inviável e ilegal qualquer greve, a garantia da liberdade de associação do trabalhador, seja urbano, seja rural, seja operário industrial ou assalariado de empresa estatal.

Diremos que estruturalmente nada mudou. O fosso entre os trabalhadores urbanos e rurais permanece, a classe média fica cada vez mais empobrecida, cada vez mais expande-se a rede bancária e fecham-se fábricas.

---

* *Notícias Populares*, 17/3/1985.

Porém, conjunturalmente, algo mudou. Verdade que é muito pouco. A mudança que se vê no horizonte é da liberdade de organização e reunião, que é fundamental para os trabalhadores conjuntamente estruturarem suas reivindicações. Que possam reunir-se em seus locais de trabalho, em praça pública, nos seus órgãos de classe, sem sentirem-se delinquir por fazê-lo.

Depende do uso da liberdade de associação e reunião que os trabalhadores fizerem para encaminharem suas reivindicações mais sentidas o futuro da democracia em nosso país. Pois aos trabalhadores, além da democracia política, interessa a democracia econômica – mas isso é tema de outro artigo.

O novo presidente e os trabalhadores[*]

Começa a "Nova República" a 15 de fevereiro deste ano.

No esquema dominante temos o PMDB, o Partido da Frente Liberal e trânsfugas do PDS, numa "sagrada união" para preservar o que chamam de "democracia". Para o trabalhador o que isso quer dizer?

Muito pouca coisa.

As boias-frias de Guariba, os apanhadores de laranja de Sertãozinho os trabalhadores rurais de Barrinha tiveram uma experiência na própria pele do que é uma "repressão democrática".

As TVs cansaram de mostrar trabalhadores rurais agredidos pela PM do Estado, mantida pelos impostos pagos por todos os consumidores, [eles a] verem suas casas invadidas, objetos de uso caseiro quebrados pelos policiais da PM à procura de algum trabalhador que estivesse escondido no interior de sua própria casa, para fugir ao massacre.

Como sempre, prometeram-se investigação "rigorosa" e punição "exemplar" dos culpados pelos "excessos"... Até hoje os trabalhadores estão esperando que os culpados sejam apresentados a público e seus "excessos" punidos.

É sempre a mesma conversa. Na hora em que trabalhador reivindica, funciona a linguagem do cassetete.

A opinião pública acompanha pela imprensa escrita e falada a transformação da luta política envolvendo interesses econômicos das classes

---

[*] *Notícias Populares*, 17/2/1985.

dominantes, de um lado, e se destina a jogar poeira entre os dominados (trabalhadores urbanos e rurais) de outro lado.

A luta política é transformada numa espécie de luta entre pessoas pelos cargos, e as especulações sobre quem será ministro do Trabalho, disso ou daquilo corre solta para engrupir o trabalhador.

A ele não interessa que o sr. Almir Pazzianoto seja ou não o futuro ministro do Trabalho, ou o secretário de Trabalho do estado de São Paulo seja Walter, Wagner ou João.

O que interessa ao trabalhador é ter assegurado seu espaço na sociedade, que seus movimentos reivindicatórios não sejam vistos como "casos de polícia" como têm sido vistos desde a Proclamação da República. Que tenha alimentos baratos para poder não passar fome, que o desemprego ceda lugar a uma política de emprego para não ter que mendigar na praça pública – como os trabalhadores da Coferraz – dinheiro do povo para sobreviver.

Uma sugestão, especialmente aos líderes sindicais: façam menos "turismo sindical", viajem menos à Europa e aos EUA e procurem "dar força" à auto-organização dos trabalhadores no interior das empresas. Só isso.

A lei da insegurança nacional[*]

Diversas entidades sindicais e democráticas em Belém do Pará assinaram manifesto protestando diante do enquadramento nessa lei de oito estudantes e trabalhadores, o que demonstra que há uma continuidade na aplicação das leis de exceção e limitação ou negação dos direitos de livre-organização e de pensamento.

Essas entidades, além disso, pleiteiam o arquivamento do processo com base na Lei de Segurança Nacional (LSN) contra Francisco A. Cavalcanti Filho, Bernardete Menezes, João Batista de Araújo, Fernando Martins Carneiro, Carlos V. Teles, Luzio Horácio Lima, Conceição Rodrigues Menezes e Maristela dos Santos Lopes, todos de Belém do Pará. Aí estão claramente definidas as "limitações" da "abertura" que até hoje permanece "fechada".

---

[*] *Notícias Populares*, 12/10/1985.

A panela cheia do ministro Delfim

Sua senhoria prometeu ao povo "panelas cheias", porém o preço dos alimentos em geral de julho de 1982 a julho de 1983 subiu mais de 150% e os salários nem de longe acompanharam tal aumento astronômico. Segundo o Ministério da Previdência Social, os remédios aumentaram em 60% nos últimos quatro anos. Segundo cálculos do Ministério do Trabalho divulgados pela *Folha de S.Paulo*, os empresários economizarão 189 bilhões de cruzeiros ao mês devido ao Decreto 2.045.

Desse total, 135 bilhões referem-se a salários, e os outros 54 bilhões, a encargos sociais, como INPS, FGTS. Tinha razão Tocqueville: no regime democrático o povo é soberano porém miserável.

O entulho autoritário*

A Lei da Greve, a Lei de Segurança Nacional, Lei de Imprensa, Lei de Estrangeiros, Lei Orgânica dos Partidos e da Magistratura, Legislação Tributária constituem os mais conhecidos entulhos autoritários que nos dominam.

A extinção do atestado ideológico para candidatos em eleições sindicais aos candidatos a cargos eletivos, as decisões proferidas pelos Tribunais Regionais de Trabalho em matéria salarial serem irrecorríveis e a unificação da legislação de greve são medidas que se impõem com mais rapidez do que nunca.

É importante a introdução da estabilidade do trabalhador de um ano no emprego desde que tenha superado o período de experiência, assim como a conciliação do Fundo de Garantia do Tempo de Serviço com a estabilidade, acabando com as "denúncias vazias", sempre arbitrárias e sem justa causa.

Esses são temas fundamentais que interessam a milhares de trabalhadores brasileiros. Pois fala-se muito em "Nova República"; porém, as greves dos trabalhadores são julgadas em 99% como ilegais, porque os tribunais as veem pela ótica da Lei Antigreve, elaborada pela ditadura.

---

* *Notícias Populares*, 22/5/1985.

Isso sem falar em muitos órgãos de informação que são liberais enquanto não há greves; basta o trabalhador mexer-se para que mostrem sua face oculta: repressores e antipovo.

O Pise

Se constitui num *pool* de sindicatos que congregam trabalhadores de empresas de economia mista, que prestam serviços essenciais à população como eletricidade, água e esgoto.

É muito claro que a maioria clamorosa dos dirigentes sindicais que integram o tal do "Pise" pisaram em trabalhador e continuam pisando até hoje. Segundo carta recebida pela seção isso não corresponde a todos os dirigentes sindicais que participam do Pise. Há muitos que, segundo o missivista, estão preocupados com trabalho de base real e não em inchar-se com a força alheia. Está registrado.

O "facão" corta lideranças sindicais

Merece registro que nas últimas greves havidas o "facão" cortou a cabeça de inúmeras lideranças sindicais, membros de comissão de fábrica, comissões essas que já tinham sido legalmente reconhecidas pelo dono da empresa. É a "Nova República", imagine só se não fosse!

Nova República: massacre dos rurais[*]

A Confederação Nacional dos Trabalhadores na Agricultura (Contag) divulgou nota oficial afirmando que catorze trabalhadores rurais foram assassinados nos estados do Maranhão (estado do presidente Sarney), Pará, Bahia, Pernambuco e Minas Gerais nos últimos dois meses. A Contag está exigindo das autoridades medidas efetivas para conter o verdadeiro massacre de trabalhadores rurais e líderes sindicais em todo país e acusa como implicados nesses crimes grileiros, latifundiários, fazendeiros, jagunços, pistoleiros e policiais, que matam indiscriminadamente homens e mulheres, lavradores e líderes sindicais rurais. A Contag assinala que com

---

[*] *Notícias Populares*, 13/10/1985.

a Nova República o movimento sindical não pode admitir que os trabalhadores continuem a ser mortos como carneiros na luta pela sobrevivência.

Daí a pergunta: por que os sindicatos urbanos das grandes capitais do país, que pensam em destinar dinheiro e enviar representantes no Congresso Constituinte – essa farsa oficial montada – não destinam esses recursos a quem luta pelo lavrador? Não enviam recursos aos sindicatos rurais das regiões mais conflitadas? Seria uma solidariedade de *fato* e não solidariedade de palanque eleitoral para efeitos de televisão.

A união operário-camponesa só se fará e ampliará realmente quando os trabalhadores urbanos e sindicatos representativos entenderem que devem destinar recursos aos sindicatos rurais para evitar que líderes sindicais sejam mortos como carneiros. E que sua morte seja anunciada num frio comunicado de jornal, como é anunciada a propaganda de um sabonete ou pasta de dentes.

Ou há solidariedade real entre os trabalhadores urbanos rurais ou há é muita conversa mole que promove alguns a dirigentes sindicais enquanto os autênticos dirigentes sindicais rurais são mortos como moscas.

É hora das centrais sindicais colocarem na pauta de suas discussões, sem muita demora e conversa, as *formas reais de solidariedade* aos sindicatos rurais. Especialmente onde é maior o conflito de terras, há a ditadura dos pistoleiros, jagunços e latifundiários.

Para esse pessoal a escravidão não acabou, continua com a Nova República, proposta de Congresso Constituinte e outras safadezas para engrupir o trabalhador na sua luta por melhores salários e condições de trabalho.

Federal abre inquérito contra os trabalhadores*

Por causa da greve dos trabalhadores da construção civil de Londrina, a Procuradoria Geral da República determinou que a PF instaurasse inquérito contra trabalhadores e o advogado trabalhista que participaram da greve comandada pela oposição sindical. A greve foi deflagrada em 11 de dezembro passado por reivindicação de 60% de reposição salarial e antecipação de 50%. A Polícia Federal impediu que o advogado Reginaldo Melhado visse os autos do processo.

* *Notícias Populares*, 12/11/1986.

Trinta mortes no campo após assassinato do padre Josimo. Somente neste período que se seguiu à morte do padre Josimo já foram cometidos trinta assassinatos na área rural. Ao todo, as mortes no campo de janeiro de 1986 até julho chegaram a 153 contra 216 mortes em 1985. Ao que tudo indica, até o final do ano vamos bater um recorde de violência. Por outro lado, prossegue *lentamente* a aplicação do Plano Nacional de Reforma Agrária, em que a meta anunciada pelo governo era de 4,6 milhões de hectares e até agora não atingiu nem 15%.

DRT confirma: 4 mil escravos brancos em Rondônia. Crescem as denúncias de escravidão branca em Rondônia e Mato Grosso. De acordo com a DRT são cerca de 4 mil pessoas, com maior incidência no município de *Vilhena*. Com o Plano Cruzado e a implementação da reforma agrária os proprietários de terra necessitam cada vez mais de mão de obra e passaram a usar cada vez mais os "gatos" que arregimentam os trabalhadores rurais. Um projeto de combate à escravidão branca necessitaria da liberação de maiores recursos, o que evidentemente *não* será feito pelo governo.

Posseiros de Luciara denunciam injustiças. Os posseiros de São José do Xingu, Mato Grosso, denunciam arbitrariedades praticada pelo filho do fazendeiro Valtene, da Fazenda Cajarana, que armado de revólver e acompanhado por um "gato" *espancou* um peão, obrigando-o a trabalhar numa gleba onde ele é mantido como escravo. Como já vem se tornando comum, a polícia nada faz para coibir essas violações dos direitos humanos. E quando chega a interferir é sempre ao lado dos fazendeiros.

Exército mobiliza tropas contra posseiros – Caçador (SC). Para conter trezentos homens, mulheres e crianças, foram mobilizados 160 soldados com metralhadoras, pistolas, seis jipes, três viaturas blindadas que jogam água. Isso nunca ocorreu em Caçador (Santa Catarina). É a "Nova República"!

Constituinte, trabalhadores e a malandragem congressual[*]

Sem dúvida um dos temas centrais do Congresso Constituinte será a forma de organização política do Estado: se parlamentarista ou presidencialista. Segundo o jurista Afonso Arinos, da extinta UDN (autora do

---

[*] *Notícias Populares*, 26/1/1986.

golpe de 1964), o ideal é um regime misto: parlamentarista porém não na sua totalidade, contendo elementos que reforçam o Poder Executivo.

Através da obra do inglês Hambloch *Sua majestade o presidente do Brasil*, temos uma descrição dos poderes *monárquicos* do presidente da República, de Deodoro a Sarney.

Em contraposição a isso houve tentativas de introdução do regime de gabinete, do regime parlamentarista. A última experiência se deu no período anterior ao golpe militar de 1964, quando Tancredo Neves e Brochado da Rocha atuaram como primeiro-ministro do novo regime.

É o que sucedeu. O parlamentarismo no Brasil é um outro nome para a baderna, para o vácuo do poder que enseja os golpes militares, afinal, estamos na América. A democracia é mero intervalo de ditaduras.

Poderão argumentar que Alemanha Ocidental, França, Inglaterra mantêm o regime parlamentarista e isso não se choca com um alto nível de estabilidade política.

Aparentemente isso é certo. Porém é necessário situar que a Europa foi o berço do capitalismo *desenvolvido*, a América Latina é o berço de um capitalismo colonial que surgiu com função de auxiliares a acumulação de capital europeia.

Por isso não podemos ver o Brasil com "óculos europeus".

Nos países de capitalismo desenvolvido existe um ingrediente importante ao parlamentarismo: partidos políticos ideologicamente consistentes. Quem é comunista, socialista ou liberal o é para valer.

No Brasil muda-se de partido como quem muda de camisa ou muda de correia de relógio, seguindo a última moda. Temos um Partido Trabalhista dirigido por cidadãos que *não* são trabalhadores, conhecem fábricas por ouvirem falar. Um Partido Democrático Social que não é uma coisa nem outra, foi o biombo da ditadura militar no país. Um Partido Comunista que pretende "abrir" o sistema bancário no Brasil à participação dos bancos internacionais, que procura aliar-se a Deus e ao Diabo e até ao PDS. Positivamente, o parlamentarismo aqui é sonho de uma noite de verão e de um Congresso que, aprovando-o, legislará em benefício próprio.

Congresso Constituinte é safadeza da Nova República*

O povo brasileiro, como no samba, tem uma profissão: *esperança*.

Lutou por *Diretas Já*, teve de curvar-se à imposição do Colégio Eleitoral; esperava uma reforma agrária para valer, o que veio foi o "parto da montanha", uma reforma da reforma agrária devidamente desidratada. No lugar de uma Constituinte *livre e soberana* pregada pelos idealistas constitucionais, os leitores dos liberais europeus traduzidos ao português querem fazer uma Constituinte Congressual precedida de uma *comissão* encarregada de apresentar um anteprojeto constitucional, como, na realidade, um *prato cheio*, mais um "pacote" para o futuro Congresso a ser eleito.

É bom lembrar que a Constituinte de 1934 e a Constituinte de 1945 tiveram a precedê-las "comissões" que apresentaram anteprojetos como *pratos feitos*.

Em 1986 não será diferente.

Dessa comissão participam acadêmicos subjetivamente honestos ao lado de cidadãos que fizeram carreiras mais como ideólogos do regime militar do que propriamente técnicos no assunto.

Acresce notar o peso do *poder econômico* no processo político nacional. É sabido que associações comerciais de todo o país manifestaram-se no sentido de mobilizar recursos em dinheiro para eleger representantes à Constituinte. Como o fazem os comerciantes, os industriais, os latifundiários, que formarão sua "caixinha" para eleger "seus" representantes.

E o povo como fica?

Há inúmeros partidos falando em nome do povo ou do trabalhador, porém, a classe trabalhadora nãos os conhece, nem de vista. Ela trabalha no interior das oficinas, fábricas, na exploração mineira do subsolo, na exploração florestal e não tem tempo a perder com palavras que para ela nada significam. As liberdades não são fruto de inscrições em papéis, tenham o nome que tiverem. Elas são resultado da capacidade de organização e de luta dos trabalhadores, o resto é conversa mole *pra* boi dormir. Se as liberdades públicas, nas quais inclui-se o direito do trabalhador, existem é porque a capacidade de organização e luta, de um lado, e a cisão no seio dos dominantes, de outro lado, são sua base. Não a uma Constituinte fajuta é o lema do trabalhador.

---

* *Notícias Populares*, 22/1/1986.

A Constituinte e o peão*

Fala-se muito de Constituinte – ela é a coisa mais falada no país nesses tempos, só perde para a inflação. Essa falação toda esconde safadeza contra o trabalhador e o povo brasileiro.

Deputados e senadores teoricamente foram eleitos para *representar* o povo. Na prática isso não se dá. Assim, na votação de um projeto regulamentando as eleições municipais de 15 de novembro vários deputados foram flagrados votando *duas* vezes. *O Congresso fraudando seu voto*. E o que aconteceu aos fraudadores? Nada. Receberam uma "advertência" da Mesa do Congresso. Muito *pouco* para *tanta* safadeza.

Justificando a corrupção no Congresso o homem-diretas diz que em qualquer instituição há irregularidades. Família é instituição. Na minha, não há irregularidades. Falando sobre o Congresso o presidente da Ordem dos Advogados do Paraná, doutor Virmond, disse: "O Congresso se tornou um poder não confiável".

E o "Trem da Alegria"? Quando numa só penada a Mesa do Congresso nomeou para a gráfica do mesmo 1.554 pessoas? Todos eles, gráficos? Gráfico, coisa nenhuma. Nomeou para a *gráfica, médicos, psicólogos, farmacêuticos, arquitetos*.

Como confiar num Congresso de *pianistas*?

O projeto de Constituinte do governo do PMDS e da Frente Liberal obriga o brasileiro viver mais dois anos e meio sob a Constituição da ditadura militar. A nova Constituição estará pronta só em janeiro de 1988.

O futuro Congresso que será constituinte será eleito quando estão em vigor ainda a Lei de Segurança Nacional, com o presidente com poderes para declarar o "Estado de Emergência" quando achar que deve fazê-lo.

A proporcionalidade do voto é mantida como está. Um voto de um eleitor do Amapá vale quinze votos paulistas. É sabido que o povo *é mais* crítico nas áreas industrializadas e de maior urbanização. Portanto, outra safadeza que o PMDS e a Frente Liberal mantêm.

O Congresso com poderes constituintes como quer o governo significará maioria automática a ele no mesmo, com os resultados: submissão total ao FMI, restrições à prática da greve como instrumento de defesa do assalariado e muitas coisas mais.

---

* *Notícias Populares*, 14/7/1985.

E as promessas de Sarney e o PMDS? "Não podemos pagar a dívida externa com a fome, o desemprego e a recessão", dizia Sarney em 17/6/1985. Elas são *palavras, palavras, palavras*.

A Constituinte e o trabalhador – 2*

Como dissemos em artigo anterior, o trabalhador terá no máximo seis ou oito "gatos pingados" que procurarão se opor aos representantes dos grandes interesses econômicos, das multinacionais, dos bancos, do empresariado, das associações comerciais etc.

Mesmo os candidatos que o PT elegeu poderão fazer alguma coisa no campo simbólico, isso é, fazendo discursos para preencher sua função de "representantes do povo", e só.

Isso porque o próprio PT atravessa crise, gerada pelos acontecimentos do Ceará, onde ficou confirmado que dirigentes seus receberam dinheiro dos "coronéis" do estado. Tudo isso desqualifica Maria Luiza como a candidatura do "anticoronelismo".

Essa crise gerada pelo fato acima enunciado é muito mais devastadora do que a crise gerada quando do "assalto" ao Banco do Brasil e Salvador. Nesse caso, ficou configurada uma provocação contra o PT pelas forças obscurantistas, a atuação de agentes provocadores em seu seio a serviço de interesses antipovo. No caso de Leme, ficou provado que o PT nada tinha a ver com o desencadeamento da violência lá ocorrida.

Porém, no caso de Fortaleza, a coisa é bem mais grave e não se esgota com a mera expulsão dos "malandros". Por quê? Porque a crise derivada dos acontecimentos do Ceará coloca em questão o partido político enquanto instituição.

Se existe partido político, vertical, "que faz política", inevitavelmente faz conchavos, inevitavelmente a grande massa de trabalhadores não participa de suas decisões. Isso leva obrigatoriamente a uma degenerescência burocrática da direção partidária. Imagine se o PT tivesse o poder de Estado. Nem se fale disso, o dano seria muito pior.

Na realidade o que pode ser instrumento de defesa do trabalhador é sua auto-organização a partir da fábrica, dos hospitais, da fazenda, de seu

---

* *Notícias Populares*, 15/2/1987.

local de trabalho. Só assim poderá ele controlar sua luta. Quando deixa a direção da luta nas mãos da burocracia sindical ou burocracia do partido político, o trabalhador está perdido. Vira "vaca de presépio" esperando que a "direção" lute por ele, quando a chamada "direção" luta por si, pela ocupação dos cargos burocráticos no aparelho de Estado. Veja-se que "aparelho de Estado" não é só o Poder Executivo, é o Poder Legislativo também. Por tudo isso, nada ele tem a esperar da Constituinte e muito tem a esperar de suas forças internas.

O mito da democracia racial[*]

Os dados que ficaram "na gaveta" do Instituto Brasileiro de Geografia e Estatística (IBGE) desde 1981 demonstram que o negro recebe remuneração *inferior* ao *branco* em qualquer categoria profissional e tem um índice de escolaridade bem inferior ao branco.

A chamada "miscigenação", união de branco com negro, praticamente é inexistente. A diminuição da desigualdade social entre negros e brancos devido à urbanização e industrialização não se deu, nem a miscigenação ocorreu e muito menos a ascensão social do negro. Isso são mitos de "doutores em sociologia" bem pagos pelo Estado ou pelas fundações internacionais.

O trabalho de Lúcia Elena Garcia de Oliveira, Rosa Maria Porcaro e Tereza Cristina Araújo Costa mostra que enquanto 60% dos trabalhadores negros têm renda inferior ao salário mínimo, somente 38% dos brancos estão na mesma situação. Enquanto 14% dos brancos têm renda superior a cinco salários mínimos, apenas 2,95% dos negros estão nessa situação.

Porém, as *mulheres negras* são as que ganham menos. Oitenta por cento delas possuem rendimento *igual ou inferior* ao salário mínimo. Enquanto isso, 24% da mão de obra feminina branca concentra-se na faixa de um a dois salários mínimos.

A proporção desse contingente pode ser maior, na medida em que é o entrevistado que se autodefine como branco, mulato, pardo ou negro. Existe – como dizem os autores – uma *ideologia de "branqueamento"* em que muitas pessoas pretas e pardas se classificam como brancas.

---

[*] *Notícias Populares*, 15/7/1985.

Os negros são formados pelo conjunto de negros e pardos. Representam, segundo censo de 1980, 44,77% da população. A urbanização atingiu, em 1976, 67,3% de brancos, 56,6% de pretos e 58,8% de pardos. Quanto à renda familiar, 80,5% dos pretos e 74,2% dos pardos têm rendimento até três salários mínimos. As famílias brancas chegam a 50,4%. Em 1976 a renda média da família branca era de $ 1.087,40, da família preta, 548,90, e das famílias pardas é renda "per capita". Dos brancos, 84,6% casam-se com brancos. Quanto maior é o ganho e a escolaridade, mais aumenta o casamento entre os brancos. Na divisão de trabalho 8,5% dos brancos têm ocupações de nível superior, mas apenas 2,7% dos pardos e 1,1% dos negros atingem este nível. Na população acima de 10 anos são analfabetos: 42,4% dos pretos, 31,5% dos pardos e 15,5% dos brancos. A "democracia racial" no Brasil está mais perto da África do Sul e do sul dos EUA. Triste recorde.

Os uísques e filmes eróticos da Escola Superior de Guerra[*]

Não bastasse o Brasil ter tido um ex-ministro da Justiça que aparece envolvido com contrabando, não bastasse o juiz da 2ª Auditoria da Aeronáutica querer enquadrar 41 militares e oito civis envolvidos em contrabando de equipamento eletrônico dos Estados Unidos para o Brasil, surge o caso da Escola Superior de Guerra.

Bebidas e materiais eletrônicos foram apreendidos como contrabando pela Receita Federal e até filmes eróticos ou pornográficos, também incluídos.

Segundo os jornais, num período de nove meses em 1984 – de abril a dezembro –, chegaram às prateleiras da Escola Superior de Guerra 522 *garrafas de uísque escocês,* mais de cinquenta *garrafas* de conhaques, licores e finas aguardentes estrangeiras, além de *aparelhos videocassetes, toca-discos e rádios para carros* e uma certa quantidade de fitas videocassetes. Elas conteriam filmes pornográficos.

---

[*] *Notícias Populares,* 25/8/1985.

O ministro José Matia do Amaral justificou o repasse à Escola Superior de Guerra do material apreendido como contrabando, justificando que o uísque seria para cerimônias oficiais. *Mesmo sendo 522 garrafas?*

O comandante da Escola Superior de Guerra no ano passado até esta data é o general Euclydes Figueiredo, irmão do ex-presidente da República.

É isso aí, peão. Enquanto você trabalha na forja, na caldeiraria, debaixo da terra na mina, seja de ouro ou carvão, na fundição das empresas montadoras, a Escola Superior de Guerra, que "fabricou" a ideologia da "segurança nacional", fica numa boa!

Foi graças à vigência da doutrina da (in)segurança nacional que o trabalhador brasileiro se viu condenado a sofrer o arrocho salarial, a greve considerada crime, a crítica considerada um ato subversivo.

E são os mesmos que hoje não aceitam sequer uma mísera "reforma agrária" como a proposta pelo governo – é claro, trabalhador, seja ele do campo ou da cidade, não é considerado gente pela elite brasileira, muito menos, por uma escola especializada em uísque, videocassete e outras coisas mais. Porém, hoje ficamos por aqui.

A "doença" eleitoral*

Aproxima-se a data das eleições. Não há candidato a cargo eleitoral que não se diga defensor dos trabalhadores. Aí se pergunta: como é que os trabalhadores brasileiros estão desempregados numa grande parte, outros vivendo de biscates, outros obrigados a aceitar trabalho ganhando a metade do que ganharam antes, se aparentemente eles têm tantos "defensores"?

Nenhum candidato diz que é *contra* os trabalhadores, que fará conchavos com os patrões para levar o trabalhador "na conversa", dizendo ser seu "representante". Nenhum diz que está aceitando o apoio econômico de empreiteiras de construção civil, empresas particulares de todo tipo que ofereçem "doações" em dinheiro ou espécie (carros para a campanha), gasolina e outros "apetrechos". Tem cidadão comprando voto à custa de oferecer camisas para escolas de samba, bonés. Outros oferecem, além de dinheiro, sacos de cimento para o trabalhador con-

---

* *Notícias Populares*, 3/10/1982.

cluir a construção de sua casa-embrião, como sucede em Lages (SC). O processo eleitoral está se transformando no maior "mercadão" do país.

E os partidos políticos? Do PDS há pouco que falar: é um grupo de pressão dos que atualmente nos governam, daí seus candidatos em sua propaganda eleitoral omitirem o nome do partido, tal a vergonha e a impopularidade dessa legenda. A peso de ouro, o PDS procura juntar votos nas cidades do interior de São Paulo, Rio Grande do Sul, no Nordeste, usando a tradicional política do "favor" e de "votar no amigo, fulano de tal".

O PMDB apresenta-se como grande "frente" que inclui desde Severo Gomes, patrão e dono de Cobertores Parahyba, especialista em assinar cassação de mandatos, a Orestes Quércia, que ganhou a taça no Senado quando lá esteve, como o senador mais "quieto" que por lá passou: não disse bolacha, nem a favor, nem contra. O senador Franco Montoro, que possivelmente será eleito governador e governará com os membros do antigo Partido Democrata Cristão, muito "cristão" porém pouco democrata, 72 horas após assumir o poder, se desvinculará do apoio que lhe dá o MR8 (*Hora do Povo*) e do *partidão*. Já declarou na Fiesp que tem esse apoio "contra a vontade".

O senador eleito governador administrará a crise do sistema capitalista, os trabalhadores pagarão o custo dela através do arrocho de seus salários, aumento do desemprego, que é o que está "pintando no pedaço", após a eleição.

O PT poderia usar a campanha eleitoral para questionar o tipo de representação parlamentar, se é o melhor para o trabalhador, sua validade e seus limites. Questionar o tipo de estrutura socioeconômica, que não garante ao trabalhador o pão de cada dia, marginalizando-o através do desemprego. Nada disso está sendo feito. Há uma "festividade" eleiçoeira em que cada candidato só pensa no voto, o resto é "conversa mole". E o trabalhador da linha de produção, que moureja junto aos altos-fornos das siderúrgicas, fornos de vidro, na construção civil, nas linhas de montagem da indústria automobilística, só sabe de uma coisa: para defender-se só pode contar com a solidariedade de seus companheiros de trabalho, pois, como já se diz de há cem anos, "a libertação dos trabalhadores tem que ser obra dos próprios trabalhadores", auto-organizados a partir de suas fábricas, oficinas, bancos e escritórios. O resto é reza para velar defunto.

Eleição: trabalhador não trabalha no Parlamento*

No dia 15 o trabalhador que é eleitor depositará na urna seu voto nos candidatos que escolheu para governador, senador, deputado federal, estadual e vereador. O dia da eleição será sem dúvida um dia de festa, como o foi a campanha eleitoral.

Pessoas com camisas de vários partidos, com o nome de vários candidatos pela rua, bailes eleitorais para levantar dinheiro para as campanhas dos "defensores do povo", *shows* com cantores famosos que votarão em candidatos não menos famosos.

Uma coisa se pergunta: o que muda na vida daquele que trabalha no interior da mina, na fundição, no hospital, na escola, no banco? Nada muda, dizemos nós.

Na realidade, o processo eleitoral e a organização de partidos políticos tendem a levar ao poder intelectuais, professores, médicos, engenheiros, jornalistas, operários, advogados. No Parlamento, para transformarem seus projetos em leis, precisarão entrar em conchavos, composições, fazer concessões com outros partidos políticos. Todos eles se apresentam como defensores do povo, no poder. Quem defenderá o povo deles?

Assim o senador Montoro, candidato a governador do estado, reconhece em artigo no *NP* que "foram os assalariados os que mais sofreram com as desigualdades impostas pelo modelo econômico vigente no país desde 1964. São esses trabalhadores que têm agora a grande oportunidade de, com o seu voto, iniciar a grande mudança neste país". Que mudança?, perguntamos nós. Não nos esquecemos quando ministro do Trabalho de João Goulart o senador declarou que greves se reprimem com a força.

A ilusão do peão é que haja governo de peão. Mesmo aquele que foi peão e hoje ingressa em partido político – seja PDT ou PT –, se eleito, deixará a fábrica, frequentará o Parlamento, terá que vestir-se de terno, colete e gravata e, às vezes, usar suspensórios. Com os anos ele esqueceu que foi peão. Numa nova eleição ele lembra de novo que fora peão, aí põe boné, camiseta e vai pedir votos em porta de fábrica. Porque o maior problema para aquele que foi eleito pela primeira vez é ser reeleito. Assim é que começam as carreiras políticas. Vai começar a falar "enrolado", deixar de ser o "ponta firme" na Cipa ou fora dela, para se transformar no

---

* *Notícias Populares*, 14/11/1982.

"representante do povo" com guarda-costas (segurança), que só fala com peão em hora marcada e distribui cartão de "representante do povo" aos amigos. A defesa do trabalhador reside nele e só nele, na consciência que ele tiver e que ele tem que se organizar a partir do local de trabalho para lutar pelo que é seu, por seus direitos. A auto-organização pelas comissões de fábrica ou bairro é o caminho; abrir mão disso, esperando que alguém, no Parlamento ou ocupando o governo do estado, lute e se lembre dele, é mera ilusão.

O mais urgente para o trabalhador é ter salário digno, moradia digna, educação para ele e seus filhos, atenção médica. E isso ele só conseguirá se confiar na sua auto-organização a partir do local de trabalho, juntando-se a outras categorias de trabalhadores na luta comum. O que o trabalhador precisa se convencer é que não pode ser escada de carreiristas que queiram subir na vida trepados em seu lombo. Sejam essas carreiras as de operários, advogados, médicos, engenheiros, professores ou o diabo a quatro.

Democracia na rua e ditadura na fábrica*

O regime fabril é muito parecido com a prisão: as leis e normas que vigoram na rua não se aplicam no interior da prisão ou de fábrica.

A fábrica se constitui como um mundo a parte, intramuros, onde a atividade humana, os movimentos, a vida humana é medida em função da produção. Onde o homem é visto acima de tudo como um corpo produtivo.

Pode haver assembleias constituintes, reformas constitucionais, passeatas, comícios, o que for, o mundo no interior da fábrica é desolador e a *necessidade* domina o mundo do *fazer*, do *obedecer* e onde acima de tudo "tempo é dinheiro".

O jornal do Sindicato dos Metalúrgicos de Santo André, no seu n.133, traz na "Coluna do Mão de Graxa" provas edificantes do que escrevemos acima.

Alcan – Pressão contra os trabalhadores. O contramestre da seção de Refusão, Argemiro, não deixa ninguém trabalhar sossegado. Faz um rígido controle sobre os trabalhadores, chegando ao cúmulo não deixar o pessoal beber

---

* *Notícias Populares*, 8/3/1985.

água com tranquilidade e controlando as saídas para o banheiro. Quando os companheiros trabalham no turno da noite, o Argemiro não deixa o pessoal descansar na hora do jantar (uma hora, a que todos têm direito), pois, faltando vinte minutos para o término do descanso, ele começa a chamar a todos para pegar no trabalho. Argemiro, deixa de ser puxa dos patrões, pois qualquer dia a empresa também te meterá o pé no traseiro. Aí será tarde para se arrepender das perseguições que hoje está praticando.

Pierre Saby – Gato e Paolo, os perseguidores. O Paolo, chefe da seção de solda, juntamente com o "Gato", vivem "pegando no pé" dos trabalhadores. Pressionam os companheiros para fazerem horas extras e toda vez que alguém se recusa começam um interrogatório e querem a todo custo saber por que o companheiro não quer fazer horas extras. Além de todas essas sacanagens, o Gato é aposentado e está tirando o lugar de outro trabalhador. O sindicato briga pelo fim das horas extras, pela jornada de quarenta horas semanais, e o Gato bem que poderia de fato viver como aposentado em Santos e não mais vir encher a paciência dos trabalhadores da Pierre Saby.

Esse "regime de trabalho" que nos leva a pensar que a Princesa Isabel não existiu no Brasil, não mudará somente se forem mudadas as leis, regulamentos, constituições. É pela auto-organização dos peões que será possível uma melhora nas condições de trabalho, logicamente também com o refluxo do desemprego.

Ainda o inferno fabril*

O "milagre brasileiro" teve por base a superexploração da mão de obra, tendo como ponto de partida a destruição de suas organizações sindicais, mediante a intervenção do Ministério do Trabalho, impondo diretórias que os trabalhadores nunca escolheriam. Assim, muitos do direitos sociais adquiridos após a Revolução de 30, os trabalhadores perderam, ganhando em troca institutos, que a pretexto de "auxiliá-los" na realidade auxiliam a quem deles não precisa: o Estado ou a classe patronal. Nesse nível estão o PIS, Pasep, FGTS, cujos recursos globais remontam a milhões. São instrumentos da política financeira do Estado e não do bem-estar social do trabalhador. É a polícia de pobre "ajudando" a rico "na marra", mediante o desconto compulsório na folha de pagamento mensal do assalariado.

As grandes taxas de crescimento econômico, alcançadas de 1964 a 1974, deram pela ativa participação do trabalhador na produção, porém desse crescimento ele não se beneficiou, muito pelo contrário: com o FGTS aumentando a rotatividade da mão de obra e o patrão adquirindo o direito de dispensá-la quando quiser, o operário ficou reduzido à condição de pária social. O FGTS suprimira a antiga estabilidade no emprego, condição exigida pelas multinacionais após 1964, para investirem no país. O operário desempregado, com mais de 35 anos, não volta à produção, transforma-se em "biscateiro", recebendo do INPS uma contribuição inferior à que pagava quando na produção. A baixa aposentadoria impõe-lhe morrer trabalhando.

Há inúmeras dificuldades para o trabalhador sacar o FGTS. Mudando de emprego, não pode sacá-lo; só quando é despedido sem justa causa. Há muitas empresas que descontam do trabalhador e não recolhem o FGTS, criando as maiores dificuldades para o operário retirá-lo. Outras empresas só depositam o FGTS correspondente às oito horas normais de trabalho, não depositando as horas extras. O FGTS permitiu à classe patronal despedir o operário e "recontratá-lo" por salário inferior, abusando de contração do mercado de trabalho.

Baixos salários, jornadas de trabalho extenuantes levam a transformar o operário brasileiro num acidentado potencial. Os acidentes de trabalho se constituem numa verdadeira "guerra civil" disfarçada, no interior da empresa. Há empresas que não afastam o operário acidentado, quando ele sofre torções ou mau jeito; isso constitui 56% dos acidentes do trabalho num mês. A figura do "ato inseguro", criada pela classe patronal e legitimada pelo Estado, transfere ao operário a culpa do acidente. Apesar de laudo em contrário, fornecido pelo INPS, muita empresa dispensa operário acidentado, fugindo à sugestão médica da "readaptação".

Em muitas empresas onde ocorrem acidentes, a ambulância chega sempre tarde. O afastamento por acidente é considerado pela empresa como falta; a fadiga se constitui na causa de 54% dos acidentes de trabalho no ramo metalúrgico. O atendimento médico deixa muito a desejar. Assim a Samcil é criticada pelo mau atendimento que presta aos trabalhadores da Mercedes-Benz; enquanto isso a multinacional Ford pretende que seus operários arquem com as despesas médicas totais.

A sina do operário vidreiro é trabalhar até a morte; as péssimas condições de trabalho no vidro encurtam sua vida útil de 60 para 45 anos, além de submetê-lo a inúmeras doenças devido à alta temperatura dos fornos.

Banho de água quente e beber água pura parece ser o privilégio de uma minoria em muitas fábricas. Junte-se o péssimo tratamento que os capatazes – chefias intermediárias –, esquecendo sua qualidade de ex-operário, destinam ao trabalhar comum. O tratamento por pitos é institucionalizado em muitas empresas, além do adjetivo "cavala", aplicado a operários, ser quase uma regra geral.

Mesmo em empresas cujos patrões têm determinado nível cultural, o operário sonha com a cultura dos antigos donos de escravos, senhores de engenho, quando é obrigado a despir-se inteiramente para sofrer "revista" ante o superior ilustrado e doutorado. Junte-se a isso que o auxílio-maternidade, que é um direito, transforma-se num favor; em muitas empresas esse pedido leva o patrão a reter os documentos do operário por mais de seis meses. Reclamação de direitos pelo trabalhador pode ocasionar agressão patronal. Em muitas empresas, o empregado despedido, com aviso-prévio, cumpre na porta da fábrica ou na rua, batendo o ponto regularmente sob as vistas da guarda da fábrica.

Em muitas empresas não há enfermarias; quando as há, não têm enfermeiro. O guarda faz esse papel. Tenta aplicar uma injeção no trabalhador, descobrindo, após dar-lhe quatro picadas, que agulha está entupida. Envelope de pagamento, sem especificar os descontos, é a coisa mais comum.

Muitas empresas não comunicam em tempo ao Inamps o acidente sofrido pelo operário. Aí ele é obrigado a trabalhar de muletas. Porém, o Inamps não é mais ágil que a empresa. Calcula-se que possui 29 mil funcionários com funções gratificadas; tem cem quilômetros de prateleiras de processos referentes à concessão de benefícios aos trabalhadores. Ele leva em média quatro anos para construir um ambulatório, isso após cem a quatrocentos despachos no papel.

Multas aplicadas a operários, mulheres obrigadas a trabalhar sem usar sandálias ou mesmo tamanco fechado, mocinhas adolescentes trabalhando com solda de estanho e chumbo que contém ácido muriático, obrigadas a fazer horas extras e faxina para se manter no emprego. Utilização obrigatória de chapinha para usar banheiro e punição quando isso não se dá. Operário não recebe salário-insalubridade, suportando fumaça e calor, tendo mãos e braços depilados pelo querosene ou dedos dos pés quebrados por falta de biqueiras de aço nas botas, pois as firmas não as fornecem. A implantação do FGTS se deu na "marra". Assim, na IRFM Matarazzo, um operário que morava na Penha foi obrigado a trabalhar no Jaguaré;

operário com 25 anos de serviço que morava no Tucuruvi foi obrigado a mudar para o Jaguaré para não perder o emprego. Tudo isso porque não quis usar a "livre opção" pelo FGTS!

As chamadas "relações industriais", operário-patrão, estão em tal nível que o jornal sindical orienta o trabalhador a desconfiar ante qualquer papel que a chefia lhe apresenta para assinar e recorrer ao sindicato em caso de dúvida. Jamais assinar em branco. Porém, é a Volkswagen que ganha a taça de empresa mais repressiva. É bem verdade que com a "comissão de empresa" (sindicato paralelo) pretende ela transformar a repressão aberta e dura em repressão velada e "doce", criando a figura do operário como "escravo contente". Aquele que considera seu eito (o local onde é escravizado) como "sua casa" (conforme disse uma das candidatas a "representante" das colegas na firma). Lá o contrato assinado implica o operário concordar com suas possíveis alterações futuras, como: transferências ou reduções salariais. O ritmo de produção, segundo a imprensa sindical operária, é alucinante; o operário conta com uma chefia vigilante e implacável, é obrigado a fazer horas extras com medo de punições. Elas se estendem aos sábados e domingos. As chefias intermediárias são odiadas pela mão de obra, pois procuram dividi-la entre "cupinchas" e "rejeitados". Os problemas humanos no trabalho ficam nas mãos policiais da famigerada "segurança industrial". Ela submete o operário no já famoso "chá de banco", que, consiste em fazê-lo ficar sentado horas ou dias no banco ante a segurança, onde um assistente social decide sua sorte. Em suma, Volkswagen significa: chefias ineptas e autoritárias, depoimentos arrancados policialmente no setor da "segurança" e decisões desumanas na área social. Essa é a empresa. Daí o jornal sindical aconselhar ao operário da Volks não faltar sem motivo, nem chegar atrasado, não baixar a produção; quando chamado à "segurança industrial", deve ele procurar alguém do sindicato (hoje com a intervenção isso já não é mais possível) ou testemunhas para acompanhá-lo. E tem mais.

O Pacto Social: "cascata" da Nova República*

Na época do aparecimento da Nova República, tendo no seu topo um presidente com 74 anos, os trabalhadores continuam vivendo em uma

---

* *Notícias Populares*, 27/2/1985.

situação social precaríssima, casas de BNH que não conseguem pagar, engrossando o número dos favelados, quando não desempregados sujeitos à caridade pública.

Ao lado desse quadro social desolador, aparecem os escândalos do Inamps, as gigantescas fraudes dos hospitais particulares para quem saúde é mercadoria como sabão, automóvel ou máquina de lavar roupa. De quebra há o Banco Sul-Brasileiro dirigido por um autointitulado Montepio da Família Militar, que se junta às quebras da Coroa-Brastel, aos escândalos da Sunamam, nesse festival de corrupção que domina o país.

Nesse contexto aparecem defensores dos trabalhadores, que – na sua maioria – não vão ao trabalho há muitos anos, acenando com um pacto social, assessorados por intelectuais forrados de livros, que apontam o Pacto de La Moncloa, na Espanha, como o grande caminho a seguir pelos trabalhadores brasileiros.

É sabido que o Pacto Social na Espanha entregou os trabalhadores de braços atados a seus patrões. As antigas comissões operárias que surgiram na luta contra a ditadura do finado fascista Franco foram domesticadas, neutralizadas, empelegadas, convertendo-se em instrumentos de controle do capital sobre o trabalhador.

Durante a vigência do Pacto Social, os trabalhadores espanhóis comprometeram-se a não fazer greve, submeter tudo às Juntas de Conciliação, em suma, abriram mão da arma mais eficiente para se fazerem ouvir: a paralisação do local de trabalho. *Quando as máquinas param pode-se ouvir melhor o que os trabalhadores querem.*

No Brasil, fala-se em pacto social; desde industriais avançados ao jornal *Voz da Unidade* (ou Voz do Pelego), todos falam seriamente no governo democrático e na conciliação e pacto social.

Os boias-frias de Guariba e Sertãozinho sentiram na pele o cassetete democrático e sabem o que é repressão democrática. Sabem também que somente pela auto-organização qualquer classe econômica conseguirá alguma coisa. Atuando diretamente sem intermediários é que os trabalhadores conseguirão a parte que lhes cabe no "Você trabalhou, o Brasil mudou". Não é político profissional algum que irá fazê-lo.

Nada mais.

A Espanha do "pacto" – centrais nucleares e Previdência Social[*]

Inúmeros adeptos recém-convertidos ao Pacto de Monchoa, apontado como modelo a ser seguido no Brasil, no seu entusiasmo neófito, "esquecem" de mostrar ao povo brasileiro o outro lado da moeda do país do pacto social, a Espanha atual.

Centrais nucleares

Como o Brasil, a Espanha do pacto social possui sua "Angra dos Reis": chama-se "Central Nuclear de Almaraz". O que sucede lá? Desde 1983 ela vem apresentando defeitos no seu funcionamento, com incalculáveis consequências sobre a saúde presente e futura da população atingida.

A 29/11/1983, produziu-se uma fuga radioativa que contaminou o circuito secundário. Em 23/2/1984, descobriu-se uma peça estranha no interior de um gerador de vapor que poderia originar uma catástrofe nuclear. Em fevereiro de 1984, a Westinghouse comunicava a essa central nuclear que ocorria corrosão nos tubos dos três geradores de vapor. Em 19 de janeiro do mesmo ano, produziu-se nova fuga do condensador de vapor, contaminado o secundário do Grupo 2. Telefonicamente, a Westinghouse recomenda a paralisação a frio, não cumprida pela usina. A 2 de março de 1984, produziu-se a queda de um elemento combustível durante o processo de carga do Grupo 1, que poderia ter exposto os trabalhadores a altos níveis de radioatividade. O maior perigo consiste num erro de desenho dos tubos U dos geradores de modelo D3 da Westinghouse que funcionam na Central Nuclear de Almaraz, produzindo vibrações que poderiam levar a uma ruptura, originando num acidente nuclear. Essa central já fora multada em 4,1 milhões de pesetas pela Direção Geral de Energia, em 27/12/1984. É a nuclearização no país do pacto social. Razão pela qual criou-se uma Comissão Coordenadora para a Paralisação de Almaraz. É esse um dos aspectos da política do governo "socialista" no poder. Até parece que falamos do Brasil e sua política nuclear.

---

[*] *Folha de S.Paulo*, 18/12/1985.

Previdência Social

A Espanha assistiu a um relativo *boom* econômico em 1984 que beneficiou o capital bancário; os bancos tiveram lucro líquido de 155,989 milhões de pesetas em 1984, isto é, 45,74% a mais do que em 1983. Enquanto isso, o desemprego atinge 3 milhões de trabalhadores.

Nesse contexto, o "governo socialista" apresenta seu projeto de reforma de Previdência Social. Consiste ele num "emagrecimento" na parte correspondente a benefícios, atingindo diretamente os aposentos atuais e indiretamente os futuros.

Há um consenso entre os trabalhadores que é mister redefinir a Previdência Social, freada pelo entulho autoritário do franquismo. Eis que, na Espanha atual, assistimos a um franquismo sem Franco.

Explicamo-nos. Quando o presidente da Conferência Episcopal da Igreja na Espanha critica os gastos em armamentismo, o desperdício de recursos públicos, o primeiro-ministro, do Partido Socialista Operário Espanhol, no poder, Felipe Gonzalez, retruca: "É oposição por ignorância". Responde da mesma forma ao clamor dos trabalhadores contra a diminuição de recursos aos aposentos e ao precário nível de atenção médica. Anote os olhos do primeiro-ministro, todos são ignorantes, desde a alta hierarquia da Igreja ao último trabalhador não especializado.

Na época de Franco, ocorriam tais abusos em nome da "cruzada anticomunista" do caudilho finado; atualmente, se dá o mesmo em nome do "socialismo democrático". Pobre socialismo!

O fato é que o governo espanhol pretende "reformar" a Previdência Social, desvinculando a concessão de benefícios da polícia de saúde pública em vigor no país.

Até parece o nosso Inamps malfadado. Uma reforma da Previdência Social teria que passar por um questionamento do tipo de atenção médica aos trabalhadores, que se ressentem de um excesso de receitas de medicamentos na razão inversa do tempo dedicado ao diagnóstico de seus problemas.

Como em nossa terra, dá estabelecimentos hospitalares onde se verifica a deteriorização de equipamentos médicos de alto custo, quando não seu "desaparecimento". Pois em qualquer estado há os que furtam com unhas políticas, como já denunciava o padre Vieira no século XV.

Enquanto isso, o governo "socialista" espanhol não se preocupa com o aproveitamento nos quadros da Previdência Social de 20 mil médicos desempregados.

Na social-democracia espanhola assiste-se à ditadura da fraude no recebimento de benefícios da Previdência Social, na qual muitos proprietários de bens móveis e imóveis desfrutam de pensões da Previdência fundadas em atestados fraudulentos de incapacidade laboral temporária ou definitiva. O pessoal administrativo das pequenas e médias empresas encabeça a lista dos "compradores" de aposentadorias.

Consequências

Tal descalabro se dá na razão direta da falta de participação dos trabalhadores na gestão das Previdências Sociais; inclusive a central sindical atrelada ao governo, a UGT (União Geral dos Trabalhadores), foi excluída da discussão a respeito da reforma.

O fato é que o governo de Felipe Gonzalez exclui atualmente 5 milhões dos atuais aposentados da revalorização automática anual das aposentadorias, congelando-as, reduzindo-as à categoria de "resíduos" que desaparecerão na medida em que envelhecerem.

O governo "socialista" espanhol usa dois pesos e duas medidas. Quando os adeptos do político fascista Fraga Iribarne apresentaram um abaixo-assinado com 300 mil assinaturas a respeito do aumento da cotização à Previdência Social em mais 3%, Felipe Gonzalez respondeu que a opinião pública devia ser ouvida. Porém, não ouve o clamor de milhões de trabalhadores espanhóis contra a pretensa "reforma" da Previdência Social que a lesa profundamente.

Atualmente, 1,8 milhão de trabalhadores aposentados recebe o salário mínimo. Um milhão que contribui com 40 mil pesetas mensais e os aposentados futuros, todos excluídos da revalorização automática anual das aposentadorias, são os grandes lesados nessa política antissocial.

Perguntamos aos adeptos desinformados no Brasil do Pacto de Moncloa, é isso que pretendem para o trabalhador brasileiro? Na área do Estado as decisões políticas formam um conjunto, por isso é impossível dissociar o pacto social de Moncloa dessa política antissocial.

A nova Lei de Greve*

O ministro do Trabalho, doutor Almir Pazzianotto, está pondo a boca no mundo com a chamada Nova Lei de Greve, que pretende encaminhar ao Congresso Nacional em substituição à Lei de Greve caduca que ainda vigora e que a Nova República, como a Velha, aplica a frio contra o trabalhador.

A esse respeito os boias-frias de Guariba são doutores, a repressão da PM na última greve foi coisa de não botar defeito. O fato do antigo coronel comandante da PM ter contabilizado os gastos da PM com a repressão aos violentos boias-frias e enviado a conta aos usineiros constitui uma lição viva a respeito das forças ocultas a quem o Estado serve.

Porém, voltando ao projeto de Lei de Greve do senhor ministro do Trabalho, verificou-se que diminuíram as áreas chamadas essenciais em que não há direito à greve. O que é alguma coisa, nessa escravidão moderna que outros chamam de regime da livre-iniciativa e do salariato.

E os funcionários públicos que também são assalariados? *Ficaram sem o direito de greve.* Isso foi justificado pelo senhor ministro pelo fato dos funcionários públicos serem agentes do Estado.

E dizem por aí que esse projeto do doutor Pazzianotto é democrático. Democrático uma ova; como se diz, democrático, *pras nêga* dele.

Senão, vejamos.

Em países com muito mais tradição democrática que o Brasil, como *França e Itália*, países de capitalismo desenvolvido, onde nenhuma tendência política é criminalizada, é ilegalizada, onde é livre a associação sindical, *os funcionários públicos têm direito de greve*.

Por acaso esse direito de greve dos funcionários colocou em xeque o regime econômico ou político em vigor nesses países? Animou a desordem e a baderna nesses países? Precisou o Estado superarmar-se contra eles, *como o estão fazendo os latifundiários, caboclos com milícias armadas para conter uma tímida reforma agrária que o doutor Sarney pretende implementar?*

Nada disso. Na França e na Itália, o direito de greve aos funcionários possibilitou-lhes mais uma arma para manter o nível de seus salários mais decentes, menos defasados em relação à inflação. Por tudo isso o projeto da Nova Lei de Greve é velho, arcaico e reacionário como foram todos os apresentados até agora. Por que o doutor Pazzianotto não ouve as cen-

---

* *Notícias Populares*, 5/6/1985.

trais sindicais, as federações, os sindicatos, as comissões de fábricas, os trabalhadores, os mais diretamente interessados, também não excluindo a Associação dos Funcionários Públicos?

As greves[*]

A greve é um fenômeno comum em sociedades industriais e, como tal, legitimamente aceito. No Brasil, vigora ainda a famigerada "Lei de Greve" que criminaliza qualquer movimento reivindicatório com o argumento que é "político" (qual ato social que não é político?) e "setores essenciais" (funcionalismo, banco, comunicações etc.).

Ora, é esse "entulho autoritário" que pesa sobre a cabeça dos trabalhadores brasileiros de que o senador Fernando Henrique Cardoso tanto fala, mas que seu partido, o PMDB, fez força para manter, utilizando-o em seu proveito como o PDS o fazia quando estava no poder.

Em algumas cidades do interior os agricultores colocaram suas máquinas nas portas dos bancos, ajudando a greve dos bancários. Classe sofrida, o bancário figura nas estatísticas nacionais como o mais sujeito a esgotamento nervoso, só antecedido pelos motoristas de táxi e professores. Ele trabalha sob tensão permanente. Por isso 700 mil bancários, após quarenta dias de infrutíferas negociações com os banqueiros, decidiram entrar em greve.

A greve não é só por aumento salarial e reclassificação de cargos, é também uma manifestação justa da ira do bancário, conforme a *Folha Bancária* de 30/3, a greve continua "porque queremos viver com dignidade".

O Brasil hoje – segundo documento da CUT – tem o menor salário mínimo do país dos últimos 35 anos e com um terço de sua população sobrevivendo a duras penas, especialmente após o descongelamento do cruzado que elevou em 50% os preços de gêneros de primeira necessidade.

Sem falar que o trabalhador brasileiro além de comer mal é expulso das zonas urbanas pelos altos aluguéis, tem que enfrentar a Guarda Municipal do Jânio Quadros, paga com a morte de um pedreiro sua tentativa de ocupar um espaço.

---

[*] *Notícias Populares*, 5/4/1987.

A greve dos marítimos é outra greve que recebe o carimbo da repressão oficial com forças militares ocupando os portos. Onde está a "Nova República"? Achamos que nasceu morta.

Por tudo isso é que o país está atravessado por conflitos sociais que não serão resolvidos por intervenção estatal em sindicatos.

Coluna do Mão na Graxa – 1*

Metalúrgica Jardim – José Américo, o Gavião – Há lá um chefinho que mulher para ele só serve se "der bola"; quando não consegue nada fica de cara virada e na primeira oportunidade manda a companheira para a rua. Ele ataca que nem gavião as novas trabalhadoras e as que recusam a engraçar-se com o gavião são desprezadas.

O pior é que além de ser gavião é "puxa-saco" do patrão. Outro dia, um companheiro soldador que estava doente se recusou a executar o serviço, por falta de condições físicas, daí o José Américo foi ao DP, "fez a caveira" do companheiro e este foi demitido. Só porque tem alguns anos de casa, pensa que pode fazer o que quer. Nunquinha.

Para Brossard a CUT, os PCBs e o PT são responsáveis pela violência no campo. Isso foi dito aos jornais pelo senhor ministro da Justiça, senador Paulo Brossard (PMDB-RS). Não é de admirar que sua excelência queira tapar o sol com peneira furada. Apresentando as vítimas (lavradores) como réus e os culpados (latifundiários, pistoleiros, políticos) como vítimas.

Sua excelência está coerente, foi o "homem da Revolução de 1964" no Rio Grande do Sul, foi secretário da Justiça do governador Ildo Meneghetti, interventor empossado pelos militares após o golpe de 1964.

É verdade que, frustrado em suas ambições políticas, bandeou-se para o PMDB (RS) e posou de "oposição" durante muito tempo. Agora sua excelência é governo e mostra a "face oculta", culpabilizando entidades que congregam trabalhadores rurais, e os próprios, como sendo os responsáveis pela violência no campo.

Para demonstrar o contrário, está à disposição de todos a pesquisa feita por Maria Cristina Vannucchi Leme e outras, "Violência no campo: 1964/85", Ed. dos Sem-Terra, SP.

* *Notícias Populares*, 11/6/1986.

Demonstram as pesquisadoras que, no período, no Pará houve 273 mortes de trabalhadores rurais; Bahia, 142 mortes; Maranhão, 128 mortes; São Paulo, 99; Minas Gerais, 68; Mato Grosso, 67; Pernambuco, 62; Goiás, 56; Paraná, 53; Rio de Janeiro, 31; Ceará, 24; Alagoas, 19; Rondônia, 18; Rio Grande do Sul e Paraíba, dez; Rio Grande do Norte, nove; Sergipe, oito; Acre, seis; Amazonas, cinco; Piauí, três; Espírito Santo, duas; Santa Catarina, uma. O número de latifundiários ou seus agentes mortos no período, comparativamente, é insignificante.

Coluna do Mão na Graxa – 2*

Fichet – Zé Paraná, pulador de muro – O Zé não é chefe nem encarregado, é operador de ponte e polidor. O cara é um tremendo dedo-duro, entrega todo mundo, pressiona os trabalhadores até que são demitidos. Para o Zé não faz mal receber atrasado. E o que é o pior: ele faz hora extra direto, à noite, no sábado e ainda diz que se o sindicato estiver fazendo piquete contra as horas extras, ele pura o muro da empresa e entra para trabalhar. O Meia-Noite perde feio para o Zé.

Romi – Sai dessa, ô Zé – O José Oswaldo Rodrigues, da inspeção, vem fazendo um trabalho antissindical. Ele incentiva os trabalhadores a dar baixa de sócios do sindicato e está indo de máquinas em máquinas a favor do patrão. Qual é, ô puxa, sem essa.

LNM – Tostão, mas que cara chato – O subencarregado no setor de prensa, engenheiro Mariano, vulgo "Tostão", mandou embora um companheiro porque pedira equiparação salarial, trabalhava na mesma função e recebia menos que os outros. Obriga todo o pessoal a fazer hora extra, quem não vai é ameaçado de demissão. Quando quebra alguma máquina, fica no pé, exigindo produção. Com ele, há o encarregado Milani, trata no berro todo o mundo!

Malas Padroeira – Não aceita atestado do sindicato – A empresa não aceita atestado médico dado pelo sindicato. Em caso de doença ou problemas de saúde, o trabalhador de jeito algum é transferido para um serviço compatível com seu estado. Quando isso ocorre, a primeira providência a ser tomada é procurar o departamento jurídico do sindicato – no caso o

---

* *Notícias Populares*, 29/6/1986.

Sindicato dos Metalúrgicos de Santo André, Mauá, Ribeirão Pires e Rio Grande da Serra – uma vez que a empresa está desobedecendo o acordo coletivo de trabalho.

Molas Mathias – Chicão: titio puxa-saco – O Chicão é encarregado geral e tio do dono da fábrica. Os dois não saem do pé dos trabalhadores, chegam até a ficar na janela do escritório para ver se todos estão trabalhando. Têm a coragem de dar 1 litro de leite para dez pessoas tomarem! Quando alguém falta e traz atestado o Chicão encaminha ao escritório e o trabalhador acaba sempre levando "gancho". A firma não oferece equipamento de segurança, um companheiro quase perdeu o dedo por causa disso. Banheiros sujos e com mau cheiro, não há papel higiênico. Nos refeitórios faltam mesas e cadeiras, o pessoal come de pé. O inexplicável é que os operadores de máquinas de enrolar molas são os maiores puxa-sacos e "dedam" todo mundo. Dá pra entender? Chicão "deda" porque é o tio, mas e os companheiros?

Cofap vista pelo patrão e operários – 1*

O presidente da Cofap, em entrevista ao Instituto Municipal do Ensino Superior de São Caetano do Sul (Imes) de janeiro/abril 1985, mandou um pau contra os trabalhadores e seu sindicato. Reconhece que "ninguém respeita a vida do trabalhador", especialmente o migrante que não acha trabalho nem moradia. Surpreendentemente diz que "o empresariado no país não tem privilégios" (vide Coroa-Brastel, Capemi, Garnero e outros). Acusa os sindicalistas de invadirem a fábrica pelo arrastão, ofenderem moças e trabalhadores, xingarem empregados "impedindo-os de trabalhar"; cita como exemplo a GM de São José dos Campos. A culpa disso, segundo ele, cabe aos líderes sindicais, que procuram ganhar prestígio. Põe em dúvida a greve na Cofap, já que se consumiam, segundo ele, 400 litros de cachaça diários.

Em *resposta*, o sindicato mostra que o empresário da Cofap *chora de barriga cheia*. Entre 1982-1984, o lucro da empresa cresceu 4.650% contra 1.3787% para o INPC, que serve para reajustar os salários. Quanto aos metalúrgicos de São José dos Campos, seria interessante que o empresário lesse *Ação e azão dos trabalhadores da GM de S. José dos Campos*. Pedidos ao

* *Notícias Populares*, 13/11/1985.

Fundo de Greve dos Metalúrgicos de São José do Campos, telefone (012) 321-5333.

Enquanto A. Kasinski vê no sindicato ideal aquele atrelado ao patrão, em 1985 o Sindicato dos Metalúrgicos de Santo André realizou, pelo terceiro ano consecutivo, pesquisa de opinião entre os metalúrgicos.

Na Cofap foram pesquisados 301 metalúrgicos.

A) Ao ser perguntado qual o salário que daria para viver, os trabalhadores da Cofap responderam (em fevereiro passado) que seria Cr$ 7.300 por hora, ou seja, 1,752 milhão de cruzeiros mensais. Enquanto isso, a Cofap paga em abril um piso de $800 mil. Conclusão: os trabalhadores da Cofap recebem um salário cujo valor é metade do mínimo necessário.

B) Para os trabalhadores da Cofap, a primeira reivindicação deveria ser a luta pela equiparação salarial; a segunda, aumento real de salários; e a terceira, reivindicação mais importante, trimestralidade.

C) Redução da jornada de trabalho sem redução salarial, garantia de emprego e comissão de trabalhadores na fábrica. O presidente da Cofap diz que "a redução não é boa para ninguém, nem para o país, nem para o empresário, nem para os empregados. O empresário não poderá contratar operário para trabalhar um só dia por semana".

Cofap vista pelo patrão e empregados – 2[*]

"O operário horista terá seu salário reduzido e o governo sua receita diminuída em função da redução da produção." Porém, o empresário da Cofap *não justifica* tais afirmações.

d) A respeito das condições de trabalho, os trabalhadores da Cofap exigiam em março passado: transporte e melhoria no restaurante, e eram contra as exigências de produção e o intenso ritmo de trabalho. Respondendo ao que fazer caso a empresa não atendesse as reivindicações, responderam os trabalhadores da Cofap: "Fazer greve" (63,3%), "Deixar tudo para o sindicato resolver" (25,8%), "Ir ao dissídio" (10,2%) e duas respostas para "não fazer nada". Perguntados sobre como seria a greve, responderam:

1. Greve dentro da fábrica (75,5%)

---

[*] *Notícias Populares*, 20/11/1985.

2. Operação tartaruga (14,4%)
3. Fazer greve ficando em casa (8,3%)
4. Pequenas paralisações por seção (3,08%)

Observa-se pela entrevista que os trabalhadores é que decidiram pela greve, isso mostra que o empresário da Cofap não sabe o que se passa em sua casa.

Em relação à diretoria do sindicato, os trabalhadores expressaram sua opinião: é boa (41,8%), é ótima (30,5%), não tem opinião (20,2%) e deixa a desejar (7,2%). Apenas um trabalhador pesquisado disse que a diretoria do sindicato é ruim.

400 litros de cachaça

O presidente da Cofap atribui tal consumo aos trabalhadores em greve. Se assim fosse, essa quantidade não daria nem uma dose/dia para cada trabalhador. Infelizmente os trabalhadores não têm tempo para pesquisar o que os patrões bebem em suas festas e jantares. Não seria justo que o senhor Kasinski esclarecesse o que os grevistas *comem* com o salário que ganham?

Segundo ele a Cofap "valoriza" o trabalhador: a) permite a visitação da fábrica pelos familiares dos empregados; 2) envia cartão de "Feliz aniversário" ao trabalhador; 3) oferece atendimento médico extensivo aos familiares e convívio do trabalhador do clube da companhia!!! São paliativos, os trabalhadores ganham menos de três salários mínimos. Mais de 2.300 operários da Cofap vivem em condições sub-humanas. Em 1984, 25 empresas do setor tiveram lucro líquido de 288,358 bilhões de cruzeiros, segundo balanços publicados na imprensa. A crise só existe em cima do trabalhador.

A greve das montadoras e a "nova República velha" – 1[*]

Nessa história de que as montadoras perderam tantos bilhões com a greve dos metalúrgicos, deixaram de exportar isso e aquilo, *o que há é muita safadeza* na informação ao trabalhador brasileiro.

---
[*] *Notícias Populares*, 26/5/1985.

É sabido que, logo após o golpe de 1964, as multinacionais instaladas no Brasil têm seus equipamentos, imóveis e instalações industriais e administrativas *segurados* contra tumultos, depreciações ou danos que sofram. As companhias seguradoras pagam às montadoras, em caso de greve, o que elas deixaram de lucrar no período.

Depois, entra em ação o Instituto de Resseguros do Brasil, que cobre o que as companhias seguradoras gastaram, ressarcindo-as totalmente. O instituto é órgão do governo, do Estado, portanto, mantido por todos nós que pagamos todos os impostos nesta terra.

Conclusão, é o povo brasileiro que paga os prejuízos que acaso sofram a General Motors, Volkswagen, Ford, Mercedes Benz, Scania através do *seguro* que é recebido por elas através de companhias seguradoras, por eventuais prejuízos, coberto finalmente pelo Instituto de Resseguros do Brasil. Como vai haver Constituinte nesta infeliz terra, esse seria um assunto que poderia ser debatido, pois interessa a milhares de brasileiros.

A greve no ABC continua, a Anfavea e as montadoras continuam sua intransigência e os trabalhadores do ABC aparecem ante a opinião pública como "marajás" que ganham os tubos em relação ao resto do país. É sabido que o metalúrgico norte-americano ganha quatro a cinco vezes mais que o do ABC, sendo que o do ABC tem produtividade média das mais altas.

Segundo lugar, a situação das montadoras está longe de ser crítica, muito pelo contrário.

General Motors – Nos seus demonstrativos financeiros publicados a 25/4, a GM do Brasil mostra que saltou de um prejuízo de 9 bilhões de cruzeiros em 1983 para um lucro líquido de 13,2 bilhões em 1984. Seu patrimônio líquido, isto é, o total dos recursos dos acionistas, aumentou em 223%, passando de 157,9 bilhões para 511 bilhões. A empresa informa que destinou 100 bilhões de cruzeiros para folha salarial, campo de provas, transporte para os 22 mil funcionários nas fábricas e escritórios. Isso devido à exportação do Monza e do Opala e caminhões a álcool. Quanto a Ford, Toyota, Volkswagen, deixamos para o próximo artigo.

A greve das montadoras e a "nova República velha" – 2*

A situação da *Ford* está longe de ser crítica. Balanço apresentado a 25/4 mostra que conseguiu sair de um prejuízo de 18,1 bilhões de cruzeiros em 1983 para um lucro de 89,1 bilhões de cruzeiros em 1984.

Destinou 342 bilhões de cruzeiros para salários e encargos da folha de pagamento dos 21 mil empregados, considerando que *emprega atualmente só 70% dos trabalhadores que empregava em anos anteriores*. O efetivo médio empregado de trabalhadores era de 30 mil pessoas. O gasto com folha de pagamento e salários absorveu 17% do faturamento total.

Toyota – No balanço publicado a 30/4 ela mostra que seu *lucro líquido* passou de 896,2 milhões para 10,87 bilhões de cruzeiros, num salto de 1.112,9%, e o patrimônio líquido evoluiu de *14,8 bilhões* para *Cr$ 57,3 bilhões* de cruzeiros, ou seja, 287% a mais.

Volkswagen – Ela reduziu a produção de automóveis e utilitários leves e aumentou a produção de caminhões; ampliou em 6,6% seu quadro de pessoal (que absorve 35.482 empregados), tendo em vista os contratos de exportação para esse ano assinados com Iraque, Nigéria e China. Saiu de um *prejuízo de 36,9 bilhões* em 1983 para um *lucro de 46,1 bilhões* de cruzeiros em 1984, conforme balanço publicado a 6/3. O patrimônio saltou de *300 bilhões para 1,31 trilhão* de cruzeiros, evoluindo em 271%.

O Dieese, estudando a SaabScania, a Volkswagen e a Mercedes Benz, mostra que o *faturamento por trabalhador cresceu 283,5%*, a folha de pagamentos cresceu 183,5%, o preço dos veículos 212,4% e os salários nominais dos trabalhadores 174,9%. Nesse período *o lucro líquido da Mercedes Benz cresceu em 296%*.

Na *Scania*, o faturamento por trabalhador, segundo o Dieese, cresceu 283,2% de 1983 para 1984; a folha de pagamento evoluiu em 183,5%; o preço médio do caminhão subiu 211,5%.

Na Volkswagen, para um avanço de 240% no faturamento por trabalhador, a folha de pagamento evoluiu em 194%, o preço médio do carro cresceu 232% e o aumento médio de salários foi de 193%.

---

* *Notícias Populares*, 29/5/1985.

A greve da Barbará

Carta à redação informa que a empresa tinha concedido a grande maioria das reivindicações da comissão de fábrica, faltando uma só. A comissão não aceitou tal atendimento, ficando pé na única reivindicação não atendida. Resultado: demissão dos membros da comissão e muitos outros trabalhadores. É caso de se rever muitas táticas usadas nas greves, para evitar o papel de *organizadores de derrotas*. É o que pensamos.

Morte na GM: quem paga por este crime?*

A "Justiça" aceitou a denúncia do governo contra 33 metalúrgicos da GM de São José dos Campos que participaram da greve e ocupação da fábrica em abril.

Por sinal, é bom que os senhores da "Nova República" desconheçam que em mais de 90% das reivindicações no Uruguai os trabalhadores pressionam seu atendimento ocupando a fábrica. Se para isso a Justiça atual uruguaia fosse instalar processo, não haveria papel que chegasse, nem juiz para julgar ou promotor público para acusar.

Voltando ao caso da GM de São José dos Campos, ocorre que trabalhadores estão ameaçados de ir para a cadeia por terem lutado contra as *demissões em massa* feitas pela empresa.

Enquanto isso, *um acidente de trabalho provocou na mesma GM a morte do mecânico de manutenção, Luiz Fernando Paes, de 36 anos. Acidentes são comuns nas empresas brasileiras e, em geral, quem é culpabilizado é o operário acidentado através da figura do "ato inseguro" que "lima da barra" da empresa.*

Porém a responsabilidade dos patrões da GM é maior por essa morte, porque durante a greve foram *demitidos* os membros da comissão de fábrica e da Cipa, que entre outras coisas *fiscalizavam* as condições de trabalho, especialmente as condições de segurança. Depois dessas demissões os *acidentes aumentaram violentamente*. A "Nova República" age com dois pesos e duas medidas: *pune* trabalhadores que lutam por suas reivindicações e deixa *livres* aqueles que cometem verdadeiros crimes contra a população trabalhadora. Esse crime dos patrões tem que ser averiguado e punido

---
* *Notícias Populares*, 20/10/1985.

e tem que terminar essa farsa montada pelo governo para incriminar os grevistas da GM. (Fonte: *CUT Estadual* n. 30.)

Movimento dos sem-terra

Trabalhadores rurais acampados no parque da Água Branca aceitaram solução provisória proposta pela Secretaria da Agricultura. Conseguiram que os rurais de Promissão e Três Irmãos ocupassem área da Cesp. Os rurais de Capão Bonito e General Salgado expulsos de suas terras terão solução até 7 de setembro. Os rurais de Brejo Alegre e Sumaré receberam promessas apenas. Daí a necessidade dos rurais juntarem-se aos da cidade para impor solução real ao problema da terra. Não era "Reforma Agrária" desidratada que a "Nova República" quer impor "democraticamente", isso é, "na marra".

A repressão democrática na GM de São José dos Campos*

Assinado pelas diretorias dos sindicatos: Metalúrgicos, Calçados, Têxteis, Bancários, Derivados de Petróleo, Trabalhadores Rurais, Produtos Alimentícios e Condutores de Veículos Rodoviários, o manifesto abaixo repudiando a versão patronal da greve da GM:

> Nos últimos dias os trabalhadores e a população joseense em geral acompanharam uma grande campanha de mentiras desencadeada pela direção da General Motors do Brasil S/A através da imprensa com o claro objetivo de colocar a opinião pública *contra* o sindicato e os trabalhadores que lutaram por reivindicações justas e necessárias para toda a classe trabalhadora brasileira.
> Nessa campanha tentavam encontrar um bode expiatório pela responsabilidade da greve. As autoridades federais, estaduais e municipais pressionavam para o término das greves. O julgamento da greve pelo TRT no Rio julgando ilegal o movimento, reprimindo trabalhadores a pretexto de garantia da ordem pública.

---

* *Notícias Populares*, 2/6/1985.

Declara o manifesto acima apoiar a luta pelas quarenta horas semanais, repudiar a campanha movida pela GM e a repressão que ela faz pela sua "segurança" particular, contratados e pela PM. Termina o manifesto pedindo às autoridades que pressionem os empresários para atenderem às reivindicações dos trabalhadores. (Fonte: jornal *Convergência Socialista* 17/5/1985, n.6.)

Pazzianotto & Gusmão: mocinho e bandido?

É o que parece. O primeiro falando em negociação e o segundo falando em "ser duro", a ponto do General Newton Cruz, referindo-se a Gusmão, dizer: "Como 'durão' eu sou 'fichinha' perto deste Gusmão".

O doutor Pazzianotto não é tão "mocinho" quanto os filmes de uma pretensa esquerda burocratizada nos cargos públicos do Estado e da máquina sindical pretendem mostrar. Não compartilhamos da crendice do presidente do Sindicato dos Eletricitários de São Paulo, senhor Rogério Magri, que afirmara que "se tocarem no doutor Pazzianotto nós paramos o Brasil". Convenhamos que isso é um "pouco forte" para o aroma que domina o meio sindical oficial.

O massacre ocorrido na repressão à greve da Villares, em 1984, quando doutor Almir era secretário do Trabalho, a repressão brutal aos boias-frias de Guariba e Sertãozinho em janeiro de 1985, desmentem a figura de "mocinho" do doutor Pazzianotto. Quanto ao doutor *Gusmão*, o que o povo pode esperar de uma autoridade federal que é *presidente (licenciado) da Antártica, proprietário de fazenda de café e cana-de-açúcar em Ribeirão Preto e criador de cavalos de raça?*

O que há é que o governo quer construir a figura de "mocinho" para o doutor Pazzianotto, para apresentá-lo como o homem do "Pacto Social", nome moderno para a safadeza.

Professores lutam pelo direito de comer

Professor no estado de São Paulo concursado e tudo, dando quarenta aulas por semana, não chega a ganhar Cr$ 1,5 milhão. Recebe salário de escravo, resultado: greve. Oitenta por cento dos professores aderiram à greve em Minas Gerais. O governo quer dar um índice de reposição salarial de 26,6%, os professores querem 49,9% e reajuste trimestral. Outra greve.

A vitória de Jânio[*]

Jânio Quadros venceu as eleições municipais para prefeito de São Paulo derrotando assim o candidato do PMDB, Fernando Henrique Cardoso, que era apontado como favorito pelos órgãos de pesquisa de opinião pública.

Sua vitória coloca em xeque a política do PMDB seguida em São Paulo.

Especialmente, coloca em xeque a "direita do PMDB" que votou contra a eleição em dois turnos. Se aprovada pelo Congresso, essa eleição em dois turnos daria vitória ao próprio PMDB, no caso é patente que o PMDB fez *haraquiri*.

Em segundo lugar é importante situar que muitos não votaram por Jânio e sim *contra* Montoro e o predomínio da fração da Democracia Cristã comandada pelo próprio governador, seu secretário do Interior Chopin Tavares de Lima e o deputado Roberto Cardoso Alves, entre outros.

Em terceiro lugar, a vitória de Jânio foi a resposta popular à "desidratação" da reforma agrária tão prometida pelo governo Sarney; à decisão de Sarney em convocar um "Congresso Constituinte" e não uma "Assembleia Nacional Constituinte". Votaram contra o estabelecimento de uma comissão de "alto nível" para encaminhar à futura Assembleia Nacional Constituinte um "prato cheio" que ela terá soberanamente (!!!) que engolir.

O PT sai fortalecido da eleição, embora muito de sua campanha tenha se pautado pela descaracterização sua como partido dos trabalhadores e o seu candidato tenha sido apresentado como se fosse um sabão em pó ou perfume com a propaganda "Experimente Suplicy". Apesar disso, *cresceu eleitoralmente*. Porém é necessário dizer que isso não implica em crescimento em nível de organização. Se o PT puder traduzir seu crescimento *eleitoral* em crescimento *organizacional* junto aos trabalhadores rurais e urbanos, será uma vitória, caso contrário, será apenas uma *aparência* de crescimento real.

Em torno de Jânio articulam-se interesses de políticos do "antigo regime" que serviram à ditadura militar, à Arena, ao PDS. Como também os da "direita civilizada" organizada em torno do Partido da Frente Liberal.

As declarações do prefeito que combaterá invasões mediante a ação do aparelho repressivo mostram bem para onde se encaminha sua política social.

---

[*] *Notícias Populares*, 24/11/1985.

Por outro lado, na medida em que o prefeito eleito possa "curtir" ambições de voltar a ocupar o Palácio do Planalto em Brasília, poderá até tentar realizar uma *administração* razoável na prefeitura, para acumular pontos tendo em vista Brasília e a Previdência. Quem viver, verá.

O governo torra toda a grana do trabalhador*

O Metalúrgico, órgão do Sindicato dos Trabalhadores Metalúrgicos de Santo André, Mauá e Ribeirão Pires, no seu número de outubro de 1985 informa o seguinte:

"No orçamento federal a maior parte das verbas é destinada às Forças Armadas, que receberam 45,7 trilhões de cruzeiros, Saúde com 12,3 trilhões de cruzeiros e Previdência Social com 10,9 trilhões de cruzeiros."

Pergunta-se: o que mudou na "Nova República". Onde está o compromisso "social" da "Nova República"? Continua igual à "Velha República" tão execrada pelos trabalhadores.

São políticos desse tipo que são as maiores responsáveis pela vitória de Jânio nas eleições municipais em São Paulo. O abismo entre o que *dizem* e o que *fazem* os "donos" da "Nova República", *Partido da Frente Liberal* e o *PMDB*, é o maior responsável pela ascensão de Jânio Quadros. E não adianta chorar.

Ou o PMDB deixa de ser PMDS, procurando a todo custo manter o apoio do Partido da Frente Liberal e com isso afastando-se dos trabalhadores, ou aproxima-se dos mesmos tendo que afastar-se cada vez mais do Partido da Frente Liberal e da própria "ala direita" inserida no PMDB.

Nem bem se passaram 24 horas de vitória eleitoral do senhor Jânio Quadros e o presidente do PMDB acena com o apoio de Olavo Setubal – apoiador de Jânio – para fazerem uma aliança!

Os trabalhadores sabem bem onde estão seus interesses, sabem que somente organizados podem ter condições de lutar por eles e nenhuma aliança política com banqueiros irá resolver a situação aflitiva em que vivem.

Mais "grupos de fábrica", mais "comissões de fábrica" que se formam no interior das unidades produtivas, deve ser a resposta dos assalariados

* *Notícias Populares*, 27/11/1985.

à situação em que vivem, à inflação galopante e às maquinações dos "políticos profissionais".

A derrota eleitoral levará o PMDB a rever muito de sua atuação, chamo a atenção para que reveja a atitude dos seus quadros de terceiro e quarto escalão que ocupam postos de mando no estado, que estão sofrendo de uma "inflação de personalidade", tratando autoritariamente o público que acorre às secretarias de Estado. Essa atitude não haja dúvida carreou também preciosos votos para o atual prefeito eleito.

Reforma agrária na marra*

No dia que o presidente Sarney anuncia seu projeto de reforma agrária, 1.370 famílias, totalizando 4 mil pessoas, ocupam 4 mil hectares nos municípios de *Abelardo Luz, São Miguel do Oeste, Modaí e Romelândia* no *Oeste catarinense*. Ao mesmo tempo que a CUT, a Federação dos Trabalhadores da Agricultura de Santa Catarina (Fetaesc), a Comissão Pastoral da Terra, o PT e outras entidades criam um comitê de solidariedade aos sem terra. Fecha-se um acordo tendo como protagonistas, de um lado, o governo do estado de Santa Catarina, o Incra e o Ministério da Reforma Agrária e de outro lado uma comissão composta pela CUT vários sindicatos rurais, CPT e representantes dos ocupantes da terra.

O governo catarinense comprometeu-se a adquirir 2 mil hectares para um primeiro assentamento e mais 20 mil para assentar um total de 2 mil famílias.

O governo se comprometeu a alojar as famílias em caráter provisório numa área pequena, para que desocupem as terras ocupadas e aguardem a compra dos primeiros 2 mil hectares.

Os trabalhadores adquiriram o direito de participar de todas as etapas da reforma agrária em Santa Catarina.

Enquanto isso, o governo adquiria 750 hectares de terra.

O acordo vitorioso representa a maior conquista dos trabalhadores rurais até hoje, *é a realização da reforma agrária na prática*.

---

* *Notícias Populares*, 31/7/1985.

Porém a situação no Oeste catarinense é tensa. Enquanto os trabalhadores rurais permanecem mobilizados, os latifundiários compram e armazenam armas para seus pistoleiros e capangas.

O que o Oeste catarinense está mostrando é que o conflito de terras que iniciara-se no Norte e Nordeste está rapidamente atingindo o Sul, mobilizando milhares de trabalhadores rurais na luta econômica pelo acesso à terra, que ao mesmo tempo politiza-se na medida em que eles têm que negociar com o Estado.

Isso mostra a precariedade da Nova República, que de nova só tem o nome. O latifúndio intocável, as multinacionais hegemônicas, a repressão às comissões de fábricas e militantes sindicais nas empresas urbanas desmascaram o sentido classista do Estado.

O Oeste catarinense prova mais uma vez a velha verdade: a auto-organização dos trabalhadores é o segredo das vitórias.

Essa auto-organização dos trabalhadores é o melhor remédio para opor-se á superexploração e à opressão. E não confiar em constituintes fajutas que são remedos no entulho autoritário que aí está presente.

O que restou do plano da reforma agrária*

O "Estatuto da Terra" aprovado pelo Congresso Nacional em 1964 foi traído em seu ponto básico: *as desapropriações*. No plano aprovado pelo presidente Sarney as desapropriações não existem. Seu plano *distingue* entre latifúndio produtivo e improdutivo, isso *não* existe no "Estatuto da Terra". Latifúndio improdutivo é redundância. No plano do presidente Sarney a ênfase é dada à *colonização*, fórmula que fora testada e *fracassou* durante o governo do general Médici. Além disso *não* estipula, como exige a Lei, quais as áreas prioritárias para a Reforma Agrária. No plano do presidente Sarney, *o Grupo Executivo de Terras Araguaia-Tocantins* (Getat), criado pelo presidente Figueiredo, que militarizou o problema da terra, continua intocável. No plano original estava prevista *sua extinção*.

O Plano Nacional de Reforma Agrária é o *velho* vestido de *novo*, retoma o "Proterra", que propunha a negociação entre latifundiários e camponeses e redundou também em fracasso.

---

* *Notícias Populares*, 11/12/1985.

Fazendeiros criam milíciarural em São Paulo

No Pontal do Paranapanema (SP), no extremo Oeste paulista há 1.500 famílias de lavradores sem terra, cerca de 7.500 pessoas, entre homens, mulheres e crianças. Haviam invadidos duas fazendas, foram desalojados por ordem judicial e passaram a ocupar *acampamentos miseráveis* às margens das estradas. Na Fazenda Ribeirão Bonito – 2. 220 hectares, 3.200 cabeças de gado e 22 empregados – *o proprietário, Álvaro Cândido*, após os sem terra terem sido desalojados por ordem judicial, *mostrou como deveria ser a "segurança rural": empregados a cavalo e armados, vigiando os limites da propriedade*. Em Presidente Prudente, 120 latifundiários resolveram criar a "União Democrática Ruralista" com a finalidade de "defender a propriedade privada rural". Um deles, Daniel Schwenck, ex-militante do movimento estudantil e hoje advogado e fazendeiro em Presidente Wenceslau e Caiuá, está estudando a legislação sobre vigilância comercial, industrial e bancária *para instituir a "segurança rural"*, que segundo ele "deverá ser defensiva e não ofensiva", possivelmente ligada à UDR tendo na sua direção militares da reserva e policiais reformados. O difícil no meio rural é diferenciar o que é "defensivo" do que é "ofensivo", em geral lavrador morto não reclama e é sempre "culpado".

Sindicato dos Artistas e Técnicos e o Rei Ubu*

Vai mal o Sindicato dos Artistas e Técnicos de São Paulo. Seu presidente, o doutor Miguel Angelo – não confundir com o artista do Renascimento italiano – demitiu todos os funcionários do sindicato. Sobrou o Rei Ubu e a faxineira. Foi apelidado de Rei Ubu porque na peça teatral com o mesmo nome, em cartaz em São Paulo, o Rei Ubu mata os juízes, representantes do povo e investe-se do poder total. Se a moda pega...

As greves

Dez milhões de brasileiros desempregados em todo país. Onze milhões recebem o salário mínimo e 12 milhões de lavradores expulsos de suas terras perambulam pela sua sobrevivência por esse Brasil afora.

---

* *Notícias Populares*, 12/6/1985.

Essa é a causa das dezenas de greves que estão ocorrendo na "Nova República" causando desassossego às multinacionais do ABC, aos latifundiários do interior do país, aos secretários de Educação de vários estados que vêm as escolas sem professores, pois estão em greve por melhores salários e condições de trabalho.

Desde o início do ano já se registraram 203 greves. Já passou dos 42 dias a greve do ABC, provocando a demissão de 2.400 trabalhadores.

As reivindicações da maioria das categorias em greve resumem-se à luta pelo reajuste trimestral, salário desemprego, salário mínimo real e redução da jornada de trabalho de 48 horas para quarenta horas. Em mais de 150 acordos realizados no ABC essa redução foi aceita pelos patrões.

Enquanto isso, os carteiros, que conseguiram mobilizar 19.500 trabalhadores só em São Paulo, assistiram ao esvaziamento de sua greve e demissão do comando de greve pelo Ministério das Comunicações: quarenta funcionários dos Correios de São Paulo e Rio de Janeiro foram demitidos.

No âmbito rural, na região de Ribeirão Preto começou uma greve de boias-frias. Sessenta e sete mil trabalhadores de catorze cidades pararam totalmente a colheita de café, cana e laranja. Isso após três meses de negociações com os usineiros e latifundiários. Enquanto isso o Ministério do Trabalho acredita na negociação, o general que chefia o Seni e o ministro Roberto Gusmão pregam "linha dura" contra os grevistas. Pena que a essas vozes se some a do senador Fernando Henrique Cardoso, em nome da defesa da ordem contra a baderna. Parece-nos o disco que uma música que já ouvimos no passado. Só que o regente da orquestra era um militar, enquanto atualmente é um civil, o presidente Sarney.

Em suma, você trabalhou e o Brasil *não* mudou. Pode crer.

Monark pressiona esta coluna*

Após publicação da situação lamentável em que se encontram os trabalhadores da Monark recebemos um telefonema de um cidadão que se autointitulou assessor de imprensa da Monark. Queria que publicássemos a versão monarkiana do que relatamos em artigos anteriores. Respondemos que a coluna é sindical e *não* patronal.

---

* *Notícias Populares*, 30/6/1985.

Sugestão aos donos da Monark: deixem de se fazer de bestas, readmitam os 1 mil trabalhadores demitidos, ouçam as reivindicações dos que estão na produção, acabem com o cabelo na comida do peão, com isso farão coisa melhor do que mandar terceiros telefonarem pressionando esta coluna sindical. Estamos entendidos?

Você trabalhou, o Brasil mudou

A "Aliança Democrática", um conchavão entre as elites que detêm o poder econômico, político e social nesta terra, foi vitoriosa com a eleição de Tancredo. Ela escolheu Tancredo e colheu Sarney.

Um dos motivos da campanha dessa "Aliança Democrática" era a prioridade que seria dada ao *social*, tão esquecido pelos regimes autoritários que dominaram – e disfarçadamente ainda dominam – o povo.

Os regimes autoritários militares construíram Tucuruí, Angra dos Reis, Transamazônica, Ponte Rio-Niterói ao lado dos escândalos financeiros tipo Coroa-Brastel, Capemi, Tieppo, Brasilinvest, Sul-Brasileiro.

O que oferece ao trabalhador a "Nova República"? *Pau*, na época em que ele se mobiliza por melhores salários, e *pedra* para fazer risoto na hora do almoço.

O governo Sarney acaba de cortar, em obediência ao FMI, que é o ditador nas finanças nacionais, os recursos inicialmente destinados a Educação, Saúde e Previdência Social. Tudo isso porque, conforme o discurso oficial, o *social é prioritário* – imaginem se não fosse.

Que os trabalhadores tirem suas conclusões. Trabalhador é pobre mas não é burro.

Assessoras e pilantras

Recebemos pelo correio (assinatura ilegível) correspondência volumosa em que se apontam práticas sindicais de alguns "assessores" sindicais, que nenhum trabalhador sério pode aprovar. Porém, isso será tema de artigo próximo.

Sorocaba: dirigente sindical metalúrgico ameaçado de morte*

João Batista da Silva, casado, seis filhos, secretário-geral do Sindicato dos Metalúrgicos de Sorocaba desde setembro de 1983, *recebeu* telefonemas anônimos ameaçando-o de morte, isto a 80 quilômetros de São Paulo, o maior centro industrial da América Latina.

Mais do que isso, foi "construída" uma ficha policial na qual se incrimina *João Batista* de assassinato, porte ilegal de armas, calúnia. O delegado chefe de Investigações Gerais desmente o desaparecimento de fichas criminais. Porém, como conciliar essas acusações contra João Batista serem tomadas como "verdadeiras" se ao mesmo permanece como secretário--geral do Sindicato dos Metalúrgicos de Sorocaba? *Conforme artigo 12, inciso IV, da Portaria 3.437, é inelegível quem for condenado por crime, enquanto persistirem os efeitos da pena*. É da CLT.

O que há de verdade é que pretendem atingir a imagem do *João Batista* como diretor de sindicato, porque revelou-se atuante na defesa não só dos trabalhadores metalúrgicos, como deu *apoio* a ferroviários, bancários, comerciários, motoristas, trabalhadores da construção civil e, especialmente, as operárias têxteis da indústria do vestuário.

Elas não têm sindicato na cidade, são "representadas" pela federação com sede em São Paulo, que é ociosa e vagabunda.

Quando da última greve ocorrida nas indústrias têxteis *Sussex e Faccon, elas foram caçadas em suas casas e obrigadas a trabalhar pelos "chefetes" da empresa*. Empresas de propriedade do doutor Walter Leme dos Santos, que também é proprietário das empresas *Mask* e *Silk*. Investigações da polícia são contratadas também como vigilantes das últimas.

O Sindicato dos Metalúrgicos da cidade apoiou o movimento, que fora, como todos, ordeiro e pacífico. A campanha contra *João Batista da Silva* advém do fato de ter cometido o "crime" de, na qualidade de secretário-geral do sindicato, ter propiciado a criação de dezesseis comissões de fábrica nas empresas locais, o número de associados subindo de 3 mil para 7 mil.

O sindicalista visado pertence à CUT nacional. Achamos de bom tom que os líderes nacionais da CUT se manifestem publicamente *enquanto é tempo*. Não é pelo fato do Sindicato de Sorocaba ser "pequeno" que deva

---
* *Notícias Populares*, 10/7/1985.

ser arquivado. Não acham os senhores? Quem sabe, como estamos na "Nova República", o comando da PM ouça o sindicalista, que, pensamos nós, teria muita coisa a dizer ainda.

Arrocho salarial na Nova República*

As medidas salariais contidas no Decreto-Lei 2.284 são *piores* para os assalariados do que as originariamente previstas pelo Decreto-Lei 2.283, concluíram os economistas do Dieese, segundo divulgou um dos técnicos que participaram do trabalho de análise das modificações feitas pelo governo em seu plano de estabilização econômica. As conclusões do Dieese serão expostas em documento que está em fase de redação. *Ao se reduzir de 100% para 60% a incorporação automática dos salários da variação do Índice dos Preços ao Consumidor (IPC), até a data-base de cada categoria, aqueles trabalhadores que não obtiverem os 40% restantes de reajuste na negociação com os patrões serão submetidos a um arrocho salarial sem precedentes na história brasileira.* Será pior que o Decreto 2.045, de 1983, que pelo menos assegurava um reajuste de 80% do índice de preços.

I Encontro das mulheres trabalhadoras (PB)

O Movimento das Mulheres Trabalhadoras do Brejo Paraibano e a CUT (Secretaria da Mulher) promoveram esse 1º Encontro.

Reuniu 160 mulheres da cidade e do campo representando diversas categorias profissionais: agricultoras, professoras, empregadas domésticas, funcionárias, bancárias, operárias da Paraíba e ainda dirigentes sindicais de outros estados (Bahia, Pernambuco, São Paulo e Santa Catarina).

Um dos objetivos do encontro foi discutir o problema das mulheres rurais e urbanas em relação ao trabalho, o acesso à terra, à previdência social e as condições de proteção à maternidade. A assembleia no final elaborou pauta de reivindicação a ser encaminhada às autoridades; outra finalidade foi garantir melhor articulação das mulheres da Paraíba com outros estados do país.

---

* *Notícias Populares*, 28/5/1986.

Direito à aposentadoria para a dona de casa, para a agricultora com 45 anos de idade ou para a assalariada do campo ou da cidade aos 25 anos de serviço; direito a titulação da terra, à estabilidade e à profissionalização. Ampliação de creches e escolas, acompanhamento obrigatório à mulher grávida e às crianças.

Eliminação do artigo 477 da CLT que dá direito ao marido de afastar esposa e filhos do emprego; revisão do Código Civil eliminando todas as discriminações contra a mãe solteira.

Multinacional briga com sindicato*

A Clark, multinacional de máquinas em Campinas (SP), continua impedindo que seu funcionário João Luís, diretor do Sindicato dos Metalúrgicos, entre para trabalhar. Seu crime? Exercer suas funções de diretor de sindicato de trabalhadores junto à categoria. (Boletim do Grupo de Fábrica da Clark-SP.)

Codeara assassina mais um

A Codeara de Santa Terezinha, região do Araguaia (MT), desde o ano passado mantém grupos armados em seu território. Um de seus pistoleiros atirou em um rapaz pelas costas dizendo que "precisava matar um para abrir sua sorte no ano". A companhia procurou de todas as formas *ocultar* o crime e financiou a fuga do assassino para a Fazenda de Jarinã em São José do Xingu, onde está *acobertado* pela polícia local. Esta é a justiça da "Nova República". *Nova?* (Alvorada, MT, 1986.)

Trabalhadores rurais impedem fraude

Foi suspensa no Tribunal Regional de Gurupá (BA) a atual diretoria, tendo à frente o ex-delegado de polícia Benedito Sanches da Silva, que queria tornar aptas para votar mais de setecentas pessoas no dia de eleição. Ao perceberem a tramoia, já que havia apenas 225 fichas regularizadas, duzentos trabalhadores ocuparam a sede do sindicato e impediram a

---

* *Notícias Populares*, 28/9/1986.

realização de eleições. A oposição luta agora pela eleição de uma junta governativa que o DRT já aceitou. Mesmo assim eles não desocuparam o sindicato. (*Jornal Sem-Terra*, SP.)

Mortes e perseguições em Itaparica (Pernambuco)

Os 6 mil trabalhadores que constroem a barragem de Itaparica enfrentam péssimas condições de trabalho. Vários operários já morreram em acidentes de trabalho desde o início das obras em 1977 e os salários estão arrochados desde o "pacote" Sarney. Diante disso, eles vêm tentando organizar uma associação profissional, o que tem causado *violenta repressão* das empreiteiras Mendes Junior e Hidroservice (principalmente) e da própria Chesf, empresa estatal responsável pelas obras. Os três primeiros diretores da associação foram demitidos, mas as empresas foram obrigadas a reintegrá-los. Agora demitiram mais um, Jaime Pereira Lima, com quinze anos de serviços prestados à Hidroservice, e os trabalhadores lutam no momento para conseguir sua reintegração. (Serviço de Intercâmbio Nacional – Petrópolis.)

Jornada de onze horas e meia na Fiat (Betim, MG)

A jornada é das 6 às 16h30, mais trinta minutos de extra. Além disso, a Fiat entrava a ação dos diretores do Sindicato de Metalúrgicos de Betim. Realmente, é célebre o investimento estrangeiro tão badalado pelo PFL/PFS/PMDB.

Reitor da USP quer acabar com o sindicato?[*]

Em 1988, surgiu o Sindicato dos Trabalhadores da USP. Em 1989, os reajustes salariais das universidades passaram a ser de responsabilidade dos reitores. Durante 120 dias, eles se recusaram a negociar com os funcionários. Decretada a greve, a reitoria deu abono de NCz$ 50,00, depois rompeu o acordo, e os funcionários fizeram uma manifestação a 18 de maio. No dia 19, 384 funcionários foram suspensos por três dias e a PM ocupou

---

[*] *Notícias Populares*, 18/8/1989.

o setor onde funciona a prefeitura da universidade. O reitor demitiu por justa causa a diretoria de base do sindicato, Raquel La Porte dos Santos, iniciando processo administrativo contra funcionários com 34 anos de casa e processo criminal contra presidente, vice-presidente, tesoureiro e primeiro-secretário do sindicato.

Estranha atitude numa época de Constituição nova. O que anunciamos acima consta de carta recebida da diretoria do sindicato, de 6 de junho de 1989. É importante que o movimento universitário, a opinião pública e o movimento sindical tomem conhecimento do que ocorre com a diretoria do Sindicato dos Trabalhadores da USP.

Repressão na China

Com a morte de milhares de estudantes na praça da Paz Celestial, em Pequim, os mandarins da China mostram que não pretendem dividir o poder com ninguém e, mais ainda, querem assegurar o monopólio do poder pela força do partido único do Exército. Tudo isso em nome do povo. É muito triste ver tais acontecimentos ocorrerem num país que se autodenomina em transição ao socialismo. Esses acontecimentos devem levar as pessoas a meditar a respeito da impossibilidade de haver um Estado que seja ao mesmo tempo Estado e revolucionário. Nomes como "Estado de transição" e "ditadura do proletariado" estão encobrindo o monopólio do poder econômico, político e social de uma casta burocrática que chegou ao poder em nome do povo e agora massacra esse povo. Seria importante que os movimentos sociais e centrais sindicais manifestassem ao consulado ou à embaixada chinesa a sua reprovação a essa mortandade.

Parte IV
Vidas de trabalhadores e de trabalhadoras

Maquiavel no ABC*

No Largo da Matriz em São Bernardo do Campo encontramos sentado com as pernas cruzadas e olhar longínquo um cidadão nem magro nem gordo, nem alto nem baixo, de altura mediana, lábios crispados escondendo tensão sob uma fisionomia serena. Entre os carros de chapas brancas e chapas frias, do Deops, DOI-Codi e outros organismos que causam dor, deparamos com Nicolau Maquiavel, homem atento à dimensão política. Também ele fora preso, torturado, exilado e voltava ao ABC para sentir a "abertura" e seus limites. Perguntamos-lhe o que achava da maneira pela qual o poder lida com os conflitos, que chama de desordens, e a respeito dos canais de participação popular. A isso ele respondeu:

— "Sustento a opinião de que aqueles que censuram o conflito entre a nobreza e o povo condenam o que foi a causa primeira da liberdade de Roma. Pois os bons exemplos são frutos da boa educação, esta das boas leis e essas daquelas desordens que muitos sem maior profundidade condenam." (*Discursos sobre as décadas da história romana de Tito Lívio*, v.1, p.1-4.)

Olhando ao redor e verificando não haver nenhum "rato", continuou o ilustre florentino:

---

* *Folha de S.Paulo*, 13/5/1980.

— "Se alguém criticar os gritos do povo contra o Senado, o fato de correr pelas ruas, fechar lojas, direi que em cada cidade deve haver maneira de o povo manifestar suas aspirações." (*Discursos*, v.1, p.6.)

— E a liberdade, senhor Maquiavel, encontra nas chamadas "classes conservadoras" seus defensores?

Ao que, franzindo o cenho, retrucou:

— "É mais segura a guarda da liberdade a quem não tenha o desejo de usurpá-la; se considerarmos a índole dos patrícios (empresários) e plebeus (operários), se encontrará naqueles um grande desejo de poder e nestes o de não ser dominados, pois os maiores transtornos à liberdade são obra dos que têm propriedade, porque o medo de perdê-la agita tanto os ânimos como o desejo de adquiri-las." (*Discursos*, v.1, p.8.)

— Então a liberdade caminha para sua perda quanto mais os conflitos não são assumidos, são negados?

— "Em Roma, para manter o consenso, o legislador aumentava o poder da plebe, daí a oportunidade de desordens: porém, se os romanos vivessem mais tranquilos viveriam em condição mais débil, carecendo de recursos para chegar à grandeza a que chegaram, de forma que Roma, ao desejar destruir as causas dos conflitos, destruía também a possibilidade de alcançar a grandeza que conseguira." (Discursos, v.1, p.11.)

— E nesse contexto como se colocam a liberdade e a tirania?

— "Abençoados são aqueles que optar pela salvaguarda das liberdades públicas em lugar de escolherem a tirania, são os que preferiram em sua pátria ser Cipiões e a serem Césares." (*Discursos*, v.1, p.27.)

— Como manter uma república sem canais legais de expressão popular?

— "A crítica pública é necessária e fundamental numa república, especialmente contra aqueles que ofendem as liberdades públicas, pois nada contribui mais para a firmeza e estabilidade de uma república do que a existência de canais legais para a manifestação dos ânimos." (*Discursos*, v.1, capítulos 7 e 8.)

Nisso um estampido ecoa no largo. Uma bomba de efeito moral jogada pelas forças da "ordem" explodia, abafando nossa pergunta:

— É possível manter um poder contra a maioria da população?

— "Infeliz é aquele príncipe que para manter o poder necessita lutar contra a maioria da população, pois o príncipe vive inseguro e quanto maior crueldade utiliza, tanto mais débil é seu reinado." (*Discursos*, v.1, p.28-9.)

Perguntado a respeito da corrupção, sua expansão e a necessidade de reformas, respondeu o florentino:

— "A corrupção é incompatível com a liberdade política real [Vale do Rio Doce, Jari]; especialmente a corrupção instalada no topo do Estado, se estendendo a todos os membros, torna impossível qualquer reforma. Quando a população encontra-se sã, as desordens em nada prejudicam." (*Discursos*, v.1, p.31-3.)

— O apoio da Igreja católica à greve do ABC coloca o tema da religião e seu papel social. Como vê a importância social da ação religiosa?

— "Quem estudar bem a história romana observará quão útil fora a religião na direção dos exércitos, na organização do povo para alentar os bons e envergonhar os maus, evitando servir ao poder, pois quando os oráculos começam a predizer no interesse dos poderosos, os homens tornam-se incrédulos." (*Discursos*, v.1, p.40-3.)

— E a qualificação do príncipe para governar: que pode suceder se a um débil suceder em linha direta outro débil, desqualificado para governar?

— "Se a um príncipe débil suceder um bom, o povo pode sustentar-se; não poderá fazê-lo se a um príncipe débil suceder outro débil. As repúblicas organizadas necessitam de governantes virtuosos (sábios) na sucessão. Roma aproveitou seus talentos e às vezes sua fortuna para adquirir grandeza, numa época diversa daquela em que estivera governada por reis." (*Discursos*, v.1, p.92.)

— A multidão é obrigatoriamente instável e necessita de freios?

— "Dos inúmeros príncipes que existiram, são escassos os bons e sábios, pois um príncipe não refreado pelas leis será mais inconstante, ingrato e imprudente que um povo. Daí afirmo que um povo é mais prudente e constante que um príncipe. Não sem razão se compara a voz do povo à voz de Deus. Um povo pode ser sensibilizado, porém a maldade de um príncipe não se corrige com palavras, mas com o emprego da força." (*Discursos*, v.1, p.125.)

No meio da entrevista, passa por nós um popular com a notícia da prisão do Alemão, do fim da incomunicabilidade de Lula e isso nos leva a perguntar a Maquiavel:

— Como é possível ao poder reprimindo o povo evitar conspirações?

— "Um dos remédios mais poderosos contra as conspirações é não ser odiado pela massa popular; o conspirador acredita sempre que a morte do soberano agradará o povo; se não acreditasse nisso, teria medo de se empenhar em tal empreendimento, pois as dificuldades a serem vencidas são infinitas." (*O príncipe*, capítulo 19.)

Enquanto respondia à nossa pergunta, seus olhos lacrimejavam. Fora uma bomba de gás atirada pelas forças da ordem que o levara às lágrimas. Recompondo-se, com o lenço em torno dos olhos, Maquiavel afastou-se prudentemente da praça; ajudado por nós, atravessou a rua, a esta altura cercada pela PM, que assim delimitava o espaço permissível, o espaço da abertura, e entrou no bar onde dois funcionários lavavam celeremente copos. Na mesa do fundo, dois frequentadores jogavam gamão, jogo preferido do entrevistado. Displicentemente, escolheu a última mesa, do lado direito, num canto, e colocou-se à nossa disposição para responder às perguntas.

— É possível governar pelo amor excluindo o temor?

— "Não sei dizê-lo. Somente sei que quando a disposição do povo é propícia, o soberano tem pouco que se preocupar com conspirações; mas quando os súditos são hostis e o odeiam, precisará temer a todos e a cada um. [Pensamos na Lei de Segurança Nacional e nas "salvaguardas".] Nos Estados bem organizados os príncipes sábios estudam com interesse como agradar o povo e mantê-lo satisfeito [lembramos da greve de professores em Minas, terra de Tiradentes governada por Francelino]. Pode-se dizer que a melhor fortaleza é a construída com o afeto dos súditos, pois as fortificações não salvarão um príncipe odiado pelo povo. Portanto, tudo considerado, podemos louvar tanto os que construírem fortificações como os que não as erigiram: devem ser criticados, porém, os que, confiando em tais meios de defesa, não se preocuparem com o ódio popular." (*O príncipe*, capítulos 19 e 20.)

— Além disso, que mais deve fazer o príncipe para não perder o poder?

— "Há uma regra infalível: o príncipe que não é sábio não poderá ser bem aconselhado a não ser que acidentalmente se entregue às mãos de um homem [Golbery, Delfim] de grande prudência, que o orienta em tudo. Neste caso, poderá, sem dúvida, ser bem aconselhado, mas não por muito tempo, pois o orientador logo lhe usurpará o poder [poderes repressivos paralelos etc.]." (*O príncipe*, capítulo 23.)

Para concluir nossa entrevista, eis que o entrevistado mostrava-se visivelmente cansado (apesar disso, gritou: "garçom, mais uma caipiríssima!"), perguntamos ao ilustre Maquiavel:

— Que tem a dizer ao povo, em conclusão?

— "Os governantes em geral são míopes, pois devem eles saber que nenhum homem [ou categoria] deve ser menosprezado, ao ponto de crer que por mais injuriado que seja, não pensará nunca em vingar-se à custa dos maiores perigos, inclusive da perda da própria vida." (Discursos, v.3, p.128.)

— Pode dizer-nos por que razão escreveu *O príncipe*? Quis com esse escrito assessorar os tiranos?

— "Não. Escrevi *O príncipe*, que é um discurso sobre o poder, para que o povo, conhecendo-o, possa defender-se melhor de suas investidas. Os únicos que souberam fazer uma leitura do que escrevi sobre o poder foram Spinoza e Rousseau, e não é por acaso que o primeiro foi excomungado da sinagoga e o último, marginalizado em Genebra em plena abertura."

Nisso aproximou-se de nós um PM que pediu identificação nossa e do entrevistado, achou os documentos conforme, grunhindo:

— Circulem, circulem.

Volkswagen – Alemanha,1933, Brasil, 1980[*]

Na Alemanha, em 1933, Hitler sobe ao poder, estrutura o Estado totalitário, a ditadura do partido único, campos de concentração para negros, judeus e dissidentes políticos, alemães ou não, e monta os fornos crematórios onde milhares são queimados.

Essa a lembrança que me ocorreu após reler a *Tribuna Metalúrgica*, órgão do Sindicato dos Trabalhadores Metalúrgicos de São Bernardo do Campo, de dezembro de 1978, referindo-se ao clima existente na Volks sob o título "Volkswagen reedita holocausto".

A reedição do holocausto na Volks se dá com a existência de câmeras de TV e guardas com binóculos que vigiam 44 mil operários, por toda fábrica, dia e noite. Mais de trezentos policiais à paisana acompanham de perto os trabalhadores. Qualquer suspeita, falta ou atrito com chefes, os operários são escoltados até as salas da "Segurança", onde os interrogatórios são mais duros do que numa delegacia de polícia. Ameaças de agressão do tipo "Você vai para o pau de arara" são frequentes. Outros trabalhadores ficam presos nas salas durante as horas de serviço até por uma semana, como num cárcere privado. Muitos são forçados a confessar roubos que não fizeram. Até crianças, alunos da escolinha da fábrica, são ameaçadas pelos

---

[*] *O São Paulo*, 17 a 23/10/1980.

guardas. Suspeita-se que esse esquema de segurança fora montado por criminosos de guerra, nazistas. Um deles, pelo menos, trabalhou quatro anos na empresa até ser preso. Segundo Lula, a "segurança" da Volks é a mais policialesca de todas as empresas do setor.

As primeiras vítimas do holocausto da Volks não foram os judeus, mas operários brasileiros, onze participantes do 3º Congresso de Trabalhadores Metalúrgicos foram demitidos por se revelarem lutadores conscientes pelos interesses da categoria metalúrgica. Foram demitidos um a um.

Os acidentes de trabalho não são comunicados com a devida precisão ao Inamps, resultando o operário ficar sem seguro, sem indenização e, em caso de morte, a família fica sem pensão. Foi o caso do eletricista Adilson, vítima de um forte choque na cabeça quando executava seu serviço. O choque elétrico afetou-o internamente, acabando internado num hospital. Desconhecendo os antecedentes, os médicos consideraram-no louco. Medicado sem diagnóstico certo, Adilson morreu. A família do acidentado viu-se desamparada, sem a pensão do Inamps, porque este não reconheceu a morte como fruto do acidente de trabalho. E não reconheceu porque a empresa escondeu o fato.

Por duas vezes o pessoal foi atacado de disenteria devido a refeição estragada. Em geral a comida é de péssima qualidade; quando não vem estragada, é mal temperada, com sabor desagradável.

A Volks fornece 6 mil marmitas por dia para outras empresas, o pessoal da cozinha foi obrigado a fazer horas extras. Quem entrava em serviço às 15 horas, entra às 12h30 e sai às 23 horas.

A *Tribuna Metalúrgica* denunciava ainda a morte do vigilante Luis Ferreira de Oliveira, ocorrida a 13/11/1979, no pátio da fábrica, atropelado pelo excesso de velocidade de veículo que transportada pessoal para a Ala 3. Daí levantar-se uma série de questões: 1) Qual a necessidade dos veículos da segurança industrial desenvolverem alta velocidade no pátio da fábrica? 2) Não seria mais lógico e justo que só as ambulâncias e carros de bombeiros ultrapassassem a velocidade de 30 quilômetros por hora? 3) Finalmente, quem será o responsável por mais essa morte?

Quanto à higiene e segurança no trabalho, ela deixa a desejar; assim, faltam exaustores em diversas alas da produção, notadamente nas de números 2, 3, 4, 5 (porões) e 6. Daí acumular-se grande quantidade de fumaça, perturbando a respiração e visão do pessoal. Nem o adicional-insalubridade é pago para o pessoal que faz o teste de motores, que funciona numa seção sem ventilação mínima.

Mauro Massami trabalhou cinco anos na Volks. Segundo ele, a "segurança" da empresa não é igual à de outras firmas, colocaram na cabeça do guarda que ele é uma autoridade, resultado, atemoriza a todos e ninguém troca uma palavra com ele. A segurança tem circuito interno de TV que cobre a empresa no todo e os arredores; há um fichário completo dos funcionários, tem duzentos guardas e pessoal que colhem depoimentos, se chegar atrasado ou faltar ao serviço, vai explicar-se com a "segurança"!

Os investigadores andam à paisana; nas vésperas de greves seu número aumenta.

Segundo Maurício Soares, advogado do Sindicato dos Metalúrgicos de São Bernardo, na Volks os operários são mandados pra "segurança" com a ameaça: "Se você não confessar, entregamos você à polícia". Houve casos de diretores do sindicato seguidos pela "segurança" na fábrica. Coisa odiosa é o "chá de banco". O operário entra de manhã e fica sentado, chega a hora de ir embora e ele não vai. Fica assim durante cinco, seis, sete dias, assinando ponto de entrada e saída. Isso mortifica o sujeito, daí vem a "segurança" e diz: "O seu caso está resolvido, pode voltar ao trabalho". Ou "*Tá* despedido, volte amanhã e acerte as contas".

É essa empresa que é a pioneira no país na instituição de uma "comissão de colaboração", na qual o operário não tem poder nenhum de decisão, torna-se um "contínuo de luxo" fabril. Isso tudo e mais, a tentativa de esvaziar o sindicato da categoria através da comissão que se transformará, sem dúvida, num sindicato de empresa. Note-se que as empresas americanas tentaram isso em 1935 e a Suprema Corte Americana condenou-as por "prática trabalhista desleal" para com os sindicatos. É que nos EUA, apesar dos pesares, o trabalhador é organizado, pois classe que não é organizada é classe "ferrada".

Escravidão e tortura na fazenda da Volks no Pará[*]

Segundo a *Tribuna Metalúrgica* n.68, a Volks vende trabalhadores, escraviza-os, prende-os em cárceres privados, além de práticas de violência sexual. São estes os métodos administrativos usados por ela na sua fazenda Vale do Rio Cristalino, no Pará. Isso foi denunciado pelo padre

---

[*] *Notícias Populares*, 5/6/1983.

Ricardo R. Figueira, coordenador da Comissão Pastoral da Terra da CNBB, no Tocantins-Araguaia.

A fazenda, conforme o padre informa, tem catorze hectares, empregando seiscentos trabalhadores para desmatamento. O salário é de fome, eles são proibidos de deixar a fazenda, obrigados a comprar alimentos no armazém da fazenda a preços altíssimos. Isso é testemunhado pelo padre Ricardo, o prefeito de São Félix do Araguaia, José Pontin, e vários outros líderes da comunidade.

Sete lavradores contratados por um empreiteiro em Luciara (MT) foram vendidos a outro empreiteiro que levou-os à fazenda da Volks. Um foi amarrado nu junto a uma árvore no meio da mata, fugiu; outro morreu de malária no mesmo local sem atendimento médico. Os empreiteiros "gatos" são acompanhados de capangas armados, para impedir a fuga do peão, para isso eles recorrem ao espancamento. Espancaram um lavrador, violentaram sua mulher, outro peão enlouqueceu, vítima de violência – passou a dormir amarrado a uma árvore e desapareceu sem ninguém ver.

O peão está sempre em dívida com o armazém, pois o saco de arroz, que custa em Cuiabá Cr$ 6 mil é vendido na Fazenda da Volks a Cr$ 9,8 mil. Uma pomada que custa em Canabrava Cr$ 800 na fazenda da Volks custa Cr$ 2 mil. O peão recebe Cr$ 20 mil por alqueire desmatado e é roubado na medição da terra desmatada. Cada alqueire corresponde a cinco hectares. O peão tem que pagar a passagem e despesa dos "gatos" antes da chegada à fazenda. A Volks quer implantar 106 mil cabeças de gado, 3,3 mil já estão na área, falta desmatar 56 mil alqueires. A fazenda planejada na Alemanha e implantada com recursos arrancados ao povo brasileiro lucra à custa dos trabalhadores-escravos visando à produção de carne para exportação à Europa.

Trabalhador tratado a tiro

Na ala 14 da Volks em SBC um trabalhador foi baleado pela "Segurança" da Volks. No último dia 16 de abril o pretexto para colocar guarda armado com ordem de atirar, pois ele atirou, era a desconfiança da existência de furto de peças e assessórios naquela ala. Se a Volks suspeitava de furto, poderia colocar guardas desarmados para prender e identificar o autor, não armado com ordem de atirar no primeiro que visse. O trabalhador baleado foi hospitalizado e coagido a assinar sua demissão por "justa causa" sob efeito de remédios. Enquanto isso, na Ford (SBC) morreu eletrocutado, fazendo hora extra no domingo, Faustino de Souza Caçula, 22 anos, casado com um filho.

Grita Povo: jornal quinzenal em São Miguel*

O jornal sob responsabilidade de dom Angélico Bernardino Sândalo recebe notícias através do fone 297-6388 que tenham interesse popular.

Anuncia que o grupo de mulheres formado atualmente pelos setores de Itaim, Ermelino Matarazzo e Ponte Rasa (e aberto aos demais) está preocupado com o problema da mulher trabalhadora ou dona de casa dessa região, preparando material para ser discutido nos grupos. Situando a presença marcante da mulher nos movimentos de luta por creche, escola, terra, melhoria do bairro e trabalhos da comunidade. A preocupação do grupo é fazer que a mulher descubra seu próprio valor na luta específica de conscientização, pois é ela que na maioria das vezes pensa, organiza e realiza, embora sem reconhecimento da sociedade.

Grita Povo denuncia que a Vila Nitro Operária inundou, trazendo destruição e doenças no Itaquera-Mirim; o córrego do Jacuí voltou a transbordar, trazendo doenças e invadindo as vilas a seu redor; chuva de verão tem como consequência tanta destruição, cuja causa está no desmatamento, loteamentos malfeitos, aumento do volume de água pelo crescimento populacional e diminuição do leito dos rios.

Segundo o jornal *Grita Povo* são necessárias obras de limpeza permanente dos buracos, galerias e leito dos rios e até agora nenhuma providência foi tomada.

As Comunidades Eclesiais de Base (CEBs) de Leopoldina (MG) em setembro de 1984 passado decidiram caminhar pela fé na terra, no trabalho. Ficou gravado o testemunho de Lourival de Santa Vitória:

> O povo se organizou para ocupar uma terra. Fazendeiros ligados a Igreja ofereceram vacas à polícia para maltratar trabalhadores que estavam morrendo

---
* *Notícias Populares*, 7/4/1985.

de fome. Eu acho que não posso fazer da Igreja uma moita. A Igreja de Jesus Cristo é onde morre o homem.

Informação do padre Chico Moser a *Grita Povo*.

A conquista da terra

Grita Povo noticia que o movimento da terra na região conseguiu sua primeira vitória, garantindo 358 lotes para 74 famílias de Vila Curuçá. Escrituras assinadas. O movimento continua negociando 1,3 mil lotes no Parque Ecológico, 3.040 no Jardim São Paulo, Nazaré e City Conceição. Está em discussão com o secretário Extraordinário da Habitação, J. C. Seixas, a negociação de 1,3 mil lotes na Vila Nair e Engenheiro Goulart. Seriam vendidos os terrenos ao preço máximo de 15% do salário mínimo, tendo cada um aproximadamente 150 metros quadrados. Enquanto isso o Movimento continua.

Jornal *Grita Povo**

No nosso intuito de divulgar os jornais feitos pelas Comunidades Eclesiais de Base (CEBs) continuamos a divulgação do número 23 do jornal acima, da região de São Miguel Paulista.

"Quem paga o Pacto?" é uma matéria na qual Renato Silveira Martins pergunta: "Quem paga o Pacto?" Ele mesmo aduz que o Pacto aparentemente é uma nova esperança e pergunta: será verdadeira essa esperança? Os empresários estão dispostos a ceder alguma coisa ao trabalhador? Será ele beneficiado com emprego, salário e sindicato livre? Mostra que alguns fatos contradizem essa esperança:

a) Na greve dos trabalhadores volantes (boias-frias) em Guariba, o cassetete "democrático" funcionou no lombo dos trabalhadores, a política baixou o pau em homens, mulheres e crianças. Em Franca, os sapateiros sofreram repressão mais forte ainda. Por sua vez, o "empresário moderno" sr. Antônio Ermírio de Morais não quis negociar com os trabalhadores da Níquel Tocantins, enquanto isso a grande empresa já "mete o pau"

---

* *Notícias Populares*, 10/4/1985.

nos metalúrgicos de São Bernardo dizendo que estão preparando greve para "testar" o governo. Agora, fome e necessidade mudou de nome, chama-se "testar o governo", aduzimos nós.

Conclui Renato Silveira Martins, "estes e outros fatos mostram que a mudança só acontecerá se vier pelas mãos organizadas da classe trabalhadora".

Favelados bons de briga

Grita Povo estampa matéria a respeito dos moradores da favela Nossa Senhora Aparecida – Ermelino Matarazzo – [que,] cansados pelo descaso da Administração Regional, decidiram ir em caravana até a [Secretaria Municipal da Família e Bem-Estar Social] Fabes central e discutir seus problemas com a secretária, dra. Martha Godinho. Apresentaram uma lista de reivindicações:
a) situação calamitosa dos barracos;
b) falta de segurança;
c) necessidade de remoção das famílias que moram em barracos prestes a ruir;
d) liberação de verbas para atender a casos de emergência.

A secretaria mandou um engenheiro e só. "Depois que os barracos caírem e acontecer uma tragédia vão pensar em fazer alguma coisa...", assim desabafou um morador do local! Porém o povo não desiste, vai continuar reunindo. Se a coisa ficar como essa, diz, *Grita Povo* promete um acampamento diante do prédio de Fabes, para logo mais. É só esperar.

Trabalhadores espancados em Xerém[*]

A greve desencadeada pelos operários da Fiat em Xerém, Estado do Rio, mantida durante 41 dias, entra para a história do movimento operário brasileiro. Foi fundamentalmente uma greve pela defesa da dignidade do peão e de seu emprego, conforme boletim da comissão interna de trabalhadores, "nossa greve deve mostrar aos patrões que somos *trabalhadores* e não 'caco velho' ou 'cão vadio' que, de repente, eles chutam e botam no olho da rua".

---

[*] *O São Paulo*, 14-20/8/1981.

Foram demitidos pela Fiat Diesel, desde o início de 1980, 3,5 mil operários e não 185 como alega a Fiat Diesel. Escolheram para demitir inicialmente os mais necessitados: os mais idosos e os doentes. Essa greve, levada à frente contra a direção da Fiat, contra a direção pelega do Sindicato dos Metalúrgicos do Rio de Janeiro dirigido por Pimentel e contra os adeptos da HP, durou 41 dias, fundada no lema "mais vale ser um grevista na fábrica do que um marginal na rua". Foi uma prática autônoma dos peões, desvinculada de interesses da burocracia sindical, partidos políticos ou grupúsculos sectários. Porém, contra a greve não só atuou a Fiat como todas as Associações Patronais e o aparelho judiciário. Paralelamente a isso, a Fiat montou uma farsa eleitoral na qual os peões desorientados pela repressão trocaram, sem o saber, a volta dos 49 demitidos pelas migalhas oferecidas pela empresa.

Na realidade foram os peões derrotados em suas reivindicações, sem que isso signifique a derrota do movimento autônomo da categoria. As reivindicações não foram derrotadas pela Fiat e sim pelo conjunto dos patrões, que "fechou" com a direção da Fiat para "castigar exemplarmente" os peões. Porém, a coisa não ficou aí.

Para tapar o sol com a peneira, adeptos da HP e os "pelegos cariocas", além de assinarem um acordo nas costas dos operários da Fiat com a própria empresa, estamparam a foto do espancador de operários – o brutamontes Martinho Batista da Silva – apresentando-os como "indefeso senhor" de 66 anos, agredido pelos membros da Comissão Interna dos Trabalhadores da Fiat! Os peões sabem que esse pequeno ditador, armado de um canivete e faca, tentou assassinar o peão e sindicalista Alvacir Quirino, que teve sua camisa rasgada e ferimentos nas mãos.

Os operários da Fiat apenas se defenderam. Porque esses jornais não noticiaram é que a Fiat apoiada pelo espancador Martinho, o pelego Pimentel e o advogado Expedito botou no olho da rua até companheiros com tuberculose (a exemplo de Barriga, companheiro nosso) por meio de "justa causa". E seu Mário, com longos anos de firma e de idade avançada, agora internado com trauma nervoso. A grande piada é que os agressores, com o peso do dinheiro e da mentira, se transformaram em "vítimas".

Assim a diretoria do Sindicato dos Metalúrgicos do Rio de Janeiro, presidida por Pimentel, *sem* consultar os trabalhadores da Fiat ignominiosamente:
a) assinou acordo com a Fiat;

b) impediu a utilização das dependências dos sindicatos pelos demitidos pela Fiat;
c) não permitiu que a associação dos Trabalhadores da Fiat utilizasse qualquer dependência do sindicato;
d) impediu de todas as formas a realização de assembleia para discutir o problema dos demitidos, por justa causa, a minuta 81 e a formação da associação;
e) colocou um delegado na subdelegacia de Xerém totalmente desvinculado da comissão da Fiat e controlado pela diretoria presidida pelo Pimentel.

Assim o fazendo, forneceu um instrumento à empresa para aplacar o ódio dos operários e impedir que eles se organizem autonomamente para suas lutas, exigindo a volta dos 49 demitidos "por justa causa".

Eliminando a Comissão Interna da Fiat elimina-se o exemplo para os trabalhadores brasileiros que ela constitui, a confiança na sua força autônoma sem tutela de quem quer que seja.

A diretoria do sindicato, além disso, procura dificultar a volta dos "demitidos por justa causa"; além de, ao impedir a manutenção do *Fundo dos Demitidos*, quer *matar os peões de fome* e subjugá-los a seus ditames autoritários.

Pimentel assinou acordo com a Fiat nas costas dos peões e imediatamente o doutor Expedito já disse: *qualquer dinheiro que vá para o sindicato, ele leva 20% do total e a Fiat é muito rica*. Como afirma o boletim interno, "A diretoria tira o dinheiro do peão para um homem que já ficou podre de rico como advogado dos rodoviários. Essa grana violenta que entrou para o sindicato destinou-se à formação de uma cooperativa atrelada, porém, os 49 demitidos do comando de greve foram demitidos por 'justa causa'".

O boletim interno apela a todos sindicalistas a repudiar essa agressão ao mesmo tempo que esclareceu que a agressão

> não partiu das formas costumeiras que enfrentamos durante 42 dias de greve. Partiu de forças, que, sob o manto e a *pretexto* de defender o trabalhador o atacam, *o humilham e o ameaçam de morte*, usando os métodos mais sádicos e que enojam qualquer pessoa que possui o mínimo de dignidade e de moral. São métodos utilizados pelos patrões na sua sanha contra o movimento operário.

Assim conclui o boletim interno da Comissão de Greve dos trabalhadores da Fiat-Diesel.

Razão pela qual todos os sindicalistas e assalariados em geral que defendem a pluralidade ideológica na instituições devem tomar conhecimento desses fatos deprimentes, lutando para que fatos como os narrados nunca se repitam.

Polônia – trabalhador sob o "socialismo" blindado[*]

Os trabalhadores poloneses estão fora da lei, sujeitos a fuzilamento, caso faltem ao trabalho, obrigados a voltar a trabalhar aos sábados, com seus líderes sindicais perseguidos pelo Estado, que pretende falar em nome do "operário" e ser "socialista". Na prática, trata-se de um golpe militar, em que o general Jaruzelski aparece como o Pinochet à "moda da casa", e em nome da "ditadura do proletariado" exerce uma "ditadura sobre o proletariado".

Por que tudo isso? Que pretendem os trabalhadores poloneses e o sindicato Solidariedade? Desde 23 de agosto de 1980, os trabalhadores poloneses criaram a partir de comitês de greve de cada fábrica um comitê de greve interfábricas, em várias cidades, Gdańsk, Elbląg e Szczecin, tendo em vista a criação de sindicatos livres desatrelados do Estado, do Partido Comunista e dos empresários com base na Convenção n.87 da Organização Internacional do Trabalho (OIT), assinada pela República Popular da Polônia.

Lutam os trabalhadores poloneses pela garantia do direito de greve, liberdade de expressão, impressão e publicação. Libertação de todos os presos políticos, libertação do todos aqueles que foram demitidos por terem defendido os direitos do trabalhadores, especialmente os que participaram das greves de 1970-1976. Divulgação pública de todas informações sobre a situação econômica e social, escala móvel de salários. Igualação do salário família, designação dos técnicos, supervisores ou contramestres com base na sua competência e não pelo fato de pertencerem ao Partido. Os membros do sindicato Solidariedade lutam pelo fim dos privilégios da guarda civil, da polícia política e dos chefes do Partido, pela criação de creches e escolas maternais e sábados livres. Denunciam o aumento brutal da tuberculose, desde 1976 vitimando uma população na faixa de idade

---

[*] *Notícias Populares*, 16/12/1981.

entre 23 e 35 anos. Como responde a isso o Partido Operário Unificado Polonês? Entregando o poder ao Exército que exercerá uma ditadura militar para manter os privilégios dos chefes do Partido dos sindicatos atrelados ao Estado e os trabalhadores ficam sujeitos à "Lei Marcial". É muito importante que os trabalhadores brasileiros vejam na ditadura militar que se instala na Polônia o que os esperaria se os defensores no Brasil de regimes iguais ao que o general Jaruzeslki reinstala, tivessem o poder. Caso os adeptos do MR8 e *Hora do Povo* – tradicionais espancadores de trabalhadores – *Tribuna Operária, Voz da Unidade*, assumissem o poder de Estado, teríamos uma ditadura de burocratas "em nome do proletariado" cavalgando o próprio proletariado. Os sindicatos ficariam atrelados a um "novo" Estado, o partido único escolheria as chefias nas empresas, elas pertenceriam ao Estado, só que este pertenceria aos altos funcionários do Partido, das empresas, unidos à alta oficialidade do Exército e Polícia, contra os trabalhadores. A luta dos trabalhadores poloneses reunidos em torno do sindicato Solidariedade é a luta de todos aqueles que pretendam que a classe operária em qualquer lugar do mundo, tenha voz e seja ouvida. Nesse sentido, diz respeito aos trabalhadores brasileiros que lutam também pela autonomia e liberdade sindical ante o Estado e quaisquer partidos, independente da fachada "operária" que tenham, que lutar por melhores condições de trabalho e contra a condenação dos sindicalistas do ABC. A repressão polonesa encerra uma grande lição: na sua luta pela sua classe o trabalhador só pode confiar em si e nas comissões surgidas da base. Ao delegar poder a partido, a burocratas de um Estado, seja fantasiado de "operário" ou não, ele perde poder, está sujeito à morte caso não vá trabalhar "na marra". Por isso não pode se deixar levar pelo "canto da sereia" dos discípulos brasileiros do general Jaruzelski: os adeptos do MR8 (*Hora do Povo*), PCB, PC do B e do diabo que for.

Trabalhador não tem Papai Noel[*]

Em 1981 o trabalhador recebeu muitos "presentes", não sei se deve agradecer os presentes de "amigo da onça" da parte do governo. *Luta Sindical*, n.21, lista os principais.

---

[*] *Notícias Populares*, 3/1/1981.

O custo de vida subiu somente 100%. O INPS foi tão mal administrado que ficou com um rombo de Cr$ 400 bilhões – considere-se que o trabalhador é automaticamente descontado em folha enquanto o empresariado não se preocupa muito em quitar suas dívidas com o Inamps. Quando elas são quitadas, são parceladas de tal maneira que se transformam numa quantia irrisória.

Além do PIS não ter sido pago, nas seis maiores capitais do país há mais de 900 mil desempregados oficialmente considerados como tais.

Dos que trabalham, entre 1971 e 1980, 40 mil morreram e 16 milhões foram acidentados nas fábricas ou nos andaimes da construção civil. Com a "maior cara de pau" o *ministro* das Minas e Energia declara que "no próximo ano a energia elétrica subirá mais que a inflação e isto ainda é pouco".

Em São Paulo, urbanização é sinônimo de favelamento: há 1 milhão de favelados e 4,5 mil lotes irregulares. Enquanto isso, o Maluf gastou com festas, banquetes e viagens Cr$ 733 milhões, com isso se construiriam 2 mil casas populares!

A dívida externa atingiu os US$ 60 milhões, os juros dessa dívida atingem Cr$ 750 bilhões. Enquanto isso, os gastos do governo com saúde, educação e previdência social somam 342 milhões. Conclui *Luta Sindical*, só com os juros da dívida externa dava para ter três vezes mais escolas, postos de saúde e hospitais.

Enquanto líderes camponeses são mortos no interior do país por jagunços a serviço de multinacionais, os sindicalistas do ABC foram condenados pelo crime de respeitar as decisões de sua categoria liderando uma greve por melhores salários e garantia de emprego. Somem-se a isso 12 mil dirigentes sindicais cassados, sem poder se candidatar a coisa alguma.

Sem dúvida o Brasil é o paraíso do "respeito" à autonomia e à liberdade sindical, só que é "à moda da casa" no porrete que atinge sindicalistas autênticos. De lambugem há o "pacote eleitoral" que é uma violência à vontade popular, embora o trabalhador da fábrica sinta que a luta contra a inflação e o desemprego ocupa o primeiro lugar em suas preocupações. Para isso se organiza em comissões de fábrica e as suas vitórias na Massey Ferguson, Ford, Brahma mostram que ele está certo.

Andar com os próprios pés confiando na sua auto-organização a partir da fábrica, o resto é conversa mole.

Vida de mineiro*

Está instalada em Jacobina (Bahia) a Mineração Morro Velho, controlada pelo grupo sul-africano Anglo American Corporation e pelo Grupo Bozzano-Simonsen. Isso desde 1981. Com contrato para exploração de ouro por sessenta anos, conta com oitocentos mineiros.

A mina está instalada em Itapicuru, a doze quilômetros de Jacobina. Os mineiros enfrentam perigos de acidentes de trabalho, mau transporte e má alimentação. Há perigo de desmoronamento, pois a maioria das galerias só possui estacas na entrada da mina; os mineiros têm carência de equipamento protetor, como luvas e botas. Os acidentes na mina não são divulgados. A Cipa não atua.

Inicialmente, os mineiros eram transportados em caçambas da empresa, depois ela transportou-os em ônibus, vendeu-os para uma empresa local e agora o mineiro paga Cr$ 100 por dia pelo transporte. Quem não é atingido pelo roteiro do ônibus, vai a pé ao trabalho.

Alimentam-se, na maioria das vezes, de carne estragada, arroz cozido há vários dias, o feijão é recusado por ser impossível digeri-lo. Desinteria, infecção intestinal e vômitos são doenças comuns entre os mineiros, devido à má alimentação. Eles são obrigados a almoçar na própria galeria e dispõem de quinze minutos.

Obrigados a trabalhar diariamente dez horas no subsolo, recebem apenas por oito horas. Os salários variam com horas extras entre Cr$ 15 mil a 20 mil. Não recebem salário-insalubridade ou periculosidade.

Os desabamentos que ferem mineiros são ocultados pela administração. Dois mineiros perderam os braços numa explosão dentro da mina e, até agora, não foram indenizados. Inúmeros acidentados não receberam sequer o seguro.

Caso grave foi a morte, em 3/11/1981, do mineiro Francisco Sólon de Oliveira. Segundo testemunhas, o acidente ocorreu às 20 horas daquele dia, numa galeria da mina. O atestado de óbito registrou simplesmente "causa ignorada". Antes de assinar o atestado de óbito, um médico local preveniu a viúva que o corpo deveria ser levado para Salvador, onde seria feita autópsia mais rigorosa. A MMV, para não assumir a responsabilidade pela morte do mineiro, enviou o corpo para o Rio Grande do Norte, onde

* *Notícias Populares*, 8/9/1982.

residia sua família. Um pouco antes, ela recusara-se a ceder avião para transferência do corpo, alegando altos custos. Ao dar baixa na carteira profissional do mineiro, a firma o fez como se ele tivesse sido demitido. Isso causou transtornos posteriores à viúva, ao requerer pensão ao Inamps. Os cinco funcionários que testemunharam isso foram demitidos. Os oitocentos mineiros querem formar uma associação para defender-se, mas ela só tem 150 filiados, pois a dificuldade reside na pressão da firma ameaçando e demitindo trabalhadores como meio de barrar a criação da associação. Foram feitas reuniões com cinquenta mineiros. Para convidar os trabalhadores, são distribuídos "mosquitinhos" nas portas da mina.

A mulher trabalhadora*

Ser mulher é "barra pesada", especialmente mulher trabalhadora. Segundo a diretoria do Sindicato dos Motoristas do ABC, presidida por Josias Adão, a cobradora de ônibus que não pernoitar com fiscal de tráfego não se mantém no emprego.

No setor bancário a coisa não é melhor. Assim, a caixa Verinha foi morta num assalto ao banco. A bancária Iracema foi perseguida e demitida por estar tuberculosa. Maria perdeu o emprego porque um contador usava seu poder de chefia para "cantar" as funcionárias e foi repelido. A bancária Miriam não pode cuidar de seu filho recém-nascido porque o banco não tem creche, o banco é pobre. Rosa é explorada como moça-propaganda. Lúcia é negra e foi demitida por um gerente racista-nazista.

Rosana Lopes, após trabalhar um ano na nova central do Bradesco, ficou tuberculosa aos 19 anos. Começou como moça-Bradesco e passou à seção de cheque especial, quando adoeceu. A Gastroclínica, com que o banco tem convênio, deu apenas quinze dias para tratamento. Foi transferida de seção em seção, do cheque visado foi para o protocolo, a intenção do gerente era colocá-la no setor de extratos, no subsolo, sem ventilação. Do protocolo, o gerente a demitiu, ela ficou sem condições de tratar sua tuberculose.

Doente, arranjou emprego numa outra firma, ficou três meses e não aguentou mais trabalhar. Por insuficiência respiratória foi parar num

---

* *Notícias Populares*, 12/5/1982.

pronto-socorro. Quando entrou no banco era saudável, com 20 anos é franzina e pálida. Quem devolverá sua saúde?

Conforme o artigo 389, parágrafo 1º da CLT, "todos os estabelecimentos em que trabalham pelo menos trinta mulheres com mais de 16 anos de idade terão local apropriado onde seja permitido às empregadas guardar sob a vigilância e assistência os seus filhos no período da amamentação". Ocorre que a lei existe no papel, não é cumprida. É o caso de Miriam Tereza Camargo Borba Moraes, que trabalha no Noroeste/Álvares Penteado. Voltou ao trabalho após o parto. Só recebeu informação sobre a creche por intermédio do sindicato, pois o banco recusava-se a informar. A "creche" do banco, à Rua Antonio Bento 49, Ibirapuera, tem sete berços, uma só banheira, não há enfermeiras ou médicos, quando a criança fica doente, a mãe tem que ir buscá-la. A creche só funciona das 8 às 18 horas. Miriam mora em Guarulhos e trabalha no Centro, das 9h às 18h, daí não poder usá-la. O banco ameaçou despedi-la por "justa causa". Ela escreveu ao banco dizendo que só reassumirá suas funções se este cumprir a lei. O Sindicato dos Bancários – ponta-firme – entrou com pedido de mesa-redonda à DRT. O que a funcionária pretende é apenas que o Noroeste cumpra a lei. Mas como dizia Getúlio: a lei, ora a lei. E falava com conhecimento de causa, conhecia a elite econômica e a elite política brasileira de perto.

E a trabalhadora negra, cumé que fica?*

Com esse título a socióloga Lélia Gonzalez publicou um artigo no jornal *Mulherio* n.7 editado pela Fundação Carlos Chagas de São Paulo, no qual aborda a importância dos meses de maio e de junho para a comunidade negra e a comunidade trabalhadora.

Treze de maio é a data da abolição oficial da escravidão, quando o escravo se tornava antieconômico ao sistema, e o trabalhador "livre", mão de obra mais barata – além de mercado consumidor, pelos salários que recebia.

Dezoito de junho é a data da Criação do Movimento Negro Unificado (MNU) em São Paulo, em 1978, noventa anos após a Abolição. Além do Primeiro de Maio ser a data máxima dos trabalhadores de todo mundo. As três datas têm sentido quando tratamos de mulheres, trabalhadoras e negras.

* *Notícias Populares*, 3/6/1982.

A socióloga Lélia Gonzalez, em números anteriores do *Mulherio*, já apontara os mecanismos do racismo, quando a trabalhadora negra trabalha mais e ganha menos que a branca na mesma função. Oitenta e sete por cento das trabalhadoras negras exercem ocupações manuais, nos setores de pior remuneração, 60% delas não têm Carteira de Trabalho assinada. Daí a mulher negra aparecer como o setor mais explorado e oprimido no país, pois sofre uma discriminação tríplice: social, racial e sexual.

A trabalhadora negra de hoje não difere de seus antepassados escravos. A trabalhadora rural é uma mera "escrava do eito", a empregada doméstica é a "mucama" que criava os filhos do patrão branco, a servente e a trocadora de ônibus são a "escrava de ganho" do passado.

Aponta a socióloga que o Primeiro de Maio tem muito a ver com o Treze de Maio. Enquanto trabalhadora superexplorada, a mulher negra pergunta: qual o sentido da Abolição, quando 94 anos depois ela está na mesma situação? Assim, a classe média prefere babás portuguesas e brancas a negras. Assim, secretária, recepcionista, atendente de balcão em banco, comissária de bordo são profissões "brancas". Quando os anúncios de emprego pedem "boa aparência" leia-se: negra não serve. No teatro e cinema a atriz negra vive papéis secundários, como empregadas domésticas, e o negro como chofer do patrão branco. Na montagem de *Gabriela, cravo e canela*, cuja personagem original é negra, escolheram Sonia Braga, que é morena. Propõe Lélia Gonzalez que o Treze de Maio seja o Dia Nacional de Denúncia do Racismo. Racismo este que tem suas bases econômico-sociais, mas a elas não se restringe. E que o negro deixou de ser escravo sem tornar-se cidadão. Após a Abolição não teve condições de competir com o emigrante estrangeiro, ficando reduzido ao subemprego: vendedor de jornais, engraxate, biscateiro. A mulher negra, como empregada doméstica, assegurava a estabilidade da família negra. Razão pela qual o Movimento Negro precisa de negros com consciência social e política e não de "jaboticabas". Negro que reproduza relações sociais de exploração e dominação, que tem "alma branca" ou vota no PDS, preferentemente. Negro "jaboticaba" é aquele que é negro por fora, branco por dentro, com caroço duro de engolir.

A mulher e o trabalho*

Em 1980, a população brasileira atingiu 119 milhões de habitantes, dos quais 44 milhões (37%) constituíam sua força de trabalho. Eram pessoas acima de 10 anos que exerciam atividades na produção de bens e serviços. Desses, 33 milhões (75%) eram homens e 12 milhões, mulheres.

A participação da mulher na força de trabalho vem aumentando sistematicamente. Em 1950, de cada 100 trabalhadores, 14 eram mulheres. Em 1960, esse número subiu para 17. Em 1970, passa a 18 e, em 1980, em cada 100 trabalhadores, 27 eram mulheres.

Nas atividades rurais (primárias) há uma tendência cada vez menos acentuada de absorver o trabalho feminino devido à produção agropastoril mecanizar-se pelo trabalho assalariado. A mecanização do campo devolve a mulher ao trabalho doméstico ou a expulsa em direção à cidade, junto com o homem.

Entre 1950 e 1970 a participação da mulher na força de trabalho industrial foi caindo, atingindo, em 1980, a porcentagem de 15%. De 1970 a 1975 este número foi maior que a força de trabalho masculina, em 19 de 21 indústrias de transformação.

A incorporação da mulher no trabalho industrial é bem maior nas regiões desenvolvidas do país, alcançando em São Paulo o dobro da medida nacional, ou seja, em cada 100 mulheres que trabalham, 30 estão na indústria.

Tradicionalmente, alguns setores industriais são ocupados por alta porcentagem de mulheres. É o caso das indústrias de vestuário e calçados (65%), farmacêutico e veterinário (54%), fumo (53%), perfumaria e sabonete (33%). Em Osasco, do total de 12.859 trabalhadores no ramo elétrico, 4.265 (33%) são mulheres. Numa das empresas com 1.190 empregados, 1.082 (91%) são mulheres.

O setor terciário é o que mais utiliza o trabalho feminino. De 1950 a 1960, a participação da mulher em relação ao homem cresceu pouco, passou de 54% a 58%.

Em 1970, o aumento dessa taxa foi notável, indo a 69%, em 1970, o mesmo em 1980.

* *Notícias Populares*, 6/10/1982.

Neste ano, do total de 12 milhões de mulheres trabalhadoras, 4 milhões (33%) estavam no ramo de serviço (terciário).

A mulher trabalha em setores pouco qualificados e ganha pouco. No Norte e Nordeste ela trabalha na agricultura de subsistência (40%). Em São Paulo, devido à mecanização, atinge só 8%. De cada 100 mulheres assalariadas em São Paulo, 33 são domésticas, 95% do magistério primário é composto de mulheres, 60% são professoras secundárias e 23% de universidade; 28% dos homens trabalham na indústria, enquanto as mulheres atingem 15%. Dos 44 milhões de brasileiros que trabalham, 5 milhões (12%) recebem menos de meio salário mínimo, 14 milhões (31%) recebem até um salário e 33 milhões (75%) até dois salários mínimos. A média mensal dos assalariados no Brasil, em 1980, foi de Cr$ 11 mil; o valor médio recebido pelo trabalhador urbano foi de Cr$ 13 mil, e o do trabalhador rural foi de Cr$ 8 mil mensais.

Dois milhões e meio de mulheres ganham menos de meio salário mínimo; 5 milhões, até um salário mínimo; e 8 milhões ganham até dois salários mínimos. A média do rendimento mensal da mulher, em 1980, foi de Cr$ 7 mil, a metade do trabalhador de sexo masculino. (Fonte: *Simesc*, Florianópolis, n.5.)

Ainda a mulher e o trabalho[*]

No plano da saúde, surdez ocupacional, doenças de coluna, intoxicações e doenças pulmonares e acidentes de trabalhos são comuns a ambos os sexos, resultantes das condições insalubres de trabalho, jornadas prolongadas e penosas, inclusive trabalho noturno. Neste, as horas extras tornam o trabalho um pesadelo, resultando em 1,4 milhão de acidentes de trabalho anuais e um grande contingente de trabalhadores inválidos e precocemente envelhecidos, dependentes da Previdência Social.

Isso é mais claro em relação à mulher, especialmente nos períodos de menstruação, gravidez e amamentação. Trabalhar até o dia do parto em condições penosas implica em sobrecarga ao organismo materno, com risco para a mãe e o futuro bebê, sobretudo quando ela acumula com o trabalho doméstico.

[*] *Notícias Populares*, 10/10/1982.

Gestantes transportando cargas pesadas, expostas a esforços físicos intensos e repetitivos, a vibrações e trepidações – o próprio transporte da casa ao trabalho – levam a partos prematuros.

Agentes nocivos no ambiente de trabalho podem causar no embrião humano malformações que se transmitem às gerações seguintes. O benzeno causa malformações que se transmitem geneticamente e favorece o aborto e o surgimento de natimortos. O metilmercúrio provoca malformações esqueléticas e diminuição de estatura. O tetracloreto provoca alterações visuais. O chumbo leva à mortalidade neonatal, distúrbios do sistema nervoso e dentição. Monóxido de carbono favorece o aborto e conduz à queda de peso. Algumas empresas exigem prova da menstruação das mulheres, dispensam as recém-casadas e recusam emprego às casadas.

Dos 44 milhões que constituem a força de trabalho, 5,4 milhões são menores de idade. De 100 trabalhadores brasileiros de ambos os sexos, 12 são menores.

Na área urbana do Distrito Federal e em nove estados, essa taxa cai para 9%, participando os menores do sexo feminino com 11% e do masculino com 8%.

Isso refere-se aos que têm carteira assinada.

Os salários médios nos nove estados mais desenvolvidos do país ficam aquém do salário mínimo regional, variando de Cr$ 3.417,00, no Distrito Federal, para Cr$ 2.495,00, em Pernambuco, quando na ocasião o salário mínimo era de Cr$ 4.500,00. Aqueles salários incluem horas extras e remunerações adicionais.

O menor do sexo masculino aos 10 anos de idade tem 40% da força muscular do adulto; aos 14, tem 60%, e, aos 18 anos, tem 90%. O menor do sexo feminino nas mesmas idades tem 40, 50 e 60% da força muscular da mulher adulta. Sua falta de qualificação leva-o aos trabalhos que demandam esforço físico ou tarefas muito monótonas e repetitivas. Algumas delas se desenvolvem em condições insalubres como a dos vidreiros, têxteis, na construção civil e até na extração de minérios.

As mulheres adultas, como os homens, desempenham trabalhos penosos e às vezes perigosos e em ambientes insalubres, como nas indústrias de cerâmica, têxteis e químicas, muitas desprovidas de creches. Com frequência são obrigadas ao trabalho noturno e horas extras e, quando gestantes, têm seus direitos abusivamente desrespeitados. (Fonte: *Simesc*, n.5, Florianópolis.)

Bolívia dolorosa – 1*

Todos acompanham o difícil processo de redemocratização boliviano. Poucos sabem, porém, a situação vivida pelos trabalhadores bolivianos após o golpe do general García Meza, por isso reproduzimos carta enviada pelas Mães e Esposas Desesperadas de Caracoles, de 9/8/1980, dirigida a monsenhor Jorge Manrique em La Paz.

Neste momento de dor e pranto dirigimo-nos a vossa excelência para contar o que aconteceu neste centro mineiro para que, por seu intermédio, a Cruz Vermelha Internacional ou alguma outra organização internacional de direitos humanos venham constatar os fatos de barbárie cometidos aqui:
O Regimento Max Toledo, de Viacha, uma facção do Regimento Tarapacá e o Regimento Camacho de Ouro atacaram Caracoles em canhões, morteiros, tanques e aviões de guerra. Nossos maridos se defenderam com pedras, paus e algumas cargas de dinamite. Até segunda-feira à tarde a maior parte dos mineiros foi exterminada e os sobreviventes fugiram para as montanhas e outros para as casas de Villa Carmem. As forças do Exército perseguiram os homens matando-os em suas casas; outros foram presos e torturados e muitos foram atravessados por baionetas. Vários dos feridos foram degolados. Em plena praça pública enfiaram dinamite na boca de um mineiro e o fizeram voar em pedaços. Saquearam as moradias e carregaram os caminhões do Exército com televisores, máquinas, rádios, toca-discos, roupas, camas, dinheiro, mercadorias das lojas, da agência de Manoco [loja de sapatos] e Zamora, a *pulperia* [mercado da empresa].
Açoitaram crianças com armas e obrigaram-nas a comer pólvora. Obrigaram os jovens a deitar-se sobre vidros quebrados e nos obrigaram a passar por cima deles; e depois os próprios soldados marcharam sobre eles. Os soldados do Exército pareciam feras selvagens porque estavam drogados e não vacilaram em violar-nos, como também as jovens e até as meninas. Mataram ovelhas, galinhas, porcos e carregaram com isto os caminhões do Exército. Ao amanhecer de 5/8 carregaram os caminhões com os mortos e feridos rumo a La Paz. Os presos continuaram amarrados com arame, até sexta-feira. Proibiram a nós, mulheres, de recolher os mortos para lhes dar uma sepultura cristã e nos disseram não termos ordens para isso. Somente na sexta-feira nos deram ordens para buscar os mortos, mas só encontramos casacos, calças, suéteres e sapatos empapados de sangue; os mortos haviam

---

* *Notícias Populares*, 27/10/1982.

desaparecido. Alguns foram jogados em uma fossa atrás do cemitério, os quais não nos deixaram identificar. Há mais ou menos novecentos desaparecidos, não se sabe se estão vivos ou mortos. Anexamos à carta uma relação de vários mortos e feridos, desaparecidos e presos, entre eles, três mulheres que morreram com hemorragia causada pelas violações. Um dos feridos é um menor de 12 anos que enlouqueceu devido às torturas. Despedimo-nos de vossa excelência. agradecendo sua compreensão e ajuda, atenciosamente, Mães e Esposas de Caracoles.

Sem comentários da nossa parte.

Bolívia dolorosa – 2*

Por ter interesse público reproduzimos a "Carta das Mulheres Mineiras Bolivianas" dirigida a dom Clemente Maurer, cardeal da Bolívia, datada de 10/11/1980, logo após o golpe do general García Meza.

Ocorrido o golpe de Estado de 17 de julho, os explorados de todo o país, particularmente os operários das minas, nos declaramos em greve geral indefinida, conscientes de que somente assim poderíamos, senão evitar, pelo menos frear os excessos da nova quartelada, cujo objetivo não era apenas cancelar a democracia como forma de governo capitalista, mas sobretudo pretendia esmagar a política independente dos trabalhadores, acabando com seus sindicatos, suas organizações, suas lideranças, utilizando a violência estatal, ou seja: o fascismo como nova forma governamental.

Os operários das minas Siglo II, Catavi, as donas de casa, a juventude, os povoados civis de Lallagua, Uncia e o movimento camponês da região, sustentamos, desde o início o golpe, a greve geral e o bloqueio de estradas, na defesa de nossas liberdades sindicais; mas, ao final de dez dias de luta e ante a traição de um de nossos dirigentes sindicais, que propôs suspender a greve e o bloqueio, dividindo assim nossos fileiras ante a importância dos chamados democratas que durante três anos nos desmobilizaram e nos deixaram desarmados frente ao perigo golpista e, finalmente, ante o ultimato e a ameaça de que nossos acampamentos e povoados seriam arrasados militarmente, nos vimos obrigados a suspender a greve e o bloqueio, assinando um acordo, que

* *Notícias Populares*, 31/10/1982.

foi garantido com a vossa presença, senhor cardeal, e que estabelecia como contrapartida a promessa de que ninguém seria preso, e que seria respeitada a garantia de emprego para todos os trabalhadores do distrito.

Recorremos ao senhor para denunciar que este acordo não foi nem está sendo plenamente respeitado pela parte governamental, representada pelo Exército, segundo o demonstram os seguintes fatos:

a) Prisão, nos meses de agosto/setembro/outubro de oitenta pessoas que trabalham na empresa Catavi ou que moram no povoado civil (que por haver compartido nossa luta, compartem nossa solidariedade), prisão que em alguns casos foi temporária, em outros, definitiva, atingindo camponeses, professores, mineiros.

b) Somem-se os incontáveis abusos praticados pelo toque de recolher: espancamentos brutais em todos os que são detidos; multas elevadas; imposição de trabalho forçado, obrigando trabalhadores a fazerem centenas ou milhares de tijolos. Estas detenções atingem a mais de mil pessoas, numa média de vinte por noite, abarcando operários e profissionais, homens, mulheres e jovens. Relacionado com o toque de recolher, foi achado em Uncia o cadáver de uma mulher, morta por ter sido violentada, presumivelmente por soldados.

c) Prepotência empresarial dos administrativos, técnicos e encarregados, que aproveitam nossa falta de representantes operários livremente eleitos pelos trabalhadores: dispensando tratamento brutal aos operários, restrições a licenças e horários de descanso, entrega incompleta de alimentos congelados – alegando dificuldades nos transportes e erros cometidos no trabalho. Isso acaba significando uma redução nos nossos salários, já que, tanto os operários e o governo como a Companhia Estatal de Exploração dos Minérios da Bolívia (Comibol) sempre consideraram os alimentos congelados como parte do salário. Quando os alegados erros cometidos no trabalho, a Comibol nos desconta do salário, porém se esquece de pagar-nos as horas extras, o trabalho no turno e aos domingos, como esquece de pagar aos aposentados.

Continua.

Bolívia dolorosa – 3*

A Comibol descontara 14.700 pesos [moeda boliviana] a dezoito operários que utilizaram bananas de dinamite nas greves.

* *Notícias Populares*, 3/11/1982.

d) Ameaças de prisões e assassinato político de dirigentes sindicais do distrito como Rosendo Osório, Andrés Lora, Asencio Cruz, Pablo Rocha, Cirilo Jimenez e Augusto León.

e) Ameaça do Comando Militar de Uncia, de retirar ou transferir todos os professores da Escola N.2 e uma parte dos professores da Escola N.1, as duas de Catavi, por terem participado de uma paralisação a 3 e 4/11 junto com os trabalhadores mineiros, como filiados que são ao sindicato destes últimos.

As autoridades da empresa Catavi e do Comando Militar sustentam a versão de que o acordo fora quebrado pelos trabalhadores e isso justificaria as prisões feitas. Na verdade, o Governo e a Comibol quebraram o acordo como foi mostrado acima. A paralisação de 3 e 4 de novembro encontra sua justificação no fato de que nessa data há ausência no trabalho devido ao Feriado de Todos os Santos e também por solidariedade aos mineiros de Huanuni, que na semana anterior sofreram a morte de dois companheiros nas mãos do Exército, e ainda a forma de protesto do próprio distrito contra os abusos acima citados; foi o último recurso usado pelos trabalhadores em defesa do cumprimento do acordo de julho, desrespeitado desde o início pelo governo.

Razão pela qual, as Donas de Casa de Siglo XX – Catavi, em representação de nossos maridos operários e daqueles que são solidários com nossas reclamações, temos designado uma Comissão de Mulheres Mineiras, para lhe entregar essa carta e conseguir do senhor e da Igreja o seguinte: imediata presença do cardeal e de outros bispos em Siglo XX e Catavi, assim como nas demais minas, para exigir o cumprimento do acordo de não prender mais trabalhadores e que os atualmente detidos sejam liberados; que sejam exigidas garantias de que os trabalhadores escolham livremente, em assembleias, comitês de base que os representem. Queremos liberdades sindicais. Exigimos a devolução aos comitês de base ou aos sindicatos das rádios mineiras, por ter sido esgotado o prazo de 45 dias proposto pelas autoridades militares, para devolvê-las; que seja suspendido o toque de recolher por ocasionar abusos e prejudicar o trabalho de turno nas minas. Solicitamos a intervenção da Igreja contra a instauração da pena de morte e aprovação da Lei de Segurança.

Recorremos a vós, senhor cardeal, e à Igreja à procura do cumprimento do acordo de Siglo XX – Catavi. Esperamos que os senhores que dizem ter listas verdadeiras dos prisioneiros publiquem-nas e se manifestem a respeito da pena de morte. Não pretendemos que nos libertem da exploração, pois isso não será obra nem da Igreja, nem dos democratas e muito menos do imperialismo e sim de nós mesmos, os explorados, porém, temos a certeza de que os senhores devem cumprir seus próprios postulados de justiça e liberdade. Comitê de Donas de Casa de Siglo XX – Catavi.

"Não é hora de discutir a questão do trabalhador"*

O governo, seja estadual ou federal, através do discurso de vários de seus componentes, não se cansa em admitir a situação de crise em que vive o país, a situação de miséria e fome em que vegeta o trabalhador, que tudo produz e nada tem.

Haja vista as imagens que a TV transmitiu para o "Sul Maravilha" a respeito da seca no Ceará e da fome que por lá existe, e as frentes de trabalho que pagam uma remuneração ínfima, que serve para adquirir alguns maços de cigarros (sem filtro, diga-se de passagem).

O povo brasileiro, especialmente o paulista, que socorreu o Sul com alimentos, roupas, remédios, após as enchentes, por que não se mobiliza para socorrer seus irmãos do Nordeste? Por acaso não são brasileiros? Não são povo também? Mas eu ia desviando-me do assunto que motivou o artigo.

É a respeito do adiamento por parte de uma repartição federal de um seminário que seria promovido a 8 a 12 de agosto num centro de pesquisa conceituado, que tem bom nome, fruto do trabalho de seus técnicos e funcionários. Tal centro planejou um seminário a respeito de "Política de recursos humanos no Brasil" e teve o seminário adiado pelo órgão que exerce o poder de decisão.

A alegação do adiamento foi de que não é hora para discutir a questão do trabalhador!!! Quando será?, perguntamos. O programa do seminário adiado estava assim estruturado: Item 1 – Análise de conjuntura econômico-social brasileira; a) Recursos humanos; emprego, salário e qualificação; b) Relações de trabalho: uma análise comparativa dos modelos em vigor nos EUA, Alemanha e Brasil; c) A problemática da direção nas empresas e as perspectivas de participação dos trabalhadores; d) Tecnologia, educação e formação profissional.

Acaso o brasileiro não pode discutir a conjuntura econômico-social, que é deprimente, sem que ele participasse das decisões que levaram o país a essa situação? Não pode discutir-se a participação dos trabalhadores na direção das empresas? Acaso será o trabalhador brasileiro mero parafuso de máquina, que só deve obedecer ao supervisor, produzir até a exaustão e ter seu salário "arrochado" em nome da dívida externa?

---

* *Notícias Populares*, 21/8/1983.

Por que só pode o trabalhador brasileiro "participar" através de seu trabalho, mal remunerado – quando o tem – através do pagamento de impostos de renda e de consumo (esse último constitui 80% da carga tributária que o Estado joga sobre o povo)?

Correios*

Regime nazista nos correios. Que fará o governo "democrático"? A situação do assalariado nos Correios é trabalhar sob constrangimento, num regime arbitrário de terror sem poder reclamar nada.

Assim, foi criada nos correios uma famigerada Instituição de Seguridade Social dos Correios e Telégrafos (Postalis) em 1981, que prometeu aos funcionários dos Correios "empréstimos sociais" e, ao mesmo tempo, cobrir os gastos em caso de doença que o Inamps não cobre. Tudo cascata. Vários funcionários doentes não tiveram essa cobertura prometida e os empréstimos de dinheiro são efetuados a juros exorbitantes.

Quanto às condições de trabalho, o carteiro geralmente leva uma carga de 25 a 30 quilos e é obrigado a fazer um número imenso de ruas. Se não consegue entregar todas as cartas ou pacotes, é punido pela administração. Carregando diariamente 25 a 30 quilos de peso os carteiros têm problemas de coluna, ou joelho e nas articulações em geral.

O arbítrio nos Correios chega ao ponto do funcionário que necessite, por uma razão ou outra, levar mulher ou filho ao médico ser obrigado, na volta, a esclarecer por escrito onde esteve e assinar uma advertência que é arquivada. Após assinar algumas advertências esse funcionário é demitido por justa causa pelo magnânimo correio brasileiro.

Atualmente os funcionários dos correios e telégrafos pretendem criar uma associação, direito esse garantido não pela Constituição Federal como pelos compromissos assinados pelo Brasil com a Organização Internacional do Trabalho (OIT). Até agora, os funcionários que empreitaram a criação dessa associação sofreram inúmeras pressões, indo até a demissão.

Quanto aos motoristas do Correio, por qualquer "batida" são obrigados a arcar com os gastos junto ao Correio que é deduzido de seu salário, já muito magro. O que pensar de um motorista que ganha 460 mil de

---

* *Notícias Populares*, 10/2/1985.

salário, ser descontado pelos Correios por batida, na qual nem sempre é o causador?

Quanto às horas extras, o Correio paga para alguns e não para outros funcionários. Carteiro que entra às 6 horas da manhã e sai 15h30, se ficar até 16 horas ou 17 horas não recebe hora extra.

Os funcionários dos Correios que pretendem criar a associação solicitaram o apoio à sua luta e para isso dirigem-se a OAB, associação do funcionalismo municipal, estadual ou federal.

Os contatos podem ser feitos mediante carta enviada ao jornal, para a coluna "No Batente".

Nazismo nos Correios*

Muitos trabalhadores esperavam que a "Nova República" fizesse juz ao nome, mudasse algo. Nos Correios houve mudanças sim: mais de mil funcionários foram demitidos, incluída a diretoria da Associação dos Funcionários dos Correios e Telégrafos de São Paulo (Acetesp). Foram demitidos pela célebre justa causa, até hoje não receberam seus direitos.

O clima de terror imposto pelas chefias é tal que o carteiro José Pereira Jurado, ao visitar um ex-companheiro de trabalho, foi agredido pelo chefe do Centro de Distribuição de Pinheiros, Edilson Gonçalves de Araújo. Com que direito um chefe burocrático agride um ex-funcionário?

A direção da Empresa Brasileira dos Correios e Telégrafos (EBCT) não negocia com a diretoria da Associação as reivindicações salariais, considerando a categoria estar em campanha salarial. Ela não cumpriu um terço do que foi conseguido no primeiro acordo, de 9/3/1985. A empresa ameaça descontar os 30% que concedeu como antecipação salarial. Concluindo: de janeiro a setembro as cartas tiveram 317% de reajuste tarifário, e os salários dos funcionários subiram no mesmo período 205%. Se os reajustes das cartas fossem aplicados aos salários, o salário base seria Cr$ 1.539.960. Mais uma razão para os funcionários se associarem à Associação e participarem em massa na campanha salarial. As eleições da Associação serão em novembro próximo.

---

* *Notícias Populares*, 25/5/1985.

Greve nos correios, novamente?*

Foram realizadas assembleias segunda-feira, de funcionários da Empresa Brasileira de Correios e Telégrafos de Porto Alegre, Belo Horizonte e Recife. Eles decidiram entrar em greve a partir da zero hora de ontem.

Foram os primeiros que colocaram em prática a decisão do encontro nacional das associações de funcionários da ECT, realizado no último final de semana em São Paulo, que decidiu por uma greve nacional da categoria.

Ontem foram realizadas novas assembleias em São Paulo, Brasília e Curitiba.

Os funcionários da ECT reivindicam a incorporação do abono de 30% concedido pela empresa em maio como antecipação salarial.

A ECT pretende descontar a antecipação do adiantamento de 30% e reajuste semestral de 68,33%, o que daria um reajuste real de 29,4%. Outras reivindicações importantes do movimento são: readmissão dos demitidos após a greve de maio, cujo número atinge 1,5 mil funcionários, estabilidade de dois anos e equiparação salarial dos funcionários de todo o país a São Paulo.

O assessor de imprensa do presidente da ECT disse que ele só falará mediante fatos novos que surjam a respeito do assunto.

Em Porto Alegre, numa assembleia de apenas dez minutos com a presença de mais de 1 mil dos 3,6 mil funcionários da (ECT), portanto, 27,7% da categoria, decidiu por unanimidade entrar em greve. Em Belo Horizonte a greve foi decidida por uma assembleia de oitocentos carteiros – ao todo, a ECT tem 2 mil funcionários no estado.

"Vamos parar imediatamente, como resposta à intransigência do ministro das Comunicações nas negociações", disse, em Recife, José Gomes de Araujo, vice-presidente da Associação dos Carteiros. Em São Paulo e no Rio de Janeiro, responsáveis por 70% do tráfego postal, hoje os carteiros decidem em assembleias a respeito da greve. O mesmo se dará em Curitiba.

Enquanto isso, há treze dias os 7 mil funcionários do Instituto de Previdência dos Servidores de Minas Gerais estão em greve, os servidores da Sabesp em São Paulo podem entrar em greve e 3.832 médicos da prefeitura e do estado em Salvador também estão parados. Há algo de podre na direção dos destinos da Nova República, tão igual à Velha.

---

* *Notícias Populares*, 16/10/1985.

Os Correios vão mal, companheiro!*

Recebemos cópia do ofício encaminhado ao *ministro* das Comunicações que denuncia:

a) verdadeiro clima de terror foi implantado em São Paulo após a greve de 17 de outubro, na qual a direção partiu para ameaças individuais, por isso em São Paulo houve 10% do pessoal paralisado; sessenta funcionários demitidos após a volta ao trabalho; ficou negociado que a partir de 18 de outubro os funcionários demitidos seriam readmitidos mas, até agora, nada; os funcionários sofrem coação para filiarem-se a uma associação de funcionários "pelega", de interesse da atual direção dos Correios em São Paulo. Em São Paulo, mais de 2 mil funcionários foram demitidos pelo diretor regional. Esperam-se mais demissões este mês.

Foi celebrado acordo entre o ministro das Comunicações e os funcionários dos Correios, porém: a correção salarial pelo IPCA integral a partir de 1º de março não especifica se é extensiva a todos os funcionários ou se é escalonada; do adiantamento de férias, não especificam a partir de que mês começarão os descontos correspondentes; o ticket-alimentação não especifica a quem beneficia e não tem prazo para iniciar; o item referente à creche é insatisfatório, pois beneficia a criança somente na fase da amamentação e não define a época em que passa a funcionar.

Por isso, a Acetesp confirma sua luta pelas reivindicações:

Garantia do direito de organizações dos funcionários em suas entidades legítimas e representativas sem interferência do Estado.
Readmissão de todos os funcionários demitidos por participar de movimentos reivindicatórios da categoria.
Luta pela manutenção do monopólio postal estatal.
Recuperação das perdas salariais.
Estabilidade no emprego.
Reajuste trimestral.
Jornada de 40 horas semanais.

---

* *Notícias Populares*, 15/1/1986.

O acordo assinado tem uma falha fundamental: não dá estabilidade nem aos diretores de associações legitimamente eleitas pelos funcionários.

O correio vai de mau a pior*

Enquanto outros estados readmitiram os grevistas, São Paulo não o fez. Resultado: os serviços do correio cada dia piorando e a população cada vez mais prejudicada. É comum um setor dos Correios ficar paralisado porque os funcionários não suportam mais serem desviados de sua função. São contratados para realizarem um serviço e terminam realizando outros. Recentemente os auxiliares de serviço postal se recusaram a trabalhar porque foram obrigados a atuar como manipulantes (isso refere-se aos lotados em Guarulhos).

A "desgraça" do telegrama fonado

Você usa muito este serviço? Então saiba as condições de trabalho de quem te serve. Os funcionários da fonegramia (setor encarregado de receber e transmitir telegramas nos Correios) trabalham seis horas e quinze minutos por dia. Como esse serviço exige utilização de fones de ouvido e ao mesmo tempo uma digitação ininterrupta, têm por lei, direito, a cada hora e meia, a descansar alguns minutos. Na realidade, eles só têm quinze minutos de descanso durante toda a jornada de trabalho. Esses quinze minutos são ilegalmente acrescidos à jornada de trabalho.

Consequências para o trabalhador dos Correios:
1. Como os fones de ouvido são velhos e pesados, muitos funcionários ficam com deslocamento do maxilar.
2. Por ficarem com os fones ininterruptamente nos ouvidos, os funcionários correm o risco de ter problemas graves de audição ou até perdê-la.
3. O fato dos funcionários digitarem ininterruptamente provoca distensão nos nervos, causando tumor entre os dedos; é comum funcionários trabalharem com o braço enfaixado.

---

* *Notícias Populares*, 25/5/1986.

4. O funcionário tem controladas sua ida ao banheiro e a conversação pessoal, e isso resulta em distúrbios psicológicos, sendo que a maioria tem de recorrer à serviços psiquiátricos para "aguentar a barra".

É possível isso acontecer em 1986, em plena "Nova República", senhor ministro das Comunicações Toninho Malvadeza?

Multinacionais de olho na EBCT

TV Globo, Victori International, Epatil, DHL estão de olho numa portaria que poderá ser assinada pelo ministro Antonio Carlos Magalhães, quebrando o monopólio estatal das telecomunicações. O filão mais lucrativo da EBCT, de entrega e malotes e correspondência internacional, cairia nas mãos delas. Isso traria mais desemprego no setor, elevações das tarifas postais. A piora dos serviços da EBCT – devido a demissões também – e a crítica dos usuários faz parte dessa manobra de entrega da EBCT às múlti, denuncia o Sindicato dos Trabalhadores em Empresas de Telecomunicação do Distrito Federal.

Carta do gerente de operações telegráficas*

O sr. Pasquale Bruno, gerente de operações telegráficas do Correio, diz na carta enviada a esta coluna que a jornada dos operadores no serviço de telegramas fonados é de apenas seis horas, com repouso de quinze minutos e que, conforme a legislação trabalhista, esses quinze minutos não são computados na duração do trabalho. Diz que os fones de ouvido usados pela EBCT são iguais aos de outras empresas congêneres. Porém, a EBCT receberá outros mais avançados na técnica que melhorará as condições de trabalho dos operadores. Que os funcionários admitidos pela EBCT passam por testes de audiometria, qualquer problema de saúde merece assistência e acompanhamento do Serviço Médico e Social da EBCT. Que o trabalho de digitação dos operadores é similar ao de outras empresas. Que o controle da ida ao banheiro tem como fim evitar número excessivo de posições desguarnecidas, em detrimento dos usuários. Quanto à Unidade Postal do Aeroporto de Guarulhos, a rotina é estrita ao carregamento e

---

* *Notícias Populares*, 27/8/1986.

descarregamento das aeronaves, não tendo ocorrido paralisação da atividade por nenhum motivo.

Como a Cia. do Metrô explora os boia-frias*

Nepotismo, filhotismo e apadrinhamento é coisa comum em empresa pública, e o Metrô não foge à regra. Porém, o mais grave é a superexploração dos funcionários temporários: os *pesquisadores* da Diretoria de Planejamento de Transportes Metropolitanos, chefiada pelo doutor Rogério Belda.

A 4 de maio vai fazer três meses que trabalham irregularmente sem contrato, em número de 73, não têm amparo da assistência médica – insegurança no trabalho. A quem solicitasse contrato regular de trabalho, o chefe da Superintendência de Controle de Transporte Metropolitano, doutor Cedano, respondia com a demissão sumária, se insistissem.

O gerente do Planejamento do Transporte Metropolitano, senhor Ricardo Toshio Ota, está deitado eternamente em berço esplêndido, isto é, nada faz. Por isso eles procuraram a presidência na figura do doutor Nory, que resolveu o problema dos salários atrasados.

A atual diretoria segue a política de contratação indireta de trabalhadores por terceiros; são verdadeiros "gatos" que cedem à empresa uma força de trabalho a preço vil e de escravo, com condições de trabalho e benefícios inferiores aos da categoria metroviária.

São ao todo 2 mil trabalhadores nas áreas de limpeza, vigilância, transporte e inúmeros serviços administrativos; também, pesquisadores, engenheiros, se acham nessa situação. É o surgimento do boia-fria urbano. Uma empresa de trabalho temporário recebeu dinheiro para pagar os trabalhadores no Metrô e demorou vários dias para fazê-lo. Os pesquisadores têm diante de si este quadro: ou aceitam ser "temporários" ou *rua*; eles, na sua maioria universitários, ganhariam a partir de maio um salário-hora próximo ao dos *boys*. As empresas de trabalho temporário são reajustadas pelo Metrô *bimestralmente* e os assalariados o são *semestralmente*.

Os pesquisadores são ameaçados pela burocracia do Metrô com demissão se recorrerem à Justiça do Trabalho para fazer valer os seus direitos. É

---

* *Notícias Populares*, 21/4/1985.

lógico, pensamos nós, é um verdadeiro "caso de Polícia" no governo democrático de Montoro. "Você trabalhou, o Brasil mudou" – e como mudou!!!

O Bilhete, jornal do metrô paulista*

Recebemos o *Boletim Informativo do Sindicato dos Trabalhadores em Empresas de Transportes Metroviários de São Paulo* n.38, que em sua primeira página traz matéria intitulada "Assembleia condena recurso à violência e exige providências".

Diz o jornal que a opinião pública ficou indignada ante a denúncia de violência e prática de torturas e morte nas dependências do Metrô.

Segundo *O Bilhete*, a população começa a ver qualquer metroviário como suspeito e isso exige que a categoria dos metroviários diferencie aqueles que merecem o repúdio público e não possuem a consciência nem o perfil do metroviário, para que a categoria readquira a confiança popular que está perdendo.

Corre boca a boca a prática da violência gratuita por alguns seguranças contra usuários do metrô, que exige rigorosa investigação por quem de direito. Não se vá pedir que a Segurança do Metrô investigue a ela mesma, o que seria demasiada ingenuidade ou safadeza.

Trezentos metroviários em assembleia reprovaram a prática da tortura que levou à morte um humilde lavrador, preso por suspeita de roubo, torturado e morto nas dependências da Segurança do Metrô.

O que não pode acontecer é os seguranças do Metrô gerarem insegurança entre os usuários, arvorarem-se em polícia com poder de polícia portanto, possuírem cárceres privados etc. Tudo isso decorre da péssima orientação dos altos escalões do Metrô a respeito da segurança. Quem treina esses cidadãos para torturar ou matar alguém por simples suspeita de roubo? Que tipo de treinamento recebem os seguranças?

O senhor presidente do Metrô quem sabe deva providenciar para que os treinadores dos seguranças sejam treinados para estarem à altura das funções que lhe são conferidas pela empresa. Como são selecionados esses seguranças e por quais métodos? Qual a origem pregressa deles, antes de pertencerem ao Metrô torturaram ou mataram alguém? Têm o mínimo

---

* *Notícias Populares*, 27/10/1985.

de equilíbrio para lidar com um público flutuante como é o do Metrô? É isso que a alta burocracia metroviária tem de ver antes de mais nada. Isso sem intuitos eleitorais, lógico.

A voz do trabalhador da Monark – 1*

O trabalhador da Monark está "bronqueado" e não é por menos. A empresa vai bem – graças a Deus (e aos trabalhadores), pois 73,7% dos trabalhadores ganham no máximo até três salários mínimos. Conseguiu ela um crescimento anual de 186,8% contra uma inflação de 197% em doze meses. Os recursos próprios evoluíram de Cr$ 308,5 milhões em 1983 para Cr$ 53,895 bilhões em 1984.

Porém, os trabalhadores da Monark têm uma longa pauta de reivindicações, que abrange nada mais nada menos do que quinze itens.

Reivindicam os trabalhadores da Monark: 1) equiparação salarial; 2) classificação profissional em carteira; 3) denunciam que o atestado da Medial (convênio) não é pago; 4) acabar com a proibição de ir ao banco; 5) zelar pela limpeza dos banheiros, e que estejam equipados com papel higiênico, pois trabalhador não usa rolha; 6) que a firma pague o salário-insalubridade; 7) que a comida, que é cara, não venha constantemente estragada. Que a salada seja lavada; 8) que o companheiro acidentado na seção ou que esteja passando mal seja atendido com rapidez, sem precisar esperar até o horário do almoço para ser atendido. Que ele seja atendido com eficiência evitando-se casos em que o companheiro passou por atendimento médico, voltou ao serviço e desmaiou; 9) que o companheiro demitido da empresa não seja tirado da seção e jogado fora dela sem poder se trocar. Só pôde se trocar quando recolhe junto ao muro sua roupa jogada pelos guardas que abriram seu armário; 10) que a empresa forneça o equipamento de segurança necessário (luvas, botas e uniformes); 11) que o pessoal do turno da noite transferido para o dia não perca seu adicional noturno como vem acontecendo; 12) o companheiro que chega atrasado é proibido de entrar e com isso perde o dia; 13) a compensação é obrigatória para posterior desconto em férias; 14) que acabe de uma vez essa história do companheiro que foi ao médico do convênio, voltando com o atestado,

---
* *Notícias Populares*, 9/6/1985.

ser proibido de entrar na empresa, perdendo assim o dia e o domingo; 15) que seja resolvido definitivamente o problema do telhado da Monark: condenado há mais de cinco anos, está sendo mantido com escoras.

A comida

As refeições estão vindo estragadas e os companheiros se recusam a tocar na comida. Ratos, mosquitos, baratas, cabelos, bicho caminhando por cima da salada, tudo isso é encontrado na refeição servida na Monark. Daqui a pouco esse pessoal é capaz de servir ao peão um prato de "risoto de pedregulho"!

Telhado da firma

Quando chove é o maior perigo, em 1984 ele já caiu e alguns trabalhadores com muita sorte saíram só com escoriações, por milagre não houve mortes.

Atraso

A Monark não respeita a convenção coletiva que permite ao trabalhador um atraso equivalente a 30 minutos por semana.

A voz do trabalhador da Monark – 2[*]

Enquanto a Monark apresenta lucros astronômicos (conforme o artigo anterior), ela, que já empregou 7 mil trabalhadores, agora emprega 2.500. Trabalha monopolisticamente no mercado, comprou a Caloi e fechou-a.

A empresa é dirigida pelo senhor presidente de forma individualista, personalista e autoritária. Houve até caso de afastamento de um membro do conselho consultivo da empresa por discordâncias internas.

A relação da chefia alta ou média com os funcionários é péssima, o funcionário é tratado como se no Brasil não tivesse havido a Princesa Isabel e a Lei Áurea, que terminaram com a escravidão.

---

[*] *Notícias Populares*, 12/6/1985.

O regime de escravidão começa quando o funcionário, dependendo de condução coletiva – que é ruim na cidade –, chega com cinco minutos de atraso. Ele perde o feriado e o domingo.

Chegando na empresa, encontrará o funcionário os banheiros com água fechada, sem papel higiênico e a mesma toalha usada muitas vezes.

O uso do banheiro é sujeito a um controle do tipo policial: quem for mais de uma vez ao banheiro terá líderes, guardas e pessoal de recursos humanos anotando o fato. A "segurança" permanece no banheiro e põe o funcionário fora. O funcionário começa a receber "cartas de advertência" e acaba despedido por "justa causa".

Se porventura falecer algum parente do funcionário, ele não pode atender telefone, nem a portaria. Seu recado é anotado, passa de mão em mão e às vezes é esquecido. Não chega ao interessado. O recado, às vezes, é entregue na hora da saída. Motivo: não perturbar a produção.

Funcionário fora da área de seu trabalho ou no corredor é tido como suspeito de passar notícias a seus companheiros. A empresa encontrou um nome para ele: amotinador. Ora, vejam só.

A empresa pratica a rotatividade: na hora do reajuste salarial demite muitos funcionários e contrata novos pela metade do salário. Resultado: quem sobrou fica assustado com a manobra demissória e acaba trabalhando por três.

Pensam que o trabalhador demitido pode pegar suas roupas no vestiário? Estão enganados. Ele deverá voltar no dia seguinte e fica numa saleta incomunicável esperando a célebre "entrevista de desligamento". O que quer a empresa com essa entrevista? Ela quer que o trabalhador faça o papel de "dedo duro" e "entregue" os nomes de seus companheiros de trabalho que tenham atividade sindical, participaram de greves. Caso o funcionário não aceite ser entrevistado, é ameaçado com o atraso no pagamento da indenização a que tem direito.

Sair em horário de expediente significa ao funcionário submeter-se ao mais severo e constrangedor esquema burocrático-policial. E ainda é descontado no seu pagamento o período em que ausentou-se da empresa.

Monark/Caloi – Retificação – 3*

Num dos artigos dedicados à Monark saiu publicado que ela comprara a Caloi e decretara seu fechamento. É um erro, a Monark comprou a Peugeot e a fechou.

Peça de teatro
"Monarca Monarkiano"

Transcrevemos um esboço de peça de teatro que recebemos. É uma peça que trata dos personagens "importantes" da empresa e o cotidiano do "mundo cão" que é o mundo fabril-industrial explorando e oprimindo o trabalhador.

O nome da peça é *Monarca Monarkiano*, muito similar à figura do rei da peça *Ubu-Rei* em exibição na Capital. Como este, o "Monarca Monarkiano" se julga o mais inteligente, perito em criar "arapucas" que atingem operários desavisados. Vive entre animais incompetentes que têm por ele mais temor do que amor. Não dispensa, como é o caso dos rinocerontes deste mundo, a "guarda pessoal".

O "Monarca Monarkiano" age de forma falsa e astuta como agem as *raposas*, é perigoso como as *serpentes* e maléfico como os *vermes*.

Possui um "valdevino" como "cupincha".

O "Monarca" possui uma Seção de Assuntos Humanos e Inumanos, cujo chefe tem como característica lentidão, burrice e falta de discernimento, é uma anta.

Na peça aparece a figura da Dona Assistência Social. Sua missão: vender sanduíches no restaurante e "encher o saco" do peão.

O "Monarca" é assessorado pelo doutor Cavalgadura, dona Vaca de Presépio e um assessor, doutor Nazi, vulgo "Toupeira", para os íntimos. O cupincha do "Monarca" é um "valdevino", também conhecido como doutor Fantoche ou Mister B-Mole. É apoiado por Maria-Vai-com-as-Outras ou Marcha Lenta, conhecido também como Mister Fuad, ou, para os íntimos, Fuluf – não confundir com Maluf.

Quem administra essa peça é o Vaselina, administrador conhecido pelos peões. Espera-se que a peça tenha sucesso e conscientize os trabalhadores a

---
* *Notícias Populares*, 16/6/1985.

rejeitarem malandros ou "picaretas" que queriam explorá-los. (*Fonte:* contribuição da diretoria do Sindicato dos Metalúrgicos de São Paulo.)

Reforma agrária

Um esboço de reforma agrária em moldes capitalistas é combatido pela grande imprensa, que posa de "liberal", como prática "comunizante". Num clima de calúnias, mentiras e difamações, típico dos meses que antecederam o golpe de 1964. Trabalhador não pode "embarcar" nessa.

A voz do trabalhador da Monark – 4*

O trabalhador da Monark, além de ter de comer arroz velho sem óleo, encontra rato na salada.

Não recebe recados destinados a ele, mesmo que sejam de parentes próximos. Quando morre um parente e alguém procura o funcionário da Monark para que ele tome conhecimento do fato, é recebido com a resposta de sempre: o funcionário deixou a Monark há dois ou três anos – quando na verdade, ele continua lá.

Se houver um telefonema para o funcionário, ele receberá o recado seis dias depois.

Quanto à receber correspondência, a coisa não é melhor: as cartas endereçadas ao trabalhador são entregues pela Monark decorridos mais ou menos 15 dias.

O trabalhador na Monark não tem a classificação profissional em carteira.

Assim, o operário que é polidor consta na carteira como ajudante. Operador de máquinas também é registrado como ajudante. Há trabalhadores que estão à dez anos registrados como "ajudante".

Quem pedir aumento é ameaçado com demissão.

O controle do banheiro é tipicamente um "caso de polícia": um trabalhador que tomava conta da linha ficou dois minutos lá, e isso bastou para que fosse levado do banheiro.

* *Notícias Populares*, 23/6/1985.

Razão pela qual muitos trabalhadores acham ser melhor voltar para o Norte do que continuar escravizados na empresa em São Paulo.

Queixam-se os trabalhadores das provocações que são obrigados a suportar por parte das chefias médias para que a empresa tenha argumentos para demiti-los por justa causa.

O caminho

É através da organização, da formação de grupos e comissões de fábrica que os trabalhadores da Monark "terão vez".

Foi através da organização e da greve de 1984 que os trabalhadores da Monark conquistaram 50% de antecipação a partir de 1º de agosto e pagamento do abono de emergência em cima do salário já acrescido da antecipação.

Categoria que não é organizada é "ferrada".

Assim, quem não quiser pegar chuva na fila das refeições, não quiser quebrar a cabeça com telhado caindo, ficar sangrando até o fim do dia porque curativo é só depois do expediente, tem de se organizar.

A Ford (SBC e Ipiranga) mostram o caminho a seguir: formar comissão de fábrica que seja representativa, formada com companheiros de cada seção, para levar adiante as lutas dos trabalhadores da Monark. O resto é "conversa mole" de "cara" que quer usar trabalhador como escada e subir na vida sem fazer força. (*Fonte*: diretoria do Sindicato dos Metalúrgicos de São Paulo.)

Imprensa operária e alternativa[*]

Agradecemos o recebimento de vários números do jornal *O São Paulo*, editado pelo Cúria Metropolitana de São Paulo, *Convergência Socialista* (um jornal operário e socialista da CUT e do PT), e jornal *A Esquerda*, de uma dissidência do PCB. A todos, os agradecimentos da Coluna.

Por que não estender essa medida aos trabalhadores?

Os ministros da "Nova República" pagam mansões com 10% dos salários que recebem. O direito do trabalhador ter sua casa própria pas-

---

[*] *Notícias Populares*, 26/6/1985.

sa pela expropriação sem indenização dos terrenos baldios nos centros urbanos construindo casas populares, garantindo gratuitamente água, esgoto, luz e pavimentação para os atuais moradores de favelas. O material seria financiado pelo Estado. Segundo o ministro doutor Aluizio Alves, os ministros não podem pagar os preços do mercado, pois os aluguéis de Brasília estão muito elevados. Como ganham 6 milhões mensais pagarão Cr$ 600 mil para viver em palácios. Há milhares de trabalhadores que ganham Cr$ 600 mil e deixam 40% disso no aluguel ou prestação da casa própria, quando o ideal seria deixar somente 10% do salário. (*Convergência Socialista* – 15/5/1985, p.2.)

Sarney recebe o PC do B

Salienta o fato de que nos últimos 25 anos é a primeira vez que um presidente da República recebe formalmente dirigentes de um partido na ilegalidade. Isso é um triunfo democrático. Já não é o mesmo caso quando os visitantes vão declarar seu apoio a Sarney, ouvindo dele que estão incluídos num projeto político que viabilize o apoio ao governo no Congresso, até a Constituinte em 1986 (FSP, 30/4/1985).

Mas, a política desse governo é a do FMI, demissão de grevistas, salário mínimo de Cr$ 333.120 (*Convergência Socialista*, 10/5/1985, p.2).

Demagogia não mata a fome

O ministro doutor Sayad anunciou um programa de emergência que prevê a utilização de 121,9 trilhões de cruzeiros para alimentação, saúde e emprego. Isso significa 2,5 bilhões de dólares. Em 1985, o país pagará 14 bilhões de dólares em juros pela dívida externa. Parte da verba acima irá para construir cadeias, presídios e aparelhar a polícia, o que contribui pouco para resolver os problemas dos trabalhadores (Idem, p.3).

Tarifas de ônibus

O governo democrático do PMDB(S) aumentou a passagem de Cr$ 500 para Cr$ 900. De maio de 1984 até hoje, as passagens de ônibus subiram mais de 400%, acima dos 250% de inflação anual. Esse aumento consumirá um terço do salário mínimo do operário (Idem, p.7).

O Metalúrgico*

O jornal do Sindicato dos Trabalhadores Metalúrgicos de Santo André, Mauá, Ribeirão Pires e Taboão da Serra na sua coluna "Mão de Graxa" informa que:

"*Israel Soares da Silva*, encarregado do setor de fabricação, é protegido pela chefia e por conta disso puxa o saco o máximo possível." Segundo o jornal citado, recentemente a empresa deu um aumento de 20% para todos os funcionários e ele impediu o citado aumento, pois vive dizendo que "peão mesmo tem de passar fome". Até parece que a besta não é peão: o infeliz pensa que anda com o rei na barriga e trata os trabalhadores como se fossem escravos. O cidadão que parece ser valente com o pessoal da fabricação vive puxando o saco dos chefes do pessoal e do departamento pessoal. Certamente, está com medo de perder o emprego. Conclui a "Coluna do Mão de Graxa", "são traidores dessa natureza que atrapalham o avanço da luta de nossa classe".

Cofap S/A – encarregado ferra peãozada

Informa a "Coluna do Mão de Graxa" que o Francezinho, encarregado da Ferramentaria da Fundição da Cofap-Santo André, vem "ferrando" o pessoal da seção. O engenheiro deu aumento para os trabalhadores mas ele gorou o aumento. O incompetente vive soltando serviço errado e depois pressiona os companheiros, "entregando" todos. Na escala de horário tem "ferrado" os trabalhadores. Essa situação tem criado clima de intranquilidade entre os trabalhadores. Por outro lado, o "Mão de Graxa" está sabendo que tem muitos medrosos na seção, mas o pessoal precisa levantar o moral e enfrentar esse chefete. Também vários chefetes estão pressionando o diretor do sindicato. "Contra isso agiremos brevemente", conclui o "Mão de Graxa".

Cofap Mauá – Carlão, "o dedo-duro"

Segundo a "Coluna do Mão de Graxa" – rapaz ponta-firme – foi descoberto mais um puxa-saco na fábrica da Cofap de Mauá: é o Carlão do

---
* *Notícias Populares*, 1/12/1985.

departamento pessoal. O sem-vergonha perseguiu o companheiro e diretor do sindicato Luizinho na seção de anéis e "entregou-o" à chefia. Será que falta serviço no seu setor? Ou sua função é perseguir trabalhadores? Ou será que ele pensa que nunca será mandado embora da Cofap? "Carlão, fique na sua" – adverte o "Mão de Graxa" – "entenda que o Luizinho luta por todos, inclusive por você, apesar de você ser um tremendo de um 'dedo duro'", concluiu a "Coluna do Mão de Graxa" de *O Metalúrgico* n.168.

No próximo artigo tem mais.

O que diz *O Metalúrgico**

O jornal do Sindicato dos Trabalhadores de Santo André na "Coluna do Mão de Graxa" informa aos metalúrgicos e trabalhadores da Grande São Paulo que a comida da Laminação Nacional de Metais contém química e estraga a saúde.

No seu número 168 o jornal informa que o restaurante da LNM está uma droga. A empresa que serve a comida (GR) serve comida de péssima qualidade, na qual é fácil perceber a utilização de aditivos químicos. Vários trabalhadores, após ingerir essa "comida", passaram mal. A sujeira tomou conta do restaurante. A mistura é quase sempre a mesma e os ovos são uma constante no prato do pessoal. Mas o pior de tudo é que a moçada reclama desorganizadamente. Todos precisam se unir e fazer como o pessoal da Nordon, que já fez três greves contra o restaurante. Só assim os donos da LNM tomarão alguma medida, do contrário nada acontecerá. "Se o patrão não nos ouve trabalhando, o negócio é parar as máquinas", conclui a "Coluna do Mão de Graxa".

Os leões de guarda da Otis

Um tempo atrás, os chefes da Otis estavam parecendo cães de guarda. O sindicato e os trabalhadores reagiram e eles "entraram na linha"! Mas há algum tempo voltaram a atacar de cães de guarda. Esses chefetes precisam aprender que com repressão nada conseguirão. Ninguém sai de casa de madrugada para vagabundar na fábrica. Os trabalhadores da Otis

---

* *Notícias Populares*, 4/12/1985.

sabem da responsabilidade que têm. Se esses chefes são incompetentes ou incapacitados, não é reprimindo trabalhadores que irão aumentar a produção. Eles que se capacitem profissionalmente para a função, se não melhorarem vamos denunciar o nome de todos os cães de guarda da Otis, nessa coluna, concluiu a "Coluna do Mão de Graxa".

O cão de guarda da Cofap

Informa a "Coluna do Mão de Graxa" que o chefe da seção de amortecedores de Santo André da Cofap – Marcos Borges – está se excedendo em sua função. Em 11/10, sem justificação, demitiu um supervisor de pintura, José Roberto. Os companheiros fizeram paralisação de uma hora, pedindo sua readmissão. Ele cortou os aumentos do pessoal da produção, desviando a verba para os seus olheiros e puxa-sacos da seção de conserto. Obriga ajudantes e operadores a trabalharem como pintores sem dar aumento ou pagar insalubridade. Na última greve, "furou-a", trabalhando escondido aos domingos, cortando tubos de aço para a fábrica de Belo Horizonte. Até quando? E tem mais, é só esperar o próximo artigo.

Carta de dois metalúrgicos*

Recebi carta de dois metalúrgicos paulistas encaminhada para publicação nesta coluna sindical. Porém, ela extraviou-se entre os papéis que superlotam minha escrivaninha. Por isso peço desculpas aos autores da carta e solicito que enviem cópia da mesma para que possa publicá-la na coluna "No Batente". Obrigado pela compreensão.

Cuidado: um artigo perigoso embutido na Lei 7.369, de 20/9/1985 – Adicional de periculosidade no setor de energia elétrica

Recebemos ofício assinado por Roberto Fachini, datado de 16/12, que tem como anexo uma cópia da proposta de regulamentação da Lei 7.369 de 20/8/1985 elaborada pela diretoria do Sindicato dos Eletricitários de São Paulo e apresentada aos Ministérios do Trabalho e das Minas e

---

* *Notícias Populares*, 22/12/1985.

Energia. Fachini, nesse ofício, na qualidade de presidente da Associação de Empregados da Cesp (AEC), chama a atenção dos eletricitários para o artigo 4º, que acaba com a liberdade de organização deles.

Diz o artigo 4º: "Incidirá em justa causa o empregado que ingressar em área de risco sem prévia autorização do empregador". Conclui o ofício citado:

> Desta forma, a AEC se coloca resolutamente contra esta propositura e solicita do(s) companheiro(s), caso comungue com nossas preocupações, a denúncia deste fato, assim como o envio de telegrama aos ministros em questão, colocando tais preocupações.

É isso aí, eletricitário. Quanto mais se regulamenta uma lei, tanto mais o trabalhador perde direitos. É a "Nova República", companheiro! Tem que chiar e o jeito é enviar aos ministros cartas ou telegramas mostrando que a sociedade civil não está dormindo de touca. Ou democracia é só *pra* rico? Os "democratas" dizem que não, o povo também "tem vez". Quem viver verá, não é assim? O povo na sua sabedoria sempre pensa em relação aos senhores ministros: é melhor um asno que me carregue que um jumento que me derrube. Nada de "sinhozinho malta" sindical.

O trabalhador e a produção hoje: Beatriz Costa

Editado pela Editora Vozes/Nova aparece o volume 9 dos *Cadernos de Educação Popular*. De leitura obrigatória de sindicalistas, trabalhadores de fábrica, horistas, mensalistas.

A autora discute temas centrais referentes ao trabalho dentro da fábrica, as relações de poder lá existentes, a modernização tecnológica e o surgimento de novas especializações, declínio das velhas, a fábrica como espaço de luta. É um trabalho para ser lido por todos.

Metalúrgicos criticam diretor do sindicato[*]

Recebemos carta assinada por S.A.E.S. e A.O.Q., trabalhadores metalúrgicos, que nos solicitam divulgá-la pela Coluna.

---

[*] *Notícias Populares*, 8/1/1986.

A imprensa noticiou amplamente no início do mês de novembro a ocorrência da greve dos metalúrgicos de São Paulo. É verdade que houve a greve. Mas também é verdade que alguns diretores do Sindicato dos Metalúrgicos de São Paulo foram contra a greve. Um deles é o senhor Jayme José da Cunha, diretor sindical da Zona Oeste, que desrespeitou decisão da assembleia que decidiu a greve em 31 de outubro passado. Não só ele foi contra a greve como foi nas fábricas convencer os trabalhadores a não entrarem em greve. Fez várias reuniões secretas com os patrões. E o resultado disso é que só os patrões da área do senhor Jayme saíram ganhando. Nós metalúrgicos perdemos o emprego e não temos mais diretor sindical na nossa área, pois ele é *persona non grata* nas fábricas. Será que é justo o senhor Jayme continuar no sindicato recebendo salário que nós metalúrgicos pagamos?

Obs.: Pedimos a gentileza de publicar apenas as iniciais de nossos nomes e sobrenome, pois estamos desempregados e podemos ser prejudicados caso saiam nossos nomes completos. Obrigado.

Sem comentário, dizemos nós desta Coluna.

Pirelli contra trabalhadores?

Recebemos circular do presidente do Sindicato Trabalhadores nas Indústrias Metalúrgicas de Santo André, Ribeirão Pires, Mauá e Rio Grande da Serra, criticando a violenta repressão que sofre a Comissão de Fábrica da Pirelli, democraticamente eleita pelos trabalhadores da fábrica. Em setembro a Pirelli chamou a PM para apreender boletins sindicais na porta da empresa que o sindicato distribuía; um membro da comissão de fábrica recebeu advertência por escrito, totalmente sem fundamento; a 10/12 três PMs entraram na sala de reuniões da comissão de fábrica para intimidá-la. O chefe da segurança da empresa, João Canavesi, arrancou todos boletins, cartazes e artigos afixados pelos membros da comissão. O relações-industriais da empresa, Sidney Roberto Ladessa Munerati, afirmou à comissão que essa repressão obedece a ordens suas. Daí o repúdio do sindicato e da comissão de fábrica a essa repressão que despreza o princípio democrático e universal do exercício sindical e atenta ao direito de organização dos trabalhadores.

Dizemos nós, é isso aí, você trabalhou e o país mudou, estamos na "Nova República", mais parecida a uma 2ª edição da "Velha".

O Metalúrgico*

No número 172 de *O Metalúrgico*, na "Coluna do Mão de Graxa", temos as seguintes informações para que a classe trabalhadora tome conhecimento.

Na TRW – Adilson, o "líder" dedo-duro

Adilson, líder da seção de tubos, é o tipo do sujeito de duas caras. Durante o dia, quando o chefe está na fábrica, vive pressionando os trabalhadores. Esconde-se atrás das máquinas para dedá-los. Na hora do café olha o pessoal com cara de peixe morto. Vive agarrado no chefe, pois está com medo de ser demitido. Quando o chefe sai, ele começa a chamar o pessoal para bater papo e acaba atrapalhando o trabalho de todos. Taí o tipo de gente falsa em que os trabalhadores não confiam.

Na KS Pistões, um vendedor de uísque

Um aviso muito rápido, rápido ao vendedor de uísque, o Ferreira, segurança. É melhor você maneirar que o pessoal não está gostando do seu comportamento. E, depois, esse negócio de vender uísque é comprometedor. Cautela e caldo de galinha não faz mal a ninguém.

O Günter aprontou outra: dispensou um grupo de trabalhadores porque pediram aumento. Olha aí, pessoal. Esse sujeito é assim mesmo, sempre faz jogo sujo. Lutar por aumento é junto com o sindicato.

Na Pirelli: Eliseu, dedo-duro

Tem gente que quer ver o mal dos outros. Defende os patrões e acha que está fazendo a melhor coisa do mundo. É o caso do Eliseu Pedro da Silva, que trabalha na seção de troca de moldes. O moço proibiu que os trabalhadores que são de firmas externas, como a Verzani, tomem café antes do turno de trabalho. Essa proibição é injusta, mas o pior é que ele "entrega" todos para a chefia. Tem gente que não vale mesmo uma xícara de café, conclui o "Mão de Graxa".

---

* *Notícias Populares*, 12/1/1986.

Na Constata RP: Verruguinha é contra o lazer

Vivaldo, conhecido também por Verruguinha, gerente de seção de capacitadores da Constanta de Ribeirão Pires, é o tipo de chefe que quer ver mal seus funcionários. Toda fábrica emendou 15, 16 e 17, pois compensaram o dia 16. Mas o Verruguinha não aceitou a compensação e forçou toda a seção a vir trabalhar no sábado. Para esse gerente, "pobre não precisa de três dias de descanso para ficar em casa". Lamentável, mas existe gente que defende as elites e os ricos, constante o "Mão de Graxa". O Verruguinha até parece o Justo Veríssimo, aquele personagem do Chico Anysio que afirma: "Pobre tem mais é que morrer".

CUT denuncia escravidão dos operários da Voith[*]

Tendo que dar conta de imensas encomendas, os donos da Voith iludiram seus trabalhadores com o sonho dos ganhos com hora extra. Qual é o trabalhador que até hoje, abril de 1986, ficou rico com horas extras?

Trabalhar doze horas é um crime

O boletim da CUT – Regional Grande São Paulo – Zona Oeste – salienta que a classe operária do mundo todo lutou mais de cem anos para reduzir a jornada diária de trabalho para oito horas. Para isso fez inúmeras greves e, em decorrência delas, nos EUA vários operários foram mortos e outros enforcados pela polícia a serviço dos patrões. Por isso, comemora-se mundialmente o dia 1º de maio como Dia do Trabalho. É uma homenagem aos trabalhadores norte-americanos que em Chicago morreram lutando pelas oito horas diárias de trabalho. No Brasil, desde 1906 luta-se por isso.

A Voith quer operário igual a burro de carga

Com doze horas diárias de trabalho, como o operário poderá estudar? Como vai poder ficar mais com sua família? Quem vai poder visitar um

---

[*] *Notícias Populares*, 20/4/1986.

amigo? Quem vai poder participar de uma assembleia do sindicato ou da CUT?

Com doze por doze e mais quatro horas de viagem, os trabalhadores ficarão iguais a bestas cansadas. É isso que a Voith quer, operários obedientes, cansados, mansos, que só sabem falar "sim-senhor".

Promessas vazias da Voith, silêncio do sindicato

A Voith não prometeu nada, exige durante quatro a seis meses jornada diária de doze por doze horas. Ela ofereceu aos funcionários máquinas novas que seus filhos usarão. Pensam em escravizar os filhos de trabalhador. Aumento? Nada. Semana de 40 horas? Nada. Se há tanto serviço, que a Voith dê quarenta horas já em três turnos de oito horas, propõe a CUT. Isso criaria mais mil empregos.

O sindicato do Joaquinzão, na pessoa do senhor Jorge, calou-se diante dos patrões da Voith. Não defendeu o direito dos trabalhadores de recusarem a proposta patronal.

Além do horário há o uniforme de trabalho, que a Voith não quer fornecer. Há um abaixo assinado com mil nomes do sindicato, parado. Companheiro da Voith, analise com os companheiros da CUT da Lapa o que fazer, à Rua Joaquim Machado, 224, travessa da Monteiro de Mello. Falou?

O que está havendo na Auto Comercial Acil Ltda.?[*]

– Boletim da CUT Regional da Grande São Paulo, Zona Leste, Mooca, que traz como título "Sarrafo na Acil, não às horas extras", denuncia que a greve de cinco dias, além do prejuízo, provocou atraso tremendo na produção da Acil.

– Para conseguir produção – diz o boletim – tudo é válido: ameaças de demissões, desrespeito à lei que regulamenta a jornada de trabalho e pressões das chefias.

– Salienta ainda que os trabalhadores estão forçados a se submeter a entrar às 6 horas e sair às 19h30, trabalhando doze horas e meia por

---

[*] *Notícias Populares*, 8/6/1986.

dia: considerando o gasto de tempo na condução, chegamos ao total de dezesseis horas de jornada de trabalho diária.

– Daí o boletim reafirmar as reivindicações básicas dos trabalhadores na Acil: abono de emergência de 120 horas, adicional de insalubridade nas secções, melhoria da qualidade da comida e a preço menor, não marcar cartão na hora do almoço, saída às 17 horas mantendo os intervalos de descanso.

– A empresa pertence à categoria dos marceneiros e conta com mais ou menos 1.100 funcionários. Durante a greve, que durou cinco dias, feita no interior da empresa, foram demitidos dez trabalhadores, dois com estabilidade no emprego. Após o término da greve, em que consideram 5,72% de aumento, a empresa fez acordo com nove dos demitidos por justa causa. Mas demitiu quase cem trabalhadores.

Porém, segundo informações de fonte segura, a maioria dos diretores do sindicato procura manter de boa vizinhança com a empresa. Isso atingiu tal ponto – segundo nosso informante – que o presidente de sindicato negou-se a rodar os últimos boletins denúncia, alegando que continham muitas críticas à empresa.

Sai, leão de chácara

O verso do citado boletim da CUT traz o título acima, esclarecendo que a chefaiada pressiona o trabalhador a produzir além dos 80% de produção, força-o a fazer horas extras, com ameaças de que se não fizer ficará "manjado" e será demitido.

O regulamento da empresa é tirânico: se esquecer de marcar o cartão recebe advertência, só pode marcar cartão dez minutos antes da entrada, ficou mais de dez minutos no banheiro ou não deu 80% de produção, advertência. Houve muitos casos de trabalhadores agredidos pela "segurança" da empresa. O boletim destaca os nomes de Kamura, Toninho, Carrocinha e Vanderlei. Eles fazem horas extras na função de "segurança" da empresa.

A comida é péssima: pouca mistura, arroz cru e empelotado, produz diarreias coletivas. À noite come-se a sobra do dia com feijão azedo. Baratas, lesmas, grampos, pregos acham-se na comida. O "Pica-pau", do Sindicato dos Marceneiros, aponta o exemplo da Honda da Amazônia, cuja greve foi considerada legal e os salários não foram rebaixados.

A Auto Comércio e Indústria Acil contra Franco Farinazzo – 1*

Recebemos no último dia 1º de outubro carta datilografada do senhor Franco Farinazzo juntamente com um relatório a respeito dos fatos que envolvem a empresa Auto Comércio e Indústria Acil, que o demitiu contrariando a lei que dá estabilidade aos que têm mandato sindical.

Relata o senhor Franco que muitos trabalhadores garantidos pelo mandato sindical, gozando de estabilidade, sofrem perseguições e ameaças. Diz ele na carta: "Meu caso, contudo, é único no tipo de pressão exercida pela empresa para que eu abrisse mão do mandato".

O marceneiro Franco foi reintegrado às suas funções na Acil por força de medida judicial da Justiça do Trabalho, desde 4 de junho de 1986; a empresa citada se nega a pagar o salário e apela para instância superior da Justiça do Trabalho, desdobrando o processo cujo final pode levar meses ou anos. Pergunta ele: como pode um trabalhador que vive de seu salário, que tem uma família a sustentar, manter uma causa quando precisa para isso permanecer no emprego e a empresa se nega a pagar-lhe, apesar de se beneficiar e enriquecer com seu trabalho?

Franco é inspetor de qualidade há quinze anos, trabalhou como metalúrgico na construção civil, atualmente na categoria dos marceneiros. Sempre lutou pelos interesses não só de uma categoria, mas sim da classe operária, que engloba categorias profissionais variadas. Sempre lutou contra as injustiças. Contra um sistema social onde os trabalhadores são explorados, no qual deles se exige tudo e de volta só têm a pobreza, a insegurança e a intranquilidade, escreve ele.

Esclarece que está nessa situação por resistir contra a demissão injusta de que foi vítima, apesar de ter estabilidade na empresa por força de contrato coletivo, eleito como representante de seus companheiros de trabalho. Esclarece que é na defesa desse mandato, que não pertence nem à empresa nem à Justiça do Trabalho, mas sim àqueles que o elegeram, que tenta levar essa luta até as últimas consequências.

Para denunciar essa situação, Franco organizou, juntamente com outros companheiros da empresa em que trabalha, um relato dos fatos.

---

* *Notícias Populares*, 15/10/1986.

Conclui Franco sua carta, dizendo que "tornando pública a verdade dos fatos, estaremos contribuindo para combater mais esta carga que se volta contra os trabalhadores e que faz deste país um paraíso de injustiças, da impunidade e do roubo".

Os fatos que fundamentam a carta acima de Franco serão relatados nos próximos artigos desta coluna sindical. Ele não é candidato a nada, esclareça-se.

A Indústria Acil contra o marceneiro Franco Farinazzo – 2[*]

O marceneiro Franco Farinazzo inicialmente esclarece que a Auto Comércio e Indústria Acil Ltda. está localizada à Rua Guamiranga, n.1151, na Vila Carioca, produzindo vários componentes (bancos, tapetes, tetos, pára-sol etc.) para a indústria automobilística. Possui cerca de 1 mil funcionários que suportam um péssimo ambiente de trabalho.

Franco aponta uma característica dessa empresa: a alta rotatividade da mão de obra, a empresa admite trabalhadores em época de pico de produção, no primeiro semestre; no segundo demite massivamente. A maioria dos ajudantes não chega a completar o período de experiência. Ela prefere admitir como ajudantes trabalhadores sem experiência nenhuma de indústria.

O segundo aspecto refere-se a punições e repreensões: atrasos e faltas sem justificativa são motivo de advertência e demissão por justa causa.

Caso o funcionário esqueça de marcar o cartão, é punido com advertência e perda do dia do trabalho, caso isso se dê mais de três vezes por ano. É obrigado a usar a "chapinha" para ir ao banheiro; caso ultrapasse sua permanência mais de dez minutos, recebe carta de advertência. São punidos com pena de advertência os funcionários que não atingem a quota de produção definida pela empresa, escreve Franco.

A empresa não tem nenhuma preocupação com os funcionários. A empresa fica ao lado do rio Tamanduateí. Quando há enchentes as ruas ficam cobertas de lama e, na entrada e saída do trabalho, o funcionário tem que enfrentar água até a cintura ou esperar durante horas até as águas baixarem. Por várias vezes os funcionários tiveram que passar a noite na

---

[*] *Notícias Populares*, 16/10/1986.

empresa. Ela nunca tomou providência em relação a isso, como também em relação à higiene e alimentação; os vestiários são apertados e não existe chuveiro com água quente. O Sesi fornece comida aos trabalhadores da Acil de péssima qualidade e muito cara em relação ao salário que recebem. A "refeição especial" fornecida por outra empresa pouco difere da "refeição comum", porém custa o triplo.

Acidentes de trabalho são rotina: frequentemente trabalhadores perdem dedos, mãos, ficam aleijados e são invariavelmente julgados como "culpados" pela empresa. Ajudantes que nunca trabalharam em qualquer indústria, que a empresa prefere contratar, são contratados para trabalhar em máquinas que exigem experiência anterior. Ela possui máquinas com defeitos, sem dispositivos de segurança eficientes. A exigência de produção pela empresa só pode ser mantida através de um ritmo desumano de trabalho. Esses são fatores potenciais que provocam acidentes de trabalho. O resto continua no próximo artigo.

Auto Comércio e Indústria Acil Ltda. contra o marceneiro Franco Farinazzo – 3[*]

Acidentes de trabalho são rotina (continuação) – O trabalho com colas, tinta, thinner e outros materiais intoxicantes tem provocado inúmeras doenças nos trabalhadores que lidam com eles.

Horas extras obrigatórias – No período de "pico" da produção, é muito grande a pressão para se fazer horas extras. Caso os trabalhadores se neguem a isso, são perseguidos e ameaçados de demissão. Após a última greve, muitos trabalhadores tiveram que trabalhar das 6h às 19h30, isto é, durante doze horas diárias e aos sábados e domingos, porque houve atraso na produção.

Segundo Franco, os problemas acima enumerados, aliados ao baixo salário pago pela Acil e sua intransigência ante os funcionários que pleiteavam aumento salarial, levou à greve de cinco dias com a adesão da quase totalidade dos seus mil funcionários. Durante a greve foram demitidos dez trabalhadores, acusados pela empresa de terem provocado o movimento, sendo que dois deles tinham estabilidade no emprego por

---

[*] *Notícias Populares*, 22/10/1986.

terem sido eleitos para fiscalizar um acordo de compensação de horas. O acordo tinha sido assinado entre o sindicato e a empresa em agosto de 1984.

Terminada a greve, os trabalhadores da Acil tinham obtido um aumento. Porém, a empresa ofereceu um acordo a todos os demitidos: ela pagava os direitos trabalhistas menos o aviso prévio e, em troca, a empresa exigia a renúncia à estabilidade no emprego e ao mandato por parte dos representantes do acordo de compensação de horas. Nove trabalhadores aceitaram essa oferta da empresa. Escreve Franco: "Eu decidi que deveria lutar para garantir o mandato, em primeiro lugar porque este mandato não me pertence, mas sim aos trabalhadores que me elegeram, e também porque considerei que as demissões tiveram como objetivo desestimular qualquer reivindicação por parte dos trabalhadores, assim como punir os representantes que se integraram nesta luta".

Esclarece Franco que entrara em maio com processo trabalhista na Justiça pedindo a anulação da demissão e o direito de continuar exercendo o mandato de representante do acordo de compensação, para o qual tinha sido eleito. No mesmo mês, entrou com outro processo, pedindo a volta ao trabalho enquanto não era julgado o processo de anulação da demissão.

No dia 4 de junho de 1986, a juíza da 16ª Junta do Trabalho determinou a volta de Franco ao trabalho. Isso não acaba aí, continua no próximo artigo.

Auto Comércio e Indústria Acil e marceneiro Franco Farinazzo – 4*

Trechos da sentença da juíza da 16ª Junta do Trabalho a 5 de setembro de 1986 – A Acil, segundo Franco, havia assinado um acordo de compensação de horas, homologado na DRT, no qual ficava assegurada a formação de uma comissão de fiscalização formada paritariamente por representantes dos trabalhadores e da empresa, para a qual, entre outros companheiros, ele foi eleito e obteve a estabilidade. No processo a empresa argumentou que nada sabia do fato. A respeito, diz a juíza em sua sentença:

---

* *Notícias Populares*, 29/10/1986.

No que se refere à argumentação da reclamada [a Acil] no sentido de que nenhum momento concordou com a formação da denominada comissão paritária e que esta foi formada à revelia da reclamada, temos que admitir que a argumentação não procede. De fato, o acordo juntado aos autos previu a formação da comissão paritária, tendo deferido [concedido] aos membros representantes de empregados a estabilidade prevista no artigo 543, parágrafo 3º, da CLT. Tal acordo, que contou com a anuência da reclamada [a Acil] através de seu representante legal, foi devidamente homologado pela DRT, presumindo-se que tenha obedecido a todas as formalidades legais, até porque a reclamada [a Acil] não demonstrou em nenhum momento que as mesmas não tivessem sido obedecidas, ou provou que o acordo houvesse sido celebrado através de fraude ou coação, vícios capazes de infirmá-lo [de anulá-lo].

Segundo Franco, a greve fora julgada ilegal, porém as reivindicações dos funcionários da Acil não foram julgadas ilegítimas. A respeito da intransigência total da empresa e ao fato de ela alegar desconhecer um acordo que ela assinara, esclarece a juíza em sua sentença:

> Deflui [parece] claro que a reclamada [a Acil] jamais pretendeu que seus empregados tivessem participação ativa na vida da empresa, a não ser naquilo que se refere ao lucro que a empresa aufere [ganha] em razão do trabalho de seus empregados.

A Acil, após recusar aumento e/ou atendimento às reivindicações de seus funcionários, tendo demitido dez, concedeu um aumento salarial. A respeito, diz a juíza em sua sentença:

> De outro lado, a reclamada [a Acil], a despeito do entendimento do TRT, acabou por conceder aumento salarial a seus empregados, embora não no percentual pelos mesmos desejados. Isso implica o reconhecimento tácito da legitimidade das pretensões dos mesmos, tirando o cunho de ilegalidade da paralisação do trabalho.

Auto Comércio e Indústria Acil Ltda. contra marceneiro Franco Farinazzo – 5*

Trechos da sentença da juíza da 16ª Junta do Trabalho a 5 de setembro de 1986 – Segundo Franco, a empresa mostrou que tem dois pesos e duas medidas. Demitidos os funcionários que foram acusados de incitarem a greve, apenas um foi dispensado por justa causa. A respeito diz a juíza:

> O reclamante [Franco Farinazzo, MT] por seu turno não teve interesse em se desligar da empresa. Não fez acordo, entendeu ser lícito seu comportamento e, considerando a estabilidade de que era portador, não aceitou o que lhe foi proposto. Então, aí sim a reclamada [a Acil, MT] argui [assinala, MT] a sua participação no movimento grevista. São dois pesos e duas medidas. O motivo subjacente [escondido, MT] está no comodismo, na manutenção da exploração do homem pelo homem e no esquecimento das prerrogativas do próximo como ser humano.

Segundo Franco, ficara claro que a Acil pretendia dar uma "punição exemplar", como na Idade Média, a seus funcionários tão espezinhados. Diz a juíza:

> Por que então prosseguir e eleger o reclamante [Franco, MT] como bode expiatório? A reclamada [a Acil, MT], com sua atitude desarrazoada, acabou por construir uma vítima, um mártir da causa de seus empregados. Não lucrou nada e ainda passa por antipática. Mais do que isto, prossegue em sua intransigência, na medida em que, a despeito de ter sido o reclamante (o senhor Franco, MT) liminarmente reintegrado através de medida cautelar [um tipo de ação em Direito, MT] intentada, amputou seu comportamento com medidas extremas, colocando um empregado de cognome "Carrocinha" para fiscalizar o reclamante [Franco, MT] durante toda a jornada de trabalho, inclusive quando o mesmo se dirige aos banheiros. Mais do que absurda, a atitude da reclamada [a Acil, MT] se coloca como uma violência. Violência contra o direito de ir e vir, de fazer ou não fazer, posto que só a lei pode, dentro dos parâmetros constitucionais, restringir tais direitos do cidadão. Perquire [Pergunta] essa mesma Junta e agora de modo direto à reclamada [a Acil, MT] através de seus prepostos, como se sentiriam os mesmos se fossem

---

* *Notícias Populares*, 2/11/1986.

acompanhados constantemente por uma pessoa, inclusive, quando de suas necessidades fisiológicas? [...] Muitos foram os anos de arbitrariedades e desmandos, de iniquidades. Por melhor que fosse a justificativa, ela não serviria para aplacar a revolta e o gosto amargo que ficava na boca do trabalhador e do povo brasileiro em geral.

Continua.

Auto Comércio e Indústria Acil Ltda. contra marceneiro Franco Farinazzo – 6*

Continuando a sentença, aborda as limitações do direito de ir e vir que a empresa acima citada implantou contra Franco, diz a juíza em sua sentença:

"Vivemos hoje uma nova época, ou pelo menos pretendemos viver. A realidade de hoje se pauta pela liberdade de expressão e, desde sempre, reivindicar não pode ser havido como ato de subversão", finaliza a juíza.

Segundo Franco, a perseguição não parou aí; a Acil restabeleceu o trabalho escravo, porque, quando ele foi reintegrado à empresa, ela recusou-se a pagar os salários a que ele tem direito. A respeito, diz a juíza em sua sentença:

> O pedido procede [o pedido de Franco]. Independente do direito que teria a reclamada [a Acil] a eventual ressarcimento, a realidade é que não existe trabalhador escravo, sendo certo que o salário é a contraprestação mínima pelo serviço prestado. Tendo sido o reclamante [Franco, MT] reintegrado através de medida cautelar e estando efetivamente trabalhando para a reclamada [a Acil], deverá receber seus salários.

Poderiam os leitores perguntar: por que dedicar artigos de jornal ao caso Acil x Franco Farinazzo? Isso ocorre para mostrar ao sindicalismo, às comissões de fábrica que porventura existam, cujos membros não foram ainda demitidos pelo patronato, aos trabalhadores em geral, o que é opressão e o que é luta.

---

* *Notícias Populares*, 5/11/1986.

O caso tratado em nossos artigos mostra que só através da luta se formam as lideranças autênticas dos trabalhadores. Líder é aquele que, através de sua prática a partir do local de trabalho, tem a confiança e o respeito de seus companheiros. Chefe é aquele que inicialmente fora líder de alguma coisa, assenta-se num cargo burocrático garantido pelo Ministério do Trabalho e joga com dois pauzinhos: de um lado, ouve os trabalhadores em questões minúsculas para garantir o apoio da categoria ou da classe; de outro lado, é beija-mão do patronato, de ministros, secretários de Estado; ele não vive *para o* sindicato, vive *do* sindicato. Nos artigos que publicamos, puderam ver os trabalhadores, através da conduta real de Franco Farinazzo, o que é um líder pela sua coerência e persistência na luta e não um sanguessuga dos trabalhadores que "usa-os" como escada de sua carreira política.

Acil persegue Franco Farinazzo[*]

Esse trabalhador, conhecido por sua combatividade como militante sindical, apesar de ter sentença judicial favorável, não recebeu seus salários referentes ao período trabalhado após sua reintegração por sentença judicial. No final de dezembro passado, a Acil voltou a impedir sua entrada na empresa em desrespeito à sentença judicial que ordenava sua reintegração. Franco está com outra ação na Justiça para ser reintegrado novamente.

Resposta a um companheiro metalúrgico

A respeito de matéria minha publicada em 18/2/1987 com o título "Sobre as eleições dos metalúrgicos", devo esclarecer o seguinte: a finalidade dela não foi absolutamente por via direta ou indireta defender quem colaborou direta ou indiretamente com o "Joaquinzão", muito menos quem valeu-se durante décadas e décadas da estrutura sindical vigente colhendo frutos do "peleguismo". A finalidade do artigo foi alertar os companheiros da MOSM-SP no sentido de transformarem a vitória que tiveram nas grandes empresas paulistas nas últimas eleições numa vitória

---

[*] *Notícias Populares*, 1/4/1987.

eleitoral que possibilita a eles varrerem o peleguismo que corroeu e corrói o Sindicato dos Metalúrgicos de São Paulo.

Sem dúvida alguma, acho pertinente que os militantes metalúrgicos que romperam com Joaquinzão e fazem parte da diretoria do sindicato façam uma autocrítica pública do período em que trabalharam juntos num processo de aliança com as forças lideradas por Joaquinzão. Assim, penso eu, poderiam realmente unir-se às forças de oposição representadas pelo MOSM-SP. Quando sugeri o nome do Lúcio como possível elemento que integre a luta dos metalúrgicos contra o "peleguismo", parti do princípio de que ele faz parte da CUT. É claro que a própria CUT apresenta várias tendências e sua coordenação ou unificação não é coisa que se resolva da noite para o dia. O MOSM-SP é um dos baluartes na luta por um sindicalismo classista, sem dúvida, enquanto vejo "Alternativa Sindical" como uma proposta de sindicalismo que não tem alternativa alguma. Um enfrentamento consequente com o patronato e os "pelegos" não é o que "Alternativa Sindical" quer, daí não haver razão para tanta alegria de seus membros pelo meu artigo de 18/2.

A boa-fé básica estava presente no artigo, reconheço que a limitação de informações tenha me levado a equívocos e publicamente faço a autocrítica ante os que sempre lutaram contra o "peleguismo".

Arroz cru e outros bichos*

Alcace – Arroz cru e outros bichos – A Alcace está servindo arroz cru, bife malpassado (quase cru) e às vezes até estragado. Será um novo regime alimentar que está na moda?

O pior é que, além de acabar com o estômago e a fome dos funcionários, a empresa não está pagando férias. O sindicato já pressionou várias vezes, mas o problema continua. Há casos de companheiros que voltam das férias sem ter recebido o dinheiro. Orlando e Ronaldo, responsáveis pelo departamento pessoal, são os culpados por esses absurdos.

Os encarregados da seção de tanque e cerâmica pensam que os trabalhadores são de ferro, obrigando o pessoal a trabalhar dobrado e dar muita produção. Ninguém está aguentando o ritmo e é obrigado a dar hora extra.

---

* *Notícias Populares*, 22/6/1986.

TRW – Canário voo curto – Na TRW há dois chefes que abusam do poder, o encarregado Santo Moreschi e o José Balman, mais conhecido como "Canário"! O Santo fica direto no pé do pessoal exigindo produção e o Canário não deixa os funcionários trocarem de turno, e se alguém reclama, logo diz: "Se não está bom, pede a conta". O Canário canta grosso mesmo, quando exige que os trabalhadores façam horas extras. Abre o olho, Canário, o pessoal está a fim de cortar suas asas.

E tem uma tal de Geni, encarregada da linha, que pega no pé das funcionárias o tempo todo. Ninguém pode ir ao banheiro sossegada, pois a Geni controla a hora, e se atrasar lá vem bronca.

Nordon demite companheiro que socorreu Antonio – O companheiro Francisco Assis de Souza, mecânico de manutenção, foi mandado embora uma semana depois de ter socorrido o companheiro Antonio, que falecera em 17/3 depois de uma jornada de 24 horas de trabalho. A esposa do Antonio entrou com o boletim de ocorrência para exumação do corpo do Antonio e confirmar ou não a causa da morte dele e a hora em que ocorreu. Isso porque a empresa alega que Antonio morreu fora da empresa, a caminho do hospital. Por isso o companheiro Francisco foi demitido da empresa. Tem mais, era forte candidato às eleições da Cipa. Esse tipo de coisa não pode continuar: companheiros morrendo por excesso de trabalho, outro perdendo o emprego. Está na hora de dar um basta às horas extras e às arbitrariedades dos patrões.

Parte V
Trabalhadores e trabalhadoras rurais

Fazendeiro absolvido*

No Vale do Ribeira, em Eldorado Paulista, realizou-se o julgamento de Francisco Tibúrcio, fazendeiro acusado de ter mandado assassinar o posseiro Carlos da Silva. No final do julgamento, saiu a sentença que inocenta o fazendeiro como mandante do crime. Durante o julgamento um dos policiais foi ameaçado de ser enquadrado no crime de falso testemunho, tão contraditório o depoimento que apresentou. O julgamento durou quinze horas. Assistiram mais ou menos 150 lavradores. Eram homens e mulheres, velhos e crianças que deixaram suas comunidades rurais para pedir justiça e punição do assassino e seu mandante, numa manifestação correta elogiada pelo juiz.

Porém, Tibúrcio foi absorvido e os dois executores do crime estão em liberdade. Messias de Souza, capataz do fazendeiro fugitivo, está foragido, e Elísio Ferreira, apesar de ter confessado a participação no crime e o envolvimento do fazendeiro, está em liberdade.

No interrogatório, afirmou que durante muitos anos teve divergências pessoais com os posseiros. Segundo Tibúrcio, "os conflitos eram levados à Justiça". Para ele, o assassinato de Carlito ocorrera porque a vítima estava provocando a mulher do ex-capataz de sua fazenda, Messias. Insistiu nisso

* *Notícias Populares*, 14/8/1985.

durante todo o depoimento, tentando jogar sobre o morto a responsabilidade da própria morte.

Segundo os posseiros, a verdade é outra. O fazendeiro Tibúrcio avisara, seis meses antes do assassinato, que se não saíssem da terra iria haver morte. Tibúrcio chegou há dez anos ao local, comprou 60 alqueires de terra, porém, queria controlar 1.200 alqueires. Com a "grilagem" expulsou muita gente. O fato é que Tibúrcio e seu irmão não só queriam casas como soltaram gado na plantação dos posseiros. O assassinato de Carlos da Silva foi no dia 3 de julho de 1982.

Escravidão no norte do Paraná[*]

A Reflorestamento Brasileira S.A., cuja sede está localizada em Curitiba, proprietária da fazenda Rebrasa, que fica a cinco quilômetros de Adrianópolis no bairro Colônia, arregimenta mão de obra escrava mediante anúncios em jornais paulistanos sob o nome de Alumínio Coálcool, para trabalho de desmatamento, abertura de valas, plantio de arvores e feitura de cercas. Um dos diretores da empresa, Irineu Leônidas Zanelatto, recusou-se a prestar declarações à imprensa sobre o assunto.

A história surgiu a público quando o SOS de Apiaí, entidade social da comunidade, começou a receber trabalhadores fugidos da fazenda Rebrasa, em número de sessenta. Queixaram-se eles de espancamento, maus-tratos, comida ruim, alojamento sem condições de abrigar os mil trabalhadores lá existentes, trabalhando sem receber pagamento, verdadeiros escravos. Para chegar a Apiaí tiveram que cruzar a mata (pois as entradas da fazenda são vigiadas por capatazes armados) e atravessar um rio até a cidade. Na sua maioria, são contratados por empreiteiros da fazenda em Marília ou São Paulo. São Levados à noite, daí desconhecerem sua localização precisa. São atraídos com promessas de bons salários, assistência médica, lazer. Na realidade, são forçados a assinar recibos em branco, como se tivessem sido pagos. Quem se recusou a isso foi agredido a coronhadas de revólver.

Os trabalhadores-escravos fugitivos da fazenda são José Correia da Silva, José Rodrigues do Nascimento, Cipriano José Antonio, José Ferreira, Nival de Souza, Roberto Lourenço, Antônio Carlos Francisco Campos, Ma-

---

[*] *Notícias Populares*, 5/12/1982.

rio de Souza Netto, Joaquim Silvério Domingues, Valdir Plácido, Claudinei Inácio, Aparecido Francisco Marcelino e José Aparecido Gomes.

O depoimento de José Rodrigues: "Quando pegam a gente *pra* trabalhar, dizem que tem futebol, piscina, boa comida, mas não tem nada disso. A gente vai pedir a conta, é ameaçado de morte, e nós não *recebe* nada". O lavrador José Ferreira foi contratado para receber Cr$ 5 mil por alqueire roçado e, após quarenta dias de trabalho, recebeu Cr$ 300.

A fazenda tem um armazém, onde um maço de cigarro que custava Cr$ 32 era vendido a Cr$ 60. José Aparecido Gomes relatou que

> tínhamos que almoçar às 11 horas no barracão e depois descer a serra. Lá chegando, geralmente, não encontrávamos comida. Então, só jantava, sem almoçar. Trabalhei 15 dias e não vi um tostão.

Aparecido Francisco, de Ourinhos, relatou que "até onça pulou em cima do barraco onde estávamos. Há cobras do tipo sucucu que atacam o pessoal. Peão ficou picado e não contou com socorro algum". No armazém, uma caixa de fósforos custava Cr$ 10.

A Comissão de Justiça e Paz do Paraná, através do advogado Wagner Rocha D'Angelis, fez uma denúncia formal à Delegacia Regional do Trabalho (DRT) no Paraná, relatando os fatos e pedindo providências legais. Há casos relatados por um lavrador de "capataz sair com um cara para a mata, e este lá ficar". O que faz o Sindicato dos Trabalhadores Rurais? (Fonte: *O São Paulo*)

Em 1.220 localidades luta-se por terras*

José dos Reis Santos Filho, da Associação Brasileira de Reforma Agrária (Abra), sediada em Campinas (SP), relatou a respeito da luta por terras no Brasil na 34ª Reunião da Sociedade Brasileira para o Progresso da Ciência (SBPC). Segundo ele, dados ainda parciais mostram que existem 1.220 localidades brasileiras onde há lutas pela posse de terra. A área em conflito teria uma extensão de 33.693.421 hectares, o que corresponde a uma vez e um quarto a área do estado de São Paulo. O estado do Rio de Janeiro, por

---

* *Notícias Populares*, 8/12/1982.

exemplo, registra 95 casos. O Maranhão bate todos os recordes nacionais, com 314 localidades com conflitos de terra.

Cimi denunciado – O italiano Roberto Brodoloni, de 37 anos, resolveu trocar um bom emprego na Itália, onde trabalhou quinze anos, por "uma causa justa" e há quatro anos e meio veio trabalhar com os índios na Prelazia de Roraima, convidado pela Igreja, e, posteriormente, no Conselho Indigenista Missionário (Cimi). Nos anos seguintes, Brodoloni decepcionou-se com os setores progressistas do clero católico. Durante os quase dois anos em que ficou encarregado de administrar e divulgar o jornal *Porantim*, do Cimi, contou que viu o Cimi "pregar uma coisa e agir, dentro de casa, de maneira diferente". Conta, por exemplo, que assistiu à demissão do leigo Aniceto Barroso, por este ser filiado ao Partido dos Trabalhadores (PT). Há pouco mais de oito meses ele passaria pela mesma situação. Alegando contenção de despesas, o secretário-geral do Cimi promoveu uma reunião fechada do conselho e demitiu Brodolini e sua mulher, Beatrici Pingeot, sem pagar indenização. Com a esposa grávida, ele tentou contornar a situação. "Temos que fazer contenção de despesas e não podemos ficar com sentimentalismo", respondeu-lhe o secretário-geral do Cimi. Sem emprego e sem dinheiro, Brodoloni entrou com processo trabalhista contra o Cimi. Intimados a pagar, o secretário-geral e o bispo dom Tomás Balduíno, vice-presidente do Cimi, disseram que o fariam, "mas não que ele tivesse direito. Apenas queremos ficar livres para que não se manchem nossas pregações". O Cimi reteve por mais de trinta dias sua Carteira de Trabalho; para reavê-la, teve de entrar com outro processo na Justiça, que intimou o Cimi a devolver-lhe a Carteira de Trabalho. "No Cimi, até fevereiro passado, ninguém era registrado", assegura ele. E todos são demitidos sem indenização, concluiu. Sem comentário de nossa parte (Fonte: Cedi).

Boia-fria, um impasse agrícola – 1[*]

De tempos em tempos, cada vez que ocorre um acidente grave como o que aconteceu com um caminhão que transportava boias-frias na estrada que liga Catanduva a Bebedouro, no qual morreram vinte e ficaram

---

[*] *Notícias Populares*, 12/12/1982.

feridos 21 boias-frias, voltam a ser discutidas as condições de segurança (ou insegurança) em que são transportados. Esses trabalhadores rurais são vítimas de uma estrutura agrária desumana que não lhes dá nenhuma garantia ou sequer assistência previdenciária.

O ministro do Trabalho veio a público para anunciar que determina que as Secretarias de Mão de Obra, Emprego e Relações de Trabalho "estudem medidas de proteção ao trabalhador volante (boia-fria) de modo a evitar a repetição desses acidentes". Informou ainda que "os técnicos do ministério já começaram a estudar o assunto e uma das sugestões em exame é a obrigatoriedade de vistoria periódica, pelas autoridades locais de trânsito, dos caminhões empregados no transporte de boias-frias.

O drama dos boias-frias que atinge hoje, somente na região de Ribeirão Preto, 80 mil famílias, segundo cálculos da Comissão Pastoral da Terra (CPT), já provocou a constituição de Comissão Parlamentar de Inquérito na Assembleia Legislativa e foi tema de inúmeros seminários, mesas-redondas, simpósios, conferências e até teses acadêmicas, sem que se tenha dado um único passo para a solução do problema.

Boia-fria, um impasse agrícola – 2*

Na verdade, as providências do ministro de Trabalho, se é que desta vez alguma coisa será posta em prática, chegam com vinte anos de atraso e agora é muito pouco provável que se consiga mexer nesse sistema fazendeiro/empreiteiro de mão de obra/boia-fria, sem alterações profundas no sistema agrário nacional. O motivo é simples: os empreiteiros de mão de obras, ou "gatos", como são popularmente chamados, constituem uma peça fundamental nessa máquina e eles não têm meios nem de melhorar as condições de segurança de seus veículos, muito menos para cumprir a legislação trabalhista com seus encargos sociais. E, sem eles, a produção agrícola sofrerá estrangulamento ao menos nessa região: os fazendeiros ficarão sem mão de obra, e os boias-frias, sem emprego. Aos antigos colonos dispensados das fazendas no início da década de 1960, com o Estatuto do Trabalhador Rural, juntaram-se na última década enormes contingentes de migrantes de outros estados, especialmente de Minas Gerais e do Nordeste,

---

* *Notícias Populares*, 16/2/1983.

sem nenhuma qualificação profissional, que fizeram multiplicar as favelas nos bairros periféricos das cidades médias do interior, onde operam os empreiteiros de mão de obra, os "gatos". Devido à baixa rentabilidade de produção dos boias-frias subnutridos e doentes e dos problemas surgidos com a intermediação dos empreiteiros, algumas grandes empresas da região – Ribeirão Preto (SP) – ligadas ao setor de açúcar e álcool decidiram voltar à situação anterior, registrando seus trabalhadores rurais, que passaram a ser permanentes. É certo que alguns poucos "gatos" procuram equipar melhor seus veículos, e até mesmo registrar seus empregados. Porém, o Estado está totalmente ausente, conforme o depoimento dos boias-frias envolvidos no desastre havido (Fonte: Cedi).

Criação do Ministério de Assuntos Fundiários – 1[*]

O novo ministério, militarizando e federalizando a questão da terra, torna mais difícil a neutralização de um foco de tensões sociais e políticas, incômodas para o regime militar e sua política econômica, além de facilitar uma intervenção nas políticas fundiárias estaduais. Essa é a análise do sociólogo da USP José de Sousa Martins, no seu estudo "Ministério de Assuntos Fundiários: o quartel da terra", analisado durante o encontro da presidência da CPT em Goiânia. Diz o documento que a criação do Ministério Extraordinário para Assuntos Fundiários é inseparável da sua entrega à direção de um general que acumulará a função com a de secretário do Conselho de Segurança Nacional, o laboratório em que são produzidas as decisões referentes à tutela militar sobre amplos setores da sociedade brasileira. A criação desse ministério e o caráter militar que ele assume estão perfeitamente na linha e na lógica da progressiva militarização da questão agrária no Brasil. Estão, também, na lógica da crescente federalização das terras devolutas e do problema da terra. De fato – continua o documento –, a federalização da questão fundiária e sua militarização tornam mais fácil a neutralização de um foco de tensões sociais e políticas incômodo para o regime militar e sua política econômica. Fundamentalmente, centralizam nas mãos do novo ministro as decisões sobre o problema da terra, eliminando uma variedade de grupos sociais

---

[*] *Notícias Populares*, 23/2/1983.

com interesses comuns, mas na verdade com interesses conflitantes. Além disso, segundo o sociólogo, a federalização e a militarização do problema da terra terão por objetivo "estabelecer no mínimo uma intervenção nas políticas fundiárias estaduais".

Criação do Ministério de Assuntos Fundiários – 2*

Essa intervenção, observa Martins, não é gratuita, afirmando que ela ocorre como consequência da possível perda de governos estaduais nas eleições havidas em estados onde a tendência conflitiva é aguda, como Pará, Goiás e Rio Grande do Sul. Diante disso,

> o governo federal não tem alternativa senão assegurar que a condução da política fundiária permanece atrelada às conveniências da sua política econômica e de seus compromissos com os grandes grupos econômicos nacionais e internacionais.

Prosseguindo nesse raciocínio, diz Martins que

> a vitória da oposição nas regiões onde o campesinato está mais inquieto e ativo provavelmente induziria os novos governos a modificarem as respectivas políticas fundiárias, de modo a torná-las a expressão das aspirações e conveniências dos trabalhadores sem terra. Isso desencadearia, quase certamente, grande agitação no meio rural em todo o país, mesmo nas áreas relativamente tranquilas ou onde os movimentos e lutas sociais são débeis.

Além desses problemas, Martins acrescenta que o novo ministério promoverá um esvaziamento dos movimentos sindicais, "esterilizando" o debate político sobre a propriedade. A esterilização política da questão fundiária é, segundo Martins, o mais forte indício do desenvolvimento de um "populismo militar" no campo. O populismo no campo será feito com "a distribuição de títulos de terras, por mãos militares, a camponeses sem terra, como forma de esvaziar a luta sindical no campo e afastar setores de apoio como os partidos e, principalmente, a Igreja".

---

* *Notícias Populares*, 5/10/1983.

Os militares usurpam o lugar dos porta-vozes políticos dos camponeses. "Tudo isso", conclui Martins,

> pode significar que, enquanto alimenta a chamada "abertura política" nos grandes centros urbanos, o governo se lança a um jogo político de amplas proporções envolvendo os camponeses, os trabalhadores rurais sem terra, tornando quimérica a possibilidade de uma democracia a curto e médio prazo no Brasil.

O resultado dessa nova política, diz Martins, "é que se a militarização da questão fundiária indica política dos proprietários de terra, indica também o abandono político dos trabalhadores rurais".

Vida e morte no campo – 1*

Margarida Tereza Alves foi assassinada ao assumir a defesa dos trabalhadores canavieiros. Com sua morte, sobe para 45 o número de trabalhadores assassinados a mando dos "latifundiários".

Ela era presidente do Sindicato dos Trabalhadores Rurais de Alagoa Santa, município do estado da Paraíba: com uma espingarda calibre 12, 12 de agosto passado ante sua família, foi assassinada à queima-roupa.

O sindicato que Margarida presidia integra um conjunto de 32 sindicatos de trabalhadores rurais da região da cana-de-açúcar paraibana. Esses trabalhadores reivindicam Carteira de Trabalho assinada, pagamento do 13º salário, férias anuais, duas horas livres para produzirem seus alimentos e jornada de trabalho de oito horas.

O sindicato presidido por Margarida destacara-se nessas lutas, movendo inúmeras ações trabalhistas contra os que desrespeitavam os direitos dos trabalhadores. Às ameaças de morte que sempre recebia, respondia invariavelmente: "da luta eu não fujo". Sua morte ocorreu por ter movido, poucos dias antes, uma ação contra o filho do usineiro João Carlos de Melo, que espancara uma lavradora velha e aleijada.

Num país como o nosso, de tradição escravocrata, tais fatos não são inéditos e infelizmente poderão repetir-se.

---

* *Notícias Populares*, 9/10/1983.

Vida e morte no campo – 2*

O jornal *Em Tempo*, em sua edição de 21/9/1983, fornece uma relação de trabalhadores assassinados, que divulgamos para que a classe operária tome conhecimento e perceba a mentira da "abertura" tão proclamada.

1980 – 24/4 – Pedrinho Marceneiro – MT; 29/5 – Raimundo Pereira Lima – PA; 27/7 – Wilson S. Pinheiro – AC; Julho – José Gertulino, Antonio Genésio, Napoleão Silva e Cícero Catarino – MA; 15/8 – José Francisco dos Santos – PE; 21/10 – Joaquim F. Abadia – GO; 31/12 – Francisco Sobreira Lima – CE.

1981 – 2/1 – José Piau – PA; 10/1 – Sebastião Mearim – PA; 16/1 – José Bezerra – PE; 18/3 – Edson Cardoso de Farias – RJ; 28/3 – José dos Santos – AL; 10/5 – Marcelo dos Santos – MA; 13/7 – Manuel Alvino do Nascimento – BA; 26/7 – Edson R. Moreira – MA; 7/10 – José S. Valdevino – PB; 12/10 – José Duda da Silva e José Heraldo – PE; 21/10 – José Júlio da Silva Neto – PE; 29/10 – José Severino da Silva – PB.

1982 – Março – Avelino Ribeiro da Silva – PA; 6/5 – Ademir – RD; 7/5 – Deli dos Reis e sua companheira – RD; Junho – Carlos da Silva – SP; 26/6 – José A. do Nascimento – CE; 18/7 – Gabriel Sales Pimenta – PA; 20/7 – Marcus Araguaia; 11/8 – Guilherme A. Carlos – GO; 12/8 – Francisco Chagas do Nascimento – CE; 8/9 – Henrique José Trindade – Araguaia; 9/10 – Antonio Carvalho Neto – BA; 19/10 – Filinto A. dos Santos – BA; 21/11 – Elias José C. Lima – MA.

1983 – Fevereiro – Cassiano D. Lopes – BA; 6/2 – Leopoldina I. Abadia – GO; 23/2 – Aristides Teixeira dos Santos – MA; 2/3 – Ananias O. da Silva – PE; Março – Napoleão A. de Lima – BA; Jorge Cândido dos Santos – BA; Abril – José Oleiro – BA; 23/6 – Aristides T. dos Santos – MA; 29/6 – José Pereira – PA; Agosto – Clemente F. Oliveira – MS; 12/8 – Margarida Maria Alves – PB.

Podem os trabalhadores rurais confiar em discursadores parlamentares ou "pelegos" com linguagem de luta e uma prática de traição a eles? Modestamente, achamos que não. Trabalhador rural é pobre, porém, não é burro.

---

* *Notícias Populares*, 14/4/1985.

Violência contra camponeses*

Violência contra camponeses – Durante a realização do I Congresso Nacional dos Sem-Terra em Curitiba, o secretário de Direitos Humanos da Confederação Camponesa do Peru – Hugo Blanco Galdós – divulgou nota com graves denúncias que estariam sendo cometidas pelas forças policiais peruanas contra a população camponesa. Eis parte da nota:

> A Confederação Camponesa do Peru denuncia os crimes maciços cometidos contra os trabalhadores rurais pelo governo. A pretexto de combater o "Sendero Luminoso", as forças policiais do Exército e da Marinha estão semeando o terror e a desolação principalmente no departamento [estado] de Ayacucho e nas zonas vizinhas.
>
> As forças repressiva invadem as aldeias e cabanas isoladas dos camponeses, entram nelas quebrando as portas, batem nos habitantes, roubam os alimentos e objetos de valor que encontram, violam as mulheres, matam alguns camponeses e levam presos outros. Muitas vezes incendeiam as casas dos camponeses e levam embora o gado.
>
> Inúmeros presos já não são encontrados em nenhuma cadeia ou prisão. Às vezes se encontra o cadáver de algum deles jogado em alguma estrada, comido pelos cães, ou nas chamadas "fossas comuns", que são as sepulturas coletivas de dezenas de pessoas. O normal é o emprego de torturas contra os presos. A violação sexual é uma das torturas contra as mulheres. As forças repressoras incitam e obrigam algumas comunidades a atacarem outras, convertendo-as em forças para militares que vivem do roubo, o que faz com que as plantações dos atacantes e dos atacados fiquem abandonadas.
>
> Há povoações totalmente abandonadas pelos seus habitantes. Em outras só há velhos e crianças. Ainda que a principal vítima da repressão seja o conjunto dos camponeses, esta é extensiva a outros setores sociais. Muitos jornalistas independentes foram golpeados e presos; oito, assassinados por um grupo repressivo; outro entrou no quartel da Marinha e lá ficou.
>
> O objetivo central da repressão é esmagar as organizações de massas. Dois líderes camponeses foram as últimas vítimas da repressão: Carlos Taype, secretário de Imprensa da Confederação Camponesa, e Jesus Cropeza, dirigente nacional da Confederação Nacional Agrária, que foi queimado vivo com substâncias químicas pela polícia.

---

* *Notícias Populares*, 14/4/1985.

A Confederação Camponesa do Peru apela à solidariedade da opinião pública democrática do exterior a contribuir para frear a repressão contra o povo peruano em geral.

Que se manifestem as centrais sindicais brasileiras a respeito.

No campo, um lavrador é morto a cada dois dias*

Até outubro deste ano morreram no campo, vítimas de conflitos pela posse de terra, 159 pessoas. Não estão incluídas as mortes de garimpeiros, índios e acidentes com boias-frias. Em 1985, que está para findar, morreram em acidentes de caminhões mais de sessenta trabalhadores rurais.

Até outubro deste ano houve em média um assassinato de trabalhador rural a cada dois dias.

O Movimento dos Sem-Terra, a Comissão Pastoral da Terra e a Confederação Nacional dos Trabalhadores na Agricultura mostram que a violência no meio rural cresce continuamente.

Em 1982 foram assassinados 53 trabalhadores rurais, numa média de quatro assassinatos mensais, ou um por semana. Em 1984 os assassinatos subiram para 85, o que representa sete mortes por mês. Em 1984 a média foi de quase dez assassinatos mensais, totalizando 116 mortes no ano. As mortes nos dez primeiros meses de 1985 totalizaram 159, correspondendo a um assassinato a cada dois dias.

Avelino Ganzer, vice-presidente da CUT, denunciou que recentemente, no Pará, os latifundiários estão com uma lista de quinze pessoas que devem ser assassinadas a pretexto de "limpeza". Parece que Hitler formou discípulos.

Em Unaí (MG), a presidente sindical Maria Aparecida Rodrigues Miranda, de 22 anos, teve o pai assassinado e foi ameaçada, assim como outros militantes sindicais.

Em todos esses casos há a impunidade dos assassinos e o conluio entre "autoridades" e latifundiários, e pistoleiros com apoio dos políticos profissionais. Salários baixos, trabalho escravo, trabalhadores manobrados por "gatos" – empreiteiros de mão de obra rural –, que os mantêm em regime

* *Notícias Populares*, 18/12/1985.

de escravidão. Dom Tomás Balduíno denunciara que em Goiás, em sua diocese, há várias fazendas que mantêm trabalhadores presos.

Haverá Assembleia Constituinte livre e soberana para esses trabalhadores? Ou isso se transformará na bandeira de carreiristas de colarinho branco que tentarão usar mais uma vez o trabalhador rural como "escada" para subir na vida sem fazer força?

Boletim da CUT*

Recebemos o *Boletim da CUT* n.41. Um dos pontos ressaltados é a questão da violência no campo, onde, a mando de latifundiários, foram mortos 200 trabalhadores rurais e até agora nenhum dos assassinos respondeu por isso.

Razão pela qual – assinala o boletim – a CUT vai fazer uma Campanha Nacional contra a Violência no Campo, exigindo a punição dos responsáveis por tais mortes.

Segundo o mesmo Boletim, a Campanha denunciará a farsa da "reforma agrária", exigindo uma reforma agrária feita sob o controle dos trabalhadores. Nesse sentido, apoiará a CUT os movimentos de ocupações de terras pelos trabalhadores.

O documento aprovado assinala a importância da união entre os trabalhadores da cidade e do campo, pois a reforma agrária interessa tanto aos trabalhadores urbanos como aos rurais.

A CUT irá denunciar a "arapuca" que é a Constituinte Congressual que se pretende impor ao povo, vai lutar pelo não pagamento da dívida externa, pelo fim da Lei de Greve atual e estrutura sindical. Acentuamos nós que não basta lutar pelo desaparecimento do Imposto Sindical, mas também pelo desaparecimento da Taxa Assistencial, que constitui um desconto bem maior do que o célebre imposto.

Achamos que de nada vale devolver somente o Imposto Sindical deixando de devolver ao trabalhador a Taxa Assistencial ou Contribuição Assistencial.

---

* *Notícias Populares*, 2/2/1982.

Segundo o mesmo documento, a CUT lutará pela unificação das campanhas salariais e pela conquista de um salário mínimo real de acordo com cálculos do Dieese.

A Campanha Nacional de Lutas da CUT tem como eixos em 1986: redução da jornada de trabalho para quarenta horas semanais; reforma agrária sob controle dos trabalhadores; trimestralidade; salário-desemprego; salário mínimo real e congelamento dos preços de primeira necessidade.

Santarém: destruída sede do sindicato rural*

É a denúncia de *O São Paulo*. Lavrou violento incêndio na madrugada de 12 de abril, destruindo totalmente a sede administrativa do Sindicato dos Trabalhadores Rurais de Santarém no Pará.

O violento incêndio só preservou as paredes, que permaneceram em pé – que, porém, terão que ser derrubadas. Destruiu arquivos, pastas, máquinas de escrever e móveis. O arquivo histórico do sindicato também foi totalmente destruído.

É muito difícil identificar os responsáveis por tal ato de vandalismo (entre os escombros constatou-se a existência de material inflamável). O incêndio, por sua vez, se alastrou de dentro para fora.

O fato é que a organização do trabalhador rural suscita muita desconformidade dos patrões tradicionais, das multinacionais que investiram em empresas agrícolas, daí o incêndio das instalações rurais por pistoleiros a serviço do latifúndio.

A luta do sindicato já tem cinco anos, criou ele 268 novas delegacias sindicais. Em janeiro de 1983 o ministro do Trabalho, Murilo Macedo, decretou intervenção no sindicato alegando fraude nas eleições, quando o candidato do PDS perdeu do lavrador Avelino Ganzer; aquele obteve 236 e Avelino obteve 4.317 votos!

Durante quase um mês os trabalhadores rurais acamparam diante do sindicato, não permitindo a intervenção e garantindo o mandato de Avelino. Agora, a sede sindical é presa de um incêndio.

É que desde 1983 o sindicato luta contra a multinacional Themag Georsurce, contratada para perfurar o solo em busca de petróleo. Nesse

---

* *Notícias Populares*, 24/8/1985.

processo ela implantou bombas de perfuração nos roçados e foi expulsa pela reação dos trabalhadores rurais. Ela prometeu indenizar os trabalhadores, mas até agora nada. Vinte mil trabalhadores foram atingidos com a instalação da Themag.

O atentado à sede sindical não intimidou a "peãozada", mil trabalhadores rurais reuniram-se para planejar a reconstrução da sede sindical.

Mulheres na luta pela terra*

Segundo *O São Paulo* n.1.556, formou-se um "Grupo de Mulheres, somando armas na luta pela terra".

A necessidade da luta por um pedaço de terra tem mostrado que a organização é fundamental.

As mulheres do Grupo 2 dos Sem Terra de Sumaré (estado de São Paulo) aprenderam a lição e desde novembro passado formaram o Grupo de Mulheres.

Enquanto não chega a época da colheita, as 36 mulheres que compõem o grupo sentam juntas e arrumam coisas a fazer. Segundo elas, "A padaria é o primeiro fruto do trabalho. A gente ganha a farinha das pessoas que nos visitam, faz os pães, uns trinta de cada vez, vende-os na comunidade, bem baratinho", conta a mineira Tereza Corrêa de Mello, 57 anos, com 22 filhos, sempre bem disposta.

Segundo ela, "a gente não quer depender dos homens. No começo do acampamento, sempre que a gente precisava eles não estavam aqui. Por isso se formou o grupo", explica.

Além do pão, as mulheres fazem sabão e tapetes de retalhos de tecidos! *Pra* arranjar um dinheirinho, vale tudo (é claro, no trabalho).

"Ontem", conta ela, "eu apanhei uma abóbora de 30 quilos. Vamos fazer doce e vender também", diz Lídia Rodrigues de Barros, 48 anos, casada, seis filhos, outra componente do grupo.

Ainda não é hora de festejar, porque a terra ainda não "saiu". Porém, quando "sair", as mulheres prometem uma grande "Festa da Pamonha". "O dinheiro", garantem, "é sempre bem empregado". O pouco que têm até

---

* *Notícias Populares*, 30/4/1986.

agora será para pagar as passagens das mulheres que irão até Campinas acompanhar a caminhada do "Grupo Sem Terra 3".

Esse é um belo exemplo da firmeza de luta das mulheres do campo. Enquanto isso, vemos muitas mulheres da classe média urbana, bem vestidas, bem alimentadas, *"pra* frente", se queixando da vida à toa.

Isso nos faz lembrar um provérbio hindu: "Eu me queixei que não tinha sapatos, olhei para trás e vi alguém que não tinha pés".

Em suma, há "queixas" e queixas.

Jornal dos Trabalhadores Rurais faz denúncias[*]

Fala-se muito em solidariedade ao trabalhador rural. Ninguém está pedindo que faça greves, manifestações, passeatas, comícios. Mas, simplesmente, demonstre sua solidariedade aos trabalhadores rurais.

É possível fazê-lo assinando o jornal acima. Ele é mensal, sua redação está situada à Rua Ministro Godoy, 1.484 – Perdizes, CEP 05015, Capital, com fone (11) 864-8977. Por telefone você pode assiná-lo, é uma forma despretensiosa e concreta de demonstrar solidariedade.

SP: trabalho escravo na Granja Ito

Ao investigar uma denúncia de trabalho escravo na Granja Ito, de propriedade de Satoshi Ito, em Sumaré (estado de São Paulo), o membro da direção nacional do Movimento dos Sem-Terra, Lafaiete Pereira Biet, por pouco não foi assassinado. Recebeu dois tiros à queima-roupa que só não o atingiram porque ele correu. A PM avisada prendeu Satoshi Ito, porém a delegacia de polícia não levou o caso adiante. (*Jornal dos Sem Terra*, março de 1986.)

Despejos em Pernambuco

Em dois dias o Poder Judiciário autorizou quatro despejos. A 4 de março 160 famílias foram despejadas do Engenho Pitanga, município de Abreu

---

[*] *Notícias Populares*, 4/5/1986.

Lima (norte do estado). No dia 6, 42 famílias foram despejadas da Fazenda Rancho Verde, município de Iati, na região do Agreste (Idem).

SC: grilagem do Exército?

Cerca de cinquenta famílias de proprietários-herdeiros (já foram 200) estão acampadas no município de Papanduva (SC) desde setembro de 1985, onde reivindicam a propriedade de uma área de 7.614 hectares ocupada pelo Exército em 1956. Na busca de uma solução para o problema, já percorreram os gabinetes do Incra, do governo de Santa Catarina, do ministro do Exército, do Ministério da Reforma Agrária e do próprio presidente José Sarney, em Brasília. Mas até agora só colecionaram promessas.

A única esperança dos lavradores reside na proposta do governador de Santa Catarina, Espiridião Amin, de transferir o campo de instrução da 5ª Região Militar – localizado nas terras em disputa – para uma área do IBDF oferecida pelo Estado. O Exército não aceitou. A proposta integra o processo que tramita no Tribunal Federal de Recursos em Brasília; enquanto isso as famílias aguardam solução no acampamento em péssimas condições de vida. "A comida rareando e a paciência também", afirmam os lavradores (Idem).

Caderno Reconstrução*

A Reconstrução, Educação, Assessoria e Pesquisa lançou um caderno sobre "A Comissão de Fábrica da Asama", mostrando sua origem, implantação na fábrica e suas lutas pelos companheiros da Asama. Tem 52 páginas, custa Cz$ 20,00. Pedidos: Centro Pastoral Vergueiro – Rua Vergueiro, 7.290 – CEP 04272 – fone 273-9322 – Capital.

Ajuda para Unaí

Maria Aparecida de Miranda é a presidente desse sindicato ligado à CUT. Ela e o sindicato estão recebendo ameaças de todo o tipo, porque apoiam as lutas dos trabalhadores pela terra. O juiz local, Jairo Boy, acusou

---

* *Notícias Populares*, 15/6/1986.

o sindicato de incitar as lutas e chamou os trabalhadores baleados na Fazenda São Pedro de irresponsáveis, dando razão ao fazendeiro. Para poder continuar organizando a luta dos lavradores de Unaí (MG), o sindicato precisa urgentemente de dinheiro para contratar advogados, manter a sede e até comprar um carro para ir às fazendas. Isso não é luxo como possa parecer à primeira vista; as distâncias no meio rural são infinitamente maiores do que as do meio urbano, descontando a "tocaia" armada contra os lavradores à margem das estradas.

José Pereira Lopes assassinado

Poucos dias depois do assassinato do padre Josimo cai mais uma vítima do latifúndio, um índio xakriabá morto na aldeia Pindaíba em Itacarambi (MG). O prefeito José F. de Paula se diz dono da área que abriga as aldeias indígenas, pretendendo desalojá-los. E as autoridades competentes: ou omitem-se ou estão coniventes com o que ocorre.

Ameaça de morte em terras nordestinas[*]

Vidal Bento Xavier, presidente do Sindicato dos Trabalhadores Rurais do município de Ielmo Marinho e membro da CUT-RN, está sendo ameaçado de morte pelo comerciante e proprietário rural Sebastião Correia de Melo.

Vidal começou a ser ameaçado de morte a partir do momento em que dois trabalhadores rurais, por terem sido lesados em seus direitos trabalhistas, colocaram o proprietário na Justiça, e o sindicato está acompanhando o caso.

Vidal Bento Xavier há vários anos está na luta pela organização da classe trabalhadora de sua região e sempre assumiu atitude combativa no seio do movimento sindical (Serviço de Intercâmbio Natal/Petrópolis).

PM do Mato Grosso: violência e humilhação

Na Fazenda Jandaira, em Traíri (CE), quatro lavradores foram mortos: Raimundo Veríssimo, Francisco Veríssimo, José Gilson e Nicolau Feijão.

---

[*] *Notícias Populares*, 1/10/1986.

Essa fazenda possui 1,2 mil hectares. Dentro da propriedade estão os povoados de Córrego do Pires, Estiva e Jandaira, onde residem sessenta famílias que cultivam milho, feijão, cana, mandioca e batata doce. O novo proprietário tem um projeto de reflorestamento da área e os moradores estão proibidos de plantar desde 1984. Após muita violência, em maio foi concedida uma liminar de posse em favor dos proprietários e em 5 de junho os trabalhadores foram desarmados, e sessenta outros "trabalhadores" foram trazidos para desmatar a área. A morte de quatro trabalhadores rurais ocorreu em 9 de junho, quando outros quatro ficaram feridos (Boletim *Roceiro de Crateús*, 1986).

Fazendeiro já admite: tem armas

Itamar Barros de Souza, que se declara proprietário de 370 mil hectares de terra no Maranhão, em dois municípios ao longo da ferrovia Carajás--Ponta da Madeira, é o primeiro fazendeiro a admitir publicamente que formou uma milícia particular e deu ordem aos pistoleiros para atirar em qualquer pessoa que invadir sua propriedade. Porém, segundo um cadastro do Incra, suas terras foram "griladas", portanto são consideradas devolutas.

Admitiu ter contratado e armado onze homens dirigidos por um capataz, dispõem de quatro carros, combustível à vontade e ganham Cz$ 12 mil mensais. Lembrou que prometera assinar um acordo com as 48 famílias que haviam penetrado em suas terras em novembro passado. Diz ele

> mas depois mandei meu pessoal botar os invasores para fora e de outubro a dezembro morreram só ali sessenta pessoas. Teve muita gente que foi enterrada na base do trator. Outros tiveram os corpos embebidos em gasolina e foram incendiados.

Terminou sua declaração. A farsa do Congresso Constituinte terminará com isso? Duvido muito.

Parte VI
Contribuição sindical e pelegos

Os que constroem o país de Lênin[*]

Síntese da evolução do sindicalismo na URSS

A função do sindicato consiste em superar a competição, que o capital estabelece entre a mão de obra, pelo predomínio da cooperação. É um formidável instrumento de defesa do preço da força de trabalho no mercado, sob o capitalismo. No pós-capitalismo, mesmo Lênin admitia que o Estado operário possui degenerescências burocráticas, daí o sindicato ter função de defender a mão de obra ante seu Estado. Na prática, após a vitória de Lênin, muitos empresários fugiram, e o operariado tornou conta das empresas, praticando um sistema de autogestão.

Eis que, com a conjuntura internacional desfavorável, o governo soviético da época (Lênin-Trotsky) oficializa o regime de "comunismo de guerra". Significa uma violenta concentração dos recursos econômicos na mão do Estado, atrelamento dos sindicatos e substituição da direção coletiva pela direção unipessoal. Em troca, foi prometido à classe operária o direito de greve. Daí o desabafo de Prokopeni, membro da Primeira Oposição Operária em 1919, a Anton Ciliga: "Como se tivéssemos feito a revolução para ganhar o direito de greve".

[*] *Jornal da Tarde*, 27/10/1979.

Com o regime do "comunismo de guerra", a direção unipessoal, com nomeação de cima para baixo, substituía a direção coletiva da empresa: surgia um "socialismo pianista" estatal em substituição à autogestão operária nas empresas. A desgraça é que os teóricos bolcheviques transformam medidas conjunturais em questões de princípios, atribuindo-lhes *status* ideológico.

Assim, Trotsky, no seu livro [*Terrorismo e comunismo*:] *O anti-kautsky*, escreve 300 páginas para justificar essa expropriação da classe operária como uma conquista do socialismo. É o início da história pelo avesso que Stálin desenvolveria às últimas consequências, apresentando em 1928 a "desigualdade salarial" como conquista socialista e a luta pela "igualdade salarial" como fruto de preconceitos pequeno-burgueses. O fato é que a Primeira Oposição Operária na década de 1920 enunciava tal processo de expropriação dos trabalhadores do controle das empresas como uma medida que só favorecia a burocracia dirigente.

> Sob pretexto de militarização, se introduz a burocracia, o que é intolerável. Repito: não rompam vocês nossa estrutura sob pretexto de militarização, não façam surgir a burocracia, não nos arrastem pelo cabresto rumo à direção individual. (Ossinskij, 1971, p.133).

Pois a militarização da economia no chamado "comunismo de guerra" revelou-se antioperária, na medida em que ela "conduz" a uma limitação de direitos políticos do homem; "submetendo-o completamente à produção" (Ibid., p.141).

Assim, já nos inícios do poder do PC, operava-se a dissociação entre a classe operária e o Estado "operário"; no terreno do movimento sindical, dá-se o mesmo fenômeno: reprime-se a iniciativa dos trabalhadores. As forças unitárias da burocracia partidária e sindical utilizam sua posição de mando e ignoram as conclusões dos plenos do Partido a respeito da democracia operária. Nossas frações sindicais, inclusive nos plenos do Partido, se veem impossibilitadas de utilizar seu direito e liberdade na eleição de seus centros. A tutela e a pressão da burocracia chegam a tal ponto que aos membros do Partido, sob ameaça de exclusão e outras represálias, se lhes obrigam a não eleger aqueles que os comunistas de base querem, mas aqueles que as elites dirigentes sem ideais preferem. Tais métodos de trabalho conduzem a adulação, intrigas e servilismo. "Os trabalhadores reagem a isso saindo do Partido" (Ibid., p.231).

No "comunismo de guerra", o sindicato perde a função de defesa dos interesses econômicos e sociais da mão de obra. A ele o Estado "operário" atribui outras funções: "Os sindicatos encarregam-se de exercer a repressão revolucionária junto aos indisciplinados, elementos perturbadores e parasitas da classe operária" (Trotsky, op. cit., p.72). Isso leva um escritor do talhe de [Ernest] Mandel a tentar justificar, após sessenta anos, o princípio da direção individual imposto pelo Estado "operário", admitindo que "Lênin reconhece francamente que o princípio momentâneo da direção única implica um perigo de deformação burocrática" (1977, p.46-7). Era uma época em que Bukharin – posteriormente fuzilado nos Processos de Moscou como agente do capitalismo, no tempo de Stálin – definia a ditadura do proletariado como "o PC no poder e os outros na cadeia".

Enquanto isso, a "Oposição Operária", o Grupo Centralismo Democrático, os marinheiros de Cronstad denunciavam a usurpação da Revolução pela sua pretensa "vanguarda", e eram sumariamente reprimidos. De que adianta, em 1977, escrever que

> assim, no decurso das discussões contra a Oposição Operária (Chliapnikov, Sapronov, Kollontai etc.), imediatamente em seguida ao IX Congresso do PC da URSS, Lênin volta constantemente ao problema do burocratismo e admite que a oposição ultraesquerda tem, em parte, razão. (Ibid., p.49)

Tal historiografia a posterior nada tem de científico e muito de apologético, já que Mandel está preso às virtudes "carismáticas" de Lênin e Trotsky, mal conseguindo justificar a expropriação – que se operou no processo revolucionário russo. O "comunismo de guerra" realizou a militarização da economia e da vida social sob a égide do Partido, que exerce a ditadura em nome dos trabalhadores, como a burguesia francesa sob Robespierre exerce o poder em nome do povo, A reação à estatização da economia e da vida social foi a sublevação de Cronstad, que defendia sindicatos independentes do Partido e do Estado e sovietes livres. Ela foi esmagada por Trotsky. Ao mesmo tempo, o PC proibiu a existência de frações; tal proibição implicava cassar o debate no interior do partido, emergindo um stalinismo ainda sem Stálin, com a transformação do centralismo democrático em burocrático.

Mandel nota sessenta anos depois que, "no momento da sublevação de Cronstad, a direção do Partido Bolchevique cometeu um erro político e ideológico que se veio revelar de pesadas consequências para a história subsequente do comunismo mundial: o próprio Trotsky o reconheceu já no fim da vida (Id., p.99).

Para Mandel, aquelas eram medidas casuísticas e conjunturais explicáveis. Para nós, no entanto, são inerentes à concepção leninista de ditadura do proletariado, da hegemonia do partido único. Enfim, são consequências derivadas de posições estruturais do bolchevismo a respeito de partido, Estado, vanguarda e suas relações com a classe. Sob o "comunismo de guerra", os operários eram pagos em espécie e rações. Com o esmagamento da rebelião de Cronstadt, dera-se a aliança da burocracia com a burguesia comercial e o pequeno proprietário camponês. Durante a NEP (Nova Economia Política), as empresas se reorganizaram comercialmente, produzindo num esquema capitalista, daí surgir uma direção de empresa preocupada com a "produção". Colocava-se o conflito entre patrão e operário. Ante uma direção unificada preocupada somente com a produção e comercialização, os operários procuraram nos sindicatos defender-se contra "seu" próprio Estado. Para isso, deveriam os sindicatos guardar sua autonomia ante o Estado, e a restauração da democracia nos sovietes e no partido tornara-se urgente. No XI Congresso do PC, em 1922, procurou-se uma definição quanto às greves, apelando às circunstâncias excepcionais e razões subjetivas para combatê-las.

Nem o PC nem o governo soviético nem os sindicatos podem, sob qualquer pretexto, esquecer que o recurso à greve com um governo proletário só pode ser qualificado de assunto burocrático contra o governo proletário e sobrevivência do passado capitalista e suas instituições e, de outro lado, de demonstração de falta de amadurecimento político e atraso cultural por parte da classe operária. Embora essa resolução não tornasse a greve ilegal, condenava-a formalmente.

[Mikhail] Tomsky, dirigente sindical máximo, considerava de primeira importância a defesa dos interesses específicos dos trabalhadores. Não podendo se utilizar da greve, procurou a classe operária outros recursos para defender-se: comitês de queixas nas fábricas, juntas de conciliação, cortes de arbitragem, comissões paritárias. O Comissariado do Trabalho possuía um Comitê Central de Conciliação, encarregado de redigir os contratos coletivos, leis de arbitramento compulsório. Tomsky limitou sua política sindical na defesa do direito à negociação coletiva, a um salário mínimo, à definição do máximo da jornada de trabalho, à luta contra as más condições de trabalho.

Tomsky identificou-se de tal forma com os operários que, no dizer de Lênin, ele era um dos poucos que refletiam fielmente o sentimento e pensamento da classe trabalhadora.

No XIV Congresso do Partido, em 1925, é adotada uma resolução que define a posição do PC na época. Tal resolução reforçava a visão leninista, segundo a qual os trabalhadores não deveriam interferir na política industrial do governo. Ao contrário, deveriam participar do planejamento e política industrial, limitando-se à sua esfera específica. Isto é: sem participar diretamente da administração das empresas. Tal resolução abolia qualquer privilégio aos operários no Estado "operário" (garantindo-lhes que seus interesses não seriam esquecidos, pelo fato de tratar-se de um "Estado proletário"). Apesar de diferenciar na prática os interesses de patrões e operários, enfatizava que os sindicatos deveriam reconhecer como prioritários os interesses da produção, sendo o primeiro dever do trabalhador acentuar a sua intensidade (observamos uma volta de Marx ao produtivismo de Saint-Simon). Sob a economia estatal, o interesse prioritário consistia em desenvolver o aumento da produtividade industrial, condição básica para melhoria de vida dos operários. Teoricamente não havia conflito entre a exigência de intensificar o ritmo de trabalho e os interesses da mão de obra. E a função sindical consistia em subordinar tudo ao aumento da produção.

Durante a Segunda Guerra Mundial, idêntico argumento fora empregado pelo capitalismo anglo-americano quando instituiu as "comissões mistas" nas fábricas, argumentando que o aumento da produtividade e a maximização dos recursos tecnológicos beneficiavam diretamente o operário. Porém, o grau de interesse real do operariado no aumento da produção e no progresso tecnológico pressupõe como base a existência de sindicatos autônomos ante o Estado e com forte poder de pressão. Em outras palavras, depende da capacidade destes de arrancar ao capital uma parte maior do fundo de acumulação para salários (mais-valia) e outras reivindicações.

Até 1925, bem ou mal, o movimento sindical russo conseguia defender a mão de obra ante o Estado, embora fatualmente inexistisse o direito à greve. Porém, inexistiam condições institucionais para que o sindicalismo russo obtivesse acordos coletivos de trabalho que condissessem com a maioria dos operários e, ao mesmo tempo, forçasse uma repartição mais equitativa entre os fundos destinados a investimento e os destinados a salários, ou um equilíbrio maior entre estes e os "lucros" estatais.

Em 1925, o ímpeto revolucionário estava em declínio, a falta de democracia interna no Partido, fruto de seu domínio total sobre o Estado e a sociedade civil, impediu que o operariado organizado tivesse peso nas decisões econômicas-políticas: no país da ditadura do proletariado, este ficou sem voz.

Entre 1926 e 1927, emergiu uma aguda crise econômica consequente à existência de uma agricultura nascente incapaz de autoafirmar-se, na esfera da produção e circulação, em suas relações com a indústria estatal. Isso repercutiu no interior do Partido, definindo a emergência da "Oposição de Esquerda", liderada por Trotsky com apoio de [Grigori] Zinoviev.

A "Oposição de Esquerda" era partidária da planificação estatal da economia e da industrialização intensiva. Contrariamente a ela, surgiu a chamada "Oposição de Direita", composta por [Alexei Ivanovich] Rykov, Tomsky, Bukharin, sob chefia de Stálin, propugnando uma política mais próxima ao campesinato, contrária à industrialização intensiva. A "Oposição de Esquerda", perde essa batalha; porém, em menos de um ano, Stálin adota suas teses e aniquila a "Oposição de Direita". Assistia-se ao fim da NEP (Nova Economia Política).

As relações do sindicato com o Estado "operário" mudam no decorrer dos Planos Quinquenais. O plano de industrialização intensiva, decretado burocraticamente, na prática implicava a concentração de todos os recursos econômicos nas mãos do Estado, assim como de todo o poder de administração. Tomsky tenta resistir à avalanche. Porém Stálin, apoiado nas resoluções do IX Congresso do PC, elimina-o. Tais resoluções definiam basicamente que, sob a "ditadura do proletariado", este deixa de vender sua força de trabalho no mercado, daí não poder haver oposição entre os sindicatos e o Estado Soviético. E tal oposição representa "desvio" do marxismo rumo ao sindicalismo burguês.

Tomsky acusa Stálin de haver adotado o antigo ponto de vista de Trotsky sobre a "questão sindical", que consistia em colocá-las sob tutela do Partido e do Estado. Enquanto Trotsky no debate pregava estatização dos sindicatos, Lênin defendia sua autonomia ante o Estado, mesmo "operário", por considerá-lo um "Estado operário com degenerescências burocráticas". Por sua vez, os líderes da chamada "Oposição de Direita" – é claro, no contexto da ótica stalinista – foram acusados de "desvios sindicalistas". A fração stalinista, agora hegemônica, adotara a plataforma da oposição trotskista, decidindo tornar os sindicatos meros órgãos de "estímulo ao trabalho", à disciplina e à competição entre a mão de obra, esta de agora em diante denominada "emulação socialista".

Tomsky, o velho líder sindical de tantas lutas, recusara-se a aceitar o sindicato como mera repartição pública que legitime a exploração do trabalho assalariado por uma burocracia que detém a posse dos meios de produção. E, como dizia Hegel, possui "o Estado como propriedade privada", Tomsky é excluído da direção do Birô Político do Partido e da direção dos sindicatos. A nova direção sindical pressionou o trabalhador a formar "brigadas de choque", processando aqueles que não cumprissem a norma qualitativa ou quantitativa de produção, fixada pela direção burocrática,

No XVI Congresso do PC e por ocasião do II Plano Quinquenal, é tomada uma resolução final a respeito dos sindicatos: salientando sua importância como organizações de massa, proclama que eles devem concentrar-se na "produção". Tacha velhos dirigentes sindicais de "oportunistas" incapazes de compreender a problemática da "ditadura do proletariado", chegando dessa forma a enfraquecer o controle do Partido sobre os sindicatos. O congresso apela para que o Partido e os órgãos sindicais se dediquem a propagar o leninismo, eliminando as formas pequeno-burguesas de sentir e agir no âmbito do trabalho. Considera que o fator básico no sentido de melhorar e ativar o trabalho sindical é a "competição socialista", e seu produto, as "brigadas de choque". Os sindicatos devem organizar processos fraternais entre os brigadeiros de choque para impressionar aqueles que violam a disciplina partidária.

Enquanto a resolução de Lênin admitia que os sindicatos não deviam ter cor partidária, a de Stálin exigia completa subordinação destes às diretivas do Partido, negando-se que a proteção dos interesses específicos dos trabalhadores coubesse aos sindicatos. Com a "depuração" dos círculos sindicais, não houve resistência às diretivas oficiais. Nenhuma voz se levantou contra o decreto de 1931, quando o governo estabeleceu que nenhum operário podia mudar de local de trabalho sem autorização do diretor da fábrica. O mesmo sucedeu, quando, em 4/12/1932, o Comitê Central do Partido e o Colégio dos Comissários do Povo baixaram decreto determinando que o fornecimento de alimentos e outros produtos deveriam ser colocados sob o diretor da empresa. Isso tudo para fortalecer "o poder do diretor".

A partir da década de 1930, verifica-se total intervenção do Estado nos sindicatos, tornando-se prioritário que o sindicato lutasse para que o operário cumprisse a "norma" baixada pelo diretor da fábrica em relação à quantidade e qualidade da produção. Para provar sua lealdade ao Partido, os novos dirigentes sindicais tornaram-se mais exigentes do que os diretores de fábrica com a massa operária. Exemplo disso é a atitude do Comitê Central do Sindicato de Maquinistas, que chamou a atenção do governo para o fato [de] em várias ações de trabalho a verba de salário ter sido excedida, motivando que o procurador do Estado movesse um processo contra os diretores de fábrica, que permitiram tal irregularidade. A negociação e contrato coletivo de trabalho reduziram-se a "letra morta", daí em diante tudo era decidido pelos diretores e gerentes, inclusive no que diz respeito a salários.

Coube a Ordzhonikidze, comissário nacional da Indústria, numa conferência ante executivos da indústria pesada, definir a nova política:

> Como diretores, funcionários administrativos e técnicos, deveis vos preocupar pessoalmente com a questão dos salários em todos seus detalhes concretos, não deixando ninguém ocupar-se de tão importante questão. Os salários são a arma mais poderosa que tendes na mão.

No mesmo espírito, o chefe das empresas metalúrgicas de Makaev escrevia que

> os diretores têm o mais profundo interesse em reduzir ao mínimo os custos em suas empresas. Não empregarão gente desnecessária, não tolerarão a quebra da disciplina por parte de ociosos espertalhões.

No mesmo sentido, Andreiev, braço direito de Stálin, declarava:

> A escala de salários deve ser deixada inteiramente nas mãos dos chefes das empresas. A eles compete estabelecer a norma.

Com o desmantelamento da oposição interna no PC, desaparecidas as últimas resistências ao poder, é que se tornou possível o aparecimento de um líder sindical do tipo de Welberg, que na época declarava:

> A determinação dos salários e regulamentação do trabalho pedem que os diretores de empresas indústrias e os diretores técnicos sejam imediata-

mente investidos da responsabilidade nesta matéria. Os trabalhadores não devem defender-se contra seu governo. Isso é inteiramente errado. É uma perversão oportunista de "esquerda" e uma interferência nos departamentos administrativos. É imperioso que isso seja liquidado.

O arranco industrial coincidiu com a integração dos sindicatos na órbita do Estado.

Para entender o papel do sindicato no Estado soviético, é importante acentuar a diferença entre o papel do sindicato na década de 1920 e o papel que assumiu a partir de 1930.

Se as relações de trabalho são baseadas na compra e venda da força de trabalho – isso, ao que parece, sobrevive pelo menos durante as primeiras décadas da chamada "acumulação socialista" –, os sindicatos como organizadores da venda e compra da força do trabalho se mantêm na sociedade "socialista". E isso é tanto mais necessário quanto mais a sociedade estiver fundada na propriedade estatal dos meios de produção, e o Estado, por sua vez, nas mãos de uma burocracia que o possui como "propriedade privada". Em tal sociedade, os sindicatos têm importantes funções a cumprir como representantes da mão de obra.

No primeiro momento da reconstrução da economia após a guerra civil, Lênin formulou as "Teses sobre a importância e papel dos sindicatos nas condições da nova economia", publicadas em nome do Comitê Central do PC (*Pravda*, 17/11/1922) e aprovadas, posteriormente, pelo XI Congresso do Partido. Elas se constituíram durante quase uma década no "credo" oficial sobre assuntos sindicais. Afirmavam elas, em síntese, que a defesa dos interesses dos trabalhadores era tarefa dos sindicatos, cumprindo seu dever na medida em que sustentavam os interesses dos operários na "luta econômica". Ela era nitidamente diferenciada, no discurso oficial, da "luta de classes" sob o capitalismo privado. Sob a economia estatal, ela consistia na representação dos interesses dos trabalhadores por vias pacíficas. Embora no XIV Congresso do PC, em dezembro de 1925, se acentuasse "ser tarefa dos sindicatos a proteção dos interesses econômicos das massas nele representadas", a expressão "luta econômica" paulatinamente caiu em desuso. É bem verdade que, na década de 1920, na maioria dos casos, muitas vezes os sindicatos não tinham a força necessária para enfrentar os administradores estatais da economia e proteger eficientemente os operários. Mas era indiscutível *seu* papel como representantes dos interesses econômicos específicos dos trabalhadores.

Porém, os líderes sindicais que se destacaram na década de 1920, na defesa da mão de obra, foram substituídos por ocasião do Primeiro Plano Quinquenal (1929-32) por novos quadros, na sua maioria originários do partido dominante. Daí por diante, a noção segundo a qual os sindicatos representariam os interesses específicos da classe operária foi estigmatizado como "oportunismo" e "desvio sindicalista". Em 1929, o secretário-geral dos sindicatos soviéticos, Tomsky, é substituído por sindicalistas dóceis ao poder, como Schvernik e Tsukhon, por decisão do Birô Político do PC. Tal decisão se deu por ação de órgão estranho ao movimento sindical, sem nenhuma participação dos interessados, direta ou indiretamente. Mesmo os diretores de empresa que compreendiam que a inflação desvalorizava os salários reais, tendendo a atender os trabalhadores elevando os salários acima do nível previsto pelo plano – que não considerara a alta do custo de vida –, esbarravam na resistência dos sindicatos que lutavam pela "disciplina financeira" em questões salariais. Eles chegavam a propor que as normas traçadas pela Agência de Normas fossem substituídas por normas mais elevadas, chamadas normas contrárias (*vstrechoye normy*).

No plano das negociações salariais, é importante acentuar que o sistema russo baseia-se no trabalho por peças, e o preço por peça tem de se adaptar às condições de cada fábrica. O processo de fixação de salários passa por duas etapas: primeiro, fixam-se os padrões de salários (geralmente mensais) para vários grupos de empregados numa indústria no seu conjunto; depois, fixam-se as quotas de produção para cada tipo de trabalho nas fábricas, isoladamente. O preço das peças é calculado pela divisão do salário, mensal ou semanal, pela quota correspondente.

Na década de 1920, os sindicatos participavam das negociações paritariamente, com representação igual de empregados e administradores. Na década de 1930 os sindicatos perderam o direito à participação em ambas as fases.

Em 1931, os sindicatos preocuparam-se com o "incremento da produção", tendo o Conselho Central dos Sindicatos aprovado uma resolução pela qual

> os sindicatos têm por principal finalidade lutar pelo aumento no rendimento do trabalho, por uma diminuição nos custos de produção e por uma disciplina mais severa. (*Informations Sociales*, 23/2/1931)

No início de 1933, foi baixada uma resolução determinando que os contratos coletivos de trabalho não poderiam conter disposições que salvaguardassem os interesses dos operários, além das existentes na legislação do trabalho. Após 1934, nenhum contrato coletivo foi renovado. Em abril de 1941, Mme. Nicolalievna, no Congresso Central dos Sindicatos, criticou "a sobrevivência de sórdidas das tendências de nivelamento" (igualdade salarial), exigindo o "reforço da disciplina, aumento do rendimento do trabalho e obediência estrita ao decreto de nosso grande PC".

Em fevereiro de 1947, um contrato-padrão é distribuído pelo pleno do Partido a todos os secretários sindicais: rezava que os operários deviam lutar pelo aumento do rendimento do trabalho, seguir os cursos matrossovistas (taylorismo), cuidar das máquinas, lutar contra a perda de tempo, aceitar sem protesto a disciplina e "vigiarem-se uns aos outros". Assim, o *Troud*, jornal oficial dos sindicatos, escrevia que

> a propaganda em favor do comunismo e da política atual do Partido deve figurar no primeiro plano das atividades sindicais, ao lado da "emulação socialista" e da luta contra o nivelamento dos salários e pela disciplina do trabalho (26/6/1933).

Schvernik, substituto de Tomsky, assim define no 8º Congresso dos Sindicatos, em abril de 1937, o papel deles: "Desde sua origem, os sindicatos trabalham sob a direção do partido de Lênin e Stálin, exercendo a função de correia de transmissão entre o partido e as massas" ("Os sindicatos soviéticos", p.101).

O *Novye Investia* de 28/3/1937 e de 16/5/1937 assinala que os Comitês Sindicais Centrais são compostos totalmente por membros designados, nenhum eleito. Isso foi confirmado pelo *Pravda* de 29/5/1935, quando escrevia que "nos sindicatos, em vez de militantes, acham-se funcionários assalariados".

O processo de burocratização das instituições econômicas e políticas leva ao recurso da mentira ante a própria burocracia dirigente. Assim, o presidente do Conselho Geral dos Sindicatos censura o redator-chefe, Tumarkine, do jornal *Troud*, "por ter publicado um artigo elogioso à equipe que trabalha na fornalha Martin na Usina Foice e Martelo, pois tal equipe e tal fornalha não existe" (*Zu Industrialisatsig*), em 3/3/1935.

Em 1936, segundo a S.S.S.R, Strano Sotzializns (Moscou, 1936, p.97), conforme o jornal sindical *Troud* de 15/1/1937 e *investia* de 24/4/1937,

> o número de burocratas sindicais chegava a 3 milhões. Sua manutenção absorvia 45 milhões de rublos sobre uma renda total de 489 milhões.

Esse crescimento vertiginoso da burocracia dominante estava conforme a função hegemônica atribuída a ela por seu ideólogo, Stálin, em artigo publicado no *Pravda* em 5/5/1935, que, entre outras coisas, enunciava:

> Dizíamos até agora que a técnica tudo resolve; isso, porém, não basta. Para orientá-la e dela tirar o máximo proveito, precisamos de homens e estruturas aptas a assimilá-las. Eis por que a nossa primitiva divisa, a técnica tudo resolve, deve ser substituída por essa nova: as estruturas burocráticas tudo resolvem. Eis aí a essência.

Com o desaparecimento dos contratos coletivos de trabalho, os padrões salariais são lixados pelos altos funcionários dos sindicatos, pelo Conselho Geral dos Sindicatos ou pelo presidente do Comitê Central do Sindicato ligado diretamente à empresa; porém, sua influência é bem pequena. Na realidade os padrões são fixados pelos gerentes e pelo governo.

No processo de fixação de salários, operam-se mudanças radicais no interior da fábrica. Segundo o Código de Trabalho de 1922, as quotas de produção devem ser fixadas por ação conjunta da direção da fábrica e do sindicato do organismo competente (Art. 56). Isso se dava por meio de um órgão especial da fábrica, a RKK (Rastsenocho-Konfliktnaya Kommissia). Comissão de Salários e Dissídios Operários, em base partidária.

A partir do início da década de 1930 a RKK perdeu sua força e simplesmente confirmava as quotas de produção fixadas pela alta burocracia estatal. A fixação das quotas de produção ficou sob inteira responsabilidade da administração fabril. O sindicato foi enquadrado na luta pelo aumento da produção: "mesmo" nos setores mais adiantados, nas oficinas de consertos de locomotivas de Tverj, a competição se dava na forma de luta silenciosa. Dizia-se então: "Não vejo razão para tal competição. Ela só serve para nos esgotar sem vantagem alguma para a causa" (*Troud* de 2/7/1929).

Os sindicatos procuraram reforçar a "disciplina no trabalho" e a partir de 1934 a legislação do trabalho foi reformada num sentido mais repressivo contra a mão de obra. Assim, pelo decreto de 26/6/1940, o operário que deixasse o emprego estava sujeito a até seis meses de trabalho correcional na própria fábrica, perdendo 25% do salário global. Na fábrica de tratores de Stálingrado, "os funcionários sindicais qualificavam de 'oportunismo' a preocupação com os interesses vitais dos operários". Tomaram assim "maus apêndices dos órgãos econômicos" (*Troud* de 15/8/193?).

Em 1933, o Comissariado do Povo para o Trabalho é dissolvido e duas de suas funções esvaziadas: a proteção ao trabalho (na realidade, inspeção) e o seguro social foram transferidos para os sindicatos. Isso foi justificado por Schvernik pelo fato "dos órgãos do Comissariado do Povo para o Trabalho terem a tendência a atuar no campo da inspeção do trabalho e seguro social sem dar atenção aos interesses da produção" (*Pravda*, 4/7/1933). A decadência da função sindical em defender os interesses dos operários se acelerou de tal forma que Polonski, um dos secretários de maior prestígio do Conselho Geral dos Sindicatos, em dois artigos publicados, a 3 e 8/1/1936, no *Zu Industrializatiyu*, defendeu à transferência da inspeção do trabalho aos órgãos econômicos, aleijando mais os sindicatos.

O seguro social é administrado pelos sindicatos, porém a política sindical é determinada inteiramente pela "política econômica oficial". Em setembro de 1929, o Comitê Central do PC frisou que "o principal objetivo do seguro social deveria ser o de incentivar por todos os meios a produtividade do trabalho na base do plano geral de industrialização". Entre 1929 e 1938, esse plano foi revisto, tendo como metas básicas elevar a produção e incentivar a "disciplina no trabalho". Desde a década de 1930, o seguro saúde vem sofrendo restrições. Desde 23/12/1938, somente os operários que estejam na empresa há mais de seis anos, trabalhando sem interrupção, têm direito a compensação equivalente ao salário total. Os que trabalham numa empresa entre três e seis anos têm direito a 80% do total; entre dois e três anos, a 60% do total; menos de dois anos, a 50% do total. Isso só se aplica aos sindicalizados, os outros recebem 50% a menos do salário.

O decreto de 28/12/1938 continha outra restrição:

> Os operários que tenham sido despedidos por infração à disciplina do trabalho ou crime e os que deixaram o trabalho por sua própria iniciativa só têm direito a compensações por doença após terem trabalhado pelo menos seis meses no novo emprego.

O seguro social transformou-se em instrumento para atrelar o operário à empresa, como quaisquer ramos da beneficência operária que cultiva o espírito de fidelidade à empresa. Diga-se de passagem que Herbert Simon codificou sob o capitalismo a desgraçada teoria da "lealdade organizacional" e não se diz "socialista". O seguro social transformou-se numa espécie de política de beneficência operária, igual ao sistema em vigor em muitas empresas norte-americanas às vezes ligado às atividades das organizações operárias no selo das próprias companhias.

A beneficência nas fábricas é outro tema que sofreu modificações na URSS. Inicialmente, era encargo da direção zelar pela segurança no trabalho, pelas condições sanitárias nas fábricas, fornecimento de gêneros, cuidar das habitações operárias. Ao sindicato cabiam funções de zelar, fiscalizar e incentivar atividades fora das fábricas: organizações de lazer, diversões, creches para crianças, regularização de suas matrículas escolares qualificação profissional da mão de obra. Desde os fins da década de 1930, com a subordinação dos órgãos econômicos dentro e fora das fábricas ao Partido, as atividades sindicais no campo da beneficência cresceram. A repressão contra a mão de obra aumentou, paralelamente às novas funções assumidas pelos sindicatos. Assim, os que abandonarem espontaneamente a fábrica serão declarados desertores do trabalho e sujeitos a penalidades que podem atingir até dez anos de exílio, conforme decretos de 24/9 e 9/10/1930 e 26/6 e 10/8/1940. Pelo decreto de 11/10/1930, renovado em 10/8/1940, os operários são obrigados a aceitar qualquer trabalho em qualquer lugar. Assim, a perda da carteira de trabalho é punida com multa de 28 rublos, conforme decreto de 20/12/1938.

A burocratização da Revolução Russa destruiu o sonho de um povo, que, pensou, matando um rei atingira a liberdade e desalienação. Independente dos fatores conjunturais, a burocratização da Revolução Russa confirmou mais uma vez a atualidade do princípio da Associação Internacional dos Trabalhadores: a libertação dos trabalhadores deve ser obra dos próprios trabalhadores. A classe operária, ao delegar poder às "vanguardas" convertidas, após a tomada do poder de Estado, em potentes burocracias, perde poder. Os antigos revolucionários se transformam nos novos funcionários e a revolução de "permanente" torna-se "administrada". A auto-organização independente da mão de obra e os prestígios dos princípios de autogestão social global se constituem na única possibilidade de viabilidade de um projeto socialista não burocrático. Sua realização depende da capacidade de mão de obra tomar a palavra diretamente, sem mediações burocráticas.

Os barões proletários*

Com a notícia publicada na *Folha* de 15/11/1977 sob o título "Dirigente ganha 100 mil", ficamos sabendo que esse é o salário de um juiz classista que votou contra o pedido de reposição salarial dos trabalhadores nas indústrias metalúrgicas de Osasco. Além disso, sua senhoria é presidente da Federação dos Empregados no Comércio de São Paulo, onde ganha trinta salários mínimos, vice-presidente de uma confederação de empregados ganhando dez salários mínimos e recebe "pró-labore" por direção de mais dois organismos sindicais. Em suma, estamos diante de um retrato sem retoques de um autêntico "barão proletário".

É necessário dizer que o tipo social aqui definido como "barão proletário" aparece diante da retina da mão de obra na figura do "pelego". Não se trata aí de um juízo moral, de saber se o "pelego" encarna os valores do sucesso do homem que venceu na vida rompendo com sua classe social originária ou se ele encarna o arrivismo, a danação. É necessário não perdermos de vista que o "pelego", como tipo social, é fruto de uma estrutura dada. É o produto sociopático das condições econômico-sociais que tornaram o sindicato um órgão cada vez mais vinculado ao Estado.

Dessa dependência surgiram os diversos tipos degenerativos, líderes de trabalhadores que não trabalham, vanguardas que não têm retaguarda ou líderes que possuem fisiológica vocação ministerial e esqueceram as fábricas de origem. O problema é saber quais as condições institucionais que permitiram o surgimento desses tipos sociais.

O sindicalismo está estritamente ligado à sindicalização no Brasil e esta ao desenvolvimento econômico. A crise de 1930, ao reduzir o comércio exterior brasileiro, favoreceu a industrialização. Já em 1931 o número de operários passava de cem a 240 mil, chegando em 1937 a totalizar 245 mil. Em 1901, 90% dos assalariados eram estrangeiros, na maioria italianos e espanhóis; dez anos depois, seriam suplantados pelos portugueses. Esse proletariado desenvolve o pluralismo associativo.

---

* *Folha de S.Paulo*, 27/11/1977.

No início do sindicalismo existe uma unidade federativa e uma pluralidade de pequenas coligações. Não havia ainda o mito da "unidade" imposto pela burocracia ministerial. A greve inicialmente execrada pela elite bem pensante adquire *status* de cidadania, a questão social deixou de ser um caso de polícia. A civilização instalara-se nos trópicos. As greves espontâneas cedem lugar às organizadas e se dá a universalização da ação da negociação em torno de reivindicações econômicas. Aparecem os tribunais de arbitragem com delegados de ambos os lados que discutem os problemas trabalhistas.

Nessa fase vigora o sindicalismo dirigido por minorias militantes, operários que vivem *para o* sindicato e não *do* sindicato. Inicialmente são sindicatos por ofícios; não havendo número suficiente para sua formação num ofício, formavam-se os sindicatos de ofícios vários. Essa sindicalização operária está sob égide dos socialistas-libertários (anarquistas) que criam em 1909 a Confederação Operária do Brasil, dirigida por um gráfico imigrante alemão, Edgard Leuenroth. Praticavam acordos coletivos e algumas de suas organizações tinham militantes trabalhando em tempo integral como assalariados.

A Revolução de 30 vai institucionalizar a ação do Estado no plano de relações de trabalho, integrando o sindicato no sistema corporativo e assistencialista oficial. Surge um sindicalismo de burocratas. Isso se deu devido a ação normativa do Estado vinculado à economia. O sindicalismo transforma-se num elemento de política social do Estado. É quando Vargas cria o Ministério do Trabalho, nomeando Lindolfo Collor para dirigi-lo. A "Lei Collor" institucionaliza o sindicato oficial, único, legitimando o poder heteronômico do Estado sobre o sindicato.

Com o Estado Novo e a doutrina da paz social, viceja o sindicalismo burocrático. Exigiu-se do sindicato novo registro após a institucionalização do Estado Novo. O Estado exerce severo controle sobre suas finanças, o sindicato era obrigado a gastar a maior parte de seus recursos em atividades assistenciais, porque lhe era vedada a criação de fundos de greve. O Estado Novo, da mesma maneira que controlou burocraticamente a mão de obra via aparelho sindical, iria com a Carteira de Identidade controlar a população ativa.

O "barão proletário" emerge como o tipo social dominante nesse sindicalismo burocratizado. E o "pelego", parachoque no conflito dos interesses da mão de obra com os interesses patronais. O fundamento financeiro do peleguismo ainda é o famigerado imposto sindical, disfarçado de "contribuição sindical", um desconto compulsório que sofre a mão de obra ativa. É-lhe descontado o correspondente a uma jornada de trabalho por ano.

Paralelamente ao processo de burocratização das lideranças sindicais, deu-se a concentração das sedes no centro das principais cidades. A fábrica onde o operário trabalha situa-se nos bairros ou na periferia. A centralização das sedes implica o esvaziamento dos interessados, na ausência do operariado; no sindicato a burocracia é o único elemento [...][1] manipulando verbas e cargos, poderia criar assembleias-fantasmas, onde uns poucos decidem o destino de muitos.

A abolição do imposto sindical, a grande fonte da existência dos "barões proletários" e da corrupção dos fins do sindicalismo, é tão importante para a democratização da vida associativa como o é o Estado de Direito para a sociedade civil, nos dias que correm. Com a abolição do imposto sindical, realmente subsistiriam aqueles sindicatos que fossem realmente representativos. Com isso eliminar-se-ia uma das fontes da inautenticidade representativa dos dominados em nossa terra: a de líderes da mão de obra que se especializaram em transformar a razão do poder no poder da razão. Com grandes prejuízos para a razão, é claro.

É interessante notar que a estrutura sindical autoritária-ministerialista, fundada e institucionalizada com o que se chamou de getulismo, permanece intocável até hoje. Vemos como o poder, hoje em dia, se preocupa em ressuscitar personagens do meio sindical como Campista, profundo conhecedor de vinhos estrangeiros com condições para a primeira página de coluna social, que não pode ser confundida com coluna sindical.

A abolição do imposto sindical implicaria a independência do sindicato ante o Estado; é [...][2] maior ou menor de autonomia que serve de parâmetro para definir se há uma liderança "autêntica" ou "empelegada".

Assessores e pilantras*

Trabalhador, você sabia que os maiores sindicatos paulistas tem assessores para defendê-lo? Sabia que, com tais assessores, você não precisa ter

---
1 Ilegível no original.
2 Ilegível no original.
* *Notícias Populares*, 28/7/1985

inimigos? Pois veja só as informações que damos abaixo, recebidas pelo correio, "quentinhas", tiradas do forno.

1º – Sabia que Tarcísio de Tal, assessor de um sindicato de trabalhadores de São Paulo, que integra um partido político de uma cidade vizinha, ao ver-se derrotado numa votação, não teve dúvida, fez *streaptise*, tirou a roupa e em trajes de Adão conseguiu a suspensão da reunião?

2º – Você sabia que uma cantora de Belém fora ameaçada de morte se apoiasse a chapa de oposição nas eleições de um sindicato por um assessor? Resultado: ela apoiou a chapa da situação.

3º – Sabia você, trabalhador, que um assessor, especialista em cizânia (lançar intranqulidade, futrica, desconfiança no ambiente) reúne-se somente com parte da diretoria de um sindicato, num apartamento alugado em seu nome na Av. Rangel Pestana? Nome do edifício? Edifício Piratininga.

4º – Sabia você, trabalhador, que com sua contribuição sindical sustenta o sindicato, que o assessor Tarcísio de Tal despede velhos funcionários, substituindo-os por novos que ficam "dedo-durando" os diretores do sindicato que não seguem a cartilha desse "herói assessor"?

5° – Você sabia que outro "herói", um assessor conhecido na "boca" como Sérgio das Quantas, apesar de ser funcionário de um sindicato de trabalhadores, dedica-se ultimamente a promover reuniões de empresários no Hotel Nikkey? Sabia também que o citado "herói" Sérgio das Quantas vendera a uma empresa filme que pertence ao sindicato dos Trabalhadores?

6º – Trabalhador, você sabia que Sérgio das Quantas – é o nome que consta na carta – fora "assessor" do Sindicato dos Trabalhadores Têxteis de Americana? O que fez lá? Tentou promover desentendimento entre a diretoria, promover reunião com empresários; tentou "comprar" diretor do sindicato oferecendo estabilidade vitalícia; ofereceu ao sindicato incluir na base da categoria elementos de São Paulo com casa e piso salarial de Cr$ 2,5 mil pagos pela Alpargatas. Conchava com empresas o pagamento de salários de diretores suplentes de um sindicato paulista, ficando desligados do trabalho, à disposição do próprio e do sindicato.

Trabalhador, exija prestação pública de contas de mandato de diretores de sindicato, mas também de "assessores". Têm que explicar às categorias para o que vieram, o que fazem. Lembre-se, você os paga mediante o desconto que sofre com a contribuição sindical e taxa assistencial. Quanto à "dupla do barulho", no próximo artigo tem mais novidades.

Conheça melhor a ação dos "assessores" do sindicato*

Antes de iniciarmos o manual, informamos aos leitores que fonte jornalística é sagrada e deve ser preservada. O articulista esclarece que não é candidato a nada em sindicato algum ou fora do sindicalismo.

Item 1 – Como desorganizar campanhas salariais de uma categoria – É simples. Um assessor desmarcava as reuniões marcadas para sexta-feira a fim de tratar da campanha.

Item 2 – Como fortalecer sindicato de trabalhador sem trabalhador – "Exímios" assessores pensam que não deve haver campanha de filiação para o sindicato ser forte. Segundo eles, muito associado onera o sindicato e eles consideram crime redistribuir recursos do imposto sindical à categoria.

Item 3 – Como conseguir "suplente amigo" – Conchavando com a empresa os "exímios" assessores liberam suplentes cupinchas.

Item 4 – Como fingir que negocia greve – Quando a firma do setor do senhor Aristidemos faz greve, as negociações se aceleram, porque é amigo do "exímio" assessor. Às vezes mandam operários voltarem ao trabalho simulando estar negociando com os patrões, é o caso da Aziz Nadek e na Serrano, não apareceu "assessor" para negociar. Por que será?

Item 5 – Como ser do partido não sendo – Outro "exímio" assessor de um sindicato paulista declarou fazer política contra um partido de tendência operária. Ao procurar o seu "chefe", o Lula, não teve apoio apesar de filiado ao mesmo. Adivinhe o que ele queria? Ser candidato a deputado pelos Trabalhadores. Ora, vejam só!

Item 6 – Como perseguir e excluir funcionários sindicais – Simplesmente contratando funcionário novo para policiar funcionário com mais de 28 anos de sindicato. Daí a pergunta: se houver solidariedade ao funcionário antigo? Despedem-se os três advogados de forma solidária, isto é, juntos. Pronto.

Item 7 – Como multiplicar os pães – Com "muito" trabalho um "exímio" assessor teceu uma rede, contratou o assessor do assessor. Isto é, assessor de si mesmo. Se a moda pega...

Item 8 – Como manipular eleição sindical – "Exímio" assessor "escondeu" edital de convocação publicando-o no *Diário do Comércio e Indústria*, desconhecido dos peões. A diretoria não sabia a data-limite de inscrição de chapas. O "exímio" assessor segurou os documentos dos membros da

---

* *Notícias Populares*, 28/7/1985.

chapa, inscrevendo por ela quem bem quis. Têxtil lembre-se: tome xarope Queiroz e tussa se for capaz! Com este "manual", trabalhador dispensa inimigos de classe, não supérfluos!

Metalúrgicos não querem saber da CUT nem da CGT – UDR ganha 4 milhões*

O Sindicato dos Metalúrgicos de São Paulo, considerado o maior da América Latina, com cerca de 340 mil trabalhadores em sua base territorial, decidiu manter-se independente em relação às centrais sindicais.

Essa decisão foi tomada no 8º Congresso dos Metalúrgicos de São Paulo com a seguinte votação: pela independência, 353 votos, 288 pela adesão à CGT e doze pela adesão à CUT. Nos últimos anos o sindicato foi considerado carro-chefe da antiga Conclat, atual CGT, menos por vontade livre da categoria e mais por vontade de Joaquim dos Santos Andrade, que presidiu o sindicato por um curto período de 21 anos. Com seu afastamento da presidência, o não alinhamento prevaleceu. Essa postura é defendida especialmente pelos diretores filiados ao PDT, grupo majoritário na atual diretoria, também integrada por representantes do PCB, PCdoB e PMDB, enquanto os membros do PT pró-CUT atuam na oposição.

UDR ganha Cz$ 4 milhões seu leilão eleitoral

O presidente provisório da União Democrática Ruralista (UDR), Ronaldo Caiado, disse que a entidade está realizando uma campanha política de pé-de-ouvido entre os produtores rurais brasileiros para evitar a ascensão da esquerda ao poder. Ele acrescentou que o objetivo da UDR é eleger o maior número possível de deputados federais e senadores já nas próximas eleições. A UDR já tem candidatos definidos em doze estados e regionais da organização. Caiado ressaltou, porém, que o nome dos candidatos jamais será revelado, nem mesmo depois de eleitos, o que vai acontecer se Deus quiser, concluiu ele. Ele esteve participando do 1º leilão da URD-MS, que foi realizado no Parque de Exposições João de Carvalho, na periferia de Dourados, onde compareceram 1,5 mil produtores rurais

---

* *Notícias Populares*, 7/9/1986.

que arremataram mil cabeças de gado, doadas por eles mesmos à UDR. A arrecadação chegou a Cz$ 4 milhões na venda do gado, com vários lotes novamente doados à entidade. O povo, porém, não vê carne bovina há muito tempo, a classe média há pouco tempo só enxerga essa carne pelo binóculo. Ela está bem longe do consumidor.

Pesquisa sobre sindicalismo[*]

Outro motivo de grande importância para a sindicalização é a organização e a luta sindical por meio do fortalecimento da categoria. Responde por 16,5% das inscrições de sócios.

— Pra mim — comenta um metalúrgico — sindicato é pra não ter remédio é pra lutar. Outro comenta. Os trabalhadores se sindicalizam pela combatividade do sindicato. Por que estamos informados sobre que é o sindicato (bancário). Porque acho que o sindicato é uma coisa muito importante; se não fosse o sindicato, a gente tava aí pastando (transporte coletivo).

Os motivos assinalados respondem então a três fatores principais benefícios sociais: para satisfação de necessidades básicas condições de trabalho; para proteger e favorecer a reprodução da força de trabalho; organização sindical – para lutar pelo direitos dos trabalhadores.

A respeito de que benefícios reais receberam neste último ano do sindicato pelo fato de ser sócios, 75,6% dos trabalhadores não recebem nenhum benefício do sindicato. Entre os sócios, 42,6% dizem que não receberam nenhum benefício durante o último ano.

A estrutura sindical[**]

A Consolidação das Leis do Trabalho (CLT) é que estabelece a estrutura, funcionamento e objetivos dos sindicatos. Conforme ela, os sindicatos se organizam por municípios ou regiões (base territorial), congregando uma mesma categoria profissional ou econômica. Inicialmente, forma-se

---

[*] *Notícias Populares*, 17/6/1984.
[**] *Notícias Populares*, 20/12/1981.

uma associação representante dos trabalhadores (CLT, artigo 511) depois ela pede seu reconhecimento ao Ministério do Trabalho como sindicato (artIgo 512 da CLT). Segundo o artigo 516, só pode haver um sindicato como representante da categoria e será reconhecido como tal o que tiver maior número de associados, mais serviços sociais mantidos e um patrimônio de maior valor. A associação preferida pelo Ministério receberá uma carta-reconhecimento como sindicato estabelecendo sua base territorial.

O maior dever do sindicato é colaborar com os poderes públicos no desenvolvimento da solidariedade social e manter serviços de assistência judiciária aos associados – assim, o Estado controla totalmente os sindicatos desde a fundação.

Mais do que prestar assistência jurídica aos associados ou conciliar com os patrões, o papel do sindicato é defender os interesses dos trabalhadores. Assim, em vez do sindicato representar a força organizada dos trabalhadores, ele é visto como possuidor de uma sede habitada por uma diretoria, funcionando no centro da cidade, longe da fábrica e da casa do operário.

Isso leva o trabalhador a perguntar, em época de campanha salarial: "Quanto o sindicato vai dar de aumento?" Não entende que ele também é sindicato. O Estado não só regula e controla os sindicatos como estabelece as formas de organização em nível estadual e nacional. Um mínimo de cinco sindicatos da mesma categoria pode organizar uma federação, de nível estadual. Um mínimo de três federações dá base a confederação.

Observa-se que há uma divisão por categoria nos níveis do sindicato, da federação e da confederação, como cada categoria tem sua data-base (época das campanhas e aumentos salariais) em momentos diferentes. A divisão dos trabalhadores em categorias e das datas-base para reivindicação tem o objetivo de dividir a mão de obra. Assim, não é a classe trabalhadora, no seu conjunto, que luta por suas reivindicações, mas são marceneiros, metalúrgicos, bancários etc.

Terrível é o processo eleitoral sindical. É sabido que, em 1978, o juiz que dirigia a apuração nas eleições no Sindicato dos Metalúrgicos de São Paulo anulou a eleição ante as fraudes havidas. Porém, sob pressão do Ministério do Trabalho, o Tribunal Regional do Trabalho validou as eleições reconhecendo a vitória dos pelegos.

A organização do processo eleitoral é para facilitar a permanência de pelegos nas direções sindicais. Só no sindicato o voto é direto, as diretorias de federações são reeleitas com os votos dos sindicatos de carimbo que têm pouco sócios, nenhuma representatividade. Daí ser importante a luta pelas eleições diretas nos sindicatos, federações e confederações. É importante também que a diretoria do sindicato seja afastada durante o processo eleitoral; que a votação se faça num dia só, facilitando quem está ligado à produção; que se estabeleçam urnas fixas nas sedes, subsedes ou locais cedidos, acabando com as itinerantes, fonte de safadeza e corrupção eleitoral; que a fiscalização, o controle e a apuração sejam feitos por todas as chapas concorrentes, que elas tenham estabilidade antes e depois das eleições; e ainda desburocratizar o registro das chapas exigindo somente Carteira Profissional ou a de associado do sindicato. Para isso, urge lutar contra a portaria 34/37, que regulamenta o processo das eleições sindicais. Tudo isso de nada valerá se todas as chapas não puderem usar os recursos do sindicato. A permanecer o que está, vigorará o peleguismo, o sindicato de carimbo, e o rato sindical substituirá o líder sindical.

Sobre a estrutura sindical[*]

Em artigos anteriores abordamos a estrutura da CLT, o estatuto padrão exigido para todos os sindicatos e o problema das eleições controladas pelo Ministério do Trabalho.

Abordaremos hoje a chamada "contribuição sindical", a Justiça do Trabalho e o poder de intervenção do Ministério do Trabalho nos sindicatos.

Nos termos do artigo 579 da CLT, todos os trabalhadores brasileiros, sejam ou não sindicalizados, estão obrigados a pagar o correspondente a um dia de trabalho como "contribuição sindical". Essa "contribuição sindical" sofre desconto na folha de pagamento, depositada na Caixa Econômica Federal, sob responsabilidade do Ministério do Trabalho.

Seu destino é pré-determinado pelo artigo 589 da CLT. Assim, 5% vai para a confederação; 15% para a federação; 60% fica com o sindicato e 20% é destinado à "Conta Especial Emprego e Salário", do Ministério do Trabalho.

O artigo 592 da CLT define que os sindicatos devam gastar esse dinheiro em: assistência jurídica, médica, dentária, hospitalar e farmacêutica, assistência à maternidade, cooperativas, bibliotecas, creches, auxílio

---

[*] *Notícias Populares*, 17/1/1982.

funeral, colônia de férias, prevenção de acidentes no trabalho, educação profissional e bolsas de estudo.

A "contribuição sindical" na estrutura atual é o instrumento mais eficiente de que dispõe o Estado para manter seu controle burocrático sobre os sindicatos.

O governo estabelece em lei a maneira de gastar o dinheiro e, logicamente, permite-se exercer o controle sobre as finanças dos sindicatos. Numa estrutura sindical democrática não fascista, caberia aos próprios associados gerirem seus sindicatos, empregando os recursos conforme decisão autônoma dos trabalhadores.

Na realidade, os 20% retidos pelo Ministério do Trabalho da famigerada "contribuição sindical" são utilizados para corromper lideranças autênticas que surjam no meio sindical, mantendo "pelegos", que pagam o favor, com apoio político ao partido do governo.

Continua.

Ainda sobre a estrutura sindical[*]

As confederações e federações recebem imensas somas de dinheiro provenientes da célebre "contribuição sindical". Com esses recursos mantêm um "peleguismo" nacional em nível sindical, que só tem de "pra frente" o papo, a conversa mole e o artigo no jornal da categoria. Pois, quando percebe que seu controle sobre a categoria está perigando, o "pelego" mobiliza assembleias fantasmas, às quais só comparece 0,5% dos associados, tirando resoluções em nome da maioria dos trabalhadores do país! Ou recorre à difamação contra os opositores no sindicato, colocando "encartes" no jornal da categoria com manifestos falsos atribuídos às oposições sindicais, nos quais elas pretensamente estariam acusando de traidores seus mais combativos integrantes! O imposto sindical, criado em 1940, teve a finalidade de garantir a existência das "máquinas" sindicais, independentemente do apoio que a categoria manifeste ao sindicato. Ao lado disso, desenvolveu-se uma política na área sindical que resumimos assim: o sindicato deve cuidar do "mínimo" de reivindicações e do "máximo" no fornecimento de assistência dentária, médica ou jurídica.

---

[*] *Notícias Populares*, 20/1/1982.

Mas esse "máximo" de assistencialismo tem sua limitação: para evitar os gastos com "assistencialismo", os "dirigentes" sindicais evitam aumentar o número de sócios do sindicato. Daí entender-se a atitude do Sindicato dos Metalúrgicos de Belo Horizonte, quando seu presidente declarava publicamente "não interessar ao sindicato a integração dos trabalhadores de Betim, da Fiat, pois seria muito operário para o sindicato". Com a predominância exclusiva do assistencialismo o sindicato tornou-se não um órgão de luta, mas sim um subposto médico, odontológico ou de assistência jurídica.

A legislação, no que se refere à "contribuição sindical", está montada de maneira detalhada e minuciosa. Quando for do interesse do Ministério do Trabalho punir alguma diretoria de sindicato que não reza por sua cartilha, pode ele facilmente acusá-la de descumprimento da lei por irregularidades financeiras. Sempre há um zeloso "burocrata" que as encontra após "procurar agulha no palheiro". As diretorias "pelegas" nada têm a temer a esse respeito, os sindicalistas autênticos, sim.

Continua.

Ainda sobre a estrutura sindical*

A Justiça do Trabalho foi constituída juntamente com a atual estrutura sindical, cuja característica mais importante é seu atrelamento ao Estado. Tal prática é desconhecida na França, Alemanha ou EUA. No Brasil, a instituição da Justiça do Trabalho correspondeu à intervenção do Estado nas relações empregado e empregador. Tal intervenção teve acima de tudo um caráter "disciplinador" a serviço da "paz social".

Isso aprenderam os metalúrgicos do ABC, quando na sua última greve o Tribunal Regional do Trabalho inicialmente declarara-se incompetente para decidir se a greve era legal ou não e poucos dias depois o mesmo tribunal declarou-a ilegal, pois, assim, justificava-se a intervenção nos sindicatos do ABC e a destituição de sua diretoria, fornecendo aos patrões "justa causa" para demitir os que permanecessem em greve após declarada sua "ilegalidade".

Houve o que todos viram: intervenção, destituição de diretoria do sindicato, enquadramento de seus dirigentes na Lei de Segurança Nacional

---
* *Notícias Populares*, 24/1/1982.

e demissões em massa nas empresas. Isso mostra o poder de pressão do governo e a Justiça do Trabalho a quem serve. Já o célebre Getúlio Vargas, ao ser inquirido sobre a "legalidade" de seus atos, retrucara: a lei, ora a lei! E sabia o que estava dizendo.

A Justiça do Trabalho é composta por Juntas de Conciliação e Julgamento, Tribunais Regionais do Trabalho e Tribunal Superior do Trabalho. Essas juntas de conciliação são compostas por um juiz de trabalho que atua como seu presidente e dois vogais, um representante dos empregadores e outros dos empregados. Sua jurisdição abarca o território que constitui a sede da comarca. Sendo o contrato de trabalho individual, são encaminhados individualmente os litígios por cada trabalhador às Juntas das Comarcas em que estiver localizada a empresa.

Na escolha dos vogais, todos os sindicatos sediados numa Comarca elegem três trabalhadores como candidatos. Cada sindicato encaminha sua lista tríplice para o Tribunal Regional do Trabalho e seu presidente escolhe o vogal entre os nomes que constam da lista encaminhada.

Acima das Juntas estão os Tribunais Regionais de Trabalho. O país foi dividido em oito regiões, cada região congregando vários estados. A 2ª região, de que faz parte São Paulo, também engloba os estados do Paraná, Mato Grosso e Mato Grosso do Sul.

O Tribunal Regional do Trabalho de São Paulo é composto por onze juízes togados vitalícios e seis juízes classistas, reeleitos ou não, cada três anos. Os TRTs são formados pelo presidente do Tribunal Superior do Trabalho, um juiz escolhido entre advogados e outro entre os membros do Ministério Público da União, que atuam junto à Justiça do Trabalho. Os outros escolhidos entre os juízes do trabalho-presidentes das juntas da região específica. Dos seis juízes classistas, três representam os empregados e três representam os empregadores. A indicação dos representantes dos empregados se dá por lista tríplice apresentada por cada federação de trabalhadores com base na região abrangida pelo tribunal. Elas são encaminhadas ao presidente do Tribunal Superior do Trabalho, que faz escolha dos três membros. O tribunal, sediado em Brasília, é a instância máxima da Justiça do Trabalho, abrangendo todo o país. É composto de dezessete juízes, sendo onze togados e vitalícios de livre escolha do presidente da República. Compõem esse tribunal também seis juízes classistas, representando empregados e empregadores. Cada uma das confederações indica em lista tríplice seus candidatos a representante dos trabalhadores, e o presidente da República escolhe três a seu livre arbítrio.

Continua.

Ainda sobre a estrutura sindical*

A Justiça do Trabalho, como a Justiça Civil e a Militar, interpreta e obriga ao cumprimento das leis, só que as leis sempre estão a serviço de quem tem o poder econômico e político. O governo, além de fazer as leis, nomeia os vogais, juízes e ministros a seu bel prazer. No sistema de listas tríplices enviadas por federações – na sua grande maioria na mão de "pelegos" – o governo escolhe livremente quem fala em nome dos "empregados" mas defende na prática os "empregadores". É comum juízes classistas no TRT escolhidos pelas federações em nome dos empregados sistematicamente votarem a favor dos empregadores, contra o movimento sindical dos trabalhadores. A lista dos nomes deles é tão grande que não caberia nos limites do jornal.

A Justiça do Trabalho atua no esquema da "paz social": caso os juízes classistas não cheguem a um acordo, os juízes togados decidem em última instância. A Justiça do Trabalho tem servido de receptáculo em que são encaminhadas as lutas conduzidas pelos sindicalistas "pelegos". Eles se limitam a abrir processo na Justiça do Trabalho, na qual os problemas dos trabalhadores são resolvidos com a clássica lentidão que só favorece a parte mais forte, os patrões.

Apesar de tudo, encontra-se na Justiça do Trabalho consenso de que nas partes em litígio o trabalhador é a parte "fraca" ante o capital, daí na Justiça do Trabalho haver mais sensibilidade para o lado social e não meramente jurídico-formal do que na Justiça Cível ou Militar.

Os artigos 553 a 557 permitem ao Estado intervir no sindicato afastando seus diretores legitimamente eleitos, podendo até fechar o sindicato. Doze mil dirigentes sindicais foram cassados dessa política. A intervenção geralmente atinge diretorias sindicais que buscam realmente organizar os trabalhadores. Essa é a uma das razões da proliferação das comissões de fábrica como instrumento de luta dos trabalhadores, na medida em que

---

* *Notícias Populares*, 27/1/1982.

é impossível "destituir" uma comissão de fábrica, pois ela está ligada ao seu "solo natural", ao pé da máquina. Mas o sindicalismo pelego, através das Comissões Décio Malho, forjadas de cima para baixo nas empresas ou através de relações industriais das próprias empresas – caso da Volkswagen –, tenta utilizar essa prática contra a organização autônoma da mão de obra. É nesse espaço de luta que comissões de fábrica, como da Piratininga, Massey Ferguson e Ford, apontam o caminho a seguir. O contrário disso é "papo-furado" ou conversa mole "pra boi dormir".

Sindicatos e estabilidade[*]

Em São Paulo, há inúmeros sindicatos de trabalhadores que possuem grande tradição de luta por sua categoria, tendo inclusive alguns de seus diretores agredidos por "seguranças" das empresas quando estão em defesa de seus associados.

Outros sofrem o peso da "lista negra" elaborada pelos departamentos de recursos humanos (desumanos) de muitas empresas, cujos chefes trocam informações entre si, tendo em vista não permitir a volta à categoria do trabalhador, às vezes por exercer ação sindical no seu local de trabalho.

Em compensação, há inúmeros outros cujas diretorias não vivem para o sindicato, mas sim, do sindicato. Em vez de frequentar os locais de trabalho de seus ex-companheiros, frequentam gabinetes ministeriais e ar refrigerado, com estofados luxuosos.

Por isso, reputo como inadmissível e petulante a boateira que corre a respeito de uma diretoria sindical autêntica – não "pelega" –, segundo a qual ela luta para estabilidade no trabalho para os seus representantes, enquanto pressiona funcionários do próprio sindicato a receberem indenização quando atingem nove anos e alguns meses, assinando novo contrato com base no FGTS. Esse instrumento, combatido por todo o movimento sindical, permitiu grande rotatividade de mão de obra, gerando insegurança permanente entre os assalariados.

Como dizia um velho líder sindical argentino, metalúrgico, Agustín Tosco: "É preferível honra sem sindicato do que sindicato sem hora". Ele era líder sindical em nível nacional, porém, continuava trabalhando na

---

[*] *Notícias Populares*, 23/3/1983.

empresa e após sua jornada de trabalho diária assumia suas funções sindicais. Queria dizer ele que a ação sindical exige uma ética sindical, fundada na defesa dos interesses da categoria e na coerência entre a palavra e a ação. Creio que assim pensam as diretorias de sindicatos autênticas, não "pelegas". Outra boataria corrente refere-se a uma diretoria autêntica: a de que seus diretores iniciam o expediente às 10 horas da manhã, quando os trabalhadores da categoria acordam às 5 horas para iniciar o trabalho às 6 horas; que utilizam o carro do sindicato para fins pessoais, até no fim de semana, com gasolina paga pelo sindicato. Em suma, na medida em que as "boatarias" tornam-se públicas, deixam de produzir malefícios.

Porém, há uma reclamação que me parece procedente: professores que lecionam em cursos mantidos por sindicatos de trabalhadores não têm registro em carteira.

Violência sindical*

A chamada sociedade civil, através de suas organizações populares, das oposições sindicais, pretende a participação democrática nas instituições especialmente no âmbito dos sindicatos. Com essa finalidade, organizou-se no Rio de Janeiro o Encontro Nacional das Oposições à Estrutura Sindical (Entoes).

O que se viu foram grupos sectários de São Paulo, previamente organizados para manipular a discussão, adotando a velha técnica da inscrição simultânea de inúmeros membros de um grupúsculo, tolhendo a palavra aos outros. Mais do que isso, pretender numa realização que congregava quatrocentos participantes que a assembleia reunida aceitasse a participação paulista, em torno de 190 votos; ou seja, quase 50% dos votos existentes pertenceriam aos vários grupúsculos de São Paulo. Isso foi liminarmente rejeitado pelo plenário e os grupúsculos paulistas foram obrigados a submeter-se à maioria. Porém, com uma ressalva: tumultuando de tal maneira os debates e as deliberações, que o encontro constituiu-se em fracasso.

Repetição dessa intolerância autoritária que aspira à hegemonia se deu por ocasião da assembleia do Sindicato dos Metalúrgicos de São Paulo, ocorrida dias atrás no Cine Roxi.

---

* *Notícias Populares*, 27/10/1980.

Inicialmente, o presidente do sindicato, mal assessorado, abriu a sessão "fechando" o debate, na medida em que aceitava como legítima a inscrição de somente três representantes da comissão de salários da categoria e três representantes do "Décio Malho", isto é, de seu grupo de apoio. Logicamente, isso levou a oposição sindical a reagir oralmente e a polêmica terminou numa pancadaria generalizada, em que todos bateram e todos apanharam. É claro que, no desencadeamento desse processo antropofágico no meio sindical, culpa inicial cabe aos "donos" do Sindicato dos Metalúrgicos de São Paulo, desabituados ao confronto democrático de ideias e tolerância com as divergências.

Do outro lado, a própria oposição sindical sofre de uma doença infantil, qual seja, ela não consegue conviver com sua própria formação heterogênea em nível ideológico-político. Eis que ela congrega membros da Pastoral Operária, que acentuam a importância das comissões de fábrica no processo de luta e subestimam a organização da categoria em torno do sindicato; congrega, sob liderança de Aurélio Perez, partidários do "chinesismo"; por sua vez, os trotskistas, nas suas variadas ramificações como "Liberdade e Luta" e "Convergência Socialista", não conseguem dialogar com a facção liderada por Aurélio Perez. Para finalizar, as diferenças que nortearam a formação do PMDB e do PT passam a atuar no cadinho oposicionista também. De outro lado, o presidente do Sindicato dos Metalúrgicos, seus adeptos próximos e seus assessores, embevecidos com o eurocomunismo, estão perfilados numa posição rígida. Resultado: diferenças "resolvidas" através do desforço físico. Ora, isso mostra o profundo nível de imaturidade política, tanto dos dirigentes do sindicato, que se apresentam a uma assembleia que iniciaria a campanha salarial com uma agenda fechada, quanto dos opositores, que não conseguem um denominador comum entre as diferenças que coabitam em seu seio e, portanto, não conseguem opor-se eficazmente à diretoria do sindicato.

Como falar de unidade sindical quando uma assembleia termina em pancadaria generalizada, na qual homens e mulheres apanham democraticamente, isto é, igualmente?

Tudo isso suscita reflexões. Demonstra a existência de um fenômeno grave e inquietador na chamada sociedade civil, especialmente no meio sindical: a predominância da intolerância, do sectarismo e da pretensão infantil de resolver a socos problemas oriundos de posições diferentes. O desrespeito à diferença, a intolerância agressiva, mostram que o autoritarismo e a ditadura não são somente fenômenos do aparelho de Estado, estão inseridos na sociedade civil, nas instituições que a compõem. A desgraça maior é ver que cada um de nós traz um ditador dentro de si, um déspota intolerante à divergência, em suma, um nível de autoritarismo que corrói as melhores intenções democráticas. É por isso que o movimento sindical precisa estar atento, caso contrário somente propiciará vitórias ao Grupo 14 da Fiesp e não dará outra. Da maneira como as coisas estão, nem a categoria metalúrgica terá atendidas pelo patronato suas reivindicações, nem a oposição sindical terá a menor chance no pleito eleitoral a se travar no Sindicato dos Metalúrgicos de São Paulo. É isso aí. Para finalizar, para garantir o exercício da democracia sindical, impõe-se a desativação da milícia criada pelo presidente do Sindicato dos Metalúrgicos de São Paulo, que se apresenta uniformizada com o emblema "Décio Malho", armada com barras de ferro, pronta para o enfrentamento "democrático" com a oposição.

Unidade ou unicidade sindical?*

Argumentam os defensores do sindicato único, atrelado ao Estado, criado em 1931 e vigente até hoje, que ele garante a unidade da classe. Que a luta a ser travada é dentro do sindicato no sentido de "conquistá-lo" dos "pelegos", garantindo a unidade da classe em torno do sindicato e, ao mesmo tempo, um sindicalismo "autêntico".

Em primeiro lugar, é necessário observar que o chamado "populismo getulista" cresce após a Revolução de 30 e institucionaliza-se após o golpe de Estado de 1937, com a criação do "Estado Novo" e continuando após a chamada "redemocratização", de 1945, permanecendo até hoje como o melhor modelo para controlar o trabalhador, através do sindicato atrelado ao Estado. Mesmo diretorias "autênticas" têm de se dobrar à estrutura sindical e são passíveis de intervenção pelo Ministério do Trabalho, bastando para tal uma simples perícia contábil, como pretexto de intervenção.

De tal maneira o sindicato único, atrelado ao Estado, serviu como órgão controlador dos trabalhadores que, após 1964, a máquina burocrática sindical não mudou, continuou a mesma, prestando seus serviços aos patrões.

---

* *Notícias Populares*, 27/6/1982.

Deve-se notar que no Brasil a maioria dos trabalhadores não é sindicalizada. O Brasil é o país de mais baixa taxa de sindicalização no mundo.

Os trabalhadores que reivindicam e fazem greves nesse sentido, na sua maioria, estão fora do sindicato. Salvo raríssimas exceções, a maioria das diretorias sindicais é biônica, sem falar das federações ou confederações, nas quais o "peleguismo" floresce em "berço esplêndido". E são esses cidadãos que assinam "matéria paga" pela imprensa, conclamando os trabalhadores à greve geral contra o Pacote da Previdência Social. "Suprema ironia". Na sua maioria os dirigentes de federações estão há muitos e muitos anos afastados da produção, da fábrica. Esquentam cadeiras em gabinetes de "ar refrigerado", donde editam seus boletins às classes trabalhadores, que deles não tomam conhecimento, pois, às vezes, nem dinheiro têm para comprar os jornais onde tais manifestos são publicados.

A unidade da classe é sempre um meio e não um fim. Quando alguém falar em unidade deve-se perguntar: unidade para o quê, com que finalidade? Para os adeptos do sindicato único, atrelado, a unidade é um fim em si mesmo, isso nada quer dizer ao peão. Ele é que deve ser ouvido se quer um sindicato por categoria ou se quer ter a liberdade de formar um sindicato livre, desatrelado, sem ter medo de ser chamado de "paralelista". Quem o chama assim é geralmente "pelego antigo" ou "reciclado". Se os trabalhadores poloneses ficassem com medo de serem chamados "paralelistas" não criariam o Solidariedade, ao qual a maioria da classe operária se filiou, transformando em sindicato "paralelo" o sindicato oficial. É isso aí. Sem consulta ao peão de nada adiantam receitas de "iluminados".

Ainda sobre a tão falada unidade sindical[*]

A unidade da classe trabalhadora se faz nas suas lutas e não em gabinetes, ela não é mantida artificialmente por estatutos, normas, é uma conquista que advém, no final de um processo de luta, das categorias de operários.

---

[*] *Notícias Populares*, 30/6/1982.

A luta pela autonomia sindical não pode ser meramente limitada a ser uma luta pelo desatrelamento do sindicato do colete de ferro em que o Estado o mantém.

A luta pela autonomia sindical é a luta pela autonomia dos sindicatos ante o Estado e ante quaisquer partidos políticos, seitas ou igrejas que pretendam tutelá-lo. Toda tutela implica infantilizar o trabalhador, transformando-o em "menino de recados" de "dirigentes" sentados nos seus gabinetes sindicais e ainda trocando de carro todo ano. Tudo isso em nome do trabalhador que "dá duro" na linha de produção, que se intoxica com a poluição fabril, fica surdo com o ruído industrial ou perde órgãos de seu corpo nos trabalhos de prensa, quando não cai de um andaime na construção civil.

O trabalhador só cresce quando ele próprio cria seus órgãos representativos, seja "grupo de fábrica" ou "comissão de fábrica", quando procura articulá-los entre si, em suma, quando ele dirige sua luta sem delegar a "líderes", mesmo de origem operária ou a carreiristas da classe média, a direção de suas lutas e reivindicações.

O que observamos é que, no processo de suas lutas, o trabalhador cria instituições horizontais (grupo ou comissão de fábrica) e que as instituições existentes, como sindicatos e partidos, construídos verticalmente, pretendem "tutelar" ou "dirigir". Uma comissão de fábrica pertence, antes de mais nada, aos trabalhadores que lá labutam, não pertence a partido político algum ou a corrente sindical alguma. Pode a comissão de fábrica apoiar a sua luta do sindicato da categoria ou ter entre seus membros trabalhadores que pertençam a partidos políticos, porém ela é autônoma em relação a tudo isso.

Isso é muito importante, especialmente porque a comissão de fábrica permite que o trabalhador se apresente na luta e elimine a necessidade do intermediário (seja "dirigente" sindical ou de partido político) representá-lo.

A luta é a grande escola do trabalhador, é através dela que forma sua consciência social, educa-se para a autonomia de organização e direção de seus projetos. Isso é importante no momento que atravessamos, em que um eleitoralismo desbragado toma conta do ambiente social. Nessa época pululam os milhares de candidatos a "defender o povo trabalhador". No meio deles, pode ter gente imbuída de boas intenções, porém, o que parece dominante é uma malta de carreiristas oriundos da classe média querendo "subir na vida" à custa do trabalhador. Esperamos o período pós-eleitoral, quem viver verá.

A "abertura" contra o trabalhador*

O senador Roberto Campos pretende "acabar" com o 13º salário, alegando que o trabalhador ficará mal acostumado em receber sem trabalhar. Para o peão o pior é trabalhar sem receber, como ocorrerá com a política dos "pacotes", que em dois anos reduzirão em 40% seu salário.

Ao lado disso, tão logo o ABC ou os petroleiros de Campinas levantam a cabeça, abate-se sobre eles a implacabilidade do Ministério do Trabalho com intervenção nos sindicatos. É assim que se respeita a liberdade e a autonomia sindical em época de "abertura". Resta perguntar: "abertura" para quem?

Possivelmente para a Caderneta da Delfin, Brastel-Coroa e outras imoralidades que, com cobertura governamental, serão "sanadas" a custa do operário público, do dinheiro dos trabalhadores.

O fato é que a intervenção no Sindicato dos Metalúrgicos de São Bernardo põe por terra qualquer papo de "abertura". Mostra a nu a estrutura fascista em que assenta o sindicalismo nacional, onde por "dá cá aquela palha" o Ministério do Trabalho intervém e destitui diretorias legitimamente eleitas pelos trabalhadores.

Jair Meneguelli, presidente do sindicato de São Bernardo, destituído com sua diretoria, ainda cultiva a ilusão de que os interventores não anularão as decisões que as comissões de fábrica da Volks, Ford ou Scania houverem por bem tomar em favor dos trabalhadores. Oxalá isso acontecesse, porém, não temos muitas ilusões, razão pela qual sempre lutamos a favor de comissões de fábricas que tivessem autonomia ante o sindicato da categoria, lutando junto com ele, sem a ele estarem atreladas. Porém, assim não pensam muitos dirigentes sindicais.

No caso em questão, é sabido que o presidente do sindicato, por força do Estatuto das comissões de fábrica acima citadas, pode intervir anulando suas decisões. Por isso, prevendo que, num país onde "intervenção" em sindicato é coisa comum, lutamos por comissões de fábrica autônomas,

* *Notícias Populares*, 17/7/1983.

aliadas do sindicato combativo, porém sem atrelamento. Pela mesma razão, achamos sempre que o Fundo de Greve dos sindicatos deve ter estrutura autônoma ante os mesmos, não estar a eles subordinados, pois uma junta interventora nos sindicatos apodera-se de seus recursos.

Razão pela qual é momento de repensar a relação comissão de fábrica e sindicato à luz das recentes intervenções do Ministério do Trabalho.

Como também é importante ver lucidamente que a greve geral marcada para dia 21, após a repressão ao ABC e aos petroleiros, e pressões sobre funcionários do Banco do Brasil, não tem viabilidade real. Isso levou alguns "pelegos" sindicais a negociarem com alguns industriais o fechamento da empresa no dia 21, negociando depois como se daria o pagamento do dia parado, isso não sem antes pedir "autorização" e "apoio" do governador à greve geral, o que transforma essa palavra numa piada de mau gosto. Com tais "líderes" sindicais o peão está perdido, tem é que confiar em si mesmo, no seu "grupo de fábrica" ou "comissão", o resto é conversa mole de gente muito safada.

O "racha" do Conclat: a quem interessa?[*]

Em agosto de 1981, 5.200 delegados representando trabalhadores de todo o País reuniram-se na Praia Grande, na forma de Conferência Nacional da Classe Trabalhadora, elegendo uma Comissão Nacional Pró--Central Única dos Trabalhadores, a Pró-CUT. A finalidade era encaminhar um plano de lutas contra o desemprego e o arrocho salarial e a realização de um Congresso Nacional da Classe Trabalhadora – o 1º Conclat – em agosto de 1982.

Em 1982, a pretexto de ser ano eleitoral que partidariza o congresso – Conclat –, este foi adiado, apesar da maioria dos encontros preparatórios de vários estados ser favorável à sua realização. Isso quase motivou uma cisão, porém os sindicalistas combativos transigiriam para evitá-la, aceitando a realização do Conclat em 1983. Em novembro de 1982, na reunião plenária da nacional Pró-CUT, foi definida a data de 26, 27 e 28 de agosto de 1983, em São Paulo, para realização do congresso.

---

[*] *Notícias Populares*, 25/8/1983.

Enquanto isso, os partidários da "unidade sindical" ou "unicidade sindical", de cima para baixo, questionaram o local da realização e a mudança do regimento aprovado em novembro de 1982, apesar de impresso e distribuído nacionalmente.

Jair Meneguelli apresentou o plano de realização do Conclat em São Bernardo, rejeitado pelos adeptos da "uni(ci)dade sindical" a pretexto do ambiente "estreito" e que "dividiria" os trabalhadores. Levantaram também a discussão em torno dos artigos 8º e 9º do regimento; o primeiro assegura participação de categorias nas quais a diretoria tenha se recusado a eleger delegados ao Conclat; o segundo garante participação de associação de trabalhadores, não havendo dupla representatividade, como é o caso dos funcionários públicos, proibidos de sindicalizar-se e se organizando por associação. A Contag, via senhor José Francisco, atua como vanguarda da "uni(ci)dade sindical", retira-se do congresso, enviando circular às federações de sindicatos rurais solicitando que não participem do congresso, previsto para o final de agosto.

A 14/8, em reunião no Sindicato dos Metalúrgicos de São Paulo, presidida por Argeu Egídio dos Santos, presidente da Federação dos Metalúrgicos, uma centena de entidades decide pelo adiamento do Conclat, pelo menos, por sessenta dias. A secretaria da comissão organizadora do mesmo envia circular em que define que o Conclat será realizado na data prevista, mas em São Bernardo, porque o governo do estado não oferecia condições para sua realização em São Paulo. Em nota no dia 16/8 explica os motivos de sua decisão, desautorizando qualquer plenária de dirigentes sindicais a modificar decisões anteriores da Comissão Nacional Pró-CUT.

Em reunião presidida pela Contag, em Brasília, duzentas entidades sindicais marcam outro congresso para 4, 5 e 6 de novembro. A quem interessa isso?

Por que a maioria da Comissão Nacional Pró-CUT não quer o Conclat? Porque a sua realização implica maior união dos trabalhadores e isso contraria o interesse daqueles que procuram o "diálogo" ou "consenso" com o Estado.

Isso ficou claro através das declarações de Argeu (Federação dos Metalúrgicos de São Paulo) e Orso (Federação dos Metalúrgicos do Rio Grande do Sul), após saírem da audiência com o presidente Aureliano Chaves. Declararam que os trabalhadores estão dispostos a maiores sacrifícios, desde que haja diálogo. Por isso, o sindicalismo "pelego" marcou seu congresso para 4, 5 e 6 de novembro, pois já teria sido encerrado o prazo de tramitação do Decreto-Lei 2.045 no Congresso Nacional. Estaria consumada a "entrega" dos trabalhadores à sanha da tecnocracia do Estado, totalmente indefesos.

Como é possível falar em "diálogo" ou "consenso" quando se intervém em cinco sindicatos, destituindo trabalhadores legitimamente eleitos por suas categorias? Quando é assassinada uma ex-presidente de um sindicato rural na Paraíba – Maria Margarida – e nada acontece com os assassinos? Em nome do "diálogo", o "peleguismo sindical" procura que a classe trabalhadora aceite os acordos com o FMI e pague o preço destes.

Interessados em confundir a opinião pública, uns justificam o "racha" argumentando que os artigos 8º e 9º do regimento permitem participação de associações de bairro. Uma mentira que encobre o conchavo com os donos do poder. Outros veem no "racha" uma briga entre facções políticas. Os partidários do Conclat "agora e já" têm filiados ao PT, PMDB, PTB e PDT. Os partidários do adiamento após a votação do Decreto-Lei 2.045 têm adeptos dos mesmos partidos, excluído o PT e incluído o PDS. A verdade é outra: de um lado há trabalhadores que lutam por uma CUT para combater a política econômica oficial antipopular e, de outro, os "pelegos" sindicais, braço direito do regime que aí está.

A importância do Conclat em São Bernardo do Campo*

É sabido que a Conferência Nacional da Classe Trabalhadora não teve condições de realizar-se em São Paulo, pelo fato do governo participacionista do senhor Franco Montoro não ter dado condições de espaço para tal. Embora o Estado seja a máquina que é, o trabalhador conhece-a bem, pois basta haver um movimento de trabalhadores e ele sente sobre suas costas descer o cassetete democrático, o governador da "oposição" (que não se opõe) simplesmente mente, omitiu-se no caso que tratamos, embora muitos trabalhadores, iludidos pelo discurso, votassem nele.

Esse Conclat de São Bernardo é profundamente importante e urgente, na medida em que pode servir de elemento de contato de várias categorias profissionais que estão isoladas pela estrutura sindical dominante. O

---

* *Notícias Populares*, 28/8/1983.

trabalhador metalúrgico conhece o sindicato da categoria, sabe que existe a federação da categoria e essa liga-se à confederação. Nada sabe do que ocorre com seus companheiros, trabalhadores também, da construção civil, gráficos, petroleiros, metroviários, bancários.

Por outro lado, a possibilidade de sair uma CUT é importante que o seja agora, pois o decreto-lei que arrocha salários, calculando-os na base de somente 80% do Índice de Preços ao Consumidor (INPC), deverá ser votado no Congresso após as discussões de praxe, no máximo até fins de outubro. Realizar o Conclat em novembro como querem os sindicalistas ligados à chamada Unidade Sindical é permitir que o trabalhador seja entregue de mãos amarradas a quem quer arrochar seu salário sem possibilidade de esboçar a mínima defesa. É o que pretendem os adeptos da unidade sindical ao realizarem seu Conclat em novembro. Lógico que essa decisão ocorreu após as conversações secretas do presidente da Federação dos Metalúrgicos de São Paulo e do Sindicato dos Metalúrgicos de São Paulo com o presidente interino da República, Aureliano Chaves.

O que o trabalhador metalúrgico e a classe trabalhadora como um todo deve cobrar de seus dirigentes ou líderes sindicais é que as negociações ou contatos com chefes de Estado não sejam feitas secretamente. Nenhum sindicalista autêntico, comprometido com os trabalhadores, pode aceitar um encontro fechado ou secreto com nenhuma autoridade, seja governador ou presidente. Pelo contrário, deve ir acompanhado por companheiros da categoria que testemunhem as conversações. Essas, depois, devem ter a maior publicidade possível, que deve partir dos chamados líderes sindicais. Sem controle da classe trabalhadora, tais encontros secretos podem transformar-se em conchavos contra a própria classe operária. Isso nenhum sindicalista que se preze pode admitir. As negociações de Walesa e do Solidariedade com os homens de Estado da Polônia eram acompanhadas publicamente pelos trabalhadores, através de alto-falantes. É um meio da classe saber quem a defende e quem a trai. O fato do presidente do Sindicato dos Metalúrgicos de São Paulo colocar-se em posição neutra aparentemente, entre o Conclat de agosto e de novembro, participando dos dois, mostra uma coisa: é resultado de suas conversações secretas com Aureliano Chaves. O Conclat em novembro, após aprovação do decreto de arrocho salarial e a participação em São Bernardo com representantes do sindicato, impediu que a Oposição Sindical Metalúrgica fizesse-se representar nesse espaço.

Prevenção de greves*

O Management Center do Brasil (Centro de Administração do Brasil) realizou um curso sobre prevenção de greves, um *very special international course* [curso internacional muito especial], ministrado pelo doutor Paul F. Shaw, que, antes de fundar sua própria firma, foi vice-presidente do setor de relações com empregados de todo o mundo da matriz do Chase Manhattan Bank por dois anos. O ilustríssimo professor, no catálogo, apresenta-se como tendo mais de trinta anos de experiência nesse setor. Nos últimos quinze anos tem participado das atividades da Organização Internacional do Trabalho (OIT) – o que não quer dizer que seja dos trabalhadores – como representante dos EUA.

Os preços são bastante módicos. Para uma seção, os associados do *center* pagam Cr$ 59,5 mil, os não associados pagam Cr$ 70 mil. Para duas sessões, os associados pagam Cr$ 103 mil, os não associados pagam Cr$ 122 mil. Para três sessões, os associados pagam a módica quantia de Cr$ 141 mil e os não associados pagam somente Cr$ 166 mil. Portanto, é um curso a preços populares.

Nas considerações sobre as causas que resultam em greve está enunciado que todos sabem que uma greve não é algo bom para ninguém. E boa parte das greves pode ser evitada porque ela é uma consequência de relacionamento. Segundo o catálogo do curso, um estudo mais apurado sobre as causas que resultam em greve ajuda os profissionais de Recursos Humanos a atacá-las antes que surjam. Os trinta anos de experiência e a capacidade de entendimento do professor Paul F. Shaw tornam o seminário rico, único e indispensável para os profissionais que desejam se aprimorar na área. O programa consta do estudo destes itens:

a. 1. Como avaliar a situação de sua empresa? 2. Como formular uma diretriz adequada? 3. Treinamento de supervisores. 4. Fortalecimento da alta administração. 5. Como analisar as ameaças de greve? 6. Como relacionar-se com a comunidade e com o governo? 7. Como preparar o manual de greve?

O curso trata também da "Elaboração e implantação de um procedimento de atendimento de reclamações" sob medida para a empresa.

---

* *Notícias Populares*, 13/10/1982.

As mudanças são muito rápidas na área de Relações Industriais. Prepare-se! Você pode e deve lançar mão de uma política de Relações Humanas proveitosa. Há muitas providências que você pode tomar hoje que o ajudarão a controlar o amanhã. Uma delas consiste na compreensão e solução das queixas e reclamações dos funcionários, antes que se tornem insolúveis ou incontroláveis. O programa desse item consiste em estudar:
1. A empresa vista pelos funcionários. 2. Reclamações, queixas e pedidos. 3. O valor da reclamação por escrito. 4. Supervisão: a chave do sucesso. 5. O que é um procedimento de reclamações? 6. Criação do sistema. Implantação do sistema. Aplicação do procedimento de reclamações.

O curso integra um item sobre "Preparação para as negociações trabalhistas" que ensina como prever as reivindicações dos sindicatos, estratégias e táticas, entre outras coisas.

Esse curso realizou-se de 15 a 17 de setembro passado, das 9h às 17h30, em inglês, com tradução simultânea, refeições incluídas nos preços. Estacionamento para os participantes na Walcar, à Rua Peixoto Gomide, 1.140. Peão, preste atenção, porque é o que corre no pedaço. *Very good*, está falado, irmão.

Mugunzá na feijoada*

É o que parece que fez o prefeito de Diadema, senhor Gilson Menezes, é o que eu concluo depois de ter lido uma circular sua dirigida aos funcionários e trabalhadores da Prefeitura Municipal de Diadema (SP), recebida pelo correio. Como é de interesse público, transcrevo o original da circular do prefeito.

> Circular GP 13/83
> Senhores funcionários e servidores.
> Comunicamos a todos os funcionários e servidores que se ausentaram durante o expediente desta prefeitura no dia 21 de julho próximo passado, devido ao movimento grevista ocorrido naquela data, que as horas devidas deverão ser compensadas em datas e horários a critério de cada departamento.

---

* *Notícias Populares*, 24/8/1983.

Os funcionários e servidores que não cumprirem a compensação sofrerão os descontos previstos. Atenciosamente, Gilson Menezes, prefeito municipal.

Tal circular sugere algumas reflexões.

É público que sua senhoria, o prefeito municipal de Diadema, foi eleito através da legenda do PT. Esse partido diz que inscreveu na sua proposta política a luta pelo socialismo. Através de seu presidente, em programa veiculado em rede nacional de televisão, reafirmou isso. Não sem criticar os pretensos partidos de "oposição" que não se opõem, e a social-democracia. Apresentou-a com todas as letras como a reprodutora do sistema capitalista internacional, portanto, as propostas políticas social-democratas merecem a rejeição de todos os trabalhadores. No que está muito certo.

Como conciliar discursos pró-trabalhadores pela TV e uma circular que desrespeita uma greve geral que motivou uma intervenção em vários sindicatos, inclusive no de São Bernardo, onde o senhor presidente do PT iniciou sua "carreira sindical?"

Francamente, o senhor prefeito de Diadema pisou na bola. Sua circular, se fosse obra de alguém do PDS, PMDS, seria compreensível. Partindo de alguém eleito pela legenda do Partido dos Trabalhadores, dá a impressão que seus adeptos são antitrabalhadores.

Em política, como em tudo, não se julgam as intenções, as pessoas são julgadas pela sua prática, o homem é os atos que pratica.

A Circular GP 13/83 se insere numa prática antitrabalhadores, que não significa o pensamento e a prática política do senhor prefeito. Cabe aos trabalhadores julgarem, porque, afinal, foram eles os eleitores do senhor prefeito. Entenda-se que a crítica da coluna "No Batente" é uma crítica política de uma ação administrativa que é política também. Pois penalizar quem fez greve até hoje era coisa de patrão. Sempre, porém, há o perigo de os trabalhadores pensarem que o cidadão é companheiro e na prática se revela um "novo patrão", PT, isto é, ponto final.

O sindicato da Volks*

A comissão de colaboração montada pela Volks surge como resposta à greve de abril de 1978. Isso não foi obra do acaso; responde às pressões da Volks alemã, às necessidades de criar boa imagem ante a sociedade civil, esvaziar o sindicato da categoria e criar um canal de comunicação que alerte a administração para prevenir conflitos. O poder decisório fica nas mãos da administração, portanto a comissão detém poder simbólico, razão pela qual a comissão não se constitui em terceiro poder, ante dois poderes: o sindicato e a empresa.

A delimitação de áreas para votação no recinto da empresa implica voto distrital; cada distrito é isolado, com candidatos e eleitores próprios. Os sete membros não sindicalizados da comissão anulam por si a presença de outros sete sindicalizados – esses em geral bem mais conscientes –, e os três mensalistas não sindicalizados asseguram a maioria aos que estão fora do sindicato da categoria. A exigência mínima de cinco anos na empresa para candidatar-se à comissão seleciona os menos combativos, os mais submissos e dóceis. Por sua vez, podem ser destituídos os operários da comissão que fizerem algo mais do que comunicar sugestões à direção: quem demite é uma comissão de sete na qual três são escolhidos pela empresa e o quarto é do departamento de recursos humanos da mesma.

Um porta-voz da empresa, em declarações à imprensa, afirmou claramente que a exigência do mínimo de cinco anos de casa para candidatar-se minimizará o risco de "convivência com extremistas". O problema é saber quem define o que é extremismo.

A tendência da comissão de colaboração é cair no assistencialismo, pois não conseguirá encaminhar as reivindicações fundamentais.

O Sindicato dos Metalúrgicos Alemães criticou esse sistema, porque foi imposto autoritariamente, sem consulta aos sindicatos. Criticou a lista de candidaturas, que divide sindicalizados e não sindicalizados.

Se a Volks estava tão interessada na representação operária, por que, alegando que não conhecia, rejeitou liminarmente a figura do delegado sindical? E no momento em que está sob intervenção lança a comissão de colaboração ou o sindicato paralelo de pelegos fabris?

---

* *Folha de S.Paulo*, 18/10/1980.

Através desse sindicalismo paralelo, pretende ela dar oportunidade à emergência de "novas lideranças" (leia-se: pelegos de fábrica) competindo com os líderes autênticos da categoria destituídos da direção do sindicato; eis que, para eles, a "abertura" ainda é sonho de uma noite de verão. Na medida em que o sindicato não é o intermediário entre a empresa e a categoria, está criado o sindicato paralelo, após a demissão dos diretores do sindicato de São Bernardo e de mais novecentos operários da Volks.

Por exemplo, a comissão de empresa da Hévea, após três anos de trabalho, conseguiu vitória fundamental: reforma do restaurante e criação de oito novas linhas de ônibus para funcionários, além de participarem no lucro da empresa, com ressalvas.

A criação de um sindicalismo paralelo de empresa competindo com o sindicato que abranja a categoria não é nova. Nos EUA, em 1933, foi aprovada a Lei de Recuperação Industrial (National Industrial Recovery Act. Nira). Pela cláusula 7, os empregados tinham direito à negociação coletiva por representantes por eles eleitos. Isso determinou uma explosão da atividade organizatória do sindicalismo, época em que os sindicatos mais antigos – mineiros, confecções e carvão – reconquistaram o controle em suas áreas. Em várias indústrias, os patrões responderam à lei nova organizando a representação de trabalhadores fora da influência sindical – "de fora" – severamente limitados nas suas faculdades de demanda ante os empregados. Porém, a lei Wagner, de 1935, considerou desleal a prática trabalhista por parte de uma empresa que estimulasse ou apoiasse uma organização de trabalhadores paralela aos sindicatos. Declarava a lei, também, prática trabalhista desleal por parte dos empregadores agir discriminatoriamente em prejuízo do membro do sindicato. Apesar da resistência isolada de alguns empregadores, sua constitucionalidade foi confirmada pela Suprema Corte no caso Jones e Laughlin. A luta pelo reconhecimento dos sindicatos foi dura. Nas greves de maio de 1937, dez grevistas pagaram com a vida a conquista desse direito.

Aqui no Brasil o poder faz e desfaz. Enquanto a Lei Taft-Hartley, que limitava a ação sindical, era combatida como "lei de trabalho de escravos", aqui as comissões de colaboração ou o sindicato da Volks são recebidos como grandes conquistas sociais respeitosas da legitimidade da ação sindical. Isso foi claramente negado por um candidato a representante da comissão na empresa quando, num estilo de candidato a cargo público, admitiu que salários poderiam ser discutidos pela comissão. Daí a pergunta: para que o sindicato?

Comissão de colaboração criada sem consulta à categoria ou aos operários na empresa diretamente interessados, viveiro de futuros pelegos fabris com poder de consulta e sem nenhum poder de decisão, essa monopolizada pela administração, eis o novo peleguismo fabril. Resistirá ele ao peso da deterioração salarial? Isso a realidade dirá, pois, como dizia Sócrates, do *Planeta dos homens,* é proibido elogiar.

HP e pelegos sindicais, a nova face da repressão*

A greve dos peões da Fiat é antes de mais nada uma greve pela dignidade do trabalhador. É a reação contra os efeitos de uma crise pela qual os trabalhadores não podem ser responsabilizados, porém estão pagando o preço através do desemprego a que estão sendo condenados. Daí o comando de greve da Fiat ter definido como linha de luta: é melhor ser um grevista dentro da fábrica do que um marginal na rua. Os 1.100 trabalhadores da Fiat decidiram por unanimidade lutar pela readmissão imediata dos 250 operários demitidos, estabilidade geral de um ano para todos e readmissão dos representantes Leal e Juvenal. A demissão de 185 trabalhadores foi o ponto terminal de um processo demissório que se dá há três anos, atingindo 3.500 trabalhadores, demitidos sem justa causa. É a luta contra o desemprego e pelo direito ao trabalho que atualmente é continuada pelos trabalhadores da Ford em greve; nesse sentido, a luta dos trabalhadores da Fiat é a luta de todos contra o desemprego. Nessa luta eles recusaram-se a fazer a homologação que significaria aceitarem ser demitidos da fábrica; além do mais, a Lei 4.330 impede a empresa de demitir qualquer operário no período de greve.

Fundamental foi a solidariedade das mulheres dos trabalhadores, encorajando-os no período dos 41 dias de greve, além de fazer milagres com o salário minguado que eles recebem, lutando para conseguir vagas nas escolas para os filhos e enfrentando as quilométricas filas do Inamps. Outro motivo da greve foi o protesto contra o clima de terror que a Fiat impõe aos trabalhadores no interior da empresa, contra as péssimas condições

---

* *Folha de S.Paulo,* 13/7/1981.

da comida servida, pois peão ainda come. Daí a reação dos peões da Fiat contra o "descanso" para "esfriar" o movimento e rearticular a produção tendo em vista a exportação e sobressalentes. Da mesma maneira rejeitaram receber somente parte do adiantamento que lhes é devido pela Fiat.

No momento de impasse crucial da greve, apresentaram os trabalhadores da Fiat, através da comissão interna e do comando de greve, contraproposta fundada na aceitação do retorno de 50% dos demitidos, com prioridade aos que tivessem mais de cinco anos de casa, aos que sofreram acidentes no trabalho, aos casados, aos que não tinham punições, aos que ajudaram o sindicato e aos que se interessaram em voltar. Reivindicavam garantia de emprego por um ano, readmissão de Leal e Juvenal, dois companheiros, incluindo o pagamento dos dias parados. No início a direção da Fiat aceitou negociar, depois rompeu a negociação.

A Fiat montou um curral eleitoral onde votaram pelo retorno ao trabalho 1.200 funcionários, entre administração, segurança e chefias, e os 1.800 peões não votaram porque se achavam fora da fábrica esperando as determinações do comando, que representava os 3 mil trabalhadores da Fiat. Esse acordo foi assinado por Pimentel, pelo Sindicato dos Metalúrgicos do Rio de Janeiro, nas costas dos operários da Fiat; além disso, impediu-se a utilização das dependências do sindicato pelos trabalhadores da Fiat, impediu-se a assembleia para discutir a questão da minuta 81 e a formação da associação; colocou-se um delegado do sindicato na subdelegacia de Xerém, desvinculado da comissão da Fiat. Com isso pretendia-se eliminar a comissão interna da Fiat, que se opõe às tradicionais formas de atuação sindical de cúpula sem consulta às bases, proibindo a assembleia e impedindo que fossem discutidas as manobras do sindicato aliado à administração da Fiat e o acordo secreto que fez em nome dos operários sem consultá-los. Não contente com isso, a 26 de junho, às 21h10, a subdelegacia sindical de Xerém, onde estavam os membros da comissão interna da Fiat e do comando de greve, foi atacada, com a conivência da segurança da Fiat, por Osvaldo Pimentel, presidente do sindicato, armado de revólver; Manuel Ferreira, diretor do departamento médico, também armado; membros da *Hora do Povo*; Jorge, diretor do departamento de cultura do sindicato; Nilson Duarte da Costa, suplente e delegado da área de Duque de Caxias; e Dênis Alberto da *Hora do Povo*, agredindo uma operária grávida. E também Antônio Carlos, representante dos metalúrgicos na federação, que nas eleições passadas agrediu uma operária da chapa com mais dois membros da *Hora do Povo*, espancando-a com um porrete cheio de pregos na ponta – ela desmaiou e ficou hospitalizada dois dias. No assalto à subdelegacia de Xerém ele deu tiros nos pneus de três carros emprestados aos operários demitidos, colocando folhas para incendiar outro, porém, estavam molhadas.

Os pelegos sindicais e a *Hora do Povo* unidos agiram de forma nazista contra a comissão interna da Fiat e seu comando de greve porque tratava-se de impedir a realização da assembleia marcada para o dia 17/6, na qual a comissão interna faria a minuta do acordo de 1981. A diretoria do sindicato procurou impedi-la lançando panfleto distribuído pela Fiat, proibindo-a. Impedia a utilização da subdelegacia de Xerém para a distribuição de 3 toneladas de alimentos e como sede provisória da associação. Também porque o jornal *Hora do Povo* colocou um de seus membros como delegado na área sindical da Fiat, o senhor Edur. Esse cargo nunca existiu, foi criado para esvaziar a comissão interna e comprar a ação dos membros da *HP* no assalto nazista a Xerém. Em suma, quem são os militantes da *Hora do Povo*? Ouçamos o boletim distribuído pela comissão interna da Fiat:

> Os militantes da *HP* dizem defender os trabalhadores. Na verdade o que querem é obrigar os operários a aceitar suas ideias através da violência e não do convencimento. Em todo sindicato em que atuam acabam com toda democracia que possa existir entre os trabalhadores e passam a servir de tropas de choque para os pelegos contra os interesses sindicais da massa. Combatem com violência os trabalhadores que se organizam independentemente da estrutura patronal do sindicato atrelado ao Ministério do Trabalho. Querem com isso que os trabalhadores se tornem submissos às leis dos patrões e não combatam as ações dos pelegos e traidores da classe.

Em suma, no momento em que se realiza o Conclat, encontros preparatórios de representantes de várias categorias de trabalhadores, a aliança espúria entre os pelegos sindicais e as práticas nazistas da *Hora do Povo* devem ser discutidas e conhecidas. Além do mais, é bom lembrar aos totalitários caboclos que agem no meio sindical: o nazismo também utilizou violência contra os trabalhadores e nem por isso sobreviveu. É importante situar que atualmente a repressão não se dá somente em nível de Estado, mas em nível de instituições como pelegos, através do controle sindical e de militantes de jornais do tipo *HP*, que se constituem no braço esquerdo da repressão contra os trabalhadores.

A história se repete duas vezes*

Joaquim dos Santos Andrade foi reeleito na presidência do sindicato que dirige há 16 anos, durante seis gestões consecutivas.

A sua vitória foi a vitória dos inativos, pois ele obteve 78% de votos dos aposentados, enquanto Rossi obtinha 17%. A divisão da oposição em duas chapas contribuiu para sua vitória, especialmente os membros da Chapa 3 estavam mais preocupados em "marcar posição" do que lutar contra o inimigo principal – Chapa 1 – no primeiro escrutínio, e no segundo muitos transferiram seus votos para a Chapa 1. É penetrando através das cisões das oposições que "aparelhistas" burocratas e "pelegos" obtêm maioria, é uma lição que de há muito deveria ser aprendida pelos membros da Chapa 3.

Durante o segundo escrutínio a calúnia e a violência estiveram presentes, favorecendo a Chapa 1. Assim, um lutador como Rossi foi acusado de "agente divisionista a serviço das multinacionais", por cartazes que apareciam em São Paulo, durante o processo eleitoral. Conforme relata Mário Serapicos no jornal *Movimento*, as portas de fábrica e a sede do sindicato viraram verdadeiros campos de batalha. Em uma dessas brigas, o braço de uma garota de São Miguel Paulista que apoiava a Chapa 2 foi quebrado em três partes pelos militantes da *Hora do Povo*.

Dentro das fábricas, Rossi obteve maioria, Joaquim só se reelegeu pelos votos dados pelos aposentados que dependem da máquina assistencial, montada pelo sindicato, este, por sua vez, dependente do Estado.

Vencedor nas fábricas, Waldemar Rossi afirmou a unidade sindical a partir delas negando a pretensa unidade sindical na realidade "união entre pelegos". Joaquim deve sua vitória à sua "máquina" muito mais do que ao apoio da *HP*. *Voz da Unidade* é dos membros da Chapa 3 que votaram nele. É nesse sentido que o futuro do sindicalismo autêntico reside no pé da máquina através das comissões de fábrica. Está longe dos "pacotes" do tipo Conclat ou CUT, que reeditam o CGT de 1963. A história se repete:

---

* *O São Paulo*, 7 a 13/8/1981.

a primeira como história e a segunda vez como farsa. CUT sim, porém, a partir da fábrica.

O presidente do sindicato dos Metalúrgicos de Belo Horizonte também foi reeleito. Desde 1969, João Soares da Silveira ocupa o cargo de presidente do Sindicato dos Metalúrgicos de Belo Horizonte; além desse cargo, acumula com o de vogal na Justiça do Trabalho. Além de beneficiar-se da "contribuição sindical" acima enunciada, cobra uma taxa extra do associado a pretexto de manter escola e atendimento médico, com o nome de "desconto assistencial". A inscrição de novos membros no sindicato é feita através de funcionárias que ganham uma porcentagem por cabeça, porém, só após noventa dias decorridos da inscrição o peão entra no gozo de seus direitos junto ao sindicato. Não aceitou fazer a sindicalização dos peões da Fiat, alegando que ela tem muito operário. Partindo da noção expressa em entrevista à imprensa mineira, de que "o verdadeiro problema dos operários não é ganhar pouco", preocupa-se em organizar festas, cursos de corte e costura, banquetes para as autoridades. O sindicato está organizado com uma empresa prestadora de serviços na qual a participação dos trabalhadores é simbólica.

Diga-se de passagem que sua reeleição não se deu sem incidentes: o médico Ulisses Panissad, quando fazia campanha pela Chapa 3 nos portões da Mannesman, foi agredido por adeptos da chapa situacionista. Isso mostra as dificuldades da democracia penetrar no interior das organizações sindicais dominada por pelegos.

Pelego é uma pele de carneiro curtida. Pode ser também de cabra ou de outros animais que possuam pelos macios. É usado sobre a cela do cavalo para amaciá-la e, assim, impedir que o trotar do animal maltrate as nádegas do cavaleiro. Em nosso país, atribui-se ainda à palavra outro significado, devido à semelhança de utilidades: pelego é o dirigente sindical que, comprometido com determinações oficiais, coloca-se entre o governo e os integrantes de sua categoria, servindo como amortecedor dos conflitos de classe ou sociais. Nisto, percebe-se, seu papel tem muito a ver com o pelego de montaria. Como bom gaúcho e, naturalmente, excelente montador, Vargas buscaria inspiração nesse costume de montaria para idealizar a organização sindical com que "contemplou" os trabalhadores, décadas atrás. Estrategista habilidoso, Vargas lhe permitiu ter o controle total da situação. Nesse sentido, serviu-se com um sucesso de sua experiência como cavaleiro dos pampas, transportando à sociedade e à política a serventia do pelego. Finalmente, pelego é todo aquele que, sem maiores escrúpulos, passa a servir ao cavaleiro como amaciador de sua cela.

Em suma, pelego é um "tipo social" resultante do caráter vertical, organização corporativa e dependência do Ministério do Trabalho, da estrutura sindical brasileira.

É um erro ver no populismo enquanto movimento político apenas seu caráter mobilizador do povo, se de um lado ele mobilizava os assalariados, e Getúlio Vargas o fazia pelo PTB, e de outro criava estruturas de controle sobre aqueles tão abrangentes que 1964 não precisou mexer nessa estrutura de controle, simplesmente colocou-a a seu serviço.

A implantação do sindicato vertical no Brasil se deu a 26 de novembro de 1930 com a criação do Ministério do Trabalho, ocupado pelo positivista gaúcho Lindolfo Collor. A preocupação positivista de integrar o proletariado na sociedade definida por Augusto Comte, no Brasil é transformada no esforço para "integrar o proletariado no Estado" através do sindicato atrelado ao Ministério do Trabalho.

Cria-se o sindicalismo de Estado e suprime-se sua liberdade e autonomia política; para funcionar necessita-se da carta de registro prevista pelo Decreto 19.970, de 31/3/1931. Alie-se a isso o Decreto 24.694, de 12/6/1934, que define as condições de reconhecimento do sindicato pelo Ministério do Trabalho, e temos o sindicato atrelado como produto final.

Esse sistema vigorava na Itália fascista de Mussolini, cuja "Carta del Lavoro" influíra decisivamente na organização sindical brasileiro. O verticalismo do sindicalismo nacional deriva dessa dependência do Ministério do Trabalho, que tem poderes para expedir ou cassar carta de registro do sindicato, promover seu enquadramento sindical por profissão, controlar a gestão das diretorias, dirigir o processo eleitoral e, se for o caso, intervir e destituir suas direções. Pode o Ministério do Trabalho, após o exame trimestral da situação financeira dos sindicatos, bloquear suas contas bancárias. Se em nível de sindicato a eleição é direta, em nível de federação ou confederação é indireta.

Além do mais, há a "contribuição sindical", recolhida obrigatoriamente por desconto em folha de todo assalariado e redistribuída aos sindicatos, federações e confederações.

Há ainda a Justiça do Trabalho, que deve arbitrar as questões surgidas entre patrões e empregados, na medida em que predomina o contrato de trabalho individual e não o coletivo; o empregado já parte de uma situação de inferioridade ante o patrão, daí o surgimento das "indústrias dos acordos" na Justiça do Trabalho, pois, morosa como é, leva o empregado ao acordo na impossibilidade de uma espera indefinida de solução ao conflito.

Chapa 2 – Pedro Pedreiro*

Hoje, os trabalhadores da construção civil elegerão a nova diretoria de seu sindicato. Concorrem a Chapa 1, com Décio Lopes como candidato à reeleição para presidente, cargo que ocupa há doze anos, e a Chapa 2, liderada por Raimundo Edilson Pereira, de 39 anos, nascido em Itapipoca, no Ceará, e há onze anos trabalhando na construção civil. Saiu ele da roça em 1969 e foi para Brasília trabalhar como servente, passando a ajudante de encanador e oficial. Mudando para São Paulo, morou em obras, fez ginasial por correspondência e cursou Madureza e a Faculdade de Tecnologia de São Paulo. Em contato com outros companheiros da Pastoral Operária, percebeu o descontentamento da categoria com a diretoria do sindicato, reunindo-se com esses companheiros na Frente Nacional do Trabalho e formando grupos para esclarecer os outros trabalhadores da construção civil a respeito da ação do atual presidente do sindicato, Décio Lopes – que, conforme o boletim da Chapa 2, foi ali colocado, junto com mais dois diretores, pelo dono da Construtora Alfredo Mathias; hoje estão aposentados e esquentaram a cadeira na firma que construiu o sindicato. O presidente Décio Lopes, além de ganhar mais de Cr$ 300 mil por mês construiu uma sede nova e luxuosa com dinheiro do peão, o que é um acinte ao trabalhador da construção civil. O peão ganha um salário de fome, mora em alojamento sujo, recebe o pagamento atrasado, faltando horas trabalhadas no cálculo do salário a receber, toma duas ou três conduções para ir para a obra e, enquanto isso, o candidato a presidente pela Chapa 1, Décio Lopes, dorme "deitado eternamente em berço esplêndido", à custa do trabalhador.

Os membros da Chapa 2 conseguiram impedir o aumento da mensalidade do sindicato, de Cr$ 120 para 300, entrando com o processo de número 68.127/80 na Delegacia Regional do Trabalho e impedindo que se consumasse o esbulho do peão.

* *Folha de S.Paulo*, 14/9/1981.

Os operários da construção civil perfazem o número de 150 mil, dos quais quase 20 mil estão desempregados, 24 mil sofrem acidentes anualmente, que provocam mil mortes por ano, sem falar dos que ficam aleijados. Raimundo Pereira, candidato pela Chapa 2, ia ser entrevistado pela TV Bandeirantes a respeito do alto nível de acidentados na construção civil. Em consequência, um dos diretores atuais do sindicato, Luis Lima, ameaçou-o de agressão e de chamar o Deops. Raimundo aguentou firme e deu sua entrevista, mostrando que a maior culpa dos acidentes em obras decorre do ritmo desumano de trabalho e das más condições de segurança que afetam o trabalhador.

O melhor exemplo do que afirmamos se deu quando pelo menos dois trabalhadores morreram no dia 13 de julho último, num acidente na obra da Racional Engenharia S.A., na Rua Marquês de Laje, 538, Vila das Mercês. Ali uma laje de 500 quilos soltou-se do guindaste e veio caindo desde o 13º até o segundo andar do prédio, provocando a morte do mestre de obras Francisco Marossi (47 anos) e do operário Antônio Apolinário Silva (26 anos) e ferindo mais três, conforme relata o boletim *Chapa 2 – Pedro Pedreiro*.

No entanto, os jornalistas não tiveram acesso ao local do acidente, sob o pretexto de que os responsáveis pela obra "estavam protegendo o pessoal contra uma possível revolta dos peões, porque eles são perigosos quando ficam bravos". O peão, além de ganhar salário de fome, está sujeito a ficar aleijado para o resto da vida ou a morrer. Recebe, em suma, tratamento pior do que bicho. É contra isso que luta a Chapa 2, que espera obter hoje a maioria dos votos dos trabalhadores na construção civil.

De pouco adiantará a pressão dos pelegos contra Raimundo, candidato a presidente pela Chapa 2, apesar de, no ano passado, ele ter sido despedido de quatro firmas, porque os pelegos montaram um esquema para pressionar os patrões a demitirem os trabalhadores que estavam fazendo oposição ao "peleguismo sindical".

Um dos problemas cruciais na construção civil é o desemprego. A Chapa 2 pediu à diretoria do sindicato que estudasse o assunto, para tirar uma posição a respeito de como os trabalhadores podem lutar contra uma situação em que, para economizar centavos, trabalhador de obra é posto na rua. Até hoje, o assunto está para ser estudado pelos atuais diretores do sindicato e candidatos pela Chapa 1 à reeleição. Como, em sua maioria, estão há doze anos usufruindo do bom e do melhor do sindicato, não trabalham e, logicamente, não se preocupam com o desemprego.

Daí a importância do sindicato aproximar-se do peão; para isso, os membros da Chapa 2 pretendem instalar subsedes em Santo Amaro e na Zona Leste de São Paulo e ativar a de Osasco, que tem apenas 65 sócios e consome mais de Cr$ 200 mil mensais!

Daí a Chapa 2, de Raimundo Edilson Pereira e seus companheiros, colocar como alvos de luta a garantia de emprego, melhores condições de trabalho, formação de comissões de obras e presença de delegados sindicais. Além da luta por um salário mínimo real e unificado, congelamento dos preços de gêneros alimentícios e aluguéis; pois atualmente *urbanização* é o que está acontecendo com os metalúrgicos desempregados do ABC – a assim chamada "elite do operariado" por alguns desavisados: estão passando das casas alugadas para os barracões das favelas e destas para habitar os viadutos urbanos.

Só a organização dos trabalhadores da construção civil, a partir das obras, através de comissões e da existência de delegados sindicais, que garantam a comunicação do sindicato com a categoria, podem contribuir para a melhoria das condições de trabalho e de vida da categoria.

Ninguém pode substituir a luta do peão a partir da obra onde trabalha, a sua organização tendo como base a própria obra. Ninguém "de fora", seja partido, vanguarda ou o diabo que for, pode tomar o lugar do peão da construção civil na sua organização e na definição de suas reivindicações mais imediatas. É nessa medida que o programa da Chapa 2 será vitorioso com a eleição de Raimundo para a presidência do sindicato de uma categoria sofrida, da qual 70% vêm do interior, 70% são semialfabetizados, 96% ganham até três salários mínimos e na qual a rotatividade da mão de obra chega a 100%. O que faz a atual diretoria do sindicato? Reduz o colégio eleitoral de 5,7 mil para 4 mil votantes, numa categoria que atinge 150 mil operários. Estabelece 23 urnas para recolher esses votos e, dessas urnas, quinze são itinerantes; além disso, a Chapa 1, situacionista, rejeita a presença de fiscal da Chapa 2 nos carros que levarão as urnas. Nosso sindicalismo é muito estranho. Rossi ganha na fábrica ao "pé da máquina" e perde no cômputo geral devido à arregimentação de "aposentados", efetuada pela "Unidade Sindical"; Raimundo deverá ganhar na obra, próximo ao peão, porém ele e seus companheiros precisam estar alertas contra o perigo de roubo e esbulho de votos por ocasião do transporte das urnas no carro, feito por membros do sindicato atual e inimigos jurados da participação dos peões na orientação que o sindicato deva tomar. Vinte e três urnas para recolher 4 mil votos são um descalabro e provam a má fé dos que detêm o poder no sindicato. Com tudo isso, a sorte está lançada: é a luta entre peões (Chapa 2) e pelegos (Chapa 1), que se travará com boas possibilidades de vitória dos peões e de eleição de Raimundo Edilson Pereira para presidente do Sindicato dos Trabalhadores na Construção Civil. É o que desejam aqueles que lutam por um sindicalismo autêntico. E, falando nisso, seria hora dos sindicalistas "autênticos" darem "uma força" às oposições sindicais, antes que seja tarde demais.

Reunião da Federação Sindical Mundial: sindicalismo de carimbo*

Entre 10 e 15 de fevereiro, em Havana, vai realizar-se o Décimo Congresso da Federação Sindical Mundial. Reúne ela os sindicatos da União Soviética e Europa Oriental e os presidentes das Centrais Sindicais europeias que o Partido Comunista controlava.

A finalidade é lutar contra a guerra, pela paz mundial e por um desenvolvimento harmonioso que elimine as grandes desigualdades existentes no mundo subdesenvolvido.

Cabe perguntar: nos países onde esses sindicalistas atuam o sindicato é desatrelado do Estado? Há autonomia e liberdade sindical? Tem o trabalhador o direito de greve?

A isso respondemos tranquilamente que não. Os sindicatos são atrelados ao Estado, preocupam-se em arrancar produção do operário, conforme mostra o filme *O homem de mármore*, baseado na vida do trabalhador polonês.

Há completa inexistência de autonomia e liberdade sindical, a ponto de, na União Soviética, ter-se formado uma "oposição sindical" liderada pelo metalúrgico Klebhanov. Onde está ele? Internado num hospital psiquiátrico como se fosse louco. Qual seu crime? Tentar organizar autonomamente sua categoria, para que ela possa defender seus interesses, já que o sindicato oficial defende os interesses do Estado, que é o dono das fábricas e atua como o grande patrão dos trabalhadores.

O fato de o congresso ser em Cuba porque lá eliminou-se desemprego, analfabetismo e inflação não prova muito. Porque na Suíça, Suécia,

---

* *Notícias Populares*, 10/2/1982.

Dinamarca, o trabalhador tem nível de vida superior ao de Cuba ou União Soviética, nem por isso vai-se dizer que o capitalismo é legal para o trabalhador.

Da mesma forma, eliminação do analfabetismo e desemprego não justifica eliminação da liberdade e autonomia sindical, a existência do sindicato único do Estado controlado por funcionários públicos, em que o trabalhador existe só para dar maior produção.

Veja-se o exemplo do sindicato polonês Solidariedade. Foi uma tentativa de criar um sindicato desatrelado do Estado, e como reagiu o chamado Estado Operário (não sei por que tem esse nome)? Através de um golpe militar.

Em suma, lá como cá, o trabalhador ao pé da máquina é que sabe onde lhe aperta o calo e não vai ser pelego fantasiado de azul ou vermelho que irá defendê-lo. Nada substitui a organização autônoma do trabalhador através das comissões de fábrica que crie sem tutela de Estado ou partido nenhum. Mesmo partido que tenha linguagem mais radical, sempre traz ele um cassetete escondido que após tomar o poder baixa em cima do lombo do trabalhador, seja *HP*, PCB, PC do B ou o diabo que for.

Razão pela qual essa reunião da Federação Sindical Mundial vai ter muita manchete de jornal e muito discurso de pelego, enquanto isso o metalúrgico Klebanov continua internado em hospital psiquiátrico na Rússia. Em Cuba um simples escritor, que escreva poesias fora dos moldes do Estado, está ou preso ou cumprindo sentença de trabalhos forçados. Em suma, o modelo de capitalismo de Estado que é defendido pelos pelegos da Federação Sindical Mundial é bom para eles, pelegos, e profundamente injusto e desumano para o trabalhador. Não é com essa pelegada que o trabalhador terá vez, ele depende só de seu esforço para libertar-se. Desde 1850 sabe-se que a libertação dos trabalhadores tem de ser obra dos próprios trabalhadores, líderes profissionais ou representantes do povo que vivem em salas de ar refrigerado nos Parlamentos.

Motoristas do ABC e boicote patronal*

O Sindicato dos Motoristas de Ônibus do ABC está passando por grandes dificuldades, por isso apela à solidariedade dos sindicalistas autênticos.

---

* *Notícias Populares*, 28/4/1982.

A atual diretoria, presidida por Josias Adão, ao tomar posse do sindicato encontrou-o falido. Diversas diretorias "pelegas" e a junta governativa que lá funcionou deixaram o sindicato com mínimo de associados, e ao mesmo tempo em pré-colapso administrativo.

O sindicato assumiu, através de sua diretoria atual, posição intransigente em defesa da categoria. Encontraram motoristas de ônibus, na sua grande maioria, cumprindo jornada de trabalho extensas, mais de dez horas diárias, péssimas condições de trabalho, às vezes trafegando com ônibus velhos com problemas de manutenção. No fim da jornada de trabalho, estavam esgotados. Baixo salário do motorista leva-o à "indústria das horas extras".

Acresce que os donos das companhias de ônibus queriam ainda transformar o motorista em cobrador, infringindo lei federal que proíbe tal prática. Após muita discussão, foi firmado acordo entre os diretores do sindicato da categoria e os empresários, mediante o qual estes se comprometiam a contratar cobradores pagando o salário profissional. Mas isso não se deu, eles não cumpriram o acordo e contrataram na base do salário/hora, geralmente um pouco acima do mínimo regional. Isso motivou um movimento de paralisação da categoria. Nessa ocasião, os diretores mais combativos do sindicato, Josias, Wagner e Oswaldo, foram intimidados a prestar declarações na delegacia local a respeito do movimento. Os PMs para lá escalados se retiraram, ao verificarem ser o movimento reivindicatório e pacífico.

Porém a coisa não para aí. Os donos das empresas de ônibus do ABC resolveram promover represália econômica contra o Sindicato dos Motoristas, com o argumento de que os motoristas não autorizavam por escrito desconto em folha, negam-se a descontar o Imposto Sindical, impedindo do sindicato recolher a parte que lhe é devida. Embora a diretoria do sindicato em princípio seja contra a manutenção da "contribuição sindical" por propiciar o "peleguismo", percebe ela que o desconto dessa "contribuição sindical" quando os diretores são sindicalistas autênticos é sustada pelos patrões. Quando a diretoria sindical é "pelega" esse desconto se dá automaticamente em folha de pagamento através das empresas. Isso, porém, contraria legislação a respeito e torna passível de sanções legais e multa a empresa que se recusar a descontar a "contribuição sindical" em folha de pagamento. Nesse sentido o Sindicato dos Motoristas do ABC já constituiu advogado para tratar do assunto no aspecto jurídico, ao mesmo tempo informou a OIT, o presidente da República e o ministro do Trabalho sobre essas ocorrências, ressaltando o caráter antissindical das medidas tomadas pelos empresários de ônibus do ABC que afetam o sindicato dos motoristas. Daí o apelo do sindicato à solidariedade do movimento sindical nacional na sua luta contra o arbítrio.

Coferraz e Benedito Marcílio: aliança contra trabalhadores?*

A Coferraz representa 60% do consumo de vergalhões na Grande São Paulo, 40% no estado de São Paulo e 20% do consumo no Brasil. Após a paralisação da produção na Coferraz devido à falta de eletrodos, silício-manganês, óleo combustível, sucata, o aço aumentou 30% no seu preço. Com a paralisação da Coferraz quem consumirá as 20 mil toneladas de sucata, considerando que ela é a única firma que tem equipamento para beneficiar a sucata?

Desvio de material

A 9 de março último a Coferraz alegava que os trabalhadores estavam em greve. Na realidade, estavam sem trabalhar devido à falta de óleo, manganês e eletrodos, sem o que era impossível "tocar" a produção. Note-se que um caminhão de óleo diesel e manganês foi impedido de ingressar na Coferraz no dia anterior. No dia 7 de março, várias carretas tiraram mil toneladas da firma em Bauru. No dia 8, óleo, manganês e eletrodos foram desviados para a filial de São Caetano. A laminação parara por falta de óleo diesel e a aciaria, onde é fundido o lingote, só tinha condição de funcionar somente mais três horas. Já fazia quatro meses que em vários horários a aciaria parava por falta de sucata.

Na realidade, com o desvio dos materiais fundamentais ao funcionamento da Coferraz, ela tinha de paralisar a produção; porém, interessava à direção da empresa "vender a imagem" que o operário estava em greve. Enquanto isso, os operários continuavam marcando cartão, vestindo sua

---

* *Notícias Populares*, 2/5/1982.

roupa de trabalho e esperando uma solução em relação ao pagamento a que tinham direito.

O peão e a luta pelos seus direitos

Essa luta começa em 1981, quando a direção da empresa fez correr uma lista na qual o peão assinava concordar em receber só 10% em vez de 40,4% do dissídio por lei, a diferença seria dividida em três parcelas a partir de 1982. Isso sob pressão da empresa: aceita ou é demitido. Quem não aceitou foi demitido. Foi feita mesa-redonda presidida pelo interventor no sindicato, senhor Guaracy, com a direção da Coferraz, e a maioria assinou sua concordância. Os peões receberam a primeira parcela, porém o pagamento do salário atrasado foi parcelado em duas vezes. Em 10 de fevereiro, dia do pagamento salarial, a empresa adia para o dia 17 o vale a que tinham direito os peões; no dia 25 de fevereiro foi adiado para 3 de março, pago só no dia 4, sob pressão, pois queriam pagar no dia 3 só 30% do vale de cada um. Em média, cada um receberia a "fortuna" de Cr$ 2.000,00. O pagamento que deveria sair dia 10 de março nem em abril saiu. Além do atraso de noventa dias nos salários, a Coferraz não deposita FGTS desde 6 de agosto de 1981, há onze meses.

Continua.

Coferraz, movimento "ludista"?*

Durante a Revolução Industrial inglesa, artesãos prejudicados com a introdução da maquinaria à produção passaram a quebrá-la, depredando as fábricas. Dizia-se na época que eram comandados por um legendário "General Ludd". Daí classificar-se como "ludista" qualquer movimento de quebra de máquinas.

Pelas informações da imprensa, houve algo parecido na Coferraz em Santo André, onde operários revoltados com o atraso salarial depredaram as instalações fabris, inclusive maquinaria. Não houvesse outros fatores em jogo na Coferraz, o movimento teria sido visto como similar à quebra de vagões de trens de subúrbio e danificação de estações, quando eles

---

* *Folha de S.Paulo*, 19/7/1982.

atrasam e deixam a população enfurecida por perder horário de trabalho. Na Coferraz máquina alguma foi quebrada.

Porém, a questão é bem mais complexa. A Coferraz emprega 1.600 operários. Representa, por sua produção, 60% do consumo de vergalhões na Grande São Paulo, 40% no estado de São Paulo e 20% no Brasil. Note-se que após a paralisação havida o preço do aço subiu a "bagatela" de 30% por tonelada.

Na realidade, na Coferraz não se deu greve e sim paralisação. Paralisação provocada por falta de eletrodos, silício de manganês e combustível. Assim, um caminhão de diesel e manganês, no dia 8/3, foi obrigado a voltar com sua carga para o ponto de partida. Várias carretas transportaram 1.100 toneladas de ferro laminado para ser estocado num depósito de Bauru. No dia 8/3, óleo, manganês e eletrodos foram desviados pela direção da firma para sua filial de São Caetano. A laminação parara por falta de óleo diesel e a aciaria só tinha condição de funcionar por mais três horas.

Eis que uma comissão de fábrica tirada a dedo pelos adeptos do deputado Benedito Marcílio, do PT, ex-funcionário da Coferraz, sugeriu a greve, quando a empresa, por falta de insumos, funcionaria apenas por três horas mais. Por sua vez, o deputado "líder sindical", que inicialmente conclamara os peões à prudência, alegando que estes não tinham estabilidade e ele sim, por ser deputado, assumiu a luta e leu uma carta atribuída à Coferraz, que enunciava que a partir daquele momento 2 mil funcionários poderiam considerar-se despedidos. Isso levou um pequeno grupo a quebrar vidros, material de escritório. Porém ninguém quebrou máquinas.

São peões que estavam havia noventa dias sem salário numa empresa que não deposita FGTS há onze meses.

O "líder" Benedito Marcílio, a pedido dos peões, iniciou uma passeata em direção à DRT de Santo André. Chegando em Utinga, mudou a direção da passeata!

A comissão de fábrica escolhida a dedo pelos adeptos do senhor Benedito Marcílio decidiu greve e com isso beneficiou os patrões, na medida em que a própria empresa só tinha três horas de funcionamento devido à precariedade dos insumos a que fora reduzida. O senhor Benedito Marcílio, antes da assembleia com os trabalhadores, tivera três reuniões com a direção da empresa. Ao mesmo tempo, acenou com a possibilidade de levar uma comissão de peões para Brasília.

Atualmente a situação dos trabalhadores é dificílima. Fazem "grupos de pedágio" nas estradas para colher recursos que permitam sua sobrevivência, contam com o apoio de várias igrejas. Porém, o prefeito de Santo André até agora nada viu, nada ouviu e nada falou. Razão pela qual os metalúrgicos da Coferraz apelam à solidariedade dos trabalhadores de outras categorias, assalariados em geral. Pois, graças a uma "sábia direção", transformou-se uma paralisação em greve e em um quebra-quebra primário, que serviu à direção da empresa e prejudicou a imagem dos trabalhadores da Coferraz ante o conjunto da classe e do público em geral.

Por tudo isso, não há por que caracterizar o movimento na Coferraz como movimento "ludista" de quebradores de máquinas, mas sim de trabalhadores desesperados com a traição de seus pretensos "defensores" e com a indiferença que até agora o movimento sindical paulista e brasileiro mostrou ante o drama vivido por 1.600 metalúrgicos.

Arnaldo Gonçalves no Enclat, conforme a carta santista*

É sabido que realizou-se o último Enclat em São Paulo com participação massiva, e que os partidários do Conclat 82 ganharam, após cerrada votação. A respeito recebemos uma carta de metalúrgicos de Santos a que damos publicidade:

> Senhor Redator de "O Batente".
> *É lamentável que o presidente do* Sindicato dos Trabalhadores na Indústria Metalúrgica de Santos, Arnaldo Gonçalves, tenha afirmado que os Enclats foram estruturados de forma desorganizada e que não teria havido sequer credenciamento dos delegados, mas também que o número de participantes foi reduzido e sem expressividade, que houve manobra, concluindo que a maioria dos Enclats estaduais que deliberaram a favor do Conclat 82 nada representa!
> No último dia 30, o presidente, Arnaldo Gonçalves, ao inscrever a delegação dos metalúrgicos de Santos, forneceu à secretaria de organização do Enclat uma informação, segundo a qual o número de metalúrgicos na Baixada é de 100.001 (cem mil e um metalúrgicos), quando na verdade não atinge 30 mil, para poder credenciar 27 delegados, quando pelo número verdadeiro

---

* *Notícias Populares*, 4/8/1982.

de metalúrgicos teria direito a credenciar só dez delegados. Devido a isso a categoria metalúrgica de Santos de tantas glórias no passado virou motivo de piada em todo estado de São Paulo. Até estão dizendo que afundou um navio carregado de fermento na baía de Santos, daí o crescimento vertiginoso da categoria metalúrgica, em época de recessão e demissão em massa, como ele mesmo afirma. Para justificar sua manobra, disse o senhor presidente do sindicato, Arnaldo Gonçalves, que o critério de participação de professores e servidores públicos e de outras associações favorece os profissionais liberais, note-se que o critério de participação das associações foi tirado em reunião da Comissão Sindical Única (CSU, antiga Unidade Sindical), da qual o senhor presidente faz parte.

Mais ainda: essa decisão é justíssima e só foi aprovada em função da mobilização feita pelo pessoal da Anampos, pois os critérios estabelecidos pela Pró-Cut para o Conclat definem que as associações podem participar com somente um diretor e uma delegação que, em vez de se tomar por base o número de trabalhadores na categoria (como no caso dos sindicatos), leva-se em conta o número de associações e impede sua transformação em sindicato e o próprio governo. Para o Enclat estadual essa discriminação foi derrubada, tornando-o mais democrático. Será que o representante do governo no meio operário não gostou? Pergunte ao doutor Arnaldo Gonçalves.

O leão ruge: formada a oposição dos químicos*

No último dia 3 foi registrada a chapa de oposição do Sindicato dos Químicos para concorrer às eleições a se realizarem entre 24 e 27 de agosto.

A chapa é encabeçada por Domingos Galant Júnior, que teve grande papel nas mobilizações da categoria nas campanhas salariais de 1980 e 1981. Entre outros, ela é composta por Francisco da Silva Júnior e Valdemar Natividade (Nitroquímica), Nilza Araujo (Hoechst) e Jorge Luiz Coelho, também da Hoechst. Além de Nair Camargo (Majer-Meyer) e Francisco Carlos Zanetinine (Vepe).

---

* *Notícias Populares*, 16/5/1982.

Essa chapa nasceu da Comissão Permanente de Mobilização, que entre 1980-81 negociou os salários da classe – é a única chapa nos últimos dezessete anos que aparece como chapa de oposição.

Essa eleição é fundamental para a categoria e para todos os trabalhadores, pois visa transformar o sindicato, que hoje é mera repartição do Ministério do Trabalho, em algo mais atuante. Há dezessete anos o sindicato é presidido pelo senhor Waldomiro Macedo, que decidiu este ano candidatar-se a secretário-geral, com o que pensa atingir um cargo na Federação dos Químicos, daí a presidência de sua chapa caber a outro, no sistema de revezamento.

O que a Oposição Sindical dos Químicos quer é devolver o sindicato aos trabalhadores da categoria. Alegam eles que de nada adianta ter sede luxuosa e central se o sindicato abriga 8 mil associados numa categoria que alcança 70 mil! Estão cansados do regime de "chapa única". Lutam pela formação de comissões de fábrica, onde o trabalhador químico possa dirigir o processo de sua luta, sem esperar que "líderes" ou "iluminados" o façam em seu lugar.

Sua plataforma sindical está fundamentada na luta pela defesa da autonomia e liberdade sindical, pelo direito de greve amplo e irrestrito, elevação dos pisos salariais da categoria e o pagamento do adicional de insalubridade.

No seu boletim de 7 de fevereiro de 1980, a Oposição Sindical dos Químicos já apelava à mobilização da categoria, dos que trabalham como ajudantes gerais, funcionários de escritório, eletricistas, lavadores de frascos, auxiliares de embalagem, funcionários do setor de plásticos, os que empurram os carrinhos nas pontas das esteiras tirando caixas pesadas, em suma, dos trabalhadores autênticos, única base de um sindicalismo autêntico. Alega a oposição que de nada adianta o senhor presidente do sindicato oferecer a sede para reuniões do 1º Conclat, posse da diretoria dos bancários, Movimento de Custo de Vida, se ela na realidade permanece fechada aos seus usuários autênticos: os trabalhadores na indústria química.

A campanha da Chapa 2 no Sindicato dos Químicos[*]

Recebemos o jornal *Chapa 2*, que é o jornal da campanha dos trabalhadores nas Indústrias Químicas e Farmacêuticas de São Paulo.

---

* *Notícias Populares*, 1/10/1982.

Mostra ele que na campanha salarial de 1979 muitos trabalhadores da categoria ficaram indignados com a atual diretoria do sindicato, que fechou acordo com os empresários sem consultar a categoria. Daí, começaram a organizar-se através da "Comissão de Mulheres", nos encontros de amigos, no cineclube, apesar do boicote sistemático da diretoria. Na campanha salarial de 1980, o poder foi tirado das mãos da diretoria, conseguindo 8% de aumento na faixa de um a três salários mínimos. Foi aprovada a criação da Comissão Permanente de Mobilização, que continuou com as atividades anteriores e as ampliou para as subsedes de São Miguel e Santo Amaro.

Porém, a diretoria atual "joga pesado". A Chapa 2 requereu, no último dia 3, o direito de indicar mesários para trabalhar nas eleições (em vez da diretoria nomear os mesários), formação de uma comissão eleitoral integrada por representantes das chapas concorrentes e a guarda das urnas pelos associados e o empréstimo do salão do sindicato para lançamento da Chapa 2, que se daria no próximo dia 5 de junho. Tudo foi negado pela diretoria atual.

No caso do controle das urnas, a diretoria atual irá requisitar a Polícia, o que mostra o baixo nível de sua ética sindical. Isso não impediu de o ex-diretor do sindicato entre 1957-64, Montanhani, apoiar a Chapa 2.

Diz ele:

> Fui diretor do sindicato entre 1957 e 1964. O sindicato estava sem dinheiro quando assumimos e com poucas coisas a oferecer aos sócios. Quando deixamos em 1964, suas finanças estavam equilibradas, tínhamos três escolas de corte e costura e um curso de alfabetização. Retornei à fábrica, a Adubos Arthur Vianna, devido intervenção no sindicato. Quando dirigia o sindicato, cada diretor ganhava o mesmo que receberia na fábrica. Após 1964, a "vida" dos diretores melhorou muito e o governo permitiu que eles estabelecessem seus salários. Não se sabe hoje quanto ganham, é certo que é mais do que ganha um trabalhador químico.
>
> Enquanto a atual diretoria se mostra "democrática" cedendo a sede do sindicato para tudo que é ato político, dificulta ao máximo as comissões de companheiros que procuram lá se reunir. Mas queremos que o sindicato, mantido com nosso dinheiro, seja realmente nosso. Precisamos libertá-lo dessa situação e do peleguismo. Faço um apelo aos companheiros aposentados, não se deixem iludir pelos pelegos. Vamos eleger a Chapa 2!

É claro que a Chapa 2 não pretende uma mera substituição de diretoria mas sim, através das comissões de fábricas, ter base para seu trabalho. Sem elas, cairia no mesmo peleguismo que atualmente enfrenta, dizemos nós.

Eleições na Cosipa*

Trata-se da eleição da diretoria do Sindicato dos Trabalhadores nas Indústrias Metalúrgicas de Santos, cujo maior número agrupa-se na Cosipa. Concorreram três chapas. A Chapa 1, situacionista, do atual presidente, doutor Arnaldo Gonçalves; a Chapa 2, de oposição, tendo à frente o Cido, metalúrgico cosipano conhecido dos que trabalham lá; a Chapa 3, formada por burocratas (funcionários) dos altos escalões cosipanos, segundo alegam alguns, deve sua formação a uma manobra da Chapa 1, situacionista, tentando confundir o peão.

Porém, ele sabe, por experiência própria, que deve cerrar fileiras em torno da oposição, se mais não fosse, para democraticamente permitir a rotação dos trabalhadores nas direções sindicais, eis que o atual presidente Arnaldo Gonçalves já o é há quinze anos, somente.

Ocorre que a Chapa 2 teve uma aceitação insuspeita pelo situacionismo sindical metalúrgico santista, razão pela qual os advogados da Chapa 2, Gilda Graciano e José de Oliveira, tiveram suas credenciais cassadas por ordem da alta administração da Cosipa e impedidos de ingressar lá para acompanhar o processo eleitoral.

Mais do que isso, repentinamente o processo eleitoral tornou-se tão lento que repetiu o carioca quando Brizola, ante a imprensa, anunciou a possibilidade de fraude eleitoral, desmoralizando essa manobra.

Segundo os componentes da Chapa 2, de oposição, o descredenciamento de seus advogados mostra a pressão administrativa e psicológica que os altos escalões da empresa estão utilizando, impedindo assim condições para a livre manifestação do peão na Cosipa.

Mais do que isso, segundo eles, a grande aceitação que os candidatos da Chapa 2 encontram entre os peões põe em perigo o mito da unidade em torno do atual presidente do sindicato. Reagindo a isso, com o descredenciamento dos advogados e um ritmo eleitoral de lesma, pretenderam

---

* *Notícias Populares*, 29/4/1983.

os situacionistas impedir a votação maciça que a oposição corporificada na Chapa 2 teve. Esse ritmo novo, retardando o processo eleitoral, só interessou à Chapa 1, que esperava dessa forma fabricar um resultado e uma vitória.

A Chapa 1 teme a eleição democrática, a livre manifestação do peão, pois isso é incompatível com seu domínio sobre ele. Peão é pobre, não é burro; ele sabe que para se defender ele só pode contar com seus companheiros, não pode contar com presidentes que há quinze anos estão na direção do sindicato.

O peão exige menos discursos e mais ação. Nesse sentido, apoiou calorosamente a Chapa 2, daí as medidas repressivas contra ele, por nós criticadas.

Piquetão – boletim da Oposição Sindical Metalúrgica Região Sul*

Sob o título "Sindicato: a traição continua", *Piquetão* informa que alguns diretores que entraram no Sindicato dos Metalúrgicos de São Paulo em 1981 andam falando que são de "oposição à turma de Joaquim". Dizem que estão na diretoria para ganhar terreno e afastar de vez os "pelegos".

Segundo o *Piquetão*, isso não passa de papo-furado. Pois quando surge uma luta na fábrica deles (os que se chamam de "oposição ao Joaquim da Diretoria") apresentam-se para resolver. Mas, na realidade, manobram as assembleias, nas quais só eles falam. Na Villares fizeram tudo para evitar que se formasse uma comissão de fábrica para negociar o acordo. Querem usar os trabalhadores como massa de manobra e negociam sozinhos com os patrões. O lema deles é "O sindicato luta por você", enquanto isso, na greve geral de 21 de julho passado, pediram para todos ficarem em casa. Não organizaram os trabalhadores, não reagiram contra as compensações de horas de trabalho que foram obrigados a fazer os grevistas. Foram contra a realização do Conclat que criou a CUT, que unifica a luta dos trabalhadores. Conclui *Piquetão*: apesar de se dizerem contra a "pelegada" do Sindicato Metalúrgicos de São Paulo, agem como eles e desarmam a classe operária.

---

* *Notícias Populares*, 23/10/1983.

Segundo o *Piquetão*, o caminho a seguir não é entrar em "pacto social" mas sim formar grupo de fábrica, comissão de fábrica, comissão interfábrica para levar a luta, em que o peão decide com suas próprias pernas.

Piquetão denuncia a falta de democracia nas assembleias do sindicato citando o caso em que o funcionário Antonio Flores, após agredir um operário da oposição, levou à generalização da pancadaria, como se fosse um sinal combinado para "bagunçar" a assembleia.

Segundo o mesmo jornal, é essa a tática da diretoria do sindicato para dividir a categoria. É uma prática fascista, pois é baseada no porrete e na pancadaria, não tem nada de democrática.

Outro boletim da Oposição Sindical Metalúrgica anuncia uma vitória: o trabalhador Carlúcio Castanha foi eleito para a Cipa com 649 votos contra Erminio Caparroz, que teve 191 votos. É uma vitória de uma liderança autêntica dos trabalhadores. Carlúcio não é "líder" profissional, é um trabalhador linha de produção; sua eleição é uma vitória de todos os companheiros da Arno.

Conclat das "Arábias" na Baixada Santista[*]

Segundo informações de companheiros da Oposição Sindical Metalúrgica de São Paulo, o Conclat das Arábias na Baixada Santista, para sua realização, não tirou delegados por assembleias, nem houve um único boletim do Sindicato dos Metalúrgicos de São Paulo que convocasse a categoria para isso, enquanto no Conclat realizado em SBC o sindicato tirou 27 delegados para lá comparecerem.

No Conclat da Baixada a diretoria do sindicato rumou para lá, organizando-o, sem se dar o trabalho de consultar a categoria sobre quem teria o poder de representá-la. Em se tratando do Sindicato dos Metalúrgicos de São Paulo, tal prática antidemocrática não é de espantar. O que espanta é que um pequeno sindicato de São Paulo participante desse Conclat das Arábias na Baixada Santista tem 2.500 sindicalizados e colocou nas fichas de inscrição que possui somente 10 mil sindicalizados, a categoria é de 120 mil trabalhadores.

---

[*] *Notícias Populares*, 6/11/1983.

Esse sindicalismo de mentirinha não leva a coisa nenhuma, senão a um autoengano, os diretores fingem que são representativos e muitos fingem que acreditam em tal representatividade. Na última eleição realizada nesse sindicato, só havia em condições de voto 1.057 associados; como pode ele falar em nome de 10 mil associados? É uma alquimia difícil de entender, transformar 1.057 associados em 10 mil. O tal sindicato distribui dois boletins; um, em pequeno número que em quatro páginas de matéria trazia uma linha que falava em tirar delegados ao Conclat das Arábias da Baixada Santista; um segundo boletim, profusamente distribuído em milhares de exemplares, convocava a categoria para esportes.

O famigerado boletim chamava a categoria para se descontrair um pouco, sair da rotina. Criação da área de esportes. Você está convocado para a assembleia geral para formar uma comissão de esportes (incluía futebol, voleibol e basquete, entre outras modalidades esportivas). Sobre o Conclat das Arábias na Baixada Santista, nenhuma linha. Para concluir, o sindicato fez uma assembleia com quarenta pessoas e de lá saíram cinco delegados pertencentes à diretoria, sendo quatro delegados de base, entre eles dois advogados do sindicato. Realmente, é uma ótima base. Em suma, o Conclat das Arábias da Baixada Santista é um Conclat de diretorias sindicais, de aparelhos, o peão realmente está na linha de produção, socializando na marra alimentos para sobreviver.

Aliás, nenhum dos chamados partidos de oposição até hoje acordou para realizar uma análise dos movimentos sociais recentes havidos intitulados saques. Nem eles o fizeram, muito menos o farão os diretores de sindicatos reunidos no Conclat das Arábias da Baixada Santista. Eles são um Estado no Estado, reproduzem o que se chama de cúpulas, as bases continuam pobres e não podem confiar em representantes fabricados pelo aparelho sindical dominante com a benção do Ministério do Trabalho. Só podem confiar em si através de sua auto-organização nos locais de trabalho, o resto é conversa fiada.

Malandragem e assessoria*

Metalúrgico, sabia que o maior sindicato de São Paulo possui um assessor – atualmente convertido em secretário do senhor presidente do referido sindicato –, senhor Tarcísio de Tal, que se especializou em rodar convites para "festinhas" no Edifício Cunha Bueno, usando a gráfica do sindicato – gráfica que você metalúrgico mantém com a contribuição sindical e a taxa assistencial?

Alpargatas

Trabalhador, sabia que a empresa acima, conforme balanço publicado na imprensa paulista, teve um lucro, em 1984, que atingiu 1.400%? Você, quanto ganha nessa empresa tão lucrativa? Enquanto isso a "assessoria" de seu sindicato fica fazendo conchavo com o patronato no São Paulo Center Hotel à Rua Santa Ifigênia.

Tecendo demissões ou "facão" à moda da casa

A Tecelagem Gasparian despediu 35% dos trabalhadores após a última greve, a J. Serrano até hoje manda gente embora. E o sindicato? Moita. Até hoje não saiu da mudez. Há algo de podre no reino da Rua Oiapoque, Brás.

Assessores e construtores

Já dizia alguém no meio sindical, "nada pior para o trabalhador que um assessor em obras". No caso, são dois; vamos explicar o "causo".
Segundo fontes bem informadas, inclusive nosso correspondente, uma conhecida construtora que tradicionalmente constrói para o sindicato apresentou orçamento totalizando um bilhão e meio de cruzeiros para terminar a obra. O "exímio assessor" – segundo a carta – Tarcísio de Tal, conhecedor do orçamento acima, informou a um construtor amigo seu o valor. Esse construtor amigo apresentou orçamento no valor de setecentos e cinquenta milhões de cruzeiros. Por sinal, é o mesmo construtor das obras do sindicato assessorado pelo senhor Serginho das Quantas.

---

* *Notícias Populares*, 11/8/1985.

O "abacaxi" está para ser descascado pelo senhor presidente. Sugestão desta coluna: trabalhador, exija concorrências públicas toda vez que seu dinheiro é utilizado em valores tão elevados.

Assim sendo, você mostra que não é "vaca de presépio" nem está "dormindo de touca".

Procura-se para admissão imediata

Sindicato operário procura assessor identificado com os trabalhadores da categoria. Exige-se: bom caráter, pouquíssima safadeza e absolutamente nenhuma malandragem. Cartas para "No Batente".

Mulheres no campo[*]

...Não queremos mais ser escravas, é o grito que ecoou em Porto Alegre, quando mais de 40 mil agricultores protestavam contra a política oficial que os massacra. As mulheres trabalhadoras portavam uma faixa onde se lia:

> Caminhamos com nossos companheiros por uma reforma agrária justa e verdadeira. Movimento das Mulheres Agricultoras de Chapecó, SC.

Dez mil trabalhadores rurais fecharam a Ponte Colombo Salles (Florianópolis) num protesto contra a falta de assistência médica que enfrentam devido à política previdenciária. Essa política os marginaliza.

> Somos trabalhadoras. Contribuímos com suor igual ou maior do que os homens para garantir a produção de alimentos no país. No entanto, nas leis, somos equiparadas aos escravos, porque não temos direito algum. Simplesmente não existimos.

Diz Ivanete Brasso, do Núcleo de Mulheres Trabalhadoras de Itaberaba.

---

[*] *Notícias Populares*, 21/8/1985.

Atendendo aos leitores

As matérias a respeito dos assessores sindicais despertaram justificado interesse dos leitores. É claro que os assessores dos sindicatos de trabalhadores devem estar a serviço dos mesmos e não contra os trabalhadores ou usando os cargos para politicalha pessoal, é a nossa opinião. Se é o trabalhador que sustenta o sindicato, é ele quem deve cobrar os resultados da ação dos assessores.

Como recebemos inúmeras cartas a respeito das matérias da Coluna, informamos que: 1º) A crítica não é movida por nada pessoal, pois não conheço pessoalmente nenhum assessor sindical. 2º) Os nomes de assessores sindicais que foram publicados truncados, devem-se ao fato de terem sido mandados a mim dessa forma, com o primeiro nome e, como sobrenome, "de Tal" e "das Quantas". Democraticamente, esta coluna abre seu espaço aos assessores citados parcialmente, desde que assinem suas razões com nome e sobrenome, encaminhando-as para a redação deste jornal.

Assim o fazendo, estamos atendendo ao pedido de inúmeros leitores que nos honram com sua preferência. Ao mesmo tempo, propiciamos aos criticados o direito de defesa, fundamento da prática democrática.

*Luta Sindical**

Recebemos *Luta Sindical* de novembro, número 41, que traz a matéria com o título "Traição – Campanha Salarial? Quem Falou" na sua página 2. Como é de interesse de todos os trabalhadores, transcrevemos a mesma, para que dela tomem conhecimento.

> Após a greve geral do dia 21 de julho, Joaquim dos Santos Andrade foi a Brasília bater papo com o presidente em exercício, Aureliano Chaves. Esse encontro foi a portas fechadas, sem a presença de qualquer outro sindicalista e nem mesmo a imprensa pôde entrar. Hoje, todos já sabem o que foi tratado naquele misterioso encontro: a volta do arrocho salarial e um acordo com os patrões. Além disso, Joaquim prometeu ao governo e aos patrões: lutar com todas as forças para que a categoria metalúrgica aceitasse o acordo de arrocho, de miséria, de desemprego, de fome. Esse acordo viria através de um

---
* *Notícias Populares*, 23/11/1983.

decreto, não importando o número. A partir daí, começou o grande circo que a diretoria montou. Ao mesmo tempo que dizia ser contra o arrocho salarial, através de manifesto, rádio e jornais, a direção do sindicato não moveu uma palha para organizar a categoria na campanha salarial, para lutar.

Falsas assembleias*

Nas regiões, em vez de convocar assembleias para discutir as formas de luta que a categoria iria usar, era feita reunião para ficar falando abobrinhas. Basta lembrarmos que ficamos um mês e meio sem assembleias gerais no sindicato. Joaquim dos S. Andrade sempre falou que bastava fazer uma pressãozinha que os deputados votariam contra o decreto, o que iludiu muito trabalhador.

Só que se o trabalhador não se organizar fábrica por fábrica, região e tirar formas de luta, o que acontece é que cai um decreto com um número e vem outro decreto com outro número, especialmente na forma de milhar. O governo é "amarrado" em milhar.

A conclusão é triste: a direção do sindicato conseguiu botar goela abaixo da categoria o decreto do arrocho, vendendo sua categoria aos patrões.

Não adianta choramingar. Daqui a dois meses o reajuste vai ser comido pela inflação. Sem a organização a partir de cada fábrica vai ser impossível conquistar o que a categoria metalúrgica paulista perdeu na campanha.

Boletins da Oposição Metalúrgica de São Paulo**

Recebemos dois boletins da Oposição Metalúrgica de São Paulo. Tratam eles da campanha salarial dos metalúrgicos paulistas. Lembra o boletim que na primeira assembleia da campanha salarial decidiu-se lutar por: a) 87% de reajuste; b) estabilidade de um ano; c) piso salarial de Cr$ 71,66 por hora; d) comissão de fábrica; e) e outras reivindicações.

O que sucedeu com tudo isso? Até agora, nada, de uma assembleia para outra passaram-se 35 dias, muito tempo. As subsedes não são usadas

---

** *Notícias Populares*, 27/11/1983.
* *Notícias Populares*, 30/11/1983.

para organizar a luta dos metalúrgicos de São Paulo, mas para palestras e explicações, parecem academias.

Na assembleia de 21/10, "chorou-se" a respeito dos "pacotes" do governo e nada mais. A diretoria do sindicato se agita e fala muito, porém nos últimos três anos os metalúrgicos de São Paulo engoliram o acordo.

A diretoria do sindicato forçou a assembleia a aceitar um acordo ruim para a categoria, com base no Decreto 2.065. Esse decreto rouba de todos os trabalhadores os 10% na faixa de um a três salários mínimos e aplica o INPC falsificado (ou, como dizem os tecnocratas, "expurgado"). Pelo Dieese, o índice do reajuste seria 87%, e a diretoria aprovou um acordo com reajuste de 64,2%.

Continua.

Operários têxteis pagarão mais*

Numa assembleia convocada pela diretoria do Sind. dos Têxteis que contou com um representativo número – cinquenta presentes – aprovou-se o aumento da taxa assistencial em 4,5% em duas vezes, totalizando 9% a mais. Pode não haver "assistência" do sindicato, mas "taxa assistencial" não falta.

Negociação "rotativa"?

Alguns gênios do meio sindical estão propondo que as negociações do sindicato de trabalhadores com os representantes patronais se façam por negociadores rotativos, que seriam substituídos por outros nas várias fases das negociações, eliminando-se os negociadores fixos aqueles diretores sindicais que estão "por dentro" e não são manobrados como vaca de presépio pelos "gênios" que pululam nos corredores do sindicato tomando cafezinho.

---

* *Notícias Populares*, 9/10/1985.

Desunião que prejudica o trabalhador

Enquanto a Fiesp negocia conjuntamente, alguns sindicatos não pretendem unir-se em torno da campanha salarial, mesmo tendo data-base idêntica, em outubro, novembro e janeiro.

Eleições no Sindicato dos Trabalhadores Ferroviários

Nos dias 3, 4 e 5 de dezembro haverá eleições sindicais. O Movimento de Unidade e Participação Sindical (Mups) compõe a Chapa 3 e pretende, com ajuda dos ferroviários, "colocar o sindicato na linha".

Pretende a Chapa 3 lutar para que os delegados sindicais sejam eleitos pela categoria. Dar autonomia às delegacias sindicais. Aposentado ferroviário ter direito a ser eleito para a direção do sindicato. Incentivar a participação da mulher ferroviária no sindicato.

Lutar pela uniformização da jornada de trabalho, antecipação da data-base para novembro. Redução para quarenta horas semanais da jornada de trabalho, reajuste trimestral. Lutar pelo cumprimento integral da Lei 3.720. A preocupação maior é organizar a categoria em cada local de trabalho através de "comissões" que devem lutar pela categoria fazendo com que o sindicato assuma também essas lutas.

O Mups não é vinculado a partido algum, seu objetivo é organizar os ferroviários para defender seus interesses. Integram a Chapa 3 ferroviários que pertencem a partidos e muitos não vinculados aos partidos, porém, todos vinculados à categoria ferroviária e à classe trabalhadora. É o que mais interessa.

Metalúrgicos: oito diretores rompem com Joaquinzão*

Assinado por Luiz Antônio de Medeiros, vice-presidente, Zona Leste; Walter Schiavon, primeiro tesoureiro, Zona Sul; Geraldo Magela, Zona Sul; Manoel Jorge dos Santos, diretor, Zona Oeste; João Carlos Gonçalves (Juruna), diretor, Zona Sul; Nair Goulart, diretora, Zona Leste; Geraldino dos Santos Silva, diretor, Zona Leste; e Nelson Aparecido Cardim (Xepa),

---

* *Notícias Populares*, 27/4/1986.

com data de 25/4, foi distribuído manifesto aos "metalúrgicos de São Paulo" e aos "trabalhadores do Brasil".

Entre outras coisas, esclarece o manifesto: são diretores do sindicato, eleitos pelo voto direto da classe operária, que assumiram o compromisso de lutar por um sindicato forte a serviços dos metalúrgicos. Nesses quase dois anos de mandato, assumiram centenas de greves por fábrica, contra o desemprego, o arrocho, organizaram a campanha salarial unificada em novembro passado, garantindo a plataforma de unidade na luta. Devido a isso se deu a histórica greve geral em novembro, que conquistou os 12% de aumento real aos trabalhadores. Vindo o congelamento, os metalúrgicos de São Paulo não sofreram rebaixamento salarial igual às outras categorias.

Segundo o manifesto, esses diretores lutaram para que hoje quase todas as metalúrgicas tenham jornada de 45 horas, para chegar às quarenta horas tão ansiadas pelos metalúrgicos.

Salienta o manifesto que o presidente do sindicato, "Joaquinzão", foi mordido pela "mosca azul" do sucesso, ambicionado que podia ser deputado federal, juiz do Supremo Tribunal, presidente da CGT, acumulando cargos, enquanto perseguia membros da diretoria, desmontava a assessoria trabalhosamente criada. Isso para que o sindicato pactuasse com a célebre "transição política" do governo. Daí os citados diretores proporem aos trabalhadores metalúrgicos de São Paulo e de todo o país:

1º) realizar um amplo e democrático VII Congresso dos Metalúrgicos de São Paulo até 31 de maio deste ano;
2º) que a direção sindical assuma para valer a organização das comissões de fábricas;
3º) que os novos estatutos do sindicato sejam elaborados com participação de toda categoria;
4º) que haja reuniões mensais com todas as lideranças da base;
5º) que se instalem quinze subsedes;
6º) que *O Metalúrgico* reflita a luta nas fábricas;
7º) moralização do ambulatório médico e reestruturação administrativa do sindicato;
8º) que se convoque uma assembleia para decidir sobre o desconto assistencial;
9º) que a filiação do sindicato a centrais seja decisão da categoria;
10º) que "Joaquinzão" cumpra a promessa de licenciar-se na presidência do sindicato.

A greve dos eletricitários – 1*

Roberto Fachini, da Associação de Funcionários da Cesp, transmitiu-nos informações importantes para os eletricitários da Cesp em geral e para o conjunto do movimento sindical.

Segundo Fachini, a greve no setor eletricitário tinha uma finalidade de um "efeito cenário" enquanto se discutia o Pacto Social com o governo. A CGT usava a greve como "teatrinho" e enquanto isso atrelava os trabalhadores ao Ministério do Trabalho.

Nessa linha de atuação Magri prometia greve e no final ela acabou acontecendo espontaneamente, entre o pessoal da Eletropaulo e Cesp.

Outro efeito de "cenário" ou "teatrinho" foi a proclamação de Magri ameaçando com blecaute, caso não fossem atendidas as reivindicações dos eletricitários. Após uma assembleia convocada pelo Sindicato dos Eletricitários numa segunda-feira, na terça-feira à zero hora iniciou-se a greve.

No nível da imprensa, *O Estado de S. Paulo* aponta Fachini como "moderado" porque ele colocara que o setor eletricitário não entra em aventuras. Enquanto isso Magri defende a posição de que no primeiro dia de greve os eletricitários (os operadores, especialmente) não teriam substituição, e isso poderia levar ao colapso o fornecimento de energia, porém essa proposta perde na assembleia dos eletricitários. Através do senhor Osni volta a proposta de "blecaute" a ser colocada novamente, os diretores da associação da Cesp são contra e os próprios operadores não aceitam.

Segunda fase

A Cesp, Eletropaulo, CPFL e Comgás estão em greve e o Sindicato dos Eletricitários não participa da segunda passeata. Está colocada a opção: aceitar a proposta da empresa ou blecaute. É quando Joaquinzão, interventor do Sindicato dos Metalúrgicos de Guarulhos em 1964, entra em cena, acenando com o "quebra-quebra" – ora, vejam só quem fala em quebra-quebra!

A Associação dos Funcionários da Cesp mostra aos eletricitários o que existe por trás dessas bravatas verbais: 1) A CGT procurou usar o trabalhador para o Pacto Social e com isso garantir o "arrocho salarial"

---
* *Notícias Populares*, 4/2/1987.

imposto à classe trabalhadora. Caso essa manobra não desse resultado teríamos repressão e o eletricitário seria culpado pelo blecaute. Magri sai da assembleia, propõe passeata até o Palácio do Governo e chama Fachini para desligar a força, apesar da proposta desse ser contra a loucura do "blecaute", que só jogaria a população contra os eletricitários.

Continua.

Eleições no Sindicato dos Metalúrgicos de São Paulo*

Temos recebido inúmeros "materiais" referentes às futuras eleições no Sindicato dos Metalúrgicos de São Paulo, das mais diversas correntes existentes no meio sindical. O Sindicato dos Metalúrgicos está com sua diretoria dividida: de um lado, o "Grupo dos Onze", composto de onze dos 24 diretores da entidade. Isso indica a probabilidade de formação de dois chapas para concorrer a eleição da nova diretoria do sindicato. O presidente, Luiz Antônio de Medeiros, anunciou que será candidato à reeleição.

Houve uma assembleia, na qual se votaria o novo estatuto da entidade. O presidente do sindicato resolveu cancelá-la. Os "Onze" insistiram, chamaram os trabalhadores e metalúrgicos aposentados para a rua, elegendo uma mesa diretora realizaram o pleito que aprovou três alterações do estatuto. O presidente não reconhece a legitimidade da assembleia, os "Onze" pretendem encaminhar a ata do encontro à DRT para legalizá-la. A assembleia foi tumultuada, houve agressões físicas, tiros. Em suma, democracia sindical é que não houve. O presidente do sindicato demitiu já 24 pessoas ligadas aos "Onze" da diretoria. A principal reivindicação dos "Onze" da diretoria é que seja ampliado o número de diretores e criado o conselho sindical. Segundo eles, a diretoria deverá ser composta por 105 membros, quinze dos quais na executiva, os aposentados representados por cinco elementos. A categoria é composta por 370 mil trabalhadores, destes 108 mil são associados e mais 13 mil são aposentados.

* *Notícias Populares*, 8/4/1987.

O Mosp e a eleição

Segundo informação do Movimento de Oposição Sindical Metalúrgica de São Paulo (Mosp), o possível candidato à presidência do sindicato, Lúcio, da Ford Ipiranga, já teria fechado acordo com os sindicalistas do PDT, PCB e PC do B com mais dois elementos da "Alternativa Sindical". Porém, o Mosp informa que a base da Alternativa Sindical ficou com o Mosp, tendendo à formação da "Chapa Única da CUT".

Como o Mosp vê a briga na diretoria

Segundo o número 87 de *Metalúrgico da CUT*, a briga por maior número de cargos na diretoria não significa obrigatoriamente democracia, pois esta última existe quando há controle da base a diretoria e participação de grupos e comissões de fábrica no sindicato, diz o Mosp. Propõe edital de convocação 120 dias antes das eleições. Comissão eleitoral paritária. Divulgação da lista de votantes a todas as chapas 120 dias antes da votação. Participação das fábricas na condução e direção sindical.

Ainda a luta na diretoria do Sindicato dos Metalúrgicos*

Segundo boletim assinado por Walter Schiavon, Manoel Jorge dos Santos, Nair J. Goulart, J. C. Gonçalves, Geraldino S. Silva, Nereu Alves, Lucio Bellentani, Eustáquio V. Nolasco, Cândido Hilário M. G. de Araujo, Xepa, Geraldo Magela e João Paulo Kuleska, a assembleia geral realizada dia 30 passado mostrou quem manda no sindicato. Foram aprovadas as seguintes propostas: 1) Participação paritária (igual) das chapas inscritas para a eleição da diretoria no controle do processo eleitoral; 2) Uma direção de 105 membros para dirigir o sindicato, sendo quinze diretores da executiva, seis do conselho fiscal, os representantes na federação e um conselho composto por cinco companheiros aposentados e 76 de base; 3) Anualmente será destinada à Associação dos Trabalhadores Metalúrgicos Aposentados (Atma/SP) uma verba do orçamento do sindicato para o fortalecimento das lutas daqueles companheiros.

---

* *Notícias Populares*, 12/4/1987.

Condena as tentativas de fraudar as decisões dos trabalhadores.

A assembleia vista pelo presidente do sindicato

No boletim do sindicato, *O Metalúrgico*, de 21/2/1987, está impresso o que segue:

> Um grupo de verdadeiros mafiosos, apoiados por uma minoria da diretoria, veio para a assembleia com o único objetivo de impedir o avanço de nossa luta, contratando verdadeiros "gângsters" armados para acabar com a assembleia. Eles queriam impor a criação, dentro do sindicato, de um verdadeiro "trem da alegria" – ou seja, queriam que a diretoria passasse a ser composta por 105 pessoas, o que inviabilizaria a estrutura da nossa entidade. Além disso, esses elementos estão partindo para subordinar o sindicato a partidos políticos, o que nós não vamos permitir. O sindicato é dos metalúrgicos. Luiz Antônio de Medeiros (presidente).

Boletim *Metalúrgicos da CUT*

Com o título "Cuidado, companheiro, não entre nessa", o boletim chama a atenção dos metalúrgicos para "cerrar fileiras" na formação de uma chapa única de oposição e da CUT. Uma chapa formada pelos companheiros das Cipas, grupos e comissões de fábrica. Sindicato a partir dos locais de trabalho. Termina o boletim dizendo: "Não queremos diretores que briguem entre si, mas que briguem contra o governo e os patrões".

Sindicato argentino tem até forno crematório[*]

É o que noticia Clóvis Rossi em matéria publicada na *FSP* em 3/5/1983 sob o título "Denúncias põem em xeque cúpula sindical peronista". Raul Alfonsín denunciou a existência de um pacto militar-sindical na Argentina e Guillermo P. Kelly, nacionalista vinculado à "informação" (dedo-duro), foi à Justiça para dizer que a Associação Anticomunista Argentina (AAA) nascera da Concentração Nacionalista Universitária, que cumpria ordens de Lorenzo Miguel. Entre os crimes nos quais estaria envolvido esse líder

---

[*] *Notícias Populares*, 26/6/1983.

sindical profissional (Lorenzo Miguel) está o assassinato da estudante argentina Silvia Filler, cometido por Juan Carlos Gomez, que se escondera na casa de Alejandro Giovenco, "membro importante da guarda pessoal" de Lorenzo Miguel, o assassinato do coronel Rico, que em 1973 investigava a AAA por ordem do então comandante do Exército e de Hugo Dubchak, chefe da guarda pessoal de Lorenzo Miguel, que se desentendeu com ele e foi morto na sede da "Única Metalúrgica", fortim sindical de Lorenzo, esquartejado e queimado no forno. Sem comentários.

Parte VII
Transferência de tecnologia e automação

Transferência de tecnologia – 1*

A questão da transferência de tecnologia preocupa cada vez mais os técnicos brasileiros que percebem a incapacidade ou desinteresse da indústria privada brasileira no desenvolvimento de tecnologias adaptadas ao contexto econômico do país. A falta de interesse do empresariado local coloca a empresa privada nacional em situação de atraso crônico que aumenta sua dependência em relação às multinacionais fornecedoras de tecnologia. Por seu lado, o Estado, aproveitando-se da debilidade da empresa privada nacional, procura ocupar os espaços vazios naqueles setores que considera estratégicos, mas também não faz nada para desenvolver uma tecnologia local.

As maiores empresas estatais – Vale do Rio Doce, Petrobras, Siderbrás, Eletrobrás – não criaram até hoje tecnologia própria e nunca apoiaram as ideias já levantadas por técnicos e cientistas de criação de empresas de pesquisas e desenvolvimento ligadas aos vários setores da economia do país.

À exceção das escolas de engenharia militar ligadas a projetos específicos de desenvolvimento e que procuram criar tecnologia própria, universidades brasileiras proporcionam um ensino livresco, na maioria dos casos, de qualidade inferior. E a posição do Estado, responsável por

---
* *Notícias Populares*, 30/10/1983.

esses centros de ensino, em relação à questão tecnológica tem sido até agora incoerente.

O governo brasileiro tem, muitas vezes, aceitado a transferência de tecnologia pelos seus órgãos técnicos e empresas, inferior à existente no país, porque os financiamentos internacionais estão ligados ao fornecimento de material e assistência técnica. Para tornar mais crítica essa política tecnológica, esses mesmos organismos têm introduzido no país processos de produção muito sofisticados, que não acompanham a situação real do parque produtivo nacional.

A empresa privada nacional, incapaz de competir no plano tecnológico com as multinacionais no país, compra tecnologia cujos custos já foram amortizados, sendo por isso mesmo superadas. São levadas a isso porque não tem outra saída.

As filiais das multinacionais do país importam tecnologias superadas, porque a política de suas matrizes é de preservar o monopólio tecnológico, só permitindo a transferência de tecnologia quando outras empresas concorrentes produziram tecnologia idêntica. Atualmente, empréstimos, financiamentos e a interpenetração de empresas nacionais com multinacionais trazem o investimento direto que busca as indústrias de bens de consumo. (Fonte: *Boletim Informativo Autonomia*, "Notas e Notícias", n.0, 15 de abril de 1983.)

Continua.

Transferência de tecnologia – 2*

O que ocorre é que o Brasil não está maduro para absorver investimentos em pesquisas e desenvolvimento. O governo brasileiro não tem uma política tecnológica que obrigue as empresas a transferir conhecimento técnico e nem mesmo criar centros de pesquisa. Por isso, essas empresas podem alugar ou vender às suas subsidiárias, tanto quanto às empresas estatais ou privadas nacionais, seus pacotes tecnológicos a preços de monopólio, auferindo lucros altíssimos. Isto torna a atividade de pesquisa e desenvolvimento um dos campos de investimento mais rentáveis, mas o mínimo que provoca são distorções na economia de países como o Brasil, subdesenvolvidos.

---

* *Notícias Populares*, 13/11/1983.

Uma dessas distorções, como pode perceber-se na atual crise, é o peso desse fator importado nos custos de produção industriais. As empresas nacionais não têm elementos para verificar se houve superfaturamento na transferência de tecnologia.

As filiais das multinacionais são obrigadas a transferir para a matriz uma parte de seu excedente para financiar os centros de pesquisa e desenvolvimento localizados nos países de capitalismo desenvolvido... Isso leva países como o Brasil a terem uma balança de serviços cada vez mais deficitária. É isso aí.

Dívida externa

A dívida externa bruta representa, no final de 1982, 450% do valor das exportações anuais do país. O saldo de transações correntes no balanço de pagamentos do país só registra déficits: 1977 – US$ 4,037 bilhões; 1978 – US$ 6,990 bilhões; 1979 – US$ 10,742 bilhões; 1980 – US$ 12,807 bilhões; 1981 – US$ 11,717 bilhões. O problema maior não é o pagamento da dívida mas sim dos juros dela, que são acumulados; é isso que motivou os últimos decretos do governo acompanhados do "Estado de Emergência" para Brasília. É um prêmio.

Da "fechadura" à "abertura"[*]

O país plantou "milagre econômico" e colheu desemprego, recessão econômica; plantou participação popular e colheu um número grande de siglas partidárias: o trabalhador ficou dividido entre as partes, ou melhor, os partidos.

O milagre foi ter o trabalhador sobrevivido ao arrocho salarial, ter-se organizado a partir da produção para lutar por seus direitos, no que foi seguido pela classe média, que criou um sindicalismo de colarinho branco, entre professores, engenheiros e médicos, mostrando assim o empobrecimento da classe média.

O bipartidarismo Arena e MDB foi substituído pelo pluripartidarismo com o surgimento do PT, PDT e desaparição do PP. Alguns desses partidos

---

[*] *Notícias Populares*, 3/6/1982.

recolheram-se às sombras do PMDB, outros procuraram o PT (São Bernardo do Campo) outros voltaram ao regaço materno do qual saíram (PDS).

Enquanto se desenvolve o circo eleitoral, no interior das empresas está sendo organizada a técnica de organização da produção fundada nos círculos de controle de qualidade (CCQ). Já existem círculos desse tipo em várias empresas paulistas. Sua finalidade: aumentar a produção usando sugestões do trabalhador. Nesses "círculos", o trabalhador é dividido em grupos nos quais um grupo vigia o outro. Além disso, há a obrigação moral do grupo que cumpriu suas metas "ajudar" o outro grupo atrasado. O que o trabalhador ganha com isso? Em algumas empresas, uns cruzeiros a mais, em outras, uma palmadinha nas costas do chefe de relações industriais e em outra, uma medalha.

Os tais "círculos de controle de qualidade" surgiram no Japão, como resultado da formação de "grupos pensantes" da indústria japonesa tendo em vista conseguir maior produção e baixar os custos. O importante do ponto de vista do trabalhador é saber o que ele ganha com isso. No Japão, há uma integração do sistema escolar com a indústria. Assim, o estudante que ingressa em universidade de nível "A" trabalha em indústria do nível "A". Se ingressar em universidade de nível "C", trabalhará em indústria do nível "C", o que transforma o exame vestibular em martírio, permitindo a ocorrência de suicídios devido ao "fracasso escolar" e ao fato do estudante não ter ingressado em universidade do nível "A".

Assim, o sistema educacional define o papel do indivíduo no sistema industrial. Os CCQs que lá se constituíram, atualmente, estão sendo trazidos para cá. Porém, nenhum partido está prestando atenção nisso, da mesma forma como nenhum sindicato está prestando atenção que deveria prestar ao peso da seção de recursos humanos e treinamento como uma área vital, cujos dados são importantíssimos para a ação sindical, razão pela qual os partidos devem deixar de "dormir deitados eternamente em berço esplêndido" e olhar mais dentro da fábrica, e ver o que lá está ocorrendo antes que seja tarde demais.

Ainda sobre círculos de controle de qualidade*

O presente artigo é resposta ao de Osvaldo Peralva, "Sobre o controle de qualidade" (*Folha de S.Paulo*, 10/6/1982), com a intenção de esclarecer aspectos do meu artigo "Controle de qualidade ou do trabalhador?" (*Folha de S.Paulo*, 31/5/1982), e fornecendo subsídios para que a opinião pública julgue as posições a respeito dos círculos de controle de qualidade – CCQs.

É claro que a posição que norteou meu artigo sobre o assunto e fundamenta o presente é a de defesa do trabalhador ante as manipulações patronais que utilizam os departamentos de recursos humanos das empresas, formados por psicólogos, sociólogos, para empulhar a mão de obra, procurando criar o escravo contente e autoassumido.

Feito esse esclarecimento preliminar, segundo o qual os CCQs só podem ser vistos por duas óticas – do patrão ou do empregado –, entremos no assunto.

O primeiro tema da resposta do senhor Osvaldo Peralva refere-se ao fato de ter situado o sindicato de empresa como base do sindicalismo japonês, que ele qualifica de "correta". Porém, faltou acentuar que o sindicalismo de empresa sob o capitalismo não constitui traço específico do Japão. Na forma de *shop-stewards* (delegados sindicais), ele funciona na Inglaterra, na Suécia na forma de clubes de fábrica, na Holanda sob forma de "homens de contato" (sindicato-empresa); com o sindicato de empresa japonês apresentam características comuns. Conduzem suas ações segundo uma ideologia de harmonia social e colaboração de classes, não aceitam a noção da existência e legitimidade do conflito social, isto é, de interesses diferenciados conforme as classes.

O senhor Osvaldo Peralva menciona o emprego vitalício como uma particularidade do capitalismo japonês, no que está correto. Porém, é necessário ressaltar que ele só é adotado nas grandes empresas, que abrangem 30% a 40% da mão de obra ativa, se beneficiando de situações oligopolistas. O sistema do emprego vitalício é possível na medida em que paralelamente existe um sistema de subcontratação para amortecer as flutuações sazonais dos negócios em períodos de recessão. As pequenas firmas, que oferecem emprego à maioria da mão de obra industrial, há muito pouco tempo não trabalhavam com operários sindicalizados.

---

* *Notícias Populares*, 27/7/1982.

A sindicalização restringia-se aos operários das grandes firmas. Os subcontratados em períodos de crise são despedidos, recebem salários mais baixos que a média, não têm benefícios sociais indiretos. Constituem os "baianos" do sistema, são companheiros dos trabalhadores coreanos. Esses são fortemente discriminados, até há pouco tempo estavam impedidos de casar-se com japonesas.

O sistema de contratação permanente é o sistema *joyo*, que requer para funcionar operários estranhos a esse sistema e compreende: operários sazonais, operários fora da empresa e os contratados e dirigidos pelas firmas subcontratantes. Porém, em certas usinas da Nippon Steel o pessoal da empreitada perfaz 63% do total. O sistema generaliza o recrutamento a partir da escola, aprendizagem na empresa, lealdade a ela e contrato permanente.

O capitalismo japonês estabeleceu profunda vinculação entre o sistema escolar e a empresa. O formado por universidade nível "A" trabalhará em empresa de nível "A" ou "B" ou "C" e assim por diante. Ocorre que a empresa de nível "A" remunera melhor, daí a extrema ansiedade nos exames vestibulares para ingressar em escolas de nível "A", o que explica o grande número de suicídios que ocorre nas épocas de divulgação dos resultados dos exames vestibulares.

Concordamos com Osvaldo Peralva em que o Japão se tornou a segunda potência econômica do mundo, porém, salientamos que isso não tirou dos trabalhadores assalariados sua condição de dependentes. Na média, eles não ganham nem muito mal nem muito bem. O salário médio no Japão é baixo, daí a importância dos benefícios indiretos (moradia ou carro). A trajetória do trabalhador assalariado no Japão se inicia ao ingressar na firma com piso salarial baixo, e sobe pouco a pouco; quando está perto da aposentadoria, cai a curva salarial. Até 1980, era 56 anos; a partir de 1981, estendeu-se aos 60 anos. Aposentando-se, recebe ele sete salários, pois não há nenhum esquema de aposentadoria permanente.

O esquema de moradia tem aspectos bem específicos. O trabalhador entra para o internato de solteiro até os 16 anos, ocupando-o até os 26 anos. Ao casar, passa para o internato de casado; aos 40 anos, procura comprar sua casa e sair do internato. O interessante é ver que o sistema de internato torna a empresa uma instituição total. O assalariado não tem privacidade, não há separação entre os aspectos públicos e privados na vida dele. A empresa deixa de ser um mundo para ser o mundo, e o assalariado, seu "colonizado". Se não conseguir ter casa própria, como o salário desce ao aproximar-se a aposentadoria, ele procura asilo na casa do grupo familiar, daí muitas casas tornarem-se verdadeiros asilos.

Segundo o senhor Osvaldo Peralva, é inacreditável aceitar que os trabalhadores japoneses cumpram jornadas de setenta horas semanais. Quando escrevi isso, estava contando, além das 41 horas semanais normais, outras atividades que os operários cumprem. Assim, à tarde, após o expediente, existe a "meditação", quando o grupo de trabalho se reúne para pensar e cultuar a transcendência da mente, tendo como objetivo a solução de problemas da empresa. Não recebe horas extras.

Nós tivemos ocasião de presenciar dois grupos que estavam preparando um trabalho para ser apresentado. Era o pessoal que tinha entrado cinco horas antes do início da sua jornada de trabalho, sem ganho salarial adicional nenhum ("Semana da Siderurgia Japonesa/Cosipa", mimeo, p.12).

Estatisticamente é sabido que o trabalhador japonês dedica 80% de seu tempo à empresa, 15% aos colegas de trabalho com quem bebe após o fim da jornada diária e os 5% restantes do tempo à família. Além de ele estar inteiramente vinculado à empresa, devendo participar de todos os seus programas, como clubes, frequentar restaurantes onde os filhos e a esposa podem almoçar com o marido na empresa. Considere-se que, fora do expediente normal, existem ainda as horas diárias de ginástica em grupo, a atividade dos grupos pensantes e dos círculos de controle de qualidade. No intervalo de almoço, é comum ver na usina o pessoal praticando beisebol simulado: sem taco, bem bola, mas correndo em volta da usina (Idem, p.10).

Robôs beneficiam empresas[*]

Um robô de primeira geração utilizado numa indústria de doces – ele aplica confeito sobre bolos – custa no Japão aproximadamente 15 milhões de ienes (Cr$ 11,55 milhões). O mesmo serviço, se for realizado manualmente, custará à empresa cerca de 18 milhões de ienes, ou seja, 13,8 milhões de cruzeiros num ano, já que serão necessário três empregados, com um salário médio anual de 6 milhões de ienes cada.

---

[*] *Notícias Populares*, 5/1/1983.

Este foi um dos argumentos usados por uma missão comercial japonesa que esteve na Fiesp, em São Paulo, com a finalidade de divulgar a aplicação de robôs. Os empresários japoneses, que pertencem à Japan Industrial Robot Association, declararam que a substituição do trabalho humano pelo robô permitiu o crescimento da produtividade, a diminuição do número de defeitos na produção industrial e a redução de custos. Para eles, a aquisição de uma máquina com esse objetivo permite uma grande economia às empresas, que se torna ainda mais vantajosa se alugada através de uma operação de *leasing*, uma vez que seu custo se reduz para 170 mil ienes por mês – valor significativamente inferior ao custo da mão de obra.

Yosuhiro Komori, dirigente da entidade de classe japonesa, afirmou que a aplicação de robôs na escala industrial de seu país foi bem recebida pelos operários. A economia japonesa exige que se mantenha um crescimento anual de 6%. O aumento populacional, no entanto, se mantém numa taxa de 1,1% e o crescimento da escolaridade japonesa faz com que o aumento da oferta de mão de obra para a produção se limite a 0,7% ao ano. O empresário japonês esclareceu que existe uma demanda não atendida de 840 mil trabalhadores por ano, o que só pode ser suplementado através do uso dos robôs.

A economia do país criticada por dom Mauro

Dom Mauro Morelli denuncia a situação vergonhosa em que se encontram os milhões de habitantes da Baixada Fluminense, onde afirmou existirem 30 mil leprosos, 2 mil famílias de posseiros sob ameaça de grilagem e condições de vida se deteriorando cada vez mais. Disse isso num debate realizado no Sindicato dos Jornalistas Profissionais no Rio de Janeiro, sob o tema "Liberdade de imprensa e democracia".

Concluiu dizendo que "democracia para nós, será um dia não precisar ver pela TV o ministro do Planejamento banquetear-se com o setor financeiro, para resolver não sei o quê".

Desemprego e automação*

A preocupação dos patrões em automatizar os processos de produção é permanente. Assim, procuram diminuir o custo da mão de obra. Na crise, com o desemprego, a automação aumenta.

Nas fábricas correm demissões, não se contrata ninguém e há tentativas de mudar a organização dos trabalhos; assim, fala-se em robôs, máquinas de comando numérico, centrais de usinagem, microcomputadores, círculos de controle de qualidade (CCQ). Essas alterações não são negociadas pelos patrões com os trabalhadores, são impostas e ganham força com a crise e a escalada das demissões. Sem garantia de emprego e com jornada superior a quarenta horas, a automação poderá tomar o lugar de muitos trabalhadores. Houve, porém, grande número de demissões sem nada a ver com a entrada de novas máquinas ou novos métodos de trabalho, a alegação é que houve "diminuição da produção".

Se as empresas que alegam "capacidade ociosa" voltassem a produzir como antes das demissões, nem por isso o número de empregados voltaria a ser o que era. Os patrões aproveitam a crise para "enxugar" o quadro de operários, ou "aproveitá-los" diferentemente em nome da famosa "racionalização", que para o peão significa ritmo de trabalho aumentado, operar em vez de uma máquina, três, desempenhar tarefas dos colegas demitidos, funcionar como "polivalente'", pau para toda obra. É o torneiro mecânico que passa a tirar a rebarba da peça antes de tirá-la do torno, dispensando o rebarbador mas produzindo a mesma quantidade de peças. É o "moço da telefônica" quando antigamente era o "pessoal da telefônica", o instalador, reparador e o ajudante. É o operário têxtil correndo atrás de um fio partido numa das muitas máquinas que é obrigado a operar. As mudanças existem, uma máquina de controle numérico significa desqualificar o ferramenteiro, o fresador e o torneiro mecânico. Não é mais o operador que dá a sequência às operações, mas sim a máquina que obedece a um programa de computador.

Surgem novas profissões, o programador que a máquina seguirá e o operador que acompanha a operação. No lugar do operário especializado, como ferramenteiro ou fresador, temos o "apertador de botão" e outros trabalhadores que são uma mão de obra fácil de achar a baixo custo para

---

* *Notícias Populares*, 31/7/1983.

o patrão. A mudança do perfil do operário é desastrosa para a classe, pois diminui o poder de barganha com os patrões. O campo de automação é mais amplo, vai além do setor metalúrgico, engloba centrais telefônicas digitais que dispensam as telefonistas, caixas bancários "eletrônicos", máquinas automáticas das fiações, os computadores que controlam os processos nas indústrias químicas e siderúrgicas.

Ganham corpo propostas japonesas como CCQ – sobre os quais escrevemos mais adiante –, que a pretexto da melhora da qualidade, através de controle da produção, controlam o trabalhador, criando um clima na empresa de pretensa "harmonia" cuja função maior é desmobilizar o peão, impedindo a ação do sindicato e da comissão de fábrica em sua defesa. Cria o CCQ um clima de "escravo contente", essa é sua maior função na empresa, somente "babacas" ou "pelegos" embarcam nessa de CCQ. O patronato aproveita a crise para mexer com a mão de obra. Na reorganização do trabalho, que é um jogo, quem não faz leva (Fonte: *Boletim do Dieese*, p.6-7).

Como os sindicatos europeus enfrentam a automação – 1*

A introdução da microeletrônica, computadores na produção, chamou-se de "revolução tecnológica". Como ela tem efeito sobre o nível de emprego, os sindicatos europeus estudaram detidamente a questão. Inicialmente, no século XIX, os operários quebravam as máquinas para garantir o emprego; no século XX, os sindicatos procuram criar instrumentos para interferir no desenvolvimento e aplicação de novas tecnologias no trabalho.

Noruega

O primeiro contrato coletivo sobre tecnologia na Europa Ocidental foi assinado em 1974 por iniciativa do Sindicato dos Trabalhadores Químicos da Viking Askim S.A. e serviu de modelo para a Central Sindical Norueguesa e a Confederação dos Empregadores da Noruega, que assinaram em 1975 contrato coletivo sobre sistemas de controle por computador

---

* *Notícias Populares*, 3/8/1983.

abrangendo todas empresas e trabalhadores noruegueses. O texto completo do acordo é o seguinte:

> A Central Sindical Norueguesa e a Confederação dos Empregadores da Noruega estabelecem de comum acordo que o planejamento, a introdução e o uso de sistemas de controle por computador serão levados a cabo em conformidade com esse contrato coletivo, que é baseado na seção A, parágrafo 9, e na seção B, parágrafo 32, do Contrato Coletivo de Base. O Contrato Coletivo de Base resulta de negociações entre a central sindical e a confederação dos empregadores e cumpre papel de legislação sindical [no Brasil, a Consolidação das Leis do Trabalho].
>
> Este contrato coletivo cobre todos aqueles sistemas baseados em computador que afetem o emprego e as condições de trabalho, assim como os sistemas para estocagem e processamento de dados sobre o pessoal. Sistema para estocagem e processamento de dados sobre o pessoal são todos os dados que pelo nome ou por qualquer código podem levar à identificação individual de funcionários.
>
> Os sistemas baseados podem ser instrumentos valiosos no planejamento do uso racional dos recursos disponíveis dentro da empresa. Tais sistemas podem, entretanto, ter efeitos sobre o ambiente e as condições de trabalho dos funcionários.
>
> Quando for este o caso, é importante que tais sistemas baseados em computador sejam avaliados tanto do ponto de vista social como de um ponto de vista técnico e econômico, de tal forma que todos esses fatores sejam tomados em consideração no planejamento, introdução e uso de tais sistemas.
>
> A direção da empresa, através dos delegados sindicais de empresa, deverá manter os funcionários informados sobre os aspectos que estão cobertos por este acordo coletivo, de forma que possam dar suas opiniões tão cedo quanto seja possível e antes que as decisões tomadas pela direção da empresa sejam concretizadas. Tais informações devem ser usadas de forma clara e numa linguagem facilmente compreensível por pessoas sem conhecimento especializado na matéria (Fonte: *Boletim do Diees*).

Continua.

Como os sindicatos europeus enfrentam a automação – 2*

Além do mais, a direção da empresa e os delegados sindicais devem, conjunta ou separadamente, dar prioridade à tarefa de fornecer aos funcionários informação suficiente, de forma que eles possam entender e se familiarizar com as características fundamentais dos sistemas em áreas cobertas por este contrato coletivo e participar da forma mais concreta e prática possível nos planos concernentes a essas implantações. É desejável que seja usado todo o conhecimento disponível na empresa, de forma a assegurar que os empregados, por meio de seus representantes eleitos, possam influenciar o planejamento, a introdução e o uso desses sistemas. Se os funcionários de uma empresa desejarem, poderão, de preferência dentro do sistema de delegados sindicais existentes, eleger um representante especial para defender seus interesses e, junto com a direção da empresa, trabalhar nos aspectos previstos por este contrato coletivo.

Dependendo do tamanho da empresa e/ou da complexidade do sistema baseado em computador, poderá ser eleito mais de um representante especial. Um pré-requisito no caso de se adotar essa última solução é que seja dada oportunidade para o(s) representante(s) oficial(is) dos funcionários de se familiarizar(em) com as condições que serão influenciadas pelos sistemas baseados em computador nas áreas que concernem aos funcionários.

O(s) representante(s) terá(ão) acesso a toda documentação referente à programação, às máquinas e aos equipamentos cobertos por este contrato. O(s) representante(s) deverá(ão) estar à disposição e colaborar com os funcionários e com outros delegados sindicais, no que toca, por exemplo, à participação destes em projetos em curso. O(s) representante(s) deverá(ão) contribuir também na coordenação da participação de funcionários nas matérias cobertas por este contrato.

Delegados sindicais e funcionários que participam em projetos em andamento terão igualmente acesso a toda documentação dentro do âmbito do projeto em questão.

Caberá a cada empresa assegurar que o(s) representante(s) especial(is) dos funcionários recebam treinamento básico em técnicas de computação, de forma a poderem cumprir suas obrigações de maneira correta. Além disso, a direção da empresa, em comum acordo com os representantes dos empregados, deve avaliar a necessidade de treinamento de delegados sindicais e empregados, que estarão participando em projetos regulamentados por este contrato.

---

* *Notícias Populares*, 7/8/1983.

Dentro de cada empresa o uso de dados e informações referentes ao pessoal deve obedecer a regras elaboradas pela direção da empresa com a cooperação dos delegados sindicais, em conformidade com o artigo 6º, parágrafo 5º, do Contrato Coletivo de Base. Tais regras deverão abranger os dados sobre o pessoal, que são estocados e processados por computadores, tais como este contrato prevê (Fonte: *Boletim do Dieese*).

Continua.

Como os sindicatos europeus enfrentam a automação – 3*

No caso de não se chegar a um acordo sobre essas regras, o caso será levado diante das organizações centrais: Central Sindical Norueguesa e Confederação dos Empregadores da Noruega.

Dentro de cada empresa, as partes deverão encontrar as formas mais práticas para cooperação e organização nos aspectos cobertos por este contrato. Em conformidade com as diretivas elaboradas neste contrato de ordem geral, poderão ser elaborados contratos locais por solicitação de uma das partes dentro da empresa.

Este contrato coletivo seguirá o Contrato Coletivo de Base no que toca a prazo de duração e data de expiração.

Transcrevemos o texto integral do contrato coletivo na esperança de que possa influir no meio sindical brasileiro no assunto de automação e reorganização do trabalho, no qual o peão "paga o pato", o que para ele significa dispensa.

Dinamarca

A experiência norueguesa foi a base dos acordos firmados tanto na Suécia como na Dinamarca, onde a Central Sindical da Dinamarca e a Confederação dos Empregadores assinaram um contrato coletivo sobre tecnologia em 1981.

---

* *Notícias Populares*, 10/8/1983.

França

A vitória do Partido Socialista nas eleições de 1981 trouxe como consequência a modernização da semiarcaica legislação sindical, isso se deu quando o Parlamento aprovou um conjunto de leis conhecido como "As Leis Auroux", pois o ministro do Trabalho, Auroux, elaborara o projeto.

Nessa nova legislação há um capítulo sobre novas tecnologias, e uma de suas cláusulas prevê que:

> Os comitês sindicais de empresa devem ser previamente informados sobre a introdução de novas tecnologias que afetem a marcha geral da empresa desde que estas sejam suscetíveis de ter consequências sobre o emprego, a qualificação, a remuneração, a formação ou as condições de trabalho do pessoal (*Boletim do Dieese*).

Suécia: os trabalhadores e a robotização

As multinacionais do setor automobilístico no Brasil estão implantando robôs na produção. Na Europa, América do Norte e Japão, isso já foi iniciado há tempo. O Japão possuía, em 1974, 1.500 robôs; em 1979, 10 mil robôs; os EUA passaram de 1.200 em 1974 a 3 mil robôs em 1979; a Itália, de 93 a quinhentos robôs. A Central Sindical dos Trabalhadores na Suécia debateu a questão e concluiu que essas inovações trazem vantagem para a sociedade como um todo, e para o trabalhador diminuem operações com alto risco de acidentes. Conclui que o desenvolvimento dessa "nova técnica" não está bem definido. Decidiu que os trabalhadores participem com seus sindicatos no planejamento e nas decisões da empresa quanto à colocação de novas máquinas na produção, garantia de trabalho para todos, melhoria na distribuição de renda e melhoria nos benefícios sociais (Fonte: *Boletim do Dieese*).

O *stress* dos empregados em centros de processamento[*]

Esse alerta é do gerente do departamento de sistemas da Golden Cross, Eliel de Assis Queiroz, ex-funcionário da Datamac que depois de catorze

---

[*] *Notícias Populares*, 16/11/1986.

anos de empresa foi demitido sem qualquer justificativa ao ser eleito para integrar a Cipa.

Assis Queiroz acha que o fato mais estressante dentro de um centro de processamento de dados (CPD) são os prazos estipulados para o desenvolvimento dos projetos. Como o gerente do CPD é tradicionalmente um analista de sistemas e não um administrador, ele não consegue barganhar prazos compatíveis com a capacidade de trabalho de sua equipe. Resulta isso numa jornada de trabalho extenuante e improdutiva.

Colapso

O gerente do CPD é um analista bem-sucedido e não um administrador, diz Assis Queiroz. A consequência disso – segundo ele – é o desgaste de sua equipe. A equipe vira noites, tenta produzir mais, mas o que ocorre é justamente o contrário. Depois de um tempo nessa virada, diz ele, deixamos passar erros bobos de sintaxe, em um programa sentimos palpitações, dores musculares e não se tem ânimo para fazer mais nada. Ocorre o uso de tóxicos, o alcoolismo é problema até mesmo fora do ambiente de trabalho, assim como divórcios. Estudando o problema desde o tempo da Datamac – ele foi demitido há três anos –, Assis Queiroz acha que as Cipas podem ensinar os profissionais a enfrentar as causas do *stress* através de técnicas de relaxamento, respiração e melhor integração social da equipe.

Rotina massacrante – Na Datamac, diz Assis Queiroz, a rotina era massacrante. Isso foi na Velha República, hoje a Datamac é a empresa que mais se preocupa com isso. No CPD quando a pessoa apresenta problemas é afastada da função e colocada em outra. Outro assume sem conhecer o programa e isso custa muito alto para a empresa. Crise nervosa e vandalismo é o fato corrente. Isso contribui negativamente para o principal recurso do CPD: o humano. Segundo Queiroz, o auditor de sistemas pode atuar através de levantamentos periódicos junto ao departamento médico da empresa.

Digitadores ficam na pior sem direito algum*

Segundo o presidente do recém-criado Sindicato dos Empregados em Empresas de Processamento de Dados em São Paulo, Francisco de Assis Aderaldo, essa é a situação do digitador. São Paulo tem 6 mil digitadores sujeitos ao trabalho temporário. O emprego temporário está sacramentado por lei em três meses, mas cria insegurança no digitador. Ele não pode participar das negociações trabalhistas, devido à legislação caduca dos tempos de Médici, explica o economista Francisco Gonçalves, técnico do Dieese.

Das quatrocentas empresas de digitação só quarenta estão registradas. O Ministério do Trabalho, porém, está terminando um estudo sobre a lei que rege o trabalho temporário com a intenção de mudá-la.

O Serpro, do Ministério da Fazenda, também emprega mais de 20 mil funcionários em todo Brasil, e metade desses funcionários é alugada, denuncia José Fortunati, presidente do Sindicato dos Bancários do Rio Grande do Sul.

Quem procura seus direitos, o Serpro não contrata mais, eles ficam sendo os sem-terra da informática.

O Banespa tem quase 2 mil funcionários nessa situação flutuante. Em 1985, após uma paralisação de 48 horas, os digitadores paulistas conseguiram a assinatura em carteira, mesmo assim em nome da empresa locadora. Há uma Comissão de Digitadores do Banespa lutando para soluções mais amplas e permanentes. Porém, João Armindo Coelho, 34 anos, temporário do Banespa, diz que "trabalho doze horas diárias, saio de um serviço para outro e isso já me rendeu uma estafa. Muita gente vive sonada e toma drogas como Reativan para continuar trabalhando. O pior é que até a greve do ano passado o Banco cobrava dos temporários as doses de remédios descongestionantes na enfermaria. E todo trabalhador temporário tem sinusite por causa da baixa temperatura das salas dos computadores". O pior é que são tratados pelos colegas de trabalho como cidadãos de segunda classe, reclama Jario Luiz da Silva, 25 anos, contratado pelo Serpro para prestar serviços junto a Caixa Econômica Federal, de Porto Alegre. Diz ele: "Qualquer funcionário da casa age como se fosse nosso chefe".

---

* *Notícias Populares*, 19/11/1986.

Parte VIII
Desemprego

Copa do Mundo[*]

Recebemos a *Luta Sindical*, número 27, de junho de 1982, órgão da Oposição Sindical Metalúrgica de São Paulo, cujo editorial "Copa do Mundo", por interessar aos trabalhadores, transcrevemos:

> Esperamos que a seleção brasileira ganhe o caneco e que toda torcida fique contente. Só que condenamos todos os que se aproveitam dos jogadores para encher o bolso e fazer campanha política.
> Está a maior briga entre os cartolas, *pra* ver quem levou mais nos contratos de publicidade das multinacionais de material esportivo. João Havelange e o coronel Coutinho, chefe da CBF, estão de olho no Ministério dos Esportes, que o governo pensa em criar.
> Mas tem mais. Todo o mundo está lembrado que em 1962 a vitória da seleção salvou o governo brasileiro de uma crise, como confessou o próprio presidente da República. Em 1970, o tricampeonato foi usado para desviar a atenção do povo das perseguições, das mortes e do arrocho salarial que a ditadura militar jogava em cima dos trabalhadores. Veio aquele papo do "ninguém segura este país". Em 1978, na Argentina, a Copa foi uma verdadeira farsa usada pelo general Videla para valorizar os militares que estavam no

---

[*] *Notícias Populares*, 4/7/1982.

governo. Neste ano, Bustamante, do PMDB, disse que o Brasil precisa ganhar a Copa *pra* gente esquecer nossos problemas e não se rebelar.

Infelizmente, o futebol deixou de ser uma diversão e direito do povo para ser uma arma de propaganda do governo. Por isso, desapareceu o futebol alegre e descontraído de antigamente. Agora, tudo é militarizado, desde os treinamentos às transmissões de TV, monopolizadas pela imprensa, a que sempre fala bem do governo e malha os operários. O jogador não apita mais nada, nem na tática nem na escalação do time.

Já gastaram no treinamento 280 milhões de cruzeiros. Vão gastar mais de 42 milhões de hotel, 30 milhões de transporte, fora as roupas, prêmios e mordomias dos dirigentes. Vai chegar pra lá do bilhão de cruzeiros.

Enquanto isso, no jogo da vida, o nosso time, o time dos trabalhadores que joga contra o dos patrões, vai levando gol. Aumenta a condução, a luz, o leite e o café, menos os salários. E *pra* quem acha pouco, aumenta o desemprego.

Enquanto algumas estrelas do futebol ganham fortunas, a grande maioria ganha mal, não tem assistência médica correta, nem aposentadoria. *Pra* brigar por essas coisas é que os jogadores organizaram sindicatos, associações. A luta contra a lei do passe, na qual o jogador é instrumento do clube, é uma luta a ser levada avante. O jogador ganhar conforme a renda do jogo, é como se o operário ganhasse conforme a produtividade. Nesta copa, os cartolas viram algo novo: assembleias de jogadores, uma comissão de negociação em plena concentração, na Espanha, para negociar suas reivindicações.

Cosipa – 1[*]

O regime de trabalho em turno tem levado ao *stress* e ao desgaste emocional, o grande sonho de quem trabalha lá é trabalhar de dia.

O direito de ir e vir do trabalhador é limitado, especialmente numa época em que muitos trabalhadores da Cosipa optavam por trabalhar na Siderúrgica de Tubarão, o departamento de recursos humanos ameaçava o pessoal com dispensa e ser incluído numa "lista negra", que o impediria de prestar serviço em outras siderúrgicas estatais.

Na Cosipa havia mais ou menos 18 mil trabalhadores contratados por empreiteiras que prestavam serviço. Foram demitidos sob alegação de que seriam transferidos para Carajás, Itaipu. Quem os demitiu (do departamento de recursos humanos) deixou de dirigir uma minúscula secção que cuidava

---

[*] *Notícias Populares*, 22/8/1982.

da "qualidade de vida" para se tornar superintendente de relações humanas. Semanalmente, é rotina a demissão de quatro a cinco trabalhadores.

Há concursos para preenchimento de cargos na área de administração, porém não há vagas a preencher. O concurso é usado para "criar boa imagem" da empresa na Baixada, onde ela aparece como empresa que emprega "membros da comunidade".

A administração recebe cartas de políticos para admissões, faz a seleção para contratação. Em 1981, houve concurso para técnico de grau médio, com 6 mil candidatos; havia dez vagas, ninguém foi chamado, sob alegação que era impossível definir o número de vagas porque elas não existiam.

Com a saída das empreiteiras, o trabalho foi parado, muitas máquinas sem uso. Por sua vez, o governo disse que só financiaria área de expansão. Havia interesse em deslocar pessoal administrativo para tocar o lingotamento contínuo, o estágio 3. Com isso reduziu-se o quadro de funcionários do escritório. *O Chapa*, jornal da empresa, anunciava que "a empresa precisa de você", para justificar e estimular o voluntariado.

Na realidade, o "voluntário" era tratado como ocioso, pois, pensava-se, ele é voluntário porque não tem o que fazer na área dele. Sob a justificação de não ter se adaptado às novas funções, muitos voluntários recebiam "bilhete azul". O voluntário comparecia à célebre "entrevista de desligamento", quando lhe era dito que a Cosipa não demitiria em massa, porém, ele não se adaptara à sua nova situação.

Os cortes mais recentes já tinham sido definidos em 1981, quando foi criado o "voluntariado". Também na área da produção houve redução do pessoal, principalmente na manutenção, e esse pessoal foi também para o "voluntariado", só que obrigado. Há o esquema da "entrevista aberta", segundo um dos assessores da empresa o chefe deve ser um confessor. Ele deve criar clima de amizade com o operário, permitindo que ele conte sua história. Pois, falando com o chefe, o operário não irá queixar-se ao sindicato da categoria.

Cosipa – 2*

Na empresa, 1980 foi o ano do "Plano dos Desafios", assim como 1982 é o "Ano da Cooperação". *Plano de Desafios* – Em dezembro de 1980,

* *Notícias Populares*, 01/9/1982.

foram dispensados 2 mil funcionários. O presidente dizia que aumentaria a produção atingindo 3 milhões de toneladas. A Planasa montou um seminário para introduzir essa meta. Em outubro, como a empresa não tivesse atingido a meta, foram confeccionados cartazes com os dizeres: "Faltam tantas toneladas para atingir 3 milhões".

No final do ano, houve uma festa no Ilha Porchat Clube com participação de gerentes, superintendentes, coordenadores e supervisores. À meia-noite, o relações públicas do presidente recebe um telefonema da usina. Como ele acha que todo assunto da empresa deve ser referido a todos que lá trabalham, colocou o fone no ar. Ouve-se uma voz: doutor presidente, desculpe interromper o jantar, fala da aciaria, o aço está pronto para a corrida das 3 milhões de toneladas. Houve abraços, um carnaval, o relações públicas interrompe a festa anunciando que existem ônibus para levar à usina aqueles que queiram ver a corrida do aço. Lá havia até TV filmando. O aço produzido nessa corrida foi de péssima qualidade, simplesmente aumentou o estoque nos corredores da siderúrgica, ficou empilhado nos pátios.

Programa Acidente Zero – Gastou-se uma fortuna com um placar de aço onde está escrito: "Acidente zero com o Projeto Desafio!" Com o Projeto Desafio, cada seção devia evitar ao máximo o registro de acidentes. O chefe pressionava o trabalhador nesse sentido. Assim, uma fagulha atingiu os olhos de um operário, o médico disse que era "acidente de trabalho". O chefe da seção entrou com um recurso contra o serviço médico alegando que a fagulha não era devido ao trabalho, ela atingira o operário em sua casa. O operário é que não soube explicar-se. Por que tudo isso? Se fosse considerado "acidente de trabalho" o chefe perdia pontos nos desafios, daí seu empenho em provar o contrário.

A área que ficava um mês sem acidentes ganhava um jantar. O operário que se acidentava, para não ser dispensado, chegava ao serviço médico dizendo que se acidentara em casa. Quando não, era obrigado a fazer o curativo na fábrica para não registrar o acidente. Isso era chamado de "ato inseguro", por isso o operário poderia ter seu aumento de salário congelado.

Programa de Reabilitação – O chefe do programa é chamado de "nuvem negra". Inicialmente, o funcionário gravemente acidentado era demitido. Como isso redundou em ações na Justiça, criou-se o programa acima. Após o acidente, o operário perde sua qualificação profissional, servia cafezinho ou atendia telefone por um tempo, depois era demitido.

Dois anos de trabalho na laminação levam à surdez, daí o operário ser demitido ao completar um ano e meio. O número de distúrbios mentais em consequência das condições de trabalho parece alto, porém não há dados públicos a respeito ainda.

Cosipa através de O Metalúrgico*

A maior preocupação é a mobilização dos cosipanos em defesa do emprego, posto a perigo pelos tecnocratas de Brasília. Também a luta pela liberação dos recursos necessários à conclusão do Estágio 3 da Expansão. O "Manifesto denúncia" do sindicato encontrou apoio da Câmara Municipal de Santos. Ao mesmo tempo, O Metalúrgico adverte contra o boato de que estão tentando abreviar a reforma do Alto Forno 2 para oitenta a noventa dias, quando o prazo previsto é de 110 dias. Quais as garantias à saúde e segurança dos trabalhadores que a Cosipa oferece em troca desse tempo abreviado?

Enquanto a tecnocracia de Brasília gasta 210 bilhões numa perigosa usina nuclear, recentemente inaugurada, enquanto a Cosipa economiza em 1981 nada menos que 11 bilhões de cruzeiros, sua administração nega-se a atender a reivindicação de Cr$ 5.000,00 de produtividade, que acresceria a folha de pagamento em 78 milhões de cruzeiros apenas.

Enquanto isso, na GMC, apareceu um folgado que gosta de advertir e punir trabalhador. Há um mês faleceu Benizio, com 21 anos de casa e excelente folha de serviços, vítima desse clima. Mas a coisa não para aí, no DSO (atendimento médico), além de o trabalhador ser mal atendido, ainda assim, três operários foram agredidos e insultados de vagabundos. Será que é isso que se aprende nas faculdades de medicina do país?

Enquanto isso a reforma do Alto-Forno 2 continua parada, ela já custou a vida e a saúde de muitos trabalhadores. Na última reunião mensal da Cipa não apareceu nenhum responsável pela segurança do alto-forno. Gerentes, coordenadores ou chefes de segurança sumiram. Ninguém para explicar o assunto.

Falando em segurança, na GEU um trabalhador foi acidentado e, daí, enviado ao hospital. Ao dar entrada na papelada do DSO da Cosipa, o aci-

---

* *Notícias Populares*, 29/8/1982.

dente sumiu. Se isso não bastasse, alguns companheiros do DMX estavam trabalhando em certo local da reforma do alto-forno 2. Após muitos dias, um companheiro verificou que o local estava disposto à radiatividade. A Cosipa submeterá os companheiros a exames médicos, o que é bem pouco, pois os danos podem aparecer muitos anos depois. Daí a importância da Administração determinar e com precisão o grau de contaminação e o tempo que os companheiros permaneceram no local contaminado. Realizar exames periódicos durante vários meses e anos, até que haja absoluta certeza de que tudo está bem. Esclarecer as causas da contaminação e adotar todas as providências para que o fato não volte a se repetir e garantir o emprego de todos os companheiros afetados.

Concluímos com o regime do voluntariado, criado pela Cosipa deslocando muitos trabalhadores da administração para a produção. Na época, faltaram receber flores e bombons. Agora a expansão virou um inferno. Até uma ida ao sanitário é controlada. Saída antecipada nem se fala, se o cidadão vai ao banco recebe bronca. É isso aí, meu "chapa".

Ainda a Cosipa vista por O Metalúrgico*

Falando em segurança no trabalho, Zé Protesto denuncia que os quase assassinos do alto-forno botaram companheiros da carpintaria para fazer manutenção com equipamentos em operação. Além do local não ter sido liberado pela segurança, essa liberação só se deu por intervenção do engenheiro chefe da segurança. Não bastasse isso, há engenheiro na GFU que só permite ida dos trabalhadores ao médico passando por ele, quando é normal o chefe imediato liberar o funcionário para tal. Outra moda que inventou: arrancar o horário de almoço do trabalhador que vai ao departamento médico. Outro manda-chuva da GFU obriga companheiros a fazerem limpeza com ar comprimido, quando já existe proibição da Cipa. Ao que ele retruca que lá manda ele, Cipa e segurança de operário não tem vez ali.

Realmente, a "segurança" no trabalho anda meio "insegura". Assim, um companheiro do DMX, lotado na parada de carregamento do porto, sofreu grave acidente. O rapaz é mecânico e foi destinado para a manu-

---

* *Notícias Populares*, 5/9/1982.

tenção lá nos trilhos, onde corre o carrinho que faz o carregamento dos navios. Pela manhã, quando ele chegou, a área foi liberada para o trabalho pelos responsáveis, entre os quais havia um engenheiro. Acontece que o mecânico recebeu um choque de 440 V pelo fato do barramento estar ligado. Desmaiou, foi levado ao hospital e continuou a sentir fortes dores. Os responsáveis dizem que foi um "simples choque". Que nome merecem esses indivíduos? Na GMC um carrasco demitiu um companheiro doente.

O presidente da Cosipa, na Assembleia Legislativa, referiu-se ao excelente papo diário que a administração promove entre chefes e subordinados. Segundo Zé Protesto, trata-se do Diálogo Diabólico Infernal de cada dia.

O presidente, "democraticamente", recusou-se a receber uma comissão de vereadores de todas as Câmaras da Baixada. Argumento: "o assunto poderia ser explorado politicamente". Como é possível um presidente que se diz "democrata", de uma empresa que pertence ao povo, recusar receber uma comissão de vereadores de todas as Câmaras Municipais, com representantes de todos os partidos políticos?

A democracia é tanta que alguns gerentes e chefes estão "apelando". Obrigando trabalhadores a se associar à Associação de Funcionários da Cosipa (AFC). Quem se recusa é obrigado a fazer um memorando à gerência explicando o motivo porque não se associou "voluntariamente". A Cosipa estará pagando "comissão" para essa gente fazer isso? Ou estão abusando da AFC para fins outros? O fato é que os "gênios" da Cosipa inventaram modas como: "Programas de desafios", "DDI Integração", "A meta é o homem", "Acidente Zero": a produção subiu horrores, e a "recompensa" do peão: demissões, pressões, desrespeito à função, corte do leite, eliminação de linhas de ônibus (Cubatão e Guarujá), além de o peão ser obrigado a comer salada com caramujos. Viva a Participação, doutor!

Fala O Metalúrgico sobre a Cosipa[*]

As demissões são o grande tema do jornal. A 2 de abril, o jornal conclama os cosipanos a resistirem às demissões. Para isso, a categoria precisa se organizar para defender a própria Cosipa, construída pelo trabalhador,

---

[*] *Notícias Populares*, 15/9/1982.

pois o governo e a Siderbrás estão amarrando os recursos necessários. Eles jogam dinheiro fora, no programa nuclear e nas mordomias, mas querem sacrificar a siderurgia. A 30 de abril, o jornal anuncia que 57 cosipanos foram demitidos, segundo informações da GAP. Anuncia também a solidariedade aos demitidos de dom Davi Picão, bispo de Santos.

O jornal de 6 de abril anunciou que a Cosipa demitiu 128 apenas em abril e na Superintendência de Programação da Expansão foi acertada a demissão de sessenta voluntários da Expansão. A 30 de junho, o jornal noticia que as obras do Estágio 3 irão continuar, segundo o presidente da Siderbrás assegurando que as demissões não são de sua responsabilidade. Se a Siderbrás, que controla a Cosipa, não manda demitir, quem está demitindo?

O Metalúrgico de 25 de março anuncia que Ronaldo, homem do Elyson, parece estar fazendo escola. Na GMC, já apareceu mais um folgado que gosta de ameaçar com advertência e punições. Qual é a do moço – pergunta o jornal –, está querendo aparecer ou deseja o ódio e desprezo dos trabalhadores? Conclui dizendo que parece que a meta é acabar com o ser humano. Até quando isso vai durar?

No DSO (parte médica) tem um médico que além de atender mal os trabalhadores, falta-lhes com o respeito. Na semana passada – o jornal é de 25 de março –, o sujeito agrediu três operários, chamando-os de vagabundos. Daí o jornal perguntar: será que foi isso o que ele aprendeu em seis anos de faculdade? Ou será a nova orientação da empresa *pra* resolver os problemas de saúde?

Na GCG puseram escarfadores para fazer limpeza na grande parada, um dos operários sofreu acidente fora de sua função. Como é que fica? O jornal de 2 de março noticia que um cidadão chamado Ronaldo que repreendeu um cipeiro por ter falado na reunião da Cipa! Usando expressões de baixo calão.

O jornal de 2 de abril noticia que, na oficina elétrica, ajudante está obrigado a fazer serviço de eletricista, além de dar uma de ajudante. No DMX voltaram as escalas malucas, significa trabalho aos sábados e domingos. Na caldeiraria, um chefe que ameaça os operários no DDI e proíbe-os de conversar com os colegas. O jornal de 6 de abril noticia que o engenheiro Nazar, da GLM, manda operários fecharem o ponto antes do horário, distribuindo ameaças quanto ao uso dos Epis. O senhor Ronaldo exerce uma medicina à moda da casa: operário vai ao DSO só depois de conversar com ele. O engenheiro Altair, da GEU, emprestou uma equipe de eletricistas para serviços de pintura. O jornal a 15 de abril anuncia que há novidade na vigilância: avaliação diária dos trabalhadores. Avalia-se seu cabelo, barba, bota, bigode, fumar, conversar com os colegas. Na aciaria, o pessoal não pode esperar na salinha ordens, tem que circular pela área.

Ainda O Metalúrgico sobre problemas da Cosipa*

O *Boletim Cipa* n.1, de 9 de julho, noticia que surgiu nova doença na Cosipa: *mal de recessão* ou *"síndrome do Assman"*. Seus sintomas mais visíveis são: ansiedade, insegurança que podem evoluir para neurose, tuberculose, até impotência sexual. É interessante lembrar que apesar das demissões a produtividade se mantém. O que dá para deduzir que está havendo aceleração do ritmo de trabalho dos que permanecem empregados. Esta aceleração do ritmo traz a fadiga, com todas as suas consequências.

Tratamento nas férias

Parece brincadeira, mas não é. Soubemos que muitos companheiros que necessitam de rigoroso tratamento médico (incluindo cirurgias) estão esperando as férias para fazê-lo. Os motivos, todos sabem: medo de demissão no retorno. Veja aí, seu comendador, o clima que a sua "maravilhosa" administração conseguiu implantar na Cosipa.

Polivalentes

Os cursos de solda a que alguns profissionais estão sendo submetidos é mais uma das irregularidades praticadas pela "moderna administração da Cosipa". Com isso a empresa submete o companheiro a duas funções. Só que o serviço de solda é coisa muito séria. Tanto é verdade que os soldadores em qualquer empresa recebem insalubridade e têm direito a aposentadoria especial (25 anos). Atenção Cipa, DST e DSO!

---

* *Notícias Populares*, 19/9/1982.

A segurança no trabalho está em crise. (*O Metalúrgico*, de 8 de março, noticia que a moda é limpar o metro com o conversor carregado. Dá *pra* sacar o que pode suceder!)

O *Boletim Cipa* n.1, em matéria de Zé Protesto, trata de um assunto importante. A Cosipa diz que "a meta é o homem", que o acidente tem que chegar a "zero" e, no entanto, a gerência da aciaria está querendo causar um perigo muito grande de acidente, pois no metal líquido existiam onze operadores em cada turno. Sendo um só para tirar férias, porque ali a equipe tem de fazer rodízio devido ao trabalho ser de muita responsabilidade e causador de fadiga – é um dos serviços mais perigosos da Cosipa. Se o operador vacilar na ponte rolante poderá causar danos enormes e vítimas fatais.

O trabalhador com uma panela de aço líquido de 70 toneladas movimentando *pra* lá e *pra* cá tem de prestar muita atenção, em boas condições físicas e mentais. Os "gênios" reuniram as equipes e disseram que só dez homens irão trabalhar em cada equipe, ficando um *pra* tirar férias. Os operadores, que conhecem o serviço e têm responsabilidade mostraram para os "gênios" a necessidade de continuarem onze homens em cada equipe, mas os "mancebos" determinaram que seriam dez e fim de papo. Isso é uma arbitrariedade muito grande e com a vida não se brinca. Quem responderá se grave acidente ceifar vidas de companheiros? A segurança, por acaso, opinou? Ou nem foi chamada para tal? E a Cipa? É isso aí.

A voz das edições de *O Metalúrgico* na Cosipa[*]

Recebemos pelo correio os jornais de 22 e 29 de julho e 5 de agosto; pelo interesse coletivo das matérias que tratam, tomamos a liberdade de transcrevê-las, com isso prestando um serviço ao peão cosipano.

O tema das demissões continua em foco. Em março foi denunciado o perigo da onda de demissões instalar-se na Cosipa. Três meses depois, quinhentos eram demitidos, apesar de desmentido formal da presidência. Prevê o jornal que o processo continuará não se sabe até quando. Por sua vez, o fraco ministro da Indústria, que perde todas as "paradas" para o Delfim, ameaça os trabalhadores com novos cortes na siderurgia. *O Meta-*

---

[*] *Notícias Populares*, 26/9/1982.

lúrgico conclama a união, organização e força como reação ao perigo das demissões. Atualmente elas ultrapassam a casa dos seiscentos. Os tecnocratas, não contentes com isso, querem acabar com o reajuste semestral dos salários, após as eleições, e com a aposentadoria por tempo de serviço.

Cosipano teve casa invadida e foi preso

Zé Protesto relata que três peões da Cosipa tiveram sua casa invadida por vigilantes da Cosipa a pretexto de estarem procurando uniformes pretensamente roubados. Depois, foram "convidados" a comparecer à delegacia como testemunhas. Foram trancafiados na cela, sem qualquer motivo, pelo vigilante da Cosipa. O absurdo é tal que os próprios investigadores da polícia abriram imediatamente a cela. Depois de ouvidos pelo delegado, foram liberados. *Este é o clima da Cosipa hoje*. Com ameaças e abusos, confiantes no medo dos companheiros perderem o emprego, a administração da Cosipa entra na área do crime comum e abominável. Quem vai responder por isso aí, hein? Quem está orientando os vigilantes a cometer esses crimes?

Coqueria da morte

O cão está solto na coqueria. As dobras acontecem, em alguns casos, até todos os dias. Nem jantar os companheiros podem mais. Para enganar o estômago, o engenheirinho de lá manda trazer uns míseros sanduíches do refeitório. O resultado, como não poderia deixar de ser, é o aumento do número de acidentes. Outra novidade do trabalho na coqueria é a cata ao material de uso na manutenção. É que, por ocasião da visita do ministro Camilo Pena, o engenheiro mandou jogar tudo fora, "pra limpar a área e dar boa imagem". Agora, o pessoal tem que sair catando pela área o que foi jogado no lixo.

Metal líquido

Os operadores de metal líquido estão indignados com falta de resposta da gerência para o grave problema levantado pelos companheiros. O quadro foi reduzido, um dos setores mais duros e estafantes da empresa. Se antes os companheiros trabalhavam duas horas e descansavam duas – devido às terríveis condições de trabalho –, hoje muitos chegam a dobrar dezesseis horas, pelo corte de pessoal.

Com essa situação, falar de "relações humanas no trabalho" ou "desenvolvimento organizacional" não passa de embromação de doutor de terno, colete e suspensórios. Isso nada tem a ver com a real situação do peão na linha de produção.

Visita ao redator[*]

Recebemos a visita do doutor Augusto M. Ferreira, chefe de Comunicação Social da Cosipa, que, segundo ele, veio conhecer-nos pessoalmente, acima de tudo. Ao mesmo tempo colocou-se à disposição da coluna "No Batente" para quaisquer esclarecimentos que julgarmos necessário em matérias referentes à Cosipa. Deixou-nos seu cartão com o fone do escritório de São Paulo, da Cosipa. Como dizia o Conselheiro Acácio, político do Império: cada um com sua função.

Demissão de dirigentes sindicais no Nordeste

Aconteceu, órgão do Centro Ecumênico de Documentação e Informação (Cedi) publica carta que transcrevemos abaixo, pelo interesse público que levanta.

> Companheiros. Esta tem por objetivo denunciar a demissão de vários dirigentes sindicais e pré-sindicais ocorridas em várias cidades do Nordeste. Como vocês sabem, os dirigentes sindicais têm estabilidade de emprego garantida por lei. Mesmo assim, muitos patrões, visando debilitar as organizações operárias e desmobilizar ainda mais os trabalhadores, estão demitindo as lideranças, deixando-as em situação difícil para o desempenho de suas responsabilidades perante a classe, porque precisam procurar trabalho para sobreviver. Nesse caso, estão, entre outros, três dirigentes da Associação dos Trabalhadores da Construção Civil de Petrolândia (PE); Eliezer Pedroza Gomes, secretário do Sindicato dos Metalúrgicos; Salisma Queriga, da direção do Sindicato dos Gráficos; João Alves Santana e Edmilson Furtado Pereira, do conselho fiscal do Sindicato dos Têxteis de João Pessoa (PB); um dirigente

---

[*] *Notícias Populares*, 29/9/1982.

da Associação dos Profissionais em Processamento de Dados de Recife (PE) e um líder dos trabalhadores em confecções de Limoeiro (PE). O caso dos dirigentes sindicais está na Justiça, não se pode prever até quando. [Pois ela é lenta, MT.] Desafiados pela ameaça que isso significa para o avanço do movimento operário na nossa região, um grupo de sindicalistas de várias categorias (têxteis, metalúrgicos, construção civil, comerciários e securitários), nos reunimos com alguns dirigentes da ACO, do Nordeste, para refletir sobre o problema e tentar uma forma de ação imediata para apoiar essas lideranças, a fim de assegurar a continuidade da luta dos trabalhadores.

Decidimos criar um Fundo de Luta que será alimentado por contribuições de companheiros operários e outros que não sendo operários acreditem e queiram contribuir para a causa dos trabalhadores. Para isso decidimos abrir uma conta sob a responsabilidade de dois dirigentes sindicais, para a qual devem ser enviados os donativos. A médio prazo pretendemos constituir uma associação civil a fim de assegurar o apoio e solidariedade dos militantes operários engajados no processo de libertação dos trabalhadores que venham a sofrer esse tipo de perseguição.

Conta 34168-1. Bradesco – Ag. Pça. Maciel Pinheiro – 0290 – URB – Recife – PE. Em nome de *João Paulo Lima e Silva* (Sindicato dos Metalúrgicos de Recife) e RAIMUNDO ANANIAS (Sindicato dos Securitários).

É isso aí, em matéria de relações trabalhistas estamos ainda na Idade Média, até quando?

Ainda a Cosipa[*]

Vamos voluntariamente tratar do célebre "voluntariado", tão badalado pelo comendador cosipano. Pode-se afirmar com segurança uma coisa, pelo menos: foram mais de trezentos os voluntários despedidos durante 1982, o "facão" cortou e cortou para não deixar defeito. Alguns chegam a citar a cifra total de atingidos pelo "facão" em setecentos demitidos, porém, esse número de demitidos não tem confirmação. É quase certo que, após o período eleitoral, quando terminou a "festa política", o "facão" devidamente afiado volte a funcionar.

---

[*] *Notícias Populares*, 1/12/1982.

Com o nome de "voluntário" encobre-se o seguinte: o peão foi forçado a mudar de setor e perder sua carreira, seu *status* profissional. Se, por exemplo, o peão era operador de máquinas, que ao longo de quinze ou mais anos de trabalho na empresa atingiu o "padrão 8", faltava-lhe pouco para chegar ao teto (ao máximo) da carreira da sua profissão. Pois bem, ele, designado como "voluntário", passa a uma ocupação diferente na qual não terá mais chance de continuar sua carreira funcional, só tem os aumentos salariais semestrais, sem promoção a nenhuma esperança maior. Operários especializados, a pretexto de "voluntariado", foram colocados no setor de limpeza, a maioria foi colocada nas obras de "expansão" agora desativadas. Por que razão a Cosipa colocou mais de mil operários (incluindo funcionários administrativos) na categoria de "voluntários"? As situações encontradas aí foram várias, do tipo: 1) operários que sofreram acidentes; 2) operários que tiveram crises nervosas com ou sem hospitalização; 3) operários que passaram a ser encaminhados por suas chefias diretas na qualidade de indesejáveis, por questões pessoais ou terem ideias próprias, coisa perigosa.

Assim, ser "voluntário" passou a significar uma forma de castigo, ao mesmo tempo em que de fato é uma exclusão da carreira, um afastamento de uma tragédia esperada. Entre os acidentados e os que tiveram internação psiquiátrica, ter sido colocado como voluntário leva a reações contraditórias: de um lado, sentem-se magoados e deprimidos por terem perdido a carreira; de outro lado, são gratos à empresa que não os mandou embora, como outras o fazem após um acidente ou uma crise mental. Era esse o sentimento dominante entre esse pessoal, pelo menos em 1981. Os demitidos após o "voluntariado" sentem-se vítimas de duas injustiças: primeiro, forçados a perder a profissão; segundo, a demissão recebida. Estavam como "voluntários" operários muito antigos na empresa, em algumas das mais terríveis e perigosas operações numa siderúrgica, como os escarfadores e pedreiros refratários. Pessoas demitidas que foram exauridas pelas condições de trabalho. São homens de 40 anos ou pouco mais, que se sentem "acabados", retratando o desgaste sofrido na sua fisionomia. Dificilmente encontrarão empregos novos.

Coqueria da Cosipa

Soube que os operários da coqueria conseguiram que o sindicato mandasse fazer uma pesquisa sobre as péssimas condições de trabalho. A "barra é tão pesada" que o perito deu ganho de causa aos peões. Ao pretenderem "fazer andar" o laudo pericial que ficou "parado", depararam com uma surpresa: o perito que lhes dera um laudo favorável fora contratado pela própria Cosipa, ficando impedido de continuar o que fazia. Isso se chama "cooptação" ou "empelegar" o cidadão – nisso Getúlio Vargas foi mestre. Parece que o comendador (presidente) da empresa teve lições particulares com o "baixinho". Ora, vejam só!

O Chapa – Acusamos e agradecemos o recebimento do jornal oficial da Cosipa, foi enviado pelo Departamento de Comunicação Social da empresa.

Professores desempregados*

Dez mil professores da rede estadual de grau médio não têm trabalho, é o que nos relatou o professor Lopes (Bigode). Outros que antes ministravam vinte aulas, hoje, para sobrevive, dão quarenta aulas semanais. Recém-formados, por causa disso, não ingressam no mercado de trabalho.

Ainda segundo o professor Lopes (Bigode), esse desemprego permanece "invisível" na medida em que os professores procuram outras ocupações, transformam-se em vendedores, biscateiros, prestam concurso em bancos. Num desses concursos havia 300 mil inscritos para cinquenta vagas!

As delegacias regionais "distribuem" as aulas no âmbito da Secretaria da Educação. Mais de trezentos professores em cada regional não conseguiram aulas, outros só quatro ou cinco minguadas aulas semanais.

Houve uma reunião do Conselho de Representantes da Associação dos Professores do Estado de São Paulo (Apeoesp), na qual se discutiu se ela participa ou não da eleição dos delegados de Ensino. O desemprego da categoria foi ignorado.

Na entrevista com o atual secretário da Educação houve o comparecimento de três diretores da Apeoesp e três professores desempregados. O deputado Frateschi, presidente da Apeoesp, deu dimensão excessiva a

---

* *Notícias Populares*, 16/3/1983.

um problema menor para o professorado: reivindicou que a distribuição de aulas chamadas "excedentes" seja feita pelas delegacias de Ensino. Esqueceu o principal: não falou da jornada de trabalho diária do professor, muito alta por salário miserável.

O magistério secundário oficial emprega 50 mil professores "temporários" e subempregados, que ganham pouco mais de Cr$ 10.000,00 semanais. Para ganhar Cr$ 120.000,00 mensais têm de ficar na escola das 7 às 23 horas. Segundo o professor Lopes (Bigode), deve-se lutar pelo cumprimento imediato da lei que concede aposentadoria após 25 anos de serviço; ampliar a rede física, pois há 750 mil crianças sem escola. Diminuir a carga docente dos mestres sem rebaixar salários, reajuste semestral. Para discutir isso, o professorado reuniu-se dia 13 em assembleia.

Resposta ao presidente da Apeoesp*

É muito claro o seguinte: o tema do desemprego dos professores não consta das atas das reuniões de 19/2 da Apeoesp, onde se discutiu se ela participaria ou não da eleição de delegados de Ensino. O conselho decidiu que ela não promova as eleições incentivando a discussão sobre o assunto (*Apeoesp Urgente* n.27). Nas atas da reunião do CR [Conselho de Representantes da Apeoesp] de 13/3 não consta nenhuma discussão sobre o tema desemprego.

Meu artigo fora escrito a 16/3, porque é o dia em que a coluna é publicada, portanto, até um excepcional sabe que o artigo se referia ao secretário Jessen Vidal. O presidente da Apeoesp confunde defesa efetiva dos professores com encaminhamento de cartas que comissões abertas escrevem para o secretário da Educação. As medidas concretas a favor dos desempregados foram tiradas de reunião dos desempregados no dia 17/2 da qual o presidente da Apeoesp não participou. O deputado Frateschi assistiu-a, porém, ignorando a situação dos desempregados, em nada pode contribuir. As medidas concretas a favor dos desempregados foram fruto de uma síntese de propostas da Comissão dos Desempregados, protocolada a 19/2. As reuniões a que o presidente da Apeoesp diz ter assistido foram convocadas pelos próprios desempregados e divulgadas

---

* *Notícias Populares*, 20/4/1983.

pela imprensa. Inclusive a reunião que teria sido marcada para 1/3 pela diretoria da Apeoesp, na qual os professores mostraram sua insatisfação com a entrevista com o secretário da época, foi marcada por proposta da Comissão de Desempregados.

Quanto à luta pela atribuição de aulas pelas delegacias, o professor Lopes (Bigode) na ocasião alertou o secretário J. Vidal que isso é uma medida burocrática, não geradora de empregos. Daí professor Lopes (Bigode) confessar-me não entender como a diretoria da Apeoesp pretender direitos autorais sobre reivindicações e conquistas dos professores.

A luta pela redução da jornada de trabalho não foi dádiva da diretoria da entidade e sim resolução aprovada em congresso. A entidade, numa carta que tratava de muitas reivindicações, colocou como um ponto, diluindo-o no conjunto. O professor Bigode procura juntar a Apeoesp como entidade à categoria, não a confundindo com sua diretoria. Após a denúncia do professor Bigode do desemprego (17/2), duas semanas depois o jornal da Apeoesp não trata do assunto. Na assembleia e reunião do conselho de 13/3, não constava o tema de 35 alunos por classe, fim do noturno e desemprego. Bigode propôs sua inclusão. Constava uma reivindicação importante da diretoria da Apeoesp: liberação do ponto para os diretores de entidade de servidores. Nenhuma assembleia fora convocada para discutir: fim do desemprego e mudança da jornada. Não fosse o professor Bigode pesquisar e escrever publicamente, isso ficaria para o próximo congresso.

ABC: os lucros das montadoras*

O jornal *Convergência Socialista* de 8/8/1985 estampa matéria a respeito, mostrando que no ano de 1984 a produção industrial brasileira cresceu 6%. Desse total as metalúrgicas contribuíram com 12%, registrando-se 37% de aumento na produção de caminhões (Volks, Caminhões, Ford, Scania, Mercedes e GM), 7,9% na produção de ônibus e 95,3% na produção de tratores (Ford, Kubotta). De 1982 a 1984, a lucratividade das empresas aumentou 42%, enquanto no mesmo período a folha de pagamento da indústria caiu 40%. É esse quadro que explica o gigantesco lucro da Volks em 1984: Cr$ 42 bilhões. As empresas estão produzindo *mais*, pagamento

---

* *Notícias Populares*, 23/3/1985.

menos e lucrando *muito* (dados divulgados no Seminário da CUT – Estadual de São Paulo).

Isso mostra o cinismo daqueles empresários que dizem não poder conceder nenhuma reivindicação dos trabalhadores, o problema é outro, na realidade são as multinacionais preocupadas em remeter *maiores lucros às suas matrizes*.

O Comando de Mobilização de São Bernardo em reunião marcou assembleias em 22 e 23 de março no sindicato (já realizadas) e no dia 31 na Vila Euclides.

O Comando decidiu – segundo o citado jornal – reunir-se semanalmente, organizando a divulgação da campanha, discutindo a posição da Fiesp e o andamento das negociações. A eleição das Comissões de Fábrica na Mercedes e na Brastemp mostra que não falta ânimo ao metalúrgico do ABC.

A luta por um índice único de reposição salarial, além de 100% do INPC e um piso único para os metalúrgicos, é uma das reivindicações mais sentidas pela categoria. Cabe aos sindicatos cutistas – segundo o jornal citado – defini-los, para fazer frente à brutal perda salarial dos últimos dois anos, que atinge os 40%.

Fala afogados de ingazeira

Depoimento de Raimundo (Serra Talhada) ao jornal *Grita Povo* n.23:

> Reconheço que vocês sofrem as mesmas dores esmigalhadas. Essas dores vêm da força do sistema, que é dada ao patrão por meio do satanás. Da mesma forma que o diabo tentou Jesus, tentou os patrões, e eles aceitaram-na: devido ao sistema de ganância, maiores lucros, mais riqueza, querem a gente mais pobre. Peço a vocês das comunidades de S. Miguel (CEBs) que levantem a cabeça, abram os olhos, tenham fé e coragem!
> Não vamos temer o diabo. Vamos enfrentar a luta!

Falou e está dito.

O jogo sujo das montadoras*

As montadoras demitiram mais de 5 mil trabalhadores, entre eles diretores de sindicato e membros de comissões de fábrica. Em São José dos Campos a GM move processo contra 34 operários. Crime: terem feito greve e reivindicado a trimestralidade.

As montadoras detêm grande poder por meios diretos e indiretos, pois através das empresas de autopeças que a elas são subordinadas pressionam a mão de obra.

O acordo das autopeças

O Sindicato Patronal da Indústria de Autopeças fez uma proposta ao Grupo dos Metalúrgicos da CUT. Os sindicatos realizaram assembleias em suas respectivas categorias aceitando o acordo. Com a aprovação dos trabalhadores, o grupo da CUT assinou o acordo.

O Grupo dos Metalúrgicos da CUT conseguiu garantir no acordo todas as cláusulas sociais importantes, condições mais vantajosas arrancadas durante a greve e que foram assinados nos acordos fábrica por fábrica, conquistando a redução da jornada sem redução do salário.

A redução será feita em três etapas: 45 horas desde 1º de agosto passado, 44 horas e meia a partir de 1º de agosto de 1986 e 44 horas a partir de 1º de março de 1987. Essa redução beneficiará, na primeira, etapa, os que estão cumprindo jornada de 48 horas semanais. Quem trabalhar em turno (horário corrido) com meia hora de refeição remunerada será beneficiado quando a redução atingir menos de 45 horas semanais, a partir de agosto de 1986. É assim que se luta pelos trabalhadores, que sirva de lição para outros sindicatos.

O golpe do fechamento do Hospital da Lapa**

O Hospital de Fraturas da Lapa atende em média cem pessoas diariamente. Com seu fechamento, quatrocentos funcionários, entre motoristas,

---

* *Notícias Populares*, 18/9/1985.
* *Notícias Populares*, 29/12/1985.

maqueiros, médicos atendentes e enfermeiros, correm o risco de ficar sem trabalho. Segundo um funcionário do hospital, corre um processo na 12ª Vara de Justiça Federal referente a investigações na relação do hospital com o Inamps. Por outro lado, conforme acordo coletivo de trabalho, os quatrocentos funcionários têm estabilidade garantida até janeiro de 1986.

Reclamam os funcionários que o acordo havido entre o sindicato dos empregados e dos empregadores na área hospitalar é mantido em caráter secreto, não foi publicado até agora.

Perguntam os funcionários ao Ministro do Trabalho: hospital é considerado atividade essencial, daí a proibição de movimentos grevistas; porém, por que não é considerado como atividade essencial no sentido do Ministério do Trabalho intervir em defesa dos empregados (a parte mais fraca) e da comunidade, que, com o fechamento, ficará sem atendimento médico? Segundo ainda os funcionários, os donos desse hospital têm outros hospitais menores. Seu fechamento seria um "desviar de atenção" das autoridades para suas relações com o Inamps. Quem de direito deve agir rapidamente em defesa da comunidade e dos assalariados que correm o risco de desemprego numa época em que o emprego na área hospitalar é quase impossível conseguir? E agora, Almir?

Funcionários da EBCT (Correios)

Recebemos a visita de funcionários dos Correios, que solicitaram tornar pública a tentativa do Ministério das Comunicações de criar uma "associação de pelegos" obedecendo às suas ordens, para isso mandou gente para o interior "trabalhar" o pessoal das agências para se contrapor ao pessoal da capital. A respeito das condições terríveis de trabalho que suportam os funcionários que atendem telegramas fonados, ficaram de enviar informações para conhecimento de todos os trabalhadores e do meio sindical.

Parte IX
Salário

Novo arrocho em cima do peão é imprevidência social*

A política antissocial, desde 1964, tomou um caráter profundamente antioperário. Apesar da repressão e do arrocho, o trabalhador arrancou "na marra" o reajuste semestral.

O sistema recompôs seus lucros na base de uma alta inflação e grande desemprego. Na inflação, quem tem mais capital ganha mais e o fantasma do desemprego serviu para atemorizar o peão, incentivando a rotatividade do pessoal com a recontratação da mão de obra a preço mais baixo.

A situação gerada pelo desemprego levou o patronato a alegar baixa nos lucros, daí a pergunta da *Luta Sindical*:

> Mas como se pode dizer que os lucros estão diminuindo, se uma empresa como a Arno, por exemplo, nos últimos três anos teve um lucro líquido de mais de 442%?

Enquanto isso, quatro federações de indústrias estão propondo que o reajuste semestral vigore só para quem ganha até três salários mínimos e o aumento de 10% acima do INPC para quem ganha até três salários

---

* *Notícias Populares*, 3/2/1982.

mínimos caia de uma vez. O índice de produtividade para aumentos, segundo eles, também deverá ser eliminado.

E o assalto contra o trabalhador continua, com uma dívida de 400 bilhões de cruzeiros devido a incompetência administrativa, alta corrupção, sendo que o próprio Estado é o maior devedor da Previdência Social, seguido de perto pelas grandes empresas. Para esse há anistia da dívida, parcelamento em anos e anos, enquanto quem ganha até três salários – segundo *Luta Sindical* – pagará 8,5%; de três a cinco salários, pagará 8,75%; de cinco a dez salários, pagará 9%; de dez a quinze salários, pagará 9,5%. É essa a "abertura" que foi preparada para o trabalhador. O aposentado também é punido, se ganhar até três salários será descontado em 3%; de três a cinco salários, terá desconto de 3,5%; de cinco a dez salários, 4%; de dez a quinze salários, terá desconto de 4,5%. Isso emagrecerá os envelopes de salários dos trabalhadores ativos e aposentados e engordará a alta burocracia do Inamps, que pontifica em suas sedes luxuosas. O fato de alegar que os patrões pagarão mais nada significa, pois eles podem repassar isso aos produtos. E como fica o trabalhador?

A solução consiste nos trabalhadores reivindicarem sua participação na direção da Previdência Social, que é mantida por eles. É isso que se deve exigir na luta através das associações, sindicatos. Esse é um ponto básico da Conferência Nacional das Classes Trabalhadoras (Conclat), porém se o trabalhador não se mexer ficará como letra morta, como mais uma declaração de princípios que ficou no papel.

Trabalhadores reclamam seu salário com aumento do INPC[*]

Para fazer frente à inflação galopante, o aumento conforme o Índice Nacional de Preços ao Consumidor (INPC) se constitui num dos mecanismos de defesa dos assalariados. O cálculo do aumento salarial conforme os índices do INPC se deveu à pressão da mão de obra assalariada e também a uma jogada governamental, típica de época de "abertura".

Já dizia alguém que o príncipe, para não perder o poder, deve fantasiar-se de leão ou de raposa, conforme as circunstâncias. Assim,

---

[*] *Notícias Populares*, 20/6/1982.

o poder no período Médici aparecia como leão e, atualmente, em ritmo de "abertura" parece como "raposa", confundindo as cartas do jogo político. Há "oposições" que não se opõem, constituem simplesmente o braço esquerdo do que existe, como há conservadores fantasiados de "radicais", pois estamos em época eleitoras e vale tudo nesse período.

No interior das empresas, porém, o quadro não é tão róseo como quer parecer o lema das contas da Sabesp ou Eletropaulo: Estamos construindo o novo Brasil! Especialmente porque quem constrói Itaipu e desaparece nas águas do rio não é tido como morto e sim como desaparecido, e a família não tem direito a nada. O número de casos desse tipo é alarmante. Daqui a pouco surgirá uma "comissão pró-desaparecidos de Itaipu".

Porém, não é necessário ir tão longe para ver que a "barra pesa para o trabalhador". Assim, existe a Massari S.A. Indústria de Viaturas, localizada na Estrada Rio Abaixo s/n., em Itaquaquecetuba, a menos de cem quilômetros de São Paulo. Lá ocorrem coisas do "arco da velha".

Os trabalhadores não receberam o aumento de abril nos termos do INPC. No último dia 9, receberam eles o holerite referente a abril sem esse aumento. Desde janeiro recebem seus salários em suaves prestações mensais, na forma de vales que variam de Cr$ 2 mil a Cr$ 10 mil. Recebem seu "holerite" com o cálculo das horas sem aumento: em vez de receber $ 408,22/hora, recebem $ 280,87/hora.

São ao todo duzentos operários, na maioria casados e com filhos. Desde 1978, a empresa não deposita o FGTS dos empregados, conforme informação da agência do Banco do Brasil na Vila Maria. No dia 11 desse mês, sessenta operários foram ao sindicato da categoria em Mogi das Cruzes relatar esses fatos. O sindicato, com xerox do "holerite" caso a empresa não dê o aumento, entrará com processo.

"Abertura" para o trabalhador significa isso: salário em prestações, sem o aumento legal, sem o depósito do FGTS, porém com o desconto deste em folha pela firma. Por outros motivos, os operários da Monark/Caloi criaram seu grupo de fábrica e estão lutando por seus direitos legais, pois os vereadores, deputados e senadores estão em campanha eleitoral por sua reeleição e não têm tempo de se ocupar dessas coisas.

Maurício Tragtenberg

Os frentistas de postos de gasolina, esses esquecidos*

Segundo notícias de agosto deste ano, os revendedores de postos de gasolina e álcool hidratado ganhavam Cr$ 11,10 a mais por litro, totalizando um aumento de 27,53% sobre a margem de revenda vigente desde maio, que era de R4$ 8,70. A margem de lucro do óleo diesel, que era de Cr$ 7,56 por litro, aumentou para Cr$ 9,80 (29,60%). A margem de revenda do querosene iluminante passou de Cr$ 4,40 para Cr$ 5,60 por litro (27,27% de aumento).

Enquanto isso, qual é a situação do trabalhador frentista de posto? Ele trabalha doze horas diárias e só recebe por oito horas. A maioria dos postos paga um salário de Cr$ 26 mil, quando o mínimo é de Cr$ 32 mil. A fiscalização sanitária dos postos de gasolina em São Paulo deixa muito a desejar também, na sua grande maioria têm banheiros danificados, torneiras de água quebradas.

Para o frentista, o mais importante é que os donos de postos de gasolina paguem a diferença entre o que pagam a ele (Cr$ 26 mil) quando devem pagar (Cr$ 32 mil). Os frentistas lutam também pela abertura dos postos aos sábados, o dia todo, ficando o domingo como um dia de descanso. Afinal, ninguém é máquina, todo mundo é gente. A abertura dos postos aos sábados levaria a terminar a corrida a estes que se dá nas sextas-feiras e propiciaria melhor atendimento ao público.

Luta Sindical

O jornal da Oposição Sindical Metalúrgica deste mês destaca a campanha salarial da categoria metalúrgica. Chama atenção, em primeiro lugar, para a questão do reajuste e aumento real dos salários. Lutando para manter o poder de compra dos salários (o que se podia comprar com o salário em1981) acrescentando o aumento real elevando o nível de vida atual do metalúrgico (aumento de produtividade).

A segunda questão é a estabilidade no emprego, lutando para que nenhum metalúrgico da base seja despedido até novembro de1983. Terceira questão é o piso salarial, que ninguém receba menos que o piso da categoria e que o substituto ganhe o mesmo daquele que saiu. Reajuste

* *Notícias Populares*, 5/2/1982.

trimestral: que o salário seja reajustado cada três meses, conforme aumento do custo de vida.

Lutas pelo salário profissional, para acabar com a patifaria de registrar todo mundo como ajudante geral, ou torneiro A, torneiro B, dividindo a categoria e rebaixando o salário. Direito de organização do trabalhador nas fábricas com Cipa e comissão de fábrica, com estabilidade garantida. Para isso é preciso conquistar a liberdade de organização, organizando e lutando, participando das reuniões de fábrica, assembleias de setor, comissão salarial. A comissão de negociação tem que ter estabilidade desde já. Telefunken, Monark e Gradiente são exemplos de que a voz do peão é ouvida melhor quando as máquinas param. É isso aí.

Campanha salarial dos metalúrgicos*

O setor ligado à área patronal, recursos humanos, está mostrando mais interesse em negociar com comissões de fábricas isoladamente do que com delegado sindical, pois acha que as comissões de fábrica poderiam mais facilmente ser manipuladas pela administração.

No atual processo de negociação, as reivindicações dos sindicatos da categoria, de São Paulo, Osasco e Guarulhos, atingem vários itens. Como as do sindicato de Osasco estão mais claramente elaboradas, trataremos delas abaixo.

Reajuste Salarial – Aplicação do INPC relativo a novembro obedecendo aos critérios: a) INPC mais 10% para quem ganha até três salários mínimos (Lei 6.708/79) e b) 100% do INPC para os demais.

Aumento Real de Salário – De 15%, aplicado para todas as faixas, sobre os salários já corrigidos com o INPC.

Reajuste Trimestral – Reajuste mensal de acordo com índice do custo de vida do Dieese.

Piso Salarial – De Cr$ 58.703,00/mês ou Cr$ 244,60/hora, reajustado mensalmente na formada cláusula anterior.

Salário Profissional – As empresas deverão manter uma única faixa salarial para aplicação desse dispositivo.

---

* *Notícias Populares*, 11/10/1982.

Horas Extras – Fica proibido o trabalho extraordinário. Se exigido, será remunerado em 100%. As horas prestadas em dias destinados ao DSR [descanso semanal remunerado], inclusive férias e feriados, seriam pagas com 200%.

Aviso Prévio – De noventa dias com baixa imediata na Carteira Profissional e liberação do cumprimento, desde que solicitado pelo empregado.

Trabalho em Turnos Revezados – A organização da escala de revezamento de turnos e aos domingos deverá ser feita com participação do sindicato, ficando garantido a esses trabalhadores adicional de 30% sobre o salário, além dos previstos em lei. Além de assegurar o intervalo mínimo de 30 minutos para refeição ou repouso. Exame médico trimestral.

Transporte e Alimentação – Garantidos gratuitamente a todos os funcionários. Quando cobrados os reajustes, estes não podem ser superiores a 50% do reajuste salarial da categoria. Autorização de 30 minutos para empregados que realizam serviços com sujidade.

Atraso de Pagamento – Multa de 10% do salário mensal por dia, por empregado, caso o pagamento não ocorra até o dia 10 de cada mês.

Garantias Salariais na Rescisão de Contrato – Enquanto não se efetuarem os pagamentos, os direitos deverão ser acrescidos da multa de 10% da remuneração mensal.

Chumbo grosso em cima do trabalhador*

Em cada mil cruzeiros que o país exporta, 900 cruzeiros são para pagar as prestações e juros da dívida externa. Essa crise econômica atinge diretamente os trabalhadores. Enquanto nos EUA e Europa há mais de 30 milhões de desempregados, no Brasil eles atingem 15 milhões. Em troca de um empréstimo de 6 bilhões de dólares ao Brasil, o FMI está supervisionando a economia brasileira. Essa organização de banqueiros internacionais – a quem Vargas chamava a "alta finança internacional" – está orientando a economia brasileira através de suas sugestões: a) reduzir os investimentos públicos, com isso piorando os serviços prestados à população, como assistência médica, Inamps, moradia, transportes; b) corte de subsídios a alimentos e transporte, sem incentivos fiscais o pre-

* *Notícias Populares*, 2/2/1983.

ço dos alimentos subirá e o trabalhador irá comer muito menos do que já come atualmente; c) reestruturação das fábricas, "racionalizando-as". Isso é aumento do trabalho e maior desemprego. Várias multinacionais estão se transferindo para a Zona Franca de Manaus, onde pagam menos imposto e menos salário; d) alterações na política salarial, acabando com o recebimento dos 10% a que faz jus quem ganha salário mínimo (especialmente os que estão na faixa de um a três salários mínimos), que são 80% dos trabalhadores, trambicando o INPC, como no famoso roubo da reposição salarial de 1973-74, quando só as empreiteiras tiveram a reposição por parte do governo de seus custos – os trabalhadores ficaram "a ver navios". Retirar o aumento de produtividade na época do reajuste é outra medida em ação.

Reivindicações dos metalúrgicos do ABC[*]

Tribuna Metalúrgica número 67, de março de 1983, publica que "este ano, além da pauta de reivindicações encaminhadas à Fiesp, a categoria aprovou outra, destinada aos três níveis de governo.

Do governo federal

Reivindicam os metalúrgicos do ABC o fim do imediato do Decreto-Lei 2.012 (que reduziu ainda mais os reajustes salariais), a recuperação das perdas diante do alto custo de vida, congelamento de preços de artigos de primeira necessidade, assistência previdenciária aos desempregados, o seguro-desemprego, estabilidade no emprego, isenção de impostos para todos os desempregados, liberdade e autonomia sindical, fim da Lei Antigreve, fim da Lei de Segurança Nacional, eleições livres e diretas para todos os cargos, reforma agrária, controle dos fundos sociais pelos trabalhadores e isenção de pagamento das prestações do BNH para os desempregados.

---

[*] *Notícias Populares*, 17/4/1983.

Do governo estadual

Criação de um serviço de abastecimento de gêneros alimentícios diretamente do produtor ao consumidor, fornecimento gratuito de material escolar para trabalhadores e seus dependentes, passes gratuitos de transporte aos desempregados e com 50% de desconto para todos os trabalhadores, fornecimento gratuito de energia elétrica a todos os desempregados, reforma agrária nas terras do Estado e isenção de impostos e taxas aos desempregados.

Do governo municipal

Reivindicam os metalúrgicos do ABC: isenção de impostos e taxas para todos os desempregados, fornecimento a eles de passes de transporte gratuito com 50% de desconto para todos os trabalhadores, construção de creches em todos os bairros, casa própria para favelados, vendas de lotes aos trabalhadores a longo prazo e a preços acessíveis e investimentos em obras de alcance social, como hospitais, creches, escolas, visando à criação de novos empregos.

Luta permanente

Segundo *Tribuna Metalúrgica*, essas reivindicações já estão sendo discutidas pelas categorias de trabalhadores; além da metalúrgica, englobam os movimentos populares, pois *Tribuna Metalúrgica* salienta que, para conquistar essas reivindicações, precisa-se desenvolver uma luta ampla, contínua que mobilize os setores mais sacrificados com a atual política econômica. Finaliza o jornal, cada metalúrgico tem de assumir um compromisso: transformar a pauta de reivindicações numa realidade, daí a obrigação de levar essa luta adiante junto com a campanha salarial, até o atendimento de todas reivindicações.

Jornal da Comissão*

Asama – Os trabalhadores, através de sua comissão de fábrica, receberam o *Jornal da Comissão* n.7, de março deste ano. A eleição para gerente da fábrica se deu na *Asama*, porém o mais votado não foi escolhido pelo dono. Na reunião com a comissão a diretoria da Asama justificou-se pela escolha do Laércio como novo gerente dizendo que o critério para chefia é "instinto de liderança e conhecimento técnico". Porém, ele teve 12 votos em 144. Daí a pergunta: como uma liderança pode obter *12 votos em 144*?

O *Jornal da Comissão* assinala, quanto à reivindicação da pintura e solda referente à insalubridade, somente na quinta conversação com a gerência chegou-se a um acordo, que é o seguinte: 10% do salário mínimo até o perito vir determinar o índice real de insalubridade.

Quanto às *faixas salariais*, informa o *Jornal da Comissão* que a Comissão de Fábrica solicitou que a diretoria acerte as faixas salariais. Para se ter uma ideia, informa o jornal citado, um companheiro dos tornos pediu demissão. Motivo: ganhava quase Cr$ 500 mil a *menos* que seu parceiro de máquina e fazia o *mesmo* serviço.

Ambiente de trabalho

Contrariando todas as teorias ensinada nas escolas de administração de empresas sobre "relações humanas no trabalho" ou "desenvolvimento organizacional", algumas pessoas que se dizem técnicas no assunto estão mudando o ambiente do trabalho. Resultado: a turma da *produção* está sendo bastante prejudicada e perseguida por essa operação – operação escravo – e muitos já *pediram demissão*.

Informa o citado jornal, como o campo de empregos melhorou bastante este ano uma grande maioria de funcionários da *Asama* está querendo ir embora, devido ao ambiente, que está péssimo – *só está faltando o chicote e o carrasco atrás de cada funcionário*.

---

* *Notícias Populares*, 31/3/1985.

Novo sistema de pressão

A partir de 7 de fevereiro passado deste ano foi implantado um novo *sistema de pressão na Asama*, em cima dos funcionários que trabalham na *produção*. Os torneiros, furadores radiais, fresadores, mandrilhadores e outros profissionais *têm de contar e marcar quantas peças foram feitas, assinalando numa ficha que fica em cada máquina*. No final da jornada os encarregados pegam nas máquinas e pegam as fichas encaminhando-as à gerência. *Os encarregados e chefes, em vez de exercerem função técnica, passaram a exercer a função de apontador de produção!*

A luta pela trimestralidade[*]

Segundo o boletim informativo da Associação dos Empregados da Cesp *NOS Notícias Semanais*, de 20/3/1985, a luta é dura, pois os eletricitários são representados por cinco sindicatos, quatro dos quais majoritários, além dos engenheiros.

Lamenta que os Sindicatos de Eletricitários de Santos, Ipauçu e os dos Engenheiros não participem dessa articulação, ainda mais que esses são os únicos – segundo o jornal – que vêm desenvolvendo a mobilização da categoria, o que está acontecendo pela realização de assembleias de base em Santos e Ipauçu e dos Engenheiros.

Os sete sindicatos integrantes do Pacto Intersindical nos Serviços Essenciais (Pise) assumiram a convocação de assembleias gerais simultâneas de toda a categoria, com o objetivo de aprovar um plano de lutas para a conquista da trimestralidade e revogação do Decreto-Lei 1.632, que limita a atividade sindical nas citadas categorias.

Deliberação essa subscrita a 14 de março passado pelo Sindicato de Gasistas de São Paulo, Sindicato de Eletricitários de São Paulo, Sindicato dos Metroviários de São Paulo, Sindicato dos Eletricitários de Campinas, Sindicato dos Telefônicos de São Paulo, dos Aeroviários de São Paulo e Sindicato dos Trabalhadores da Sabesp/Cetesb de São Paulo.

Lamenta o jornal que o Pise, embora atribua a si mesmo boas intenções, exclua os sindicatos de Santos, Ipauçu e dos Engenheiros. Isso levou a

---

[*] *Notícias Populares*, 3/4/1985.

Associação dos Funcionários da Cesp a reunir os excluídos e lançar manifesto a favor da luta pela trimestralidade, assinado pelo Sindicato dos Eletricitários de Ipauçu, Urbanitários de Santos, Petroleiros de Campinas e Paulínia, Sindicato Nacional dos Aeronautas, Sindicato dos Bancários de São Paulo, dos Operários nos Serviços Portuários de Santos, dos Motoristas em Guindastes do Porto de Santos, dos Administradores dos Serviços Portuários de Santos, dos Condutores de Veículos Rodoviários de Santos, dos Petroleiros de Cubatão, dos Petroquímicos de Santos e dos Metalúrgicos de Santos.

Foi realizada uma primeira assembleia de eletricitários na luta pelo trimestral, trezentos funcionários da Cesp e Eletropaulo reuniram-se para tal em 18/3/1985, embora o sindicato sabotasse essa reunião, não só não convocando a citada assembleia como convocando outra para o dia 27, o que confundiu a categoria, como reconheceu o presidente do sindicato, no decorrer da assembleia. Foi criada uma comissão de negociação composta por Roberto Fachini e Antônio T. Padro, da Cesp, e Plínio do Val Ramos e Hilário Lopes, pela Eletropaulo, que acompanhará o sindicato nas negociações.

Quem sabe faz a hora nas assembleias*

A primeira assembleia da campanha salarial desse ano dos têxteis e metalúrgicos se dará no dia 30/8 – sexta-feira próxima – na sede dos respectivos sindicatos. É quando você, trabalhador, poderá cobrar dos dirigentes sindicais os seus direitos.

Trabalhadores têxteis

Contribuição Assistencial – Peão, querem incluir neste próximo acordo coletivo quatro descontos de 2,5% cada um em vez de dois descontos de 2,5% cada um, como vigora hoje. Estão assaltando sua carteira, cuidado, peão. O Sindicato Têxtil já tem dinheiro, não precisa esfolar o trabalhador têxtil para acumular mais dinheiro ainda, para fins que o trabalhador desconhece.

---

* *Notícias Populares*, 28/8/1985.

A interminável colônia de férias – Na Praia Grande o Sindicato dos Têxteis está construindo uma colônia de férias que não tem prazo para terminar. Calcula-se que antes do ano 2010 não estará terminada. Haja Imposto Sindical, Contribuição Assistencial para financiar essa obra faraônica. Do jeito que vai a obra, trabalhador, seus bisnetos assistirão a inauguração. Enquanto isso, você está pagando. Você não acha que é hora de cobrar isso? Quanto se investiu até hoje nessa obra? Foi feita concorrência pública para a construção da colônia de férias?

Trabalhadores metalúrgicos e têxteis

Quem sabe faz a hora – é hora de cobrar os acordos feitos por dirigentes sindicais. A campanha de sindicalização é outra cobrança a ser feita na assembleia.

O Metalúrgico*

Recebemos *O Metalúrgico*, órgão informativo do Sindicato dos Trabalhadores de Santo André, Mauá, Ribeirão Pires e Rio Grande da Serra, de números 170 a 173.

Na região, as empresas Mollins, BED, Friulin, Fittinox, Zanoli, Nordon e Sanches Blanes já pagaram o 14º salário. As empresas Braibant, BED, Mollins, Alcan, Cen Jean Lieutaud Fittinox, Otis, Ferkoda, Fichet, Pollone, Nordon, Sanches Blanes e Tecmafrig já cederam o trimestral de janeiro.

Coluna do Mão de Graxa

O incompetente Zezão da Cinza – O José Ribeiro, mais conhecido como Zezão da Cinza, da seção de resíduos metálicos da Isam é um verdadeiro incompetente. Em função disso vive perseguindo e pressionando os trabalhadores do setor. O moço controla o papel higiênico, que fica "trancado a sete chaves", controla o sabão e toda vez que alguém vai questionar, ameaça demitir o trabalhador. O Zezão da Cinza é protegido do supervisor, vulgo Manga Rosa, que faz tudo para garantir o Zezão na função. Tanto o Zezão

---

* *Notícias Populares*, 19/1/1986.

como o Manga Rosa forçam o pessoal a fazer serviço de outros colegas. Com isso, tem muita gente fazendo dupla função. Trabalhar nessa seção é uma desgraça devido ao alto índice de poluição. Muitos trabalhadores têm chegado em casa cuspindo sangue. Mas com tantas coisas erradas a Isam se nega a pagar insalubridade. O sindicato vai processar a empresa por mais essa barbaridade e o pessoal manda um recado: "Se as coisas não melhorarem vamos fazer greve" (*O Metalúrgico* n.170).

Salário mínimo ilegal e indecente

Segundo cálculos do Dieese, já em setembro o mínimo deveria ser Cr$ 1.805,526. Atualmente isso já está superado pela inflação. Porém, os ministros de Estado que ganham Cr$ 30 milhões por mês acham que o mínimo de Cr$ 600 mil dá para o trabalhador viver e sustentar dependentes. O governo está pagando a dívida externa com a fome do povo, sim. Pergunta *O Metalúrgico*: que adianta o Brasil ser a oitava economia do mundo se o povo passa fome, senhores representantes do povo no Congresso, arautos da "Nova (Velhíssima) República"?

Os "representantes" do povo nada responderão. O peão precisa saber que estão na ociosidade e vagabundagem desde dezembro e só retornarão em março para ganhar jetons e outras "mamatas". Isso ocorre em todos Parlamentos: o povo elege gente que diz que quer emancipar o povo, após a eleição emancipam-se do povo e esse fica a ver navios.

Jornal da Associação dos Empregados da Cesp*

Luta pela Trimestralidade – Os cespianos tiveram reajuste em fevereiro/1985 de 100% do INPC, mas não conseguiram antecipação ou o reajuste trimestral. Caso a inflação persista na taxa anual de mais de 10% ao mês, as perdas atingirão níveis insuportáveis. Pondera o jornal da Associação dos Empregados da Cesp – sendo otimista, considerando 10% de inflação ao mês e INPC igual à inflação, os assalariados da Cesp perderão 2,2% do salário, caso persista o reajuste semestral.

Com a trimestralidade, perderão 9,3% do salário.

---

* *Notícias Populares*, s./d.

Assim, quem ganha Cr$ 1 milhão, multiplique os valores por mil e verá que num ano perderá Cr$ 4,765 milhões, caso o reajuste seja semestral, e Cr$ 2,002 milhões, caso o reajuste seja trimestral.

Embraer conquista a trimestralidade

A primeira estatal a consegui-lo foi a Embraer. Do acordo coletivo assinado entre o Sindicato dos Metalúrgicos de São José dos Campos e a direção da Empresa, consta ainda 100% do INPC e redução da jornada de trabalho.

Enquanto os metalúrgicos do interior e da capital continuam assinando acordos em separado com as empresas, e todos eles incluem a trimestralidade, 10 mil trabalhadores de São Bernardo do Campo reunidos no último dia 24 decidiram voltar à greve suspensa devido ao falecimento do presidente Tancredo Neves.

O Primeiro de Maio

Não é dia de festa. É dia de luto, quando os trabalhadores refletem sobre seus problemas, reivindicações e de como encaminhar suas lutas.

O dia 1º de maio é dia universal do trabalho, em homenagem aos trabalhadores norte-americanos que lutavam pela jornada de oito horas de trabalho e tiveram alguns companheiros seus condenados à pena capital pela Justiça classista norte-americana.

Nesse sentido, o dia 1º de maio é um dia de balanço das lutas travadas pelos assalariados de todo mundo, acima das fronteiras nacionais, e de homenagem àqueles que pagaram com sua vida e defesa dos interesses dos trabalhadores, sejam urbanos ou rurais.

No caso brasileiro, é importante a preservação da autonomia dos trabalhadores ante a burocracia, seja estatal ou não, preservando o sentido de luta da data, para cuja comemoração não cabem convites a ministros, por melhores que eles sejam. Pois vemos como a "Nova república" colocou os trabalhadores do ABC na ilegalidade, tal qual a Velha República.

Eletricitários e o reajuste trimestral*

Para quem não sabe, os eletricitários em São Paulo, Santos, Taquaruçu e outras localidades, no dia 3 passado, estiveram um dia em greve.

Segundo o Jornal *NOS-Notícias Semanais*, da Associação de Empregados da Cesp, o movimento em direção à vitória deu seu maior passo no dia 10 passado, quando na assembleia do Sind. dos Eletricitários a categoria unida disse "não" à proposta da diretoria, daquele sindicato que aprontava para a aventura do desligamento total de energia elétrica. Prossegue o jornal da Cesp dizendo que "os dirigentes sindicais tentaram retirar o direito da categoria de marcar assembleia para analisar uma contraproposta da empresa e a partir daí decidir os destinos do movimento".

Isso quando outras categorias já encerraram suas campanhas, enquanto os eletricitários arcariam com os riscos e custas, que possivelmente promoveria os dirigentes sindicais e o Pise. Aprovou-se a proposta da Comissão de Negociação e assembleia dia (hoje) para informar a categoria o que está havendo na negociação.

Ensaio de *black-out*

No último dia 10 passado 1.500 eletricitários reunidos em grande assembleia na sede do sindicato decidiram dar prazo até hoje para atendimento de suas reivindicações e marcar uma assembleia no mesmo dia para a análise da contraproposta que a Eletropaulo e Cesp ofereçam aos funcionários.

Nessa assembleia o presidente do Sindicato dos Eletricitários conclamou a categoria à greve geral com paralisação da energia elétrica para o próximo dia 16 de maio como única forma de evitar que os eletricitários recebam "migalhas" de 5 e 10% de adiantamento, diz o informativo dos funcionários da Cesp.

Após tumulto gerado pela proposta acima, pediu a palavra Roberto Fachini, membro da Comissão de Negociação, reafirmando as teses sobre as negociações, planos de luta decididos pelos eletricitários e não pelo Pise e a necessidade de aperfeiçoar a organização da categoria. Noventa por cento do plenário aderiu a essa proposta.

---

* *Notícias Populares*, 15/5/1985.

A Comissão de Negociação deu prazo até o dia 15 para atendimento das reivindicações; realização no dia 14 de assembleias setoriais para discutir as formas de paralisação; assembleia no sindicato dia 15 para discutir contraproposta das empresas, se houver. Caso contrário, greve dia 17. Eleição do comando de greve com membro da Comissão de Negociação, pessoal do faturamento, computação, agências, diretorias do sindicato. Comparecimento da assembleia conjunta do Pise, dia 16, informa o *NOS*.

Tecnocrata da repressão na Cesp*

Recebemos o jornal da Associação dos Empregados da Cesp e agradecemos a remessa.

Segundo o jornal, em fevereiro deste ano os empregados da Cesp, na luta por reposição salarial e trimestralidade, fizeram uma greve de seis dias. Devido à posição estratégica da Cesp na economia do país, a paralisação total de suas atividades poderia gerar blecaute em cinco estados. Acentuou-se a repressão interna e atenção dos órgãos de segurança, fazia lembrar 1975. Ora seja, até o Exército ficou de prontidão, ninguém soube de nada disso, como é desinformado o cidadão brasileiro, não?

A produção de energia elétrica passou a ser controlada pelos trabalhadores em greve para evitar que faltasse energia a hospitais, elevadores, metrôs e inúmeros outros serviços dependentes da energia elétrica.

Uma paralisação total, sem dúvida, prejudicaria metade da população brasileira.

Com os trabalhadores conscientes de seus direitos e responsabilidade social de um lado, de outro os tecnocratas da empresa que cuidavam das negociações fazendo tudo para que fracassassem, o TRT declarou a greve ilegal.

Os membros do comando de greve comeram o pão que o diabo amassou e isso não é lorota, não, a Justiça Comum foi requisitada e o Código Penal acionado contra o comando de greve. A coisa não parou aí, houve membros de piquetes queimados com cigarro para assim gerar tumulto, houve busca de trabalhadores grevistas em suas casas com escolta policial, os telefones faziam ruído estranho denotando censura. Trabalhadores eram convocados para trabalhar na empresa às 2 da madrugada – ninguém é morcego, senhor

---

* *Notícias Populares*, 16/4/1986.

presidente da Cesp – e os poucos que atendiam a isso trabalhavam até as 17h30. Não podiam almoçar. Enfim, repressão extremamente sofisticada. Os trabalhadores enforcaram simbolicamente o gerente de recursos (des) humanos e levaram a greve a uma vitória.

Apesar dos tecnocratas repressivos terem saído desprestigiados até pelos políticos do PMDB – partido do governo –, receberam prêmio de bom comportamento, pode? O gerente de recursos (des)humanos recebe carta branca para remodelar a área retirando gerentes grevistas, até os que lhe fizeram simples críticas verbais. Segundo o jornal da associação, isso pode ser só o começo.

O senhor presidente da Cesp que "abra o olho", seu compromisso de não punição aos grevistas não está sendo respeitado por um de seus subordinados. Doutor, se não almoçar esse subordinado, vossa senhoria será jantado por ele.

Pérolas da Cesp*

Na Cesp há "trem da alegria" que tem prejudicado o plano de carreira de seus trabalhadores. O "trem" funciona da seguinte forma: o cidadão ingressa na Cesp em Cabreúva, estado de São Paulo, sem concurso e vem parar em São Paulo como encarregado administrativo. Cinquenta e dois operadores entraram em juízo contra a Cesp para não pagar água e luz nas casas que habitam. O que fez o departamento de Recursos (des) Humanos da Cesp? Promoções por mérito só teriam aqueles que desistissem da ação judicial.

"Coluna do Mão de Graxa". Faz parte do jornal *O Metalúrgico* do Sindicato dos Trab. Metalúrgicos de Santo André, Mauá, Ribeirão Pires e Rio Grande da Serra.

> *Brossol* – Exploração do trabalho da mulher – Falta de pessoal, horas extras gratuitas, discriminação, pressão da chefia e muita exploração. Não adianta reclamar, levantar peso já se tornou tarefa diária para as meninas, que além de serem obrigadas a entrar antes do horário para dar início ao serviço, sobem e descem escadas para fazer a limpeza diária nos vidros e paredes. São proibidas de provar os pratos que estão sendo servidos e ouvem desaforos quando reivindicam material de limpeza. A chefia garante que "cada um

* *Notícias Populares*, 3/9/1986.

tem que se virar com o que tem", afinal, "o salário é ótimo". Dedo-duro é que não falta, Vilmona dá conta do recado integralmente. Aliada a vencer na vida. Chegou a hora de darmos um basta à exploração do trabalho da mulher. Exigir melhores condições de trabalho é tarefa de todos.

KS Pistões – Vigias querem mudança de horário – Mais uma vez, Staroste está dando trabalho. Dessa vez, as vítimas são os vigias, que estão passando até fome, já que o horário de trabalho é péssimo e nos domingos e feriados não há refeições. Os companheiros dessa categoria profissional reivindicam turnos de 6x2 e estão cansados dos desmandos arbitrários do Staroste, afinal, à época da escravidão já passou.

TRM – Joaquim breca atuação sindical. Joaquim, chefe da afiação de ferramentaria, tentou proibir a entrada do diretor sindical – Guaru – que entrou na seção para conversar com o pessoal. Até o gerente geral foi chamado para brecar a entrada do representante sindical. No diálogo tudo foi solucionado e não é gerente ou diretor de empresa que proibirá atuação que diz respeito só à categoria.

A distribuição de renda e o pacote econômico*

O artigo do senhor Gilberto Dupas "Novembro e luz e sombras", publicado a 02/04/1986 na FSP, à página 3, tem uma passagem muito importante para a classe trabalhadora. Escreve ele:

> Quando todos se acostumarem com os benefícios de uma inflação residual em torno de 15% a 20% ao ano voltarão a lembrar-se da insignificância do salário-mínimo de Cz$ 800,00, da afronta da distribuição de renda (a pior do mundo, segundo o Banco Mundial), da dívida externa, da falta de uma política agrícola, etc.

É um retrato sem retoque da situação atual. Quem escreveu isso é secretário da Agricultura e Abastecimento do Estado de São Paulo, *tá*?

O colunista não é candidato a nada

Na primeira fase de indicação de nomes de futuros candidatos a deputados no PT, alguém, penso eu, por boa fé, indicou meu nome.

---

* *Notícias Populares*, 23/4/1986.

Devo esclarecer a posição que sempre mantive: não sou nem serei candidato a coisa alguma em nome dos trabalhadores. Deputados, senadores, vereadores, mesmo sendo ex-trabalhadores, com o tempo costumam esquecer suas origens sociais, fazendo o papel de amortecedores ou administradores das lutas sociais.

Pretendo continuar na minha profissão de professor-pesquisador, "dando força" no que puder à organização dos trabalhadores a partir de seu local de trabalho.

Se alguém acha que indicando o nome do autor desta coluna como candidato a candidato está homenageando-o, está redondamente enganado. O autor se sentirá homenageado se, em vez de indicarem seu nome para político profissional, criarem um grupo de fábrica, fortalecerem as comissões de fábrica existentes e os elementos que combatem realmente a exploração e opressão no meio sindical.

O caráter antissocial do "pacote"

Está na cara. A demissão de milhares de bancários e as demissões que começam a aparecer no setor industrial mostram a serviço de quem o "pacote" foi elaborado: foi para garantir a coesão entre os vários setores da classe dominante brasileira, readquirir credibilidade das massas, negociar com o FMI de "cima", se isso for possível, dizemos nós.

Está acontecendo aqui o mesmo que na Argentina após o "Plano Austral": as últimas tabelas da Sunab apresentam preços maiores do que as primeiras para idênticos produtos. Como na Argentina, aqui os preços sobem sem que o povo perceba, e o que realmente ficou congelado foi o salário.

O motim da Detenção e os trabalhadores[*]

Todos os trabalhadores assistiram através da televisão e leram pelos jornais o noticiário relativo ao chamado levante da Detenção, onde presos armados de facas e estiletes enfrentaram soldados treinados e armados com armas de grande poder de fogo. As cenas de desespero dos familiares

---

[*] *Notícias Populares*, 24/3/1985

dos presos eram mostradas pela TV, além das cargas da cavalaria contra eles no portão de entrada na Casa de Detenção.

A causa imediata do "levante" foi a reclamação de um presidiário que tinha cumprido seu período de pena e não havia sido liberado ainda. É sabido publicamente que a Vara de Execuções Criminais não se caracteriza pela pressa ou rapidez, isso leva a pessoas que já cumpriram pena esperarem até um a dois anos para ser libertadas.

Outra causa do levante é a superlotação de um presídio que abriga três vezes mais pessoas que pode.

O que os trabalhadores percebem é que as casas de detenção, os presídios, são depósito de pobres. Desempregados do meio urbano ou rural, camponeses, operários, ex-operários formam o contingente rotulado de bandidos.

É que aquele que rotula o outro bandido não se pergunta o que torna um homem bandido.

Por outro lado, a grande maioria dos presos lá está por ter atentado contra a propriedade, é sabido que o Código Penal pune com mais rigor um crime contra a propriedade do que um crime contra a pessoa.

O problema central [é] que a finalidade da punição não é recuperar ninguém. Presídios superlotados não recuperam quem quer que seja; ao contrário. A finalidade da prisão é rotular o cidadão como "preso", "bandido", "egresso da penitenciária" ante a sociedade mais ampla.

Essa rotulação cria mais dificuldades ao cidadão após cumprir sua pena, o grande problema é conseguir trabalho; daí voltar a reincidir nos mesmos crimes é quase norma geral.

Achamos que a violência nos presídios acabará com os próprios presídios, eles estão condenados, não recuperam ninguém, apenas servem de rotulação de pobres e justificação de salários de uma burocracia punitiva.

Desenvolvamos uma política econômica que amplie as condições de emprego do trabalhador urbano, que mantenha o trabalhador rural no campo com salários decentes, e teremos menos violências urbanas e menos necessidade de construir novos presídios;

O urgente é liberar os que já tenham pena cumprida, esvaziando assim os presídios, criando condições para sua extinção.

A farsa do seguro-desemprego*

O seguro-desemprego embutido no pacote vem sendo apontado como grande "conquista" dos trabalhadores, grande "dádiva" do governo de transição, como ele se autodenomina.

Na realidade, o governo afirmou que o desemprego diminuirá. Vamos continuar a ter 15 milhões de desempregados.

O que torna o seguro-desemprego uma farsa é o fato de que, para utilizá-lo, terá o trabalhador que pagar 36 meses do INPS nos últimos quatro anos. Terá o trabalhador que ter carteira assinada nos últimos seis meses de trabalho.

O jornal *Convergência Socialista* mostra clara e inequivocamente que o próprio IBGE, em 1983, mostrou que o Brasil tem 15 milhões de empregados que não têm carteira assinada.

O que é necessário não perder de vista é que capitalismo e desemprego andam de braços dados. A América Latina tem mais de 10 milhões de desempregados; Estados Unidos, França e Inglaterra têm mais de 30 milhões deles.

A função do desempregado é manter o trabalhador na ativa com medo de perder o emprego. Desmoralizar a ação sindical de luta, as "comissões de fábricas". Essa luta será muito mais difícil enquanto o trabalhador souber que, demitido pelo patrão, ele fica na rua da amargura e existem dezenas ou centenas de candidatos a ocuparem seu lugar.

A função do desempregado é tornar baixo o salário real da classe trabalhadora, é se converter em instrumento de chantagem contra os trabalhadores conscientes de seus direitos econômicos e políticos.

Porém, há condições de garantir o pleno-emprego. Reduzir a jornada de trabalho, estabelecer escala móvel das horas de trabalho. A divisão do trabalho a ser feito por todos é que determinará a jornada de trabalho. Elaborar um plano de obras públicas, efetuar uma reforma agrária radical com participação dos trabalhadores e, finalmente, não pagar a "dívida externa" mais do que paga pelos juros extorsivos até agora pagos ao capital internacional.

São essas as propostas contidas à página 3 do jornal *Convergência Socialista* que precisam ser meditadas pelos trabalhadores, pelos intelectuais

---

* *Notícias Populares*, 11/5/1986.

e por todos aqueles para quem a defesa dos interesses dos trabalhadores não é uma escada para subir na vida sem fazer força, isto é, vender-se um pouquinho mais caro.

Brasil: um retrato sem retoque – 1*

Os 52,4 milhões de brasileiros integrantes da população economicamente ocupada, segundo o estudo encomendado pelo presidente Sarney ao sociólogo Hélio Jaguaribe, se acham fortemente concentrados nos mais baixos níveis de renda salarial. Deles, 29,3% dos trabalhadores (excluídos os sem rendimento) ganham até um salário mínimo. Esse percentual é de 42,9% para os trabalhadores rurais, dos quais 22,5% ganham de um a dois salários mínimos. Apenas 11,5% têm uma renumeração de dois a três salários mínimos. Isso significa que 64,77% da população economicamente ocupada (incluídos os sem rendimentos) se encontram em níveis que variam da miséria (até um salário mínimo) à extrema pobreza (até dois salários mínimos). Os 50% mais pobres do país recebem apenas 13,6% da renda total. Os 10% mais ricos têm acesso a 46,2% dessa renda, da qual os 5% mais ricos detêm 33%. Para uma população de dez ou mais anos de idade, de 95,7 milhões, segundo o estudo a pedido do governo federal, a população economicamente ativa é de 52,4% milhões, dos quais 35 milhões são homens. A população economicamente ocupada é de 50,2 milhões, sendo 33,6 milhões composta de homens. Dessa população, 29,8% trabalha na agricultura e 21,7% nas várias modalidades de indústrias. Os serviços não diretamente vinculados à produção absorvem 8,3 milhões de produção econômica ocupada, correspondendo a um total de 16,6%. Voltaremos ao assunto.

Brasil: um retrato sem retoque – 2**

Voltando ao assunto publicado na última quarta-feira, quando abordamos a questão da distribuição de renda entre a população economicamente

---

* *Notícias Populares*, 18/8/1986.
** *Notícias Populares*, 19/8/1986.

ativa no Brasil, conforme estudo encomendado pelo presidente Sarney ao estudioso Hélio Jaguaribe, cabe ressaltar que, na parte da educação, 27% dos brasileiros de cinco ou mais anos não são analfabetos. Destes; 53,9% são analfabetos urbanos, predominantemente 29% das mulheres. Não menos precária é a situação dos alfabetizados. Da totalidade da população com dez ou mais anos, de 95,7 milhões de habitantes (1983) menos de 18% têm quatro anos completos de instrução primária, sendo sensivelmente menor a percentagem dos que completam os oito anos de ciclo básico ou circo básico.

Quanto à mortalidade, a esperança de vida ao nascer, embora passasse de 41,5 anos em 1940 para 60,1 anos em 1980, ainda é muito baixa em termos internacionais e acusa, como seria de esperar, forte correlação com os níveis regionais e individuais de renda. Em 1980 esse índice era de 60,1 para o conjunto do país, para o Nordeste se situava em 51 anos, enquanto era de 64,4 anos para o Sudeste e 67,2 para o Sul. Esse mesmo índice era de 58,5 anos para quem recebia mais de um quarto até meio salário mínimo e de 61,9 para com [renda de] mais de um salário mínimo. (Fonte: *O Globo*, 13/10/1986.) A pergunta que fica é: esse Congresso Constituinte fajuto ou os políticos profissionais irão reverter essa situação? Duvidamos muito.

Brasil sem retoque – 3[*]

O "Relatório Hélio Jaguaribe", escrito a mando do presidente da República, na parte referente a saneamento informa que a pobreza de mais de metade das famílias brasileiras se expressa de forma correspondente em seu nível da vida. Dos pouco mais de 29 milhões de domicílios apurados pelo IBGE em 1984, apenas 66,2% estão ligados à rede de água e 25% à de esgoto. Somente 57% têm seu lixo coletado e somente 53,6% dispõem de um filtro [de água]. O quadro é incomparavelmente pior no tocante aos domicílios rurais: somente 35% desses domicílios dispõem de um filtro. Conclui o "Relatório Hélio Jaguaribe" que um terço das famílias brasileiras vive em regime de miséria, de pobreza absoluta, ganhando menos de um salário mínimo. Nesse universo familiar a renda é insuficiente para garantir o mínimo necessário a uma boa nutrição, seja frutas, ovos, peixe, carne,

---

[*] *Notícias Populares*, 20/8/1986.

legumes. O fato é que essas pessoas ganham menos do que o necessário para manter um regime alimentar razoavelmente equilibrado. Elas não têm suficiência alimentar; são pessoas que arrastam uma vida extremamente penosa e morrem cedo, são vítimas de toda sorte do doenças. São cronicamente trabalhadores rurais e não ganham o suficiente para manter o equilíbrio nutricional.

Por isso é que a luta por aumentos salariais reais é importante para o trabalhador, pois a esperança de vida, ou seja, o número de anos que ele poderá viver, depende fundamentalmente do seu nível de salário. Pois o nível de salário define a qualidade de vida de uma pessoa, de uma família, de uma classe social.

Policiais espancam o sindicalista "Bolinha" – Numa trama quase perfeita e sob a acusação de serem do Sindicato dos Metalúrgicos, pertencerem à CUT e serem "simpatizantes" do PT, a polícia "baixou o pau" no presidente do Sindicato dos Metalúrgicos de Sorocaba, o "Bolinha". O sindicato entrou com queixa contra os delegados de polícia na época da agressão. No dia 24 passado, "Bolinha" denunciou a agressão ao rádio clube de Sorocaba. (Boletim do STM de Sorocaba.)

A Nova República e sua "política social"*

O governo economizará Cr$ 645 milhões nos recursos destinados ao seguro-desemprego para este ano (que eram de Cr$ 3,7 bilhões) com a ampliação de trinta para sessenta dias do limite exigido para que o trabalhador possa pleitear o recebimento do benefício. Êta "política social", muito trabalhador deve a essa altura estar pensando que o governo da "Nova República" esqueceu que a Princesa Isabel existiu e ele ainda não alcançou sua "Lei Áurea".

Interdito proibitório – Bela manobra dos bacharéis de Direito que assessoram os empresários: por meio do "interdito proibitório", em caso de greve, o empresário entra com essa ação no tribunal cível e, se os trabalhadores – segundo ele – estiveram organizando "piquetes", poderá alegar em juízo "iminência de ocupação da empresa". O sindicato, enquanto durar essa situação, é obrigado a pagar judicialmente mil OTNs por dia!

---

* *Notícias Populares*, 10/9/1986.

É uma fórmula judicial para terminar com qualquer "fundo de greve" que o sindicato possua, praticamente destruindo-o financeiramente.

Ainda os Correios – Recebemos da Associação dos Funcionários dos Correios e Telégrafos as seguintes informações, que levamos a conhecimento público, especialmente do meio sindical. Foi fundada a "Associação dos Trabalhadores nos Correios" em congresso realizado em Maceió, estado de Alagoas, entre 8 e 10 de agosto passado. Participaram dezenove estados e 22 associações. Definiu-se um plano de luta, que ressaltou a luta contra a quebra do monopólico estatal no referente aos malotes, pois há multinacionais interessadas nesse ramo lucrativo dos Correios. É urubu em cima da carniça. Nos Correios há gente interessada em favorecer as múltis e quebrar o monopólio dos correios em matéria de "malotes"; com brasileiros desse tipo, o Brasil não precisa ter inimigos! O congresso mostrou que o salário do funcionário dos Correios baixou, daí a queda da eficiência. O congresso definiu uma luta por quarenta horas semanais para área administrativa, 36 horas para telegrafistas, luta pelo vale-transporte. Adverte os funcionários dos Correios a não aceitarem a provocação dos "pelegos" que pretendem uma greve em setembro; se isso acontecer favorecerá os partidários da quebra do monopólio estatal dos Correios em várias áreas, além de provocar demissões que não interessam aos funcionários. Nas duas greves anteriores, houve 4 mil demissões só em São Paulo!

Parte X
Índios

Índios – 1*

Há uma frente contra os índios chefiada por ilustres deputados, representantes do povo sofrido deste país. Antonio Morimoto (PDS-SP), Roberto Cruz (PDS-MT) e o secretário do Interior e Justiça de Mato Grosso do Norte, doutor Domingos Sávio de Brandão e Lima, que criaram um grupo de pressão cuja finalidade é impedir a demarcação de reservas indígenas naquele estado.

Quem denuncia isso é a Comissão Pró-Índio de São Paulo, cujos membros estão preocupados com a questão das terras dos índios nhambiquaras. O mais combativo inimigo da demarcação é o secretário doutor Sávio Brandão de Lima, que acha a Funai expansionista e prejudicial ao desenvolvimento do estado de Mato Grosso. Esse grupo de pressão pretende derrubar as portarias assinadas pelo presidente da Funai estabelecendo as reservas nhambiquaras, que totalizam 340 mil hectares, uma insignificância se considerarmos a imensidão de Mato Grosso. Para a CPI-SP é necessário que as autoridades federais façam cumprir o estabelecido nas portarias da Funai, garantindo a reserva desse povo.

---

* *Notícias Populares*, 7/11/1982.

Parlamentar admite possuir fazenda em área indígena

O deputado Morimoto (PDS-SP) admite que ele e seu irmão são proprietários das terras na região demarcada por uma das portarias da Funai. A Comissão Pró-Índio acusara o deputado de estar trabalhando em benefício do irmão e não o apontara diretamente como proprietário, ele mesmo se encarregou de fazê-lo.

Juruna insultado por vereador racista

O vereador Walter Nascimento e Silva, do PDS, fez um discurso na Câmara Municipal de Bauru em que afirmou que o cacique Mario Juruna é vagabundo, cachaceiro e ladrão, e que deve até roubar para ser tão gordo. O cacique que esteve em Bauru para fazer campanha pelo PDT, pelo qual é candidato a deputado federal. Um grupo de pessoas da Sociedade Afro-Brasileira que assistiu à reunião saiu em protesto e divulgou um manifesto de repúdio ao vereador Walter Nascimento e Silva que foi assinado também pelos diretores municipais do PDT e PT. Até o delegado regional da Funai censurou o vereador, classificando a atitude do parlamentar de racista e nazista.

Índios e petróleo

A assessoria de imprensa do presidente da Funai nada comentou a respeito das denúncias feitas pelo Conselho Indigenista Missionário (Cimi), segundo as quais prospecções para encontrar petróleo estão sendo feitas em 36 aldeias e reservas indígenas do país. Os guaranis e caigangues no Sul estariam sendo prejudicados pela British Petroleum e pelo Instituto de Pesquisas Tecnológicas (IPT) de São Paulo; a Pectem-Shell e a Elfêquitaine trabalham nas terras Munducuru e na reserva Saterê-Mauê do Andirá, além das áreas pertencentes aos cricatis e arariboias, no Maranhão; a Esso, mediante dezoito contratos de risco com a Petrobras, atua nas tribos guajajaras de Lagoa Comprida, Juruá Urucu, Cana Brava, Bacurizinho, Canela de Rodador e Porquinho.

Índios – 2*

Os guaranis do Paraná querem novas terras – Em carta ao presidente da Funai, os índios guaranis de Foz do Iguaçu (PR) solicitam "providência imediata de destinação da nova área com igual dimensão e qualidade às que hoje possuímos." As terras ocupadas pelos índios guaranis hoje serão inundadas ainda este ano com a conclusão da Hidroelétrica de Itaipu. Informam ao presidente da Funai que, desde março do ano passado, "apesar de toda a movimentação, nosso problema continua sem solução".

Dizem que até agora não houve qualquer resposta oficial e o prazo para a conclusão da represa de Itaipu está se esgotando. "Com isso nossas preocupações são maiores, pois logo teremos que deixar nossas terras e até agora ninguém, Funai ou Itaipu, nos ofereceu área idêntica à que iremos perder contra a nossa vontade." Argumentam os índios que, "se temos que sair de nossas terras, queremos continuar vivendo em comunidade que somos, em área equivalente à que ocupamos hoje, e que procede de nossos pais e avós, sem sofrermos as restrições que teremos nas áreas da Funai que já são habitadas por outros grupos indígenas".

Posseiros rezando evitam expulsão

De mãos dadas e rezando, 24 famílias de posseiros da região de Vinagre, distrito de Nova Brasilândia, no Mato Grosso, conseguiram evitar que vinte policiais cumprissem um mandato de despejo e os expulsassem do local. Os policiais chegaram em Vinagre, se ajoelharam e engatilharam as armas, apontando para os posseiros. Mas todos começaram a caminhar em sua direção desarmados e o comandante da tropa foi obrigado a ordenar a retirada. Segundo um deputado estadual do PMDB, os posseiros estão sendo expulsos de uma área, próxima ao rio Manso, que ocupam há mais de trinta anos. A ordem de despejo foi despachada em favor de um empresário de Cuiabá.

---

* *Notícias Populares*, 10/11/1982.

Desemprego

Mais de mil desempregados procuram o Ministério do Trabalho no Rio de Janeiro diariamente: são engenheiros, operários, advogados, pedreiros, universitários, faxineiros, sem distinção de sexo, idade, cor, profissão. Eles recorrem à Delegacia Regional do Trabalho movidos pelo desespero, característica básica da maioria.

Índios – 3*

Continuam critérios sanguíneos de indianidade na Funai – O presidente da Funai, a 13/4/1982, por ocasião de sua visita ao Parque Nacional do Xingu, declarou: "Quando assumi a presidência da Funai, em outubro passado, os estudos dos critérios de indianidade já estavam concluídos, bastando sua aprovação. Não aproveitei-os porque acredito que bastam os critérios de indianidade estabelecidos pelo Estatuto do Índio". No *Dia do Índio*, a 19 de abril passado, o presidente do Cimi denunciou que continuam sendo aplicados (não apenas estudados) "os critérios sanguíneos de indianidade" e declara que a atuação da Agesp, dirigida pelo coronel Zanoni Hausen, revela "uma profunda discordância na Funai, porque ao mesmo tempo em que o coronel Leal desaprova os critérios de indianidade, o coronel Zanoni Hausen elabora novos critérios". O presidente da Funai, no *Dia do Índio*, ao sair de uma missa que assistira em companhia de doze índios, declara que a notícia seria descabida e diz: "Esses critérios não devem existir". Pergunta-se, se o coronel Hausen insistiu nos "indicadores sanguíneos" sem o presidente da Funai saber, o que está por trás? No caso dos índios xacriabás: a fábrica de cimento Cauê está interessada em suas terras. A Cauê e o ex-presidente da Funai, Nobre da Veiga, mantinham ótimas relações. Em fins de janeiro passado, os índios tapirapés vieram a Brasília para defender sua terra, até então não demarcada. Os índios se queixaram que lhes foi tirado muito sangue pelo doutor Paulo sem que nenhuma doença justificasse tal procedimento. Esses exames foram feitos por ordem do coronel Barros Lima, responsável pelo setor de saúde, antigamente subordinado à Agesp, do coronel Hausen. Hoje esse setor depende do

---
* *Notícias Populares*, 17/11/1982.

DGO, do senhor Gerson da Silva Alves. Tudo indica que o coronel Barros Lima segue as diretrizes do coronel Hausen. A análise laboratorial ficou sob responsabilidade da doutora Lise Mary A. Lima, médica da Fundação Hospitalar do Distrito Federal de Brasília. Parece que o nazismo fez escola nesta terra.

Índios – 4*

Os "home" querem ver indianidade pelo sangue – Todo mundo tem um tipo de sangue: A, AB, B e O, além do fator RH positivo ou negativo. O médico João Botelho, da Escola Paulista de Medicina, declarou que os "critérios" do coronel Zanoni são "simplórios". Os bascos têm bastante "O" e RH positivo; seriam índios por isso? No mundo inteiro rejeita-se hoje esses "critérios biológicos" como raciais e nazistas. Foram utilizados por Hitler para enviar judeus a campos de extermínio. Quem reduz a questão da "identidade étnica" a uma questão genética – e assim se esquece dos fatores culturais, sociais, políticos e históricos – só pode ser racista.

Tal preocupação racista e nazista que orienta a Funai é atestada por um memorando de 25/03/1982, intitulado "Memorando interno da Funai sobre critérios sanguíneos n. 2/5/1982 Agesp do assessor técnico chefe à antropóloga Maria Antonieta Barbosa de Oliveira. Assunto: consulta sobre identidade étnica."

> Ontem, tendo eu recebido incumbência do excelentíssimo senhor presidente no sentido de assessorá-lo sobre os Xacriabá, perguntei a vossa senhoria quanto à identidade étnica daqueles índios, e como ficaria a população se fossem aplicados indicadores biológicos, melhor dizendo, de sangue, vossa senhoria respondeu-me textualmente: "Recuso-me a responder tal pergunta." Como tal procedimento não pode ficar registrado, solicito responder por escrito, e ao pé deste, a seguinte pergunta: como ficaria a população xacriabá, em termos de identidade étnica, se fossem aplicados indicadores de sangue? Assinado, Ivan Zanoni Hausen. Em 25/3/1982. (Memorando da Agesp, Funai, Brasília.)

---

* *Notícias Populares*, 21/11/1982.

A presidência da Conferência Nacional dos Bispos do Brasil (CNBB) e a Comissão Episcopal Pastoral repudiaram a aplicação de critérios biológicos de sangue em populações indígenas para verificar identidade étnica deles e o presidente da Funai enviava ofício aos seus funcionários proibindo o prosseguimento das discussões em torno desses critérios biológicos. A nota da CNBB ressalta que

> assim como os antropólogos, consideramos tal procedimento racista, lembrando métodos nazistas e ofendendo princípios éticos e cristãos. Segundo o bispo de Januária, reduzir a identificação étnica a critérios sanguíneos seria um proceder animalesco e por isso inadmissível.
> No caso do presidente Geisel, por exemplo [continuou o bispo], se fossem adotados critérios biológicos, não teríamos como considerá-lo um brasileiro. No entanto – afirmou – mesmo de origem alemã, ele foi presidente do Brasil e é reconhecido como um brasileiro nato.

Pataxós retomam suas terras e são acusados de "grileiros" – Cinquenta índios que moravam nos últimos anos no município de Teixeira de Freitas, no extremo sul da Bahia, retornaram às suas antigas terras, na Fazenda S. Lucas, Pau-Brasil, retomadas das mãos dos fazendeiros. Agora, são 230 índios, e o cacique Saracura espera a chegada de outros. São descendentes dos que receberam Pedro Álvares Cabral, retomaram terras das quais foram expulsos há quinze anos e agora são acusados de "grileiros" pelos fazendeiros "cristãos" da região. Agentes da Polícia Federal denunciaram que os fazendeiros estão armados e os índios desarmados, ameaçando-os de voltar a ocupar os 35 mil hectares a que julgam ter "direito". Isso arrasta-se desde a década de 1950, quando os fazendeiros arrendatários das terras dos índios resolveram apresentar-se como seus pretensos proprietários. (Fonte: Centro Ecumênico de Documentação e Informação – Cedi.)

Favelas e índios[*]

Em dez anos, entre 1970-1980, a população de São Paulo aumentou mais de 44%. O número de favelados, em igual período, cresceu 446%,

---

[*] *Notícias Populares*, 24/11/1982.

segundo dados da Coordenadoria do Bem (Mal) Estar Social da Prefeitura, baseados nos últimos recenseamentos do IBGE.

Para o bispo Fernando Penteado, responsável pela Pastoral da Periferia e Áreas Carentes, isso mostra que a migração já não é o principal fator de crescimento das favelas, ou seja, o novo favelado já residia na cidade. Isso se deve ao empobrecimento da população, que devido ao baixo salário ou ao desemprego não pode pagar aluguel e procura lugar para construir seus barracos. O crescimento do número de barracos em favelas já existentes suplantou dez vezes o aumento da população no município de São Paulo.

O presidente da Sociedade Amigos da Favela de Vila Prudente (SP), com quase 1.300 barracos e mais de 7 mil moradores, Manoel Francisco Spindola, atribui o crescimento da população favelada ao empobrecimento de trabalhadores que não têm condições de pagar os aluguéis a preço de mercado.

Nas favelas, nota-se a falta quase total de saneamento básico e o crescimento desordenado, e o risco de desabamento sempre está presente. Sem as mínimas condições de higiene, os favelados são obrigados a conviver com ratos, cheiros desagradáveis e águas contaminadas. Os moradores disputam com os ratos os alimentos porventura existentes. Há pouco tempo, uma criança de 6 meses foi morta pelos ratos que a atacaram durante a noite na Favela Jardim Itápolis. Há também o preconceito contra o favelado, como vadio ou desocupado, que dificulta sua vida. Ao procurar emprego esconde sua condição de favelado.

A insegurança em permanecerem nas áreas que ocupam é outro problema dos favelados. Estão sempre sujeitos à ameaças de expulsão. Falar em lazer é a gozação. Não há divertimento algum – segundo Sebastião de Sousa morador da favela de Vila Flora –, favelado nem sabe o que isso significa. Manoel Spindola, presidente da Sociedade de Amigos da Favela de Vila Prudente, manifesta seu desejo de ver a situação do favelado mudada pela inteligência e não pela violência. Adverte da necessidade de estudar as causas do favelamento.

Dom Fernando Penteado crê na necessidade de mudar a política salarial e econômica, pois a atual só dá segurança para quem a tem. Conclui mostrando que é preciso uma educação do próprio favelado para que ele se organize, visando seu crescimento político e preparo, para não ser iludido com promessas. Já dizia alguém que, em tempo de vida cara, a coisa mais barata é a promessa.

Reserva xicrim: gado e ouro – O presidente da Funai assegurou que não permitirá que o fazendeiro Laudelino Hanemann ocupe terras da reserva dos índios xicrins no Pará, em decorrência de contrato extrajudicial assinado com esse fazendeiro e a Funai permitindo o pasto a quinhentas cabeças de gado na reserva por razões humanitárias. Falta demarcar a reserva indígena Caiapó, em cujo interior funciona o garimpo de ouro de Cumaru, que o presidente da Funai não considera inconveniente aos índios. (Fonte: Cedi.)

Índios proíbem turismo no Parque do Araguaia[*]

Os líderes dos índios carajás e tapirapés, que vivem no Parque Indígena do Araguaia, decidiram proibir o turismo em seu território. A decisão foi tomada antes do início da estação de pesca no Araguaia. A estação turística da Ilha do Bananal é explorada comercialmente pela empresa André Safári Tours, que mantém um hotel flutuante para turistas ao preço de Cr$ 72 mil por pessoa. As excursões são feitas entre as cidades de Santa Terezinha (MT) e o rio Tapirapé. O hotel flutuante é sempre acompanhado por lanchas que transportam os turistas até a praia, localizada em território indígena. Segundo os líderes indígenas, esse turismo prejudicou a pesca porque os turistas ficam matando peixe à toa e o barulho feito pelas lanchas e pelo gerador do hotel flutuante assusta as tracajás (espécie de tartaruga) na época da desova. Os detritos da cozinha e do banheiro do hotel flutuante são despejados no rio, poluindo-o e provocando o risco de doenças. O controle será feito pelos próprios índios, que impedirão o acesso das embarcações equipadas para pesca, evitando, principalmente, a ação dos mariscadores (pescadores de pirarucu). Segundo denúncia do Cimi, "a empresa turística vai muito longe no desrespeito aos índios".

Ferrovia Carajás vai atingir 4.360 índios[**]

A Funai subestima os danos que o Projeto Carajás trará aos índios. Cortando numa extensão de 900 quilômetros o território de nove grupos

---

[*] *Notícias Populares*, 15/12/1982.
[**] *Notícias Populares*, 19/12/1982.

indígenas que vivem entre os estados de Pará e Maranhão, a ferrovia do Projeto Carajás provocará um "impacto" nos 4.360 índios atingidos, como o reconhece a própria Funai, no seu documento sobre o apoio às comunidades indígenas. Concebido para ser executado entre 1982 e 1986, o Projeto de Ferro Carajás afetará diretamente os grupos indígenas urubu-caapor, guajá, guajará, xicrim, paracatejê (gavião), paracanã, apinajé, suruí e cricati. Embora reconhecendo que a vida dessas comunidades indígenas sofrerá um impacto com a construção e posterior operação na ferrovia, o estudo elaborado pela Funai não menciona sequer uma vez quais os prejuízos que os índios terão. O documento que, segundo o presidente da Funai, "foi elaborado em bases absolutamente científicas" se limita a uma abordagem histórica sobre os índios que vivem na área, o censo das comunidades e, finalmente, o detalhamento dos gastos com a implantação de projetos e infraestrutura básica nas aldeias. No início do documento da Funai há uma informação dizendo que os índios atingidos pelo Projeto Carajás "tiveram participação efetiva nos estudos preliminares, expressando seus anseios". Porém, para os guajás, por exemplo, tal participação é impossível. Contatados entre 1974-1975, quando sofreram um massacre no qual morreram nove índios, nada conhecem da língua portuguesa, além de contar com três grupos arredios ao contato com o branco. Equívocos desse tipo ocorrem com outros grupos atingidos. (Fonte: Cedi.)

Ainda sobre índios*

Quando o cacique Juruna declara que só falará xavante na tribuna da Câmara, algumas pessoas sorriem. Deviam, no mínimo ficar sérias. O índio brasileiro não foi liquidado a tiros, como ocorreu com numerosas tribos que habitavam a planície argentina, mas nem por isso no Brasil deixou de haver um genocídio. Para o índio, a sobrevivência se chama terra. Espaço na natureza. Ao reduzirem as reservas indígenas, reduz-se seu espaço de vida. Isso sem falar no assassinato premeditado, com a dispersão nas terras indígenas de "iscas" venenosas, lenços e outros objetos infectados por germes dos brancos.

---

* *Notícias Populares*, 22/12/1982.

Sobram-nos poucos índios, os que ainda se encontram bem são aqueles protegidos pela ferocidade da natureza, como os da selva amazônica. O resto está desaparecendo com rapidez tal que assusta os antropólogos e comove as pessoas que ainda preservaram alguma dimensão humana.

Agora, segundo denúncia do Cimi, chegou a vez dos últimos pataxós. Ocupando o restinho de uma vasta área que lhes foi garantida em 1610, os últimos pataxós, um punhado de índios, estão ameaçados de expulsão. O sul da Bahia é uma das regiões mais cobiçadas pelas grandes empresas capitalistas do Sul.

Normalmente as terras são compradas no mapa; depois se realiza a "limpeza" da área com a expulsão dos posseiros. A eliminação dos pataxós começou há tempos, quando suas terras começaram a ser ocupadas e demarcadas por grileiros da região, sempre protegidos e estimulados pelos governos do estado e federal. O raciocínio era simples: em um país que ia pra frente, os cerrados baianos deviam ter utilização econômica e não apenas garantir pequena caça e cultivos escassos para alimentar uns restos de índios raquíticos. Se a informação do Cimi é correta, só uma intervenção do governo federal poderá impedir que os pataxós sejam escorraçados de suas terras.

A respeito, lembramo-nos de um episódio: no início da colonização espanhola houve uma revolta indígena em Cuba; o chefe da rebelião, Hatuei, foi condenado à morte pelos europeus. O famoso padre Bartolomeu de las Casas quis confessá-lo. *"Para quê?"*, perguntou o insurreto. Las Casas respondeu-lhe: "Para ir para o céu". *"No céu há brancos?"*, perguntou o índio. Ao que Las Casas respondeu: "Sim". "Eu quero o inferno", decidiu o altivo guerreiro índio. Foi ele um bom profeta para sua gente, o cacique Hatuei.

A situação dos povos indígenas na Guatemala*

O Conselho Indigenista Missionário (Cimi), tendo ouvido de seu Secretário o que ocorre com os índios na Guatemala, vê-se obrigado a levar à opinião pública e denunciar fatos graves. Os povos indígenas da Guatemala, que representam 60% da população do país, são vítimas de massacres sistemáticos. O Conselho Índio Sul-Americano (Cisa) fala em

* *Notícias Populares*, 26/12/1982.

210 mil assassinatos políticos nos últimos quinze anos. Diariamente são destruídas aldeias inteiras. É o método da "terra arrasada" da Guerra do Vietnã, hoje executado pelo Exército assessorado por "técnicos" israelenses, ou pelo Exército Clandestino Anticomunista, uma organização dentro do Exército oficial. O material bélico em sua quase totalidade vem de Israel, subagência tática da geopolítica norte-americana. A Guatemala de hoje é a erupção mais grave de uma situação crônica e global existente nas duas Américas, em que os povos indígenas sempre foram objeto de interesses alheios, foram expulsos de suas terras, explorados e assassinados. Agora se parte para a "solução final", o genocídio dos povos indígenas em nível continental. Os mandantes deste genocídio procuram criar uma nova imagem do governo, necessária – especialmente no exterior – para recuperar créditos e empréstimos congelados. Em função disso é que deve ser analisado o processo eleitoral de 3 de março passado, o golpe militar de pretensos oficiais "jovens e honestos" em 23 de março e substituição destes pelo novo general-presidente em 9 de junho passado. Dois representantes do partido governista norte-americano declararam que o seu governo está "inclinado" a restabelecer a ajuda militar. Na realidade, nada justifica créditos financeiros ou morais ao regime na Guatemala. O ex-presidente Lucas Garcia, apontado pelo "Jovens Oficiais" como principal responsável pelos erros do passado, vive tranquilamente em sua fazenda, protegido por seu próprio exército. O atual presidente Efraín Ríos Montt liderou em 1973 o massacre contra os indígenas de Sansirisay. Após sua conversão religiosa como pregador da seita fundamentalista "El Verbo", sua luta anticomunista apresenta traços de um estranho messianismo. O novo ministro do governo, Ricardo Mendez Ruíz, era até sua nomeação comandante da zona militar de Cóban, onde dirigiu a mais violenta matança contra índios (especialmente Quiché e Pocoman) de todo país. Méndez Ruíz prometeu até o fim deste ano exterminar a guerrilha. Isso significa, no linguajar do regime, que o extermínio das aldeias indígenas continua em todas as áreas onde se suspeita a presença de guerrilheiros. A Guatemala passou pelo Estado de Sítio, no qual funcionavam "tribunais especiais" com poderes de aplicar "sentença de morte" contra "subversivos". Jamais em toda história do país se chegou a extremos tão graves. Esses assassinatos se situam no campo do genocídio, denunciou a Conferência Episcopal da Guatemala. Trata-se de criar ações contra o genocídio da Guatemala, conclama a citada Conferência Episcopal. (Fonte: Cedi.)

Índios debatem as "invasões"*

Realizou-se há tempos um Encontro Nacional dos Índios, em Brasília, com a presença de membros da nação Ianomâmi e Nhambiquara. Foi organizado pelos próprios índios, com a finalidade de mostrar, segundo Marcos Terena, que a política indígena é diferente da política indigenista e diferente da política do branco. Álvaro Tucano achou importante o "Primeiro Encontro Nacional dos Povos Indígenas do Brasil" esperando, que de agora em diante, "haja mais respeito dos brancos em relação aos índios". O tema das invasões das áreas foi o assunto principal discutido no encontro, em que foi denominada a ocupação indiscriminada das áreas indígenas.

O índio Carlos Tucano falou sobre a presença dos padres salesianos no Alto Rio Negro criticando seu trabalho. Disse ele: "desde que chegaram nessa nossa área querem mandar na gente. Na minha opinião os salesianos são hoje os 'posseiros' nas terras dos índios". Criticou o bispo de Roraima, dom Aldo Mongiano, alegando que ele criou dificuldades para que os índios ianomâmis saíssem de sua reserva para o encontro em Brasília. Os caciques da região Centro-Oeste propuseram a criação de uma organização exclusivamente indígena para traçar a política educacional dos índios e planejamento dos projetos de desenvolvimento comunitário. A antropóloga Rosária de Carvalho, representando todas as entidades de apoio à luta indígena, disse: "a história oficial do Brasil tem mascarado e negado sistematicamente a presença fundamental das nações indígenas em sua formação, objetivando anular toda e qualquer perspectiva de diversidade e pluralidade. Muito longe disso, a presença indígena marca toda a trajetória histórica do Brasil".

Os índios caingangues ameaçados de morte**

O delegado regional da Funai pedirá ajuda a Polícia Federal para garantir a segurança da comunidade indígena de Toldo Chimbangue, no município catarinense de Chapecó, onde vivemdezoito famílias caingangues, ameaçadas de morte pelos colonos. Esses índios possuíam no pas-

---

* *Notícias Populares*, 29/12/1982.
** *Notícias Populares*, 2/1/1983.

sado oitenta colônias de terras, equivalentes a 2 mil hectares. Essa área acabou sendo irregularmente titulada pelo estado, em nome do espólio da Baronesa de Limeira. Muitos membros da comunidade indígena foram ameaçados para deixar suas terras em apenas algumas semanas. A Funai acionou seu departamento jurídico, em Brasília, para tentar recuperar as terras roubadas aos índios.

Kaiapó quer reserva única

Após quarenta anos sem reunir-se, dezesseis líderes tribais, na aldeia Gorotiere, no sul do Pará, representando mais de 4 mil índios, propuseram a criação de uma reserva única para abrigar todos os índios kaiapó atualmente espalhados por uma vasta área entre Pará e Mato Grosso.

Principais inimigos dos posseiros e agricultores

A Comissão Pastoral da Terra da Região Norte (CPT) da CNBB divulgou documento sobre o problema das terras na Amazônia, dizendo que a ação do governo no campo é meramente política, desinteressado em resolver os problemas sociais que atingem os posseiros, que se vêm agravando, podendo gerar sérios conflitos por essa omissão oficial. Os principais inimigos do trabalhador rural são, de acordo com o documento: Incra, Banco do Brasil, Sudepe, Sudhevea [Superintendência da Borracha], Funai, Igreja (enquanto fora da realidade da vida do povo), Sudam, Mobral Zona Franca, Rádio Nacional, multinacionais, política, prefeituras e alguns membros do Exército.

Índios guaranis torturados

Dois índios guarani-caiová – um deles o cacique da aldeia – foram presos e torturados com choques elétricos na cadeia de Amambaí, em Mato Grosso do Sul, segundo denúncia do vigário da diocese de Dourados, Frei Hugolino. Eles foram acusados de roubar dinheiro de um administrador de uma fazenda. O Cimi divulgou a notícia dando conta que Orcírio Gomes Vasques, o cacique, e seu irmão Felipe foram torturados. Na cadeia de Amambaí ficaram quinze dias comendo restos de comida de outros presos, coagidos a confessar o roubo, do qual se diziam inocentes. O delegado de

Amambaí entre outros castigos deu choque elétrico nos dois. O pedido de prisão foi feito pelo chefe do Posto de "Proteção aos Índios" (pasmem), Jorge Amorim, já expulso de diversas comunidades indígenas por sua má atuação. (Fonte: Cedi.)

Multinacionais contra índios[*]

Em documento apresentado à conferência internacional sobre "Controle dos recursos nativos e o desafio das multinacionais", realizada em Washington pelo Antropology Ressource Center, os índios Lino Cordeiro, da nação Miranda, do Amazonas, e Marçal de Sousa, representante dos guaranis, de Mato Grosso, denunciaram que os indígenas brasileiros estão ameaçados de extinção pela "ganância" de multinacionais e do próprio governo em apoderar-se das riquezas de seus territórios, procurando petróleo e destruindo caça, madeira e sua cultura. Destacaram que a companhia francesa Aquitania, após "invadir" o território dos saruê-mauê, no Amazonas, à procura de petróleo, vem destruindo madeira, caça e toda a cultura dessa tribo. Eles manifestaram sua preocupação com as promessas de candidatos tanto do governo quanto da oposição de reabrir os garimpos em terras indígenas, o que permitirá um "genocídio programado" dos índios, tanto pelo conflito de terras que haverá como pela contaminação. O desenvolvimento do Proálcool e a construção de hidrelétricas também vêm colaborando, de acordo com eles, para o extermínio das nações indígenas. Enquanto isso, plantadores de cana de açúcar invadiram os territórios dos índios tingui-botos, xocó-cariris, uaçus e xucuri-cariris.

Denúncia de genocídio dos uaimiris e atroaris

O missionário Ovídio Schawade denunciou que o governo programou o genocídio dos índios uaimiris e atroaris, que vivem no sul de Roraima, reduzindo-os de 3 mil em 1968 para só seiscentos atualmente. Assim, o governo protege os invasores e construtores envolvidos em projeto oficiais e oficiosos. Segundo ele, a última decisão governamental foi reduzir em 35% o território destes índios, transformando-o em "área interditada".

---

[*] *Notícias Populares*, 9/1/1983.

Ele lembrou que a construção da BR-174 ligando Manaus e Caracaí cortou a terra indígena e permitiu uma "invasão dirigida".

Índios contra Funai em outro ministério*

A ideia de uma possível vinculação da Funai ao Ministério de Assuntos Fundiários foi repudiada pelas entidades de defesa dos índios. Conforme documento assinado por dezoito entidades, a provável subordinação da Funai ao novo ministério não modificará a realidade indígena do país, considerando que existe a chamada comunidade de informações que controlará e continuará controlando o índio, já que ele é considerado pernicioso à segurança nacional.

O documento de repúdio foi elaborado na 4ª Reunião Nacional das Entidades de Apoio à Luta Indígena, realizada em Brasília. Afirma a nota de repúdio que, em vez da subordinação da Funai ao Ministério de Assuntos Fundiários para solucionar o problema indígena, basta que se cumpram as leis existentes, independentemente de nomes ou lugares da máquina governamental. Além desse repúdio, as entidades denunciam à manipulação e o prejuízo iminente e irreversível que atingirá as reservas indígenas do Sul do país com a construção do completo hidrelétrico da Eletrosul.

No mesmo documento exigem as entidades que a demarcação potiguara realizada pelos próprios índios seja homologada e que a Funai defenda-os nos processos judiciais, solidarizando-se também com os pataxós hã hã hãe, que resistem à transferência para longe de suas terras.

Presidente da Funai ameaça índios com pau**

"Índio *brabo* comigo vai para a cadeia e ainda mando a Polícia Federal meter o pau." Foi assim que o presidente da Funai reagiu a uma reivindicação dos índios apurinãs, de Boca do Acre, no Amazonas, segundo denunciou em carta o cacique Manuel Apurinã.

---

* *Notícias Populares*, 2/3/1983.
** *Notícias Populares*, 9/3/1983.

O cacique exige o pagamento de 90 milhões pela ocupação de parte de seu território por 25 colonos que o presidente da Funai chama de "fazendeiros". O presidente da Funai disse que em dezembro irá ao território dos potiguaras na Baía da Tradição, Paraíba, para decidir sobre a demarcação dos 34 mil hectares de terra deles. Os índios potiguaras denunciaram, na semana passada em Brasília, que o coronel ameaçou só demarcar a terra se eles abrirem mão de um terço do território, ocupado por usineiros e a subsidiária de uma multinacional.

Padim Ciço, fé, política e comércio

Mais de 150 mil romeiros acorreram a Juazeiro do Norte para pagar promessas alcançadas com ajuda do "Padim Ciço". Sobre o túmulo do "Padim Ciço" são arrecadados mais de 20 milhões de esmolas. Entre 28/10 e 2/11, são queimadas mais de 2 milhões de velas e 3 milhões de fogos de artifício. Como parte das promessas é paga queimando velas e foguetões, há na cidade mais de cinquenta fábricas de fogos e outro tanto de velas. O comércio intensifica a venda de estatuetas do Padre Cícero, que, embora tenha nascido em Crato, foi fundador de Juazeiro do Norte. O Padre Cícero é a maior fonte de inspiração da literatura de cordel nordestina e item obrigatório do programa de governo dos candidatos a prefeito de Juazeiro do Norte. (Fonte: Cedi.)

Índios e grileiros – 1*

O que lerão abaixo é o clamor de uma pequena tribo de quarenta famílias de índios – os capinauás – que, no interior do Nordeste, tendem a desaparecer aos golpes da opressão e ganância dos grandes.

Excelentíssimo senhor,
Nós, os índios Kapinawá do município de Buíque (PE), nos dirigimos ao senhor (presidente) certos de ser atendidos nas nossas necessidades que passamos a explicar. De uns anos para cá nós estamos sendo invadidos nas nossas terras pelo grileiro Zuza Tavares, sustentado pelo grande usineiro do

---

* *Notícias Populares*, 30/3/1983.

Recife de nome Romero Costa Maranhão. Depois de uns meses de sossego, os jagunços do senhor Romero apareceram de repente nas nossas terras num helicóptero, no mês de agosto deste ano, para proteger os tratores que já estavam destruindo nossa terra. Os pistoleiros diziam que aqui estavam a fim de tudo. Até nossas casas eles começaram a invadir. Eles cercaram nossas terras com uma cerca de oito fios de arame farpado e com 6 quilômetros de comprimento na medida de 800 hectares, mais ou menos. Eles dizem que vão continuar a cerca até fechar tudo, nascente ao poente. As estradas construídas pra mais de cem anos pelos nossos antepassados estão fechadas pelos grileiros, que não deixam entrada nem saída. Os pistoleiros ficam de emboscada e até hoje agrediram algumas mulheres que só não foram mortas porque negaram ser índias.

E os fazendeiros vizinhos, José Vagem, Cícero Gabriel e Salvino Gabritão, querendo negociar suas terras com doutor Romero. Dessa forma nós vamos ficando fechados num pedaço de nossas terras sem saída. A escravidão é tanta que um velho índio de 80 anos por nome Manoel Moizés, sua filha e o neto de 10 anos foram iludidos com promessa de roupas novas. Tiraram ele do seu trabalho de roça e obrigaram ele a trabalhar para eles carregando postes o dia inteiro sem descanso e sem comer. Para assustar o velho disparavam e diziam: "Óia, só não matamos você por respeito à sua idade. Mas se o senhor fosse um cara novo não saía vivo daqui". Diante de tudo isso nós ficamos preocupados porque estamo sem nenhuma defesa. O nosso cacique, João Soares Monteiro, fez as denúncias ao delegado de Buíque. Ele disse que ia tomar providências, mas não podia fazer nada. Só estava para resolver problema de crime. Os problemas de terra não eram com ele.

Continua.

Índios e grileiros – 2[*]

O cacique pediu a ele para impedir que os jagunços fizessem uso de armas. Ele disse que sem as ordens dos maiores não ia aparecer aqui. E ainda disse que tinha um ofício na delegacia de Buíque com ordens para ele não se meter em assunto de terras. E até hoje nenhuma providência foi tomada. As máquinas continuam trabalhando dia e noite. Em vista desse descaso do delegado de Buíque, o cacique recorreu à Funai de Recife. O delegado da

---

[*] *Notícias Populares*, 13/4/1983.

Funai prometeu mandar uma equipe da Polícia Federal, esperamos mais de oito dias e nada aconteceu em nossas defesa. Aí de novo o cacique voltou à delegacia da Funai para renovar o apelo de ajudar; doutor Marcos Antonio, subdelegado da Funai veio. Mas aqui chegando não fez nada a nosso favor e ainda proibiu os índios de arrancar a cerca como fizemos de outra vez. Disse mais, que a gente aguentasse até as eleições. Que em janeiro ele ia ver o que podia fazer por nós. Depois de reuniões da comunidade indígena a gente sentiu que se nós ficássemos passivos, como queria a Funai, o inimigo só ia ganhando terreno contra nós e se tornando mais forte. Os índios continuam de mãos atadas enquantos os grileiros, já perto de nossa aldeia, a duzentos metros, continuam seu trabalho de invasão de nossa terra com ameaça de morte. Não podemos suportar mais essa agonia e opressão. Decidimos nos dirigir ao senhor pedindo uma urgente tomada de posição em nossa defesa, já que nossa tribo tem direito sobre essas terras onde moraram nossos antepassados faz mais de duzentos anos. Contamos com um grande apoio do bispo de Garanhuns, dom Tiago, e queremos contar com o vosso apoio também, ficamos bem agradecidos por tudo que puder fazer na defesa de nossas terras. (Sítio Mina Grande, 6 de outubro de 1982 – Aldeia dos Índios Kapinawá. (Fonte: Cedi.)

Americanos na Amazônia – Ameaças – Crimes[*]

Ao mesmo tempo que a Funai observa a construção da casa do crente norte-americano Josef Harold Hill, da Missão Evangélica da Amazônia (Meva), ela expulsa os missionários Egydio e Dorti Schawade da aldeia na área uaimiri-atroari. A penetração da missão evangélica é ponta de lança da penetração capitalista. A Funai está conivente com o genocídio praticado contra essa nação indígena. O "Projeto Calha Norte" joga papel importante nesse processo.

Assassinatos no Mato Grosso

Entre 18 e 22/12/1986, 38 famílias foram despejadas pela PM no Mato Grosso com ordem judicial. O despejo foi violento: casas queimadas, lavouras destruídas, matança de animais, oito lavradores exterminados e

---

[*] *Notícias Populares*, 13/4/1987.

seis desaparecidos. Quatro foram encontrados no rio Alegre com as mãos amarradas às costas, garganta cortada e o abdômen aberto.

Dois Lavradores, Hugolino de Souza e Manoel Ribeiro dos Santos, foram presos pela PM e não se teve mais notícias deles. A Secretaria de Segurança do Mato Grosso encobre os assassinos e, até hoje, não se preocupou em punir os culpados pelo massacre de Mirassolzinho – ao que parece, a polícia teve participação. E o ministro da Justiça o que faz?

Diocese de Propriá denuncia grilagem

Seu bispo, dom José Brandão de Castro, denuncia que o proprietário da fazenda Codóz em Neópolis está pressionando os posseiros que residem nas terras da Codevasf [Companhia de Desenvolvimento dos Vales do São Francisco e do Parnaíba] a abandonarem suas plantações de arroz que fazem divisas com suas terras. Até Codevasf concorda que a posse pertence à Associação dos Posseiros do Mundéu da Onça e que a tentativa dos fazendeiros é de grilagem.

Ameaças de morte a lavradores

No município de Canhoba estão acampadas 56 famílias na fazenda Borda da Mata, já desapropriada pelo presidente Sarney. Correm ameaças veladas de que dois lavradores serão assassinados.

Referências bibliográficas

ABRAMOWICZ, B. S. *O que todo cidadão precisa saber sobre greves*. São Paulo: Global, 1985.

ANDRADE, M. C. de. *Lutas camponesas no Nordeste*. [São Paulo: Ática, 1986.]

BATINI, T. *Filhos do povo*. [São Paulo: Brasiliense, 1945.]

BERNARDO, J. *Para uma teoria do modo de produção comunista*. Porto: Afrontamento, 1975.

BRITO, J. C. *A tomada da Ford*: o nascimento de um sindicato livre. Rio de Janeiro: Vozes. [1983]

BUKHARIN, N. I. *Socialismo num só país*.

CALDAS, W. *O que todo cidadão precisa saber sobre cultura*. [São Paulo: Global, 1986.]

CASTRO, P. *Greve:* fatos e significados. [São Paulo: Ática, 1986.]

CHASIN, J. Introdução. In: *O integralismo de Plínio Salgado*. [Uma, 1999]

COSTA, B. *O trabalhador e a produção hoje*. [Rio de Janeiro: Vozes/Nova, 1985.]

COSTA, M. C. C. *O que todo cidadão precisa saber sobre democracia*. [São Paulo: Global, 1989.]

DOSTOIEVSKI, F. *Os possessos*.

ENGELS, F; MARX, K. *A sagrada família* ou a crítica da crítica contra Bruno Bauer e consortes. [1844.]

_____. *Manifiesto comunista*. Buenos Aires: Claridad.

GALVÃO, P. *Parque Industrial*. [1933]

GUIZOT, F. *Histoire de la révolution d'Angleterre 1625-1660*. [Paris, 1850.]

HAMBLOCH, E. *Sua majestade, o presidente do Brasil*. [1981.]

HARDMAN, F. F. *Nem pátria, nem patrão*. [São Paulo: Ed. Unesp, 2003.]
HOBSBAWM, E. *Sobre História*. São Paulo: Companhia das Letras, 1988.
IBRAHIM, J. *O que todo cidadão precisa saber sobre comissões de fábrica*. [São Paulo: Global, 1986]
LEME, M. C. da S. *Assassinatos no campo*: crime e impunidade (1964-1986). São Paulo: Global, 1987.
LENIN, V. I. *Obras completas*.
LOPES, C. L. E. *O que todo cidadão precisa saber sobre sindicatos no Brasil*. [São Paulo: Global, 1986.]
MANDEL, E. *A luta pela democracia socialista na União Soviética*. Lisboa: Antídoto, 1977.
MAQUIAVEL, N. *Discursos sobre as décadas da história romana de Tito Lívio*.
_____. *O príncipe*.
MAZZEO, A. C. *Sociologia política marxista*. Cortez. [1995.]
MELO NETO, J. C. *Morte e vida severina*.
MOURA, M. M. *Camponeses*. [São Paulo: Ática, 1986.]
PAULO NETTO, J. *O que todo cidadão precisa saber sobre comunismo*. [1987]
NIEBUHR, B. G. *Romische Geschichte*.
OLIVEIRA, A. U. de. *Modo capitalista de produção e agricultura*.
OSSINSKIJ, N. In: KOOL, F. *Democracia de trabajadores o dictadura de partido*. Madri: Zero, 1971.
PRATA, R. *Os Iluminados*.
PRESTES, L. C. *Problemas atuais da democracia*. [Vitória, 1947.]
ROIO, J. L. del. *O que todo cidadão precisa saber sobre movimentos populares no Brasil*. [1986.]
SADER, E. *Marxismo e teoria da revolução proletária*. [1986.]
SIMIÃO, A. *O sindicato e o Estado*. [São Paulo: Dominus, 1966.]
SMITH, A. *A riqueza das nações*: investigação sobre sua natureza e suas causas. [1776.]
TRAGTENBERG, M. *A Revolução Russa*. [São Paulo: Ed. Unesp, 2007.]
_____. *Burocracia e ideologia*. [São Paulo: Ed. Unesp, 2006.]
_____. *Reflexões sobre o socialismo*. [São Paulo: Ed. Unesp, 2008.]
TROTSKY, L. *Terrorismo e comunismo*: O anti-kautsky. Coimbra.

Artigos e estudos

ALLPORT, G. W. Psicologia do rumor.

GRAMSCI, A. Conselhos de fábrica, sindicatos e partidos. In: *Revista Cara a Cara.* Dez. 1978.

GRONDIN, M. Diagnóstico dos motivos de sindicalização dos trabalhadores – estudo na área da Grande São Paulo.

LACERDA, M.; PENTEADO, J. A escola na prisão. In: *A Plebe.*

ROCHA, J. J. Ação, reação, transação.

TRAGTENBERG, M. Violência e trabalho através da imprensa sindical. In: *Educação e Sociedade.* Campinas: Unicamp.

SOBRE O LIVRO
Formato: 16 x 23 cm
Mancha: 28 x 50 paicas
Tipologia: Iowan Old Style 10,5/14,5
Papel: Offset 75 g/m² (miolo)
    Cartão supremo 250 g/m² (capa)

1ª edição: 2011

EQUIPE DE REALIZAÇÃO

Edição de Texto
Pedro Biondi (Copidesque)
Arthur Gomes (Preparação de original)
Thaísa Burani (Revisão)

Capa
Isabel Carballo

Editoração Eletrônica
Estúdio Bogari

Assistência Editorial
Alberto Bononi

Impressão e acabamento